321 SUPERSCHLAUE DINGE, DIE DU ÜBER WISSENSCHAFT WISSEN MUSST

Wer neugierig ist, langweilt sich nie.
Für Mama und Papa, die mich und meine brennende Neugier wachsen und gedeihen ließen.
Für Femke, Rover und unsere »Meisie«, mein Alles und Immer.

Angelique

Mathilda Masters & Angelique Van Ombergen
mit Illustrationen von Louize Perdieus

321 SUPERSCHLAUE DINGE die du über WISSENSCHAFT wissen musst

Aus dem Niederländischen
von Christina Brunnenkamp

Hanser

INHALT

– 1 –

DIE PLANETEN UND DAS UNENDLICHE WELTALL

1 SATELLITEN AUF DER SUCHE NACH PINGUINKACKE

Satelliten sind Objekte, die um einen Planeten kreisen. Die Erde hat nur einen natürlichen Satelliten: den Mond. Doch die Menschen schießen jede Menge künstliche Satelliten ins Weltall, die Daten über unseren Planeten Erde sammeln sollen. Diese Daten sind sehr wichtig. Mit ihnen können Forschende beispielsweise verfolgen, ob sich das Klima verändert, oder verschiedene Phänomene beobachten, wie beispielsweise Orkane.

Ein britisches Forschungsteam entdeckte auf Satellitenbildern der Antarktis große Flächen mit braunem Eis. Als sie die Bilder von Nahem betrachteten, sahen die Forschenden, dass das Eis von Pinguinkacke (Guano) braun verfärbt war. Die Bilder wurden von den Sentinel-2-Satelliten der Europäischen Weltraumorganisation ESA gemacht. Diese Satelliten sind sehr leistungsstark und können auf die kleinsten Details zoomen – zum Beispiel eben Guano.

Diese Entdeckung ist eine gute Neuigkeit. Dank des Guanos fand man nämlich neue Kaiserpinguinkolonien. Das ist etwas ganz Besonderes! Bisher hat man über sechzig dieser Kolonien entdeckt. Kaiserpinguine sind eine gefährdete Tierart, weil ihre Lebensweise und ihr natürlicher Lebensraum durch den Klimawandel bedroht sind.

Die uns bekannten Kaiserpinguinkolonien liegen zumeist an der Küste der Antarktis. Die Pinguine brüten auf dem Eis an der Küste. Die neuen Satellitenbilder zeigen allerdings, dass Kaiserpinguine auch weiter weg von der Küste brüten. Eine dieser Brutkolonien lag sogar 180 Kilometer von der Küste entfernt. Das war eine neue Erkenntnis. Trotzdem bleiben Kaiserpinguine sehr empfindlich für den Klimawandel. Manche Fachleute vermuten, dass viele dieser Tiere in den kommenden Jahren sterben könnten.

Kaiserpinguine, aus dem Weltall geblitzt

Komet 67P/Tschurjumow-Gerassimenko
oder auch: die Quietscheente

2 ES GIBT EINEN KOMETEN IN DER FORM EINER QUIETSCHEENTE

Kometen sind kleine Himmelskörper, die auf Bahnen um die Sonne kreisen und aus Eis, Gas und Staub bestehen (schmutzige Schneebälle oder eisige Staubbälle also). Es sind Überreste der Entstehung des Sonnensystems*. Forschende untersuchen, woraus Kometen bestehen, um mehr über die Anfänge dieses Sonnensystems zu erfahren.

Kometen haben einen festen Kern: den *Kometenkern*. Wenn ein Komet einem Stern nah genug kommt und dadurch erwärmt wird, verwandelt sich das Eis des Kometen in Gas. Das nennt man *sublimieren*. So entsteht ein Kometenschweif. Eigentlich sind es zwei Schweife: ein Plasmaschweif (der durch das Gas entsteht) und ein Staubschweif. Der Plasmaschweif ist meist blau, der Staubschweif weiß.

Nach einer Reise von über zehn Jahren erreichte die Raumsonde Rosetta der Europäischen Raumfahrtorganisation ESA den Kometen 67P. Dieser Komet heißt auch Tschurjumow-Gerassimenko, nach seinen beiden Entdeckern.

Tschurjumow-Gerassimenko hat die Form einer Quietscheente. Fachleute glauben, dass der Komet durch das Verschmelzen zweier kleinerer Kometen entstand. Sie stießen wahrscheinlich zusammen und blieben aneinander kleben. Der »Quietscheenten-Komet« ist ziemlich klein: Er hat nur einen Durchmesser von ungefähr vier Kilometern.

* Unser Sonnensystem besteht aus einem Stern – unserer Sonne – und jeder Menge Himmelskörpern: Planeten, Zwergplaneten, Asteroiden, Monde und Kometen. Durch die Schwerkraft kreisen all diese Himmelskörper um die Sonne.

3 DER MOUNT EVEREST IST EIGENTLICH NUR EIN KLEINER BERG

Der Mount Everest ist mit 8848 Metern der höchste Berg der Welt. Aber verglichen mit dem Olympus Mons ist das klein! Der ist nämlich fast zweieinhalbmal so hoch: ungefähr 21 000 Meter! Wo dieser riesige Berg steht? Auf dem Mars.

Eigentlich ist Olympus Mons ein Vulkan. Vulkane können auf dem Mars sehr, sehr groß werden, bis zu zehn- oder sogar hundertmal so groß wie auf der Erde. Das kommt unter anderem daher, dass der Mars keine *Plattentektonik* hat (siehe Info 33). Deshalb quillt Lava immer an derselben Stelle hervor, wodurch ein Vulkan riesengroß werden kann. Auf der Erde wachsen Vulkane nie so hoch an, weil sich die Erdplatten gegeneinander verschieben und Lava deshalb an verschiedenen Stellen an die Oberfläche tritt. Außerdem hat der Mars auch weniger Schwerkraft, sodass Olympus Mons nicht unter seinem eigenen Gewicht zusammensackt.

Der Olympus Mons wurde 1879 von dem Astronomen Giovanni Schiaparelli entdeckt. Er nannte den Berg *Nix Olympica*, was »Schnee des Olymps« bedeutet. Er wählte diesen Namen, weil der Berg wolkenverhangen ist und deshalb heller aussieht als die Umgebung. Schiaparelli wusste, dass es sich um einen hohen Berg handeln musste, weil man die Spitze selbst dann noch sehen konnte, wenn starke Staubstürme auf dem Mars wüteten. Als man entdeckte, dass der Berg eigentlich ein Vulkan ist, änderte man den Namen in Olympus Mons.

Bonus-Info:

Olympus Mons ist wahrscheinlich nicht der höchste Berg unseres Sonnensystems. Auf dem gigantischen Asteroiden *Vesta* gibt es eine noch höhere Erhebung: in der Mitte des mächtigen Kraters Rheasilvia erhebt sich ein Zentralberg, der 22 500 Meter hoch sein soll. Sicher ist das aber nicht. Es ist nämlich schwierig, ihn genau zu messen, und nicht alle Messungen kommen zum selben Ergebnis.

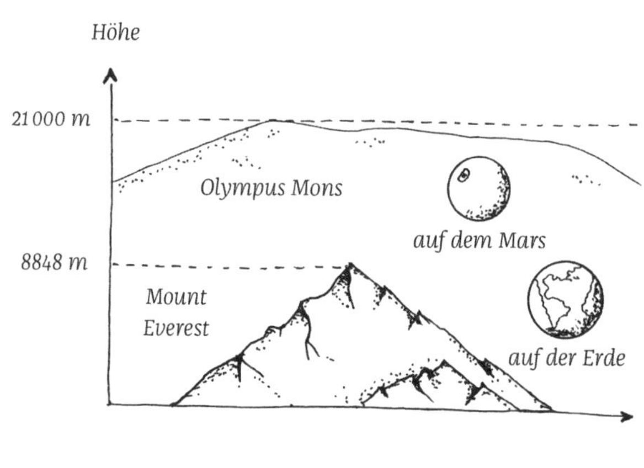

Mikrometeoriten
oder außerirdischer Staub

4 VOR DEINER TÜR LIEGEN AUSSERIRDISCHE STEINCHEN

Mach mal die Tür auf und guck raus. Gut möglich, dass da Mikrometeoriten liegen. Das sind winzige Gesteinsstückchen, die von Meteoriten (siehe Info 11) in unserem Sonnensystem stammen. Sie sausen mit hoher Geschwindigkeit durch die Atmosphäre der Erde und landen bei dir in der Straße, im Garten oder auf dem Dach.

Jedes Jahr fallen Schätzungen nach bis zu 40 000 Tonnen (!) außerirdisches Material in Form von Mikrometeoriten auf die Erdoberfläche. Mit einem Durchmesser von meist unter einem Millimeter sind sie sehr klein. Eigentlich sollte man sie eher außerirdischen Staub als außerirdische Steinchen nennen. Man kann diesen Staub fast nicht von normalen Steinen, Erde oder Sand unterscheiden.

Sehr viele dieser außerirdischen Steinchen verschwinden schnell mit Wind und Regen. Das ist schade, denn so geht viel kostbare Information verloren. Von Mikrometeoriten – unter anderem von ihrer Zusammensetzung – kann man viel über das Sonnensystem lernen. Kommt ein Mikrometeorit allerdings beispielsweise mit Regen in Berührung, können Wissenschaftler nur noch schwer sagen, wo er herkam.

An einem Ort auf der Erde halten sich Mikrometeoriten besonders gut, und das ist in der Antarktis. Durch das kalte und trockene Wetter dort bleiben ihre außerirdischen Eigenschaften lange unverändert. Diese Mikrometeoriten sind eine Fundgrube für die Wissenschaft!

Bonus-Info:

- Die meisten Meteoriten kommen aus dem Asteroidengürtel zwischen Mars und Jupiter.
- Im Weltraum schweben wahnsinnig viele Mikrometeoriten. Manchmal beschädigen sie sogar die Internationale Raumstation ISS. Weil die ISS mit Turbogeschwindigkeit um die Erde kreist (mit ungefähr 28 000 Stundenkilometern), kann sogar ein kleines Stückchen Stein ein Loch in ihre Wand schlagen!

5 IM WELTRAUM SOLLTE MAN BESSER NICHT RÜLPSEN

Das Leben der Astronauten und Astronautinnen im Weltall sieht völlig anders aus als das eines »normalen« Erdbewohners. Ihre Muskeln und Knochen werden im Laufe einer Raumfahrt immer schwächer, und an den ersten Tagen im Weltraum leiden sie manchmal unter Schwindel. Außerdem strömt mehr Flüssigkeit (Wasser und Blut) in den Kopf, wodurch dieser anschwellen kann. Dann bekommen sie auch manchmal Probleme mit den Augen.

Wusstest du, dass Astronauten besser nicht rülpsen sollten? Auf der Internationalen Raumstation ISS ist man der Schwerkraft so gut wie nicht ausgesetzt. Das hat zur Folge, dass der Magen anders arbeitet. Wenn man auf der Erde ein Getränk mit Kohlensäure trinkt (zum Beispiel Limonade), sorgt die Schwerkraft dafür, dass die Flüssigkeit in den Magen fließt. Die Luftblasen steigen in den oberen Teil des Magens auf und verlassen den Körper, indem man rülpst.

Im Weltall bleiben Flüssigkeit und Bläschen gemischt, wenn sie den Magen erreichen. Wenn Astronauten also rülpsen, sind das »nasse Rülpser«, bei denen mehr als nur Luft wieder nach oben kommt. Das ist nicht sehr angenehm, erst recht nicht, wenn man sich in einer Umgebung befindet, in der alles um einen herum in der Luft schwebt. Deshalb gibt es an Bord der ISS keine kohlensäurehaltigen Getränke: keine Limonade und auch keinen Champagner!

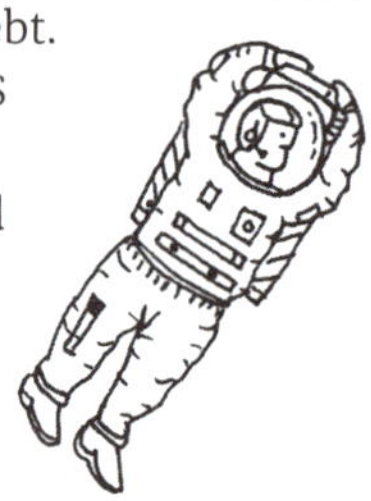

6 SEIT 2020 STEHEN ZWEI FLAGGEN AUF DEM MOND

Chang'e ist die chinesische Göttin des Mondes. Nach ihr haben die Chinesen ihre Raumfahrtprogramme benannt, an denen sie seit 2007 arbeiten. Die Raumsonden *Chang'e 1* und *Chang'e 2* umkreisten den Mond. Bei *Chang'e 3* und *Chang'e 4* landete ein chinesisches Raumfahrzeug auf dem Mond und fuhr dort herum. Menschen waren bei keinem dieser Flüge an Bord.

Die Chang'e-Missionen waren fast alle etwas ganz Besonderes. *Chang'e 3* gelang 2013 eine weiche Landung auf dem Mond. Eine »weiche Landung« bedeutet, dass das Raumfahrzeug bei der Landung nur wenig oder gar nicht beschädigt wird. Das glückte zuletzt 1976, als die Sowjetunion mit der Luna-24-Mission auf dem Mond landete. *Chang'e 4* zeichnete sich durch eine weiche Landung auf der Rückseite des Mondes aus, also der Hälfte, die man von der Erde aus nie sehen kann.

Und das Abenteuer ging noch weiter! 2020 brachte *Chang'e 5* Mondgestein mit zur Erde zurück. Auch das war seit 1976 nicht mehr geschehen. Damals brachte die Luna-24-Mission ungefähr 170 Gramm von der Mondoberfläche mit. Die allerersten Stücke Mondgestein hatten die amerikanischen Astronauten der *Apollo 11* dabei – die ersten Menschen, die den Mond betraten.

Chang'e 5 brachte 1731 Gramm wertvolle Stückchen vom Mond zur Erde. Diese Steine entstanden durch Vulkanausbrüche auf dem Mond. Sie sind ungefähr 1,2 Milliarden Jahre alt und ein ganzes Stück jünger als andere Mondgesteinsproben. So können wir mehr erfahren über das Alter, die Zusammensetzung und die Entstehung des Mondes.

Chang'e 5 stellte auch eine chinesische Flagge auf dem Mond auf. Die amerikanische Flagge, die die Astronauten Neil Armstrong und Buzz Aldrin dort 1969 hinterließen, bekam also endlich Gesellschaft!

7 WARUM PLANETEN NIEMALS QUADRATISCH SIND

Planeten gibt es in allen Farben, aber nicht in allen Formen. Alle sind nämlich rund. Das kommt daher, dass sie sehr groß sind. Auch Sterne und größere Monde sind rund. Asteroiden hingegen – »planetenartige« kleine, felsige Himmelskörper – sind viel kleiner als Planeten und kommen in allen Formen vor. Manche sehen sogar sehr lustig aus (siehe Info 2). Asteroiden sind eigentlich Stücke, die bei der Entstehung eines Planeten unseres Sonnensystems übrig geblieben sind.

Planeten sind also rund. Das liegt an ihrer Größe. Die führt nämlich dazu, dass diese Himmelskörper alle ihrer »eigenen« Schwerkraft unterworfen sind, die sie zusammenhält. Schwerkraft zieht alle Atome in einem Gegenstand so dicht wie möglich zusammen. Ein schweres Objekt wird daher sozusagen in eine Kugelform gezwungen.

Das soll nicht heißen, dass es auf Planeten keine Berge und Schluchten gibt. Das sieht man ja an unserem eigenen Planeten, der Erde. Aber wenn man die Höhe der Berge oder Tiefe der Schluchten mit der Größe der Erde vergleicht, sind sie zu vernachlässigen. Das erklärt auch, warum Asteroiden nicht rund sind: Sie haben zu wenig Masse (siehe Info 72) und deshalb auch nicht genug Schwerkraft, um rund zu werden.

Die »eigene« Schwerkraft eines Planeten sorgt auch dafür, dass die Berge beispielsweise auf dem Mars höher sind als auf der Erde. Die Schwerkraft dort beträgt nur ein Drittel von unserer auf der Erde. Der Mars-Vulkan Olympus Mons zum Beispiel ist deshalb unglaubliche 21 000 Meter hoch, während der höchste Vulkan der Erde, der Ojos del Salado, nur 6893 Meter misst (siehe auch Info 3).

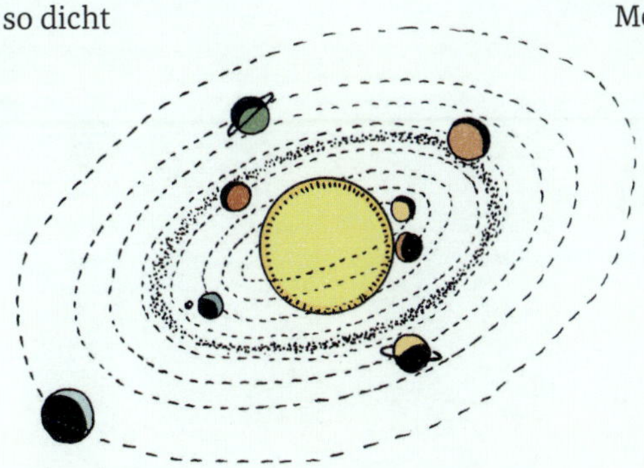

Merkur – Venus – Erde – Mars – Jupiter – Saturn – Uranus – Neptun

8 »IM SCHLAF« ZUM MARS

Eine Reise zum Mars wäre selbst für Astronauten und Astronautinnen, die mutig genug sind, sie anzutreten, kein Spaziergang. Es ist nicht nur eine gefährliche, sondern auch eine sehr lange Expedition. Fachleute schätzen, dass man ungefähr sechs bis acht Monate braucht, bis man dort ankommt. Die Raumfahrenden würden mindestens ein Jahr auf dem Mars bleiben und dann noch einmal sechs bis acht Monate zurückreisen. Das bedeutet, dass sie ungefähr drei Jahre ohne Familie und Freunde auskommen müssten.

Der Weltraum ist für Menschen keine angenehme Umgebung. Im Gegenteil! Durch die Schwerelosigkeit schwinden die Knochen und Muskeln der Astronauten und Astronautinnen. Außerdem können sie Augenprobleme bekommen, und sogar ihr Erbmaterial, die DNA, kann geschädigt werden, wodurch sie ein höheres Krebsrisiko haben. Die lange Reise könnte außerdem dazu führen, dass sie sich langweilen oder einsam fühlen oder sogar depressiv werden. Es ist sehr schwer, so lange auf Familie und Freunde zu verzichten und sie in all der Zeit auch nur sehr selten sprechen zu können. Raumfahrende müssen also auch mental stark sein.

Wäre es deshalb nicht gut, wenn wir die Astronauten und Astronautinnen »schlafend« zum Mars schicken könnten, indem man sie wie Bären in eine Art Winterschlaf versetzt? Dadurch würden sie viel weniger Energie verbrauchen und müssten viel weniger essen. Auf einer Reise, für die man sparsam packen muss, wäre das sehr praktisch. Außerdem wären sie auf diese Weise besser gegen die schädliche kosmische Strahlung geschützt, ihre Muskeln und Knochen würden nicht so schnell abbauen, und die Reise käme ihnen weniger lang vor, wodurch sie auch psychisch weniger belastet wären.

Die Forschung dazu steckt noch in den Kinderschuhen, aber NASA und ESA arbeiten daran. Wenn es klappt, hätte es viele Vorteile für die Astronauten und Astronautinnen an Bord zukünftiger Weltraummissionen. Würdest du dich dann trauen, zum Mars zu fliegen?

Marsflug in Schlafkabinen

9 VON ZWERGPLANETEN UND EISVULKANEN

Im Weltraum bewegen sich sehr viele Himmelskörper. Dort gibt es Planeten wie die Erde, aber auch Asteroiden (auch Planetoiden genannt): Stücke von Materie, die wie Planeten in einer Bahn um die Sonne kreisen. Am 1. Januar 1801 entdeckte der italienische Astronom Giuseppe Piazzi einen neuen Himmelskörper. Er erhielt den Namen *Ceres* nach der römischen Göttin des Ackerbaus und des Getreides.

Ceres hat einen Durchmesser von etwa 950 Kilometern und ist damit das größte Objekt im Asteroidengürtel (einer Art Donut, in dem sehr viele Asteroiden um die Sonne kreisen) zwischen Mars und Jupiter. Anfangs wurde Ceres noch Planet genannt, doch man entdeckte immer mehr große Objekte in diesem Gürtel. Ceres wurde deshalb in *Asteroid (1) Ceres* umgetauft und gilt seit 2006 als Zwergplanet.

Im Asteroidengürtel gibt es noch drei weitere große Asteroiden: *Vesta*, *Pallas* und *Hygiea*. Diese Himmelskörper sind nicht rund und können – unter anderem – deshalb nicht zum Zwergplaneten befördert werden. Ceres ist daher der einzige Zwergplanet im Asteroidengürtel.

Man kann Ceres mit dem bloßen Auge nicht sehen, es sei denn, es ist sehr dunkel. Vom 6. März 2015 bis zum 1. November 2018 machte die Raumsonde *Dawn* der NASA sehr viele Satellitenbilder von Ceres. Dadurch wissen wir, dass seine Oberfläche mit Kratern bedeckt ist. Auf dem Zwergplaneten steht ein einziger großer Berg: der Ahuna Mons. Das ist ein Eisvulkan, also ein Vulkan, der aus Eismagma oder geschmolzener Eismaterie entstanden ist. Ahuna Mons ist ungefähr 5000 Meter hoch.

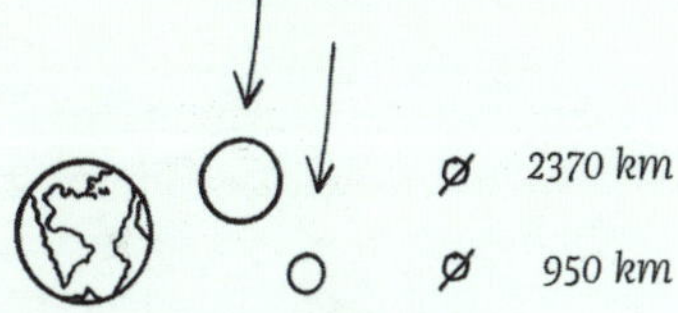

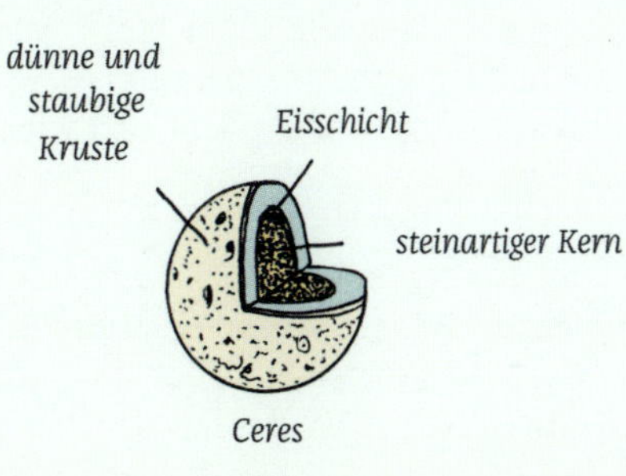

10 SO ROT WIE … MARS

Der Planet Mars wurde nach dem römischen Kriegsgott Mars benannt, weil er blutrot ist. Er wird deshalb auch »der Rote Planet« genannt. Mars ist von der Sonne aus betrachtet der vierte Planet und ist also weiter von ihr entfernt als die Erde. Es dauert ungefähr 687 Tage, bis Mars die Sonne einmal umrundet hat. Er braucht also fast doppelt so lang wie die Erde!

Mars, der rote Planet

Die rote Farbe kommt vom *Eisenoxid* in der obersten Bodenschicht der Marsoberfläche. Das ist derselbe Stoff, aus dem die rotbraune Farbe auf verrostetem Eisen ist. Diese oberste Bodenschicht wird auch *Regolith* genannt. Sie besteht aus sehr feinem Staub in roten, braunen und orangefarbenen Farbtönen, der leicht von den großen Sandstürmen weggetragen wird, die manchmal monatelang auf dem Planeten wüten. Der Staub wurde unter anderem schon von den *Mars Exploration Rovers* untersucht. Das sind unbemannte Raumfahrzeuge der NASA.

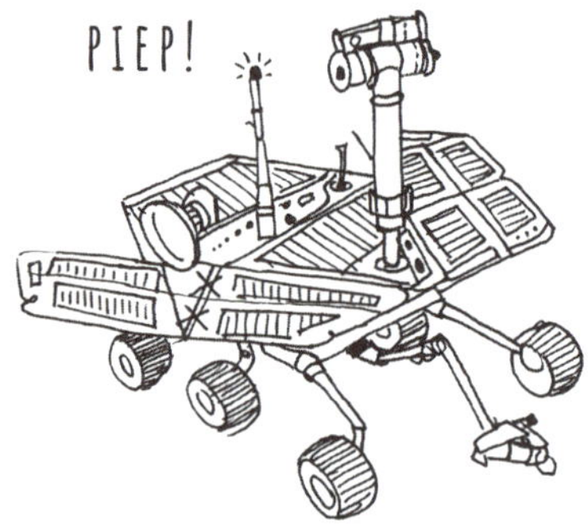

auf Entdeckungsfahrt

Bonus-Info:

- Die durchschnittliche Temperatur auf dem Mars liegt bei −63 °C, aber es kann auch viel kälter oder wärmer werden.
- Mars hat zwei kleine Monde: *Phobos* und *Deimos*.

11 EINE STERNSCHNUPPE IST NICHT, WAS DU DENKST …

Eine Sternschnuppe ist kein fallender Stern, sondern ein Meteoroid. Das ist ein Objekt – manchmal Mikrometer klein, manchmal metergroß –, das im Weltall um die Sonne kreist. Kreuzt es dabei die Umlaufbahn der Erde, kann es, von der Schwerkraft angezogen, mit großer Geschwindigkeit auf die Erde fallen.

Die meisten Meteoroiden stammen von Asteroiden und Kometen. Die Erde ist von einer Lufthülle umgeben, der Atmosphäre. Wenn ein Meteoroid durch die Atmosphäre fliegt, kann er durch die Reibung mit der Luft anfangen zu glühen. Der Meteoroid wird dann ein Meteor. Das Steinchen verbrennt, wodurch ein schöner weißer Schweif entsteht. Manchmal hat dieser auch eine andere Farbe. Es sieht aus, als fiele ein Stern vom Himmel, aber jetzt weißt du es besser.

Weil Meteoroiden oft völlig verglühen, fallen meist keine großen Brocken auf die Erde. Sehr selten ist ein Meteoroid so groß, dass er nicht ganz verbrennt. Wenn er den Erdboden erreicht, nennt man ihn Meteorit.

Wenn viele Meteore nacheinander in die Atmosphäre eindringen, entsteht ein Meteorstrom. Jedes Jahr in der ersten Augusthälfte kann man ganz viele »Sternschnuppen« sehen. Das ist der *Perseiden-Meteorstrom*. Es handelt sich dabei um Teilchen aus der Staubspur eines Kometen namens *Swift-Tuttle*, dessen Umlaufbahn die Erde jedes Jahr kreuzt. Auf dem Höhepunkt des Meteoritenschauers, um den 12. und 13. August herum, kann man manchmal bis zu 40, wenn nicht sogar 100 Sternschnuppen pro Stunde am Nachthimmel sehen. Schreib dir das Datum auf und halte deine Wunschliste bereit!

1. Meteoroid (= Steinbröckchen vor der Atmosphäre)
2. Meteor (= Sternschnuppe in der Atmosphäre)
3. Meteorit (= Steinbröckchen auf der Erde)

12 PUPPE IM WELTRAUM

Sagt dir der Name Elon Musk etwas? Er ist, unter anderem, der oberste Chef von Tesla – einem Unternehmen, das elektrische Autos baut –, aber auch von SpaceX. Das ist ein Unternehmen, das wiederverwendbare Raketen herstellt und Astronauten und Astronautinnen zur Internationalen Raumstation ISS bringt. Herr Musk ist nämlich ganz verrückt nach allem, was mit dem Weltall zu tun hat, und träumt davon, bald Menschen auf den Mars zu schicken.

Am 6. Februar 2018 schoss SpaceX eine Rakete ab. Sie trug den Namen *Falcon Heavy* und startete am Cape Canaveral in Florida. Die Rakete hatte 27 Motoren und wahnsinnig viel Power. Ihre Antriebskraft entsprach der von 18 Boeing-747-Flugzeugen. Weil die Rakete so leistungsstark war, konnte sie viel Material mitnehmen. Das ist natürlich sehr praktisch, wenn man zum Mars reisen möchte.

Puppe im Weltall: Starman in seinem Wagen

Elon Musks Rakete hatte eine besondere Fracht an Bord: einen roten Tesla Roadster. Hinter dem Steuer des Wagens saß Starman, eine Puppe in einem Raumanzug von SpaceX. Starman soll mit seinem Tesla in die Nähe des Mars kommen. Unterwegs hörte er Musik von David Bowie: In seinem einen Ohr lief *Space Oddity*, in seinem anderen *Life on Mars?* in Dauerschleife. Inzwischen dürften die Akkus aber leer sein. Auf dem Wagen steht übrigens DON'T PANIC (»Keine Panik« – eine Anspielung auf das Buch *Per Anhalter durch die Galaxis*).

Im Oktober 2020 kam Starman dem Mars bisher am nächsten, aber er setzt seine lange Reise fort.

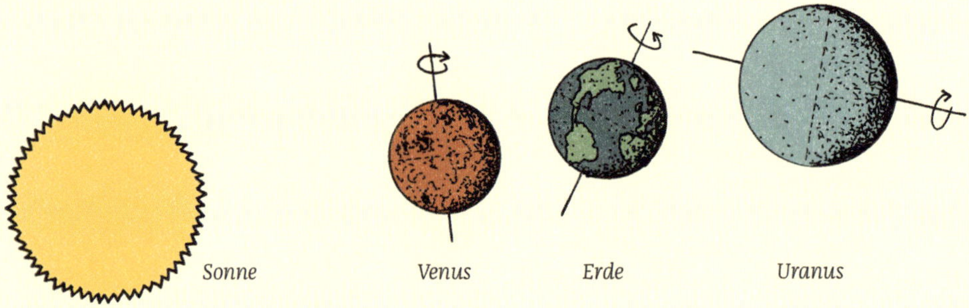

13 EIN TAG AUF DER VENUS DAUERT MEHR ALS EIN JAHR

Die Venus wurde nach der römischen Göttin der Liebe benannt und ist von der Sonne aus gesehen der zweite Planet.

Bevor es weitergeht, müssen wir zwei Begriffe klären: Ein *Jahr* ist die Zeit, die ein Planet braucht, um die Sonne einmal ganz zu umrunden. Ein *Tag* ist die Zeit, die ein Planet benötigt, um sich einmal um seine eigene Achse zu drehen.

Die Venus braucht 225 Tage für die Umrundung der Sonne, für die Drehung um die eigene Achse jedoch 243 Tage. Ja, das hast du richtig gelesen: Ein Tag dauert dort länger als ein Jahr!

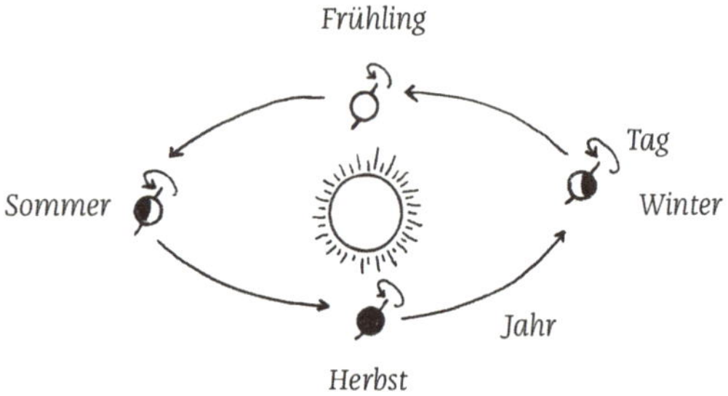

JAHR: Zeit, in der die Erde die Sonne umrundet
TAG: Zeit, in der die Erde sich um sich selbst dreht

Venus hat eine sehr dichte Atmosphäre, die vor allem aus Kohlendioxid besteht. Darüber hängt eine fette Wolkenschicht, die hauptsächlich aus Schwefelsäure besteht. Deshalb kann man aus dem Weltraum die Oberfläche der Venus nur schwer sehen. Die Wolkendecke und die Atmosphäre sorgen dafür, dass die Temperatur auf dem Planeten sehr hoch ist. Im Durchschnitt liegt sie bei 460 °C. Das ist warm genug, um manche Metalle zu schmelzen.

Der Planet Venus dreht sich in westliche Richtung um die eigene Achse. Das ist ungewöhnlich, denn die meisten anderen Planeten drehen sich nach Osten. Venus hat, genau wie Merkur, keine Monde.

Bonus-Info:
Venus war der erste Planet in unserem Sonnensystem, an dem unbemannte Raumfahrzeuge vorbeiflogen.

14 ROMANTIK IM WELTALL

Astronauten und Astronautinnen auf der Internationalen Raumstation ISS erleben jede Menge seltsame und extreme Dinge. Beispielsweise sehen sie an einem Erdentag die Sonne nicht ein- oder zweimal, sondern sechzehnmal auf- und untergehen. Ist das nicht romantisch?

Die ISS kreist mit einer Wahnsinnsgeschwindigkeit um die Erde, nämlich mit ungefähr 28 000 Stundenkilometern. Eine Runde um die Erde dauert circa 90 Minuten. In 24 Stunden schafft die Raumstation also 16 Runden. Bei jeder Runde sehen die Astronauten die Sonne unter- und wieder aufgehen. Auf der ISS gibt es also kein Tag und Nacht, wie wir es hier auf der Erde kennen (der sogenannte zirkadiane Rhythmus).

Das kann die Astronauten und Astronautinnen ziemlich verwirren und ihren Schlaf stören. Sie leiden dann unter einem Riesenjetlag, der ihre ganze Raumfahrtmission lang anhält. Manche bekommen hierdurch Schlafprobleme und sind dadurch übermüdet.

Natürlich versuchen Forschende, dieses Problem zu lösen, damit die Astronauten und Astronautinnen durchhalten. Sie haben auf der ISS beispielsweise feste Schlafenszeiten und dürfen kein Viertelstündchen länger aufbleiben! Sie bereiten sich mit einer festen Routine aufs Schlafengehen vor, damit ihr Körper weiß, dass es jetzt Schlafenszeit ist. Es gibt dort auch spezielle Lampen, die dafür sorgen, dass sie müde werden - oder wacher, je nachdem.

Aber wetten, dass sie es trotzdem ab und zu cool finden, die Sonne so schnell auf- und untergehen zu sehen?

24 Stunden durch ein Fenster der ISS

15 JUPITER HAT 92 MONDE (VIELLEICHT SOGAR NOCH MEHR)

Jupiter ist der größte und schwerste Planet unseres Sonnensystems. Er hat außerdem sehr viele Monde. Bis heute sind 92 bekannt, aber es werden immer wieder neue entdeckt. Damit überholt er sogar den Saturn, der immerhin 82 Monde hat.

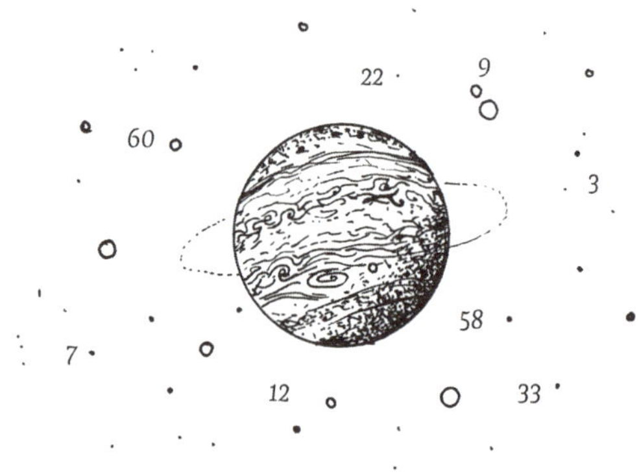

Jupiter mit mindestens 92 Monden

Jupiters vier größte Monde heißen Kallisto, Europa, Ganymed und Io. Sie werden gelegentlich die *Galileischen Monde* genannt, weil schon der berühmte Wissenschaftler Galileo Galilei (er war Physiker, Astronom, Mathematiker und Philosoph!) sie 1610 bemerkt hat. Danach dauerte es bis 1892, bevor weitere Monde entdeckt wurden. Das gelang durch verbesserte Teleskope, mit denen es möglich wurde, viel kleinere Objekte im Weltall zu sehen. Die meisten der Jupitermonde haben nämlich einen Durchmesser von unter 10 Kilometern.

Die Jupitermonde sind ganz unterschiedlich. *Io* ist mit Vulkanen übersät, *Europa* hat einen unterirdischen Ozean, und *Ganymed* wiegt mehr als doppelt so viel wie unser Mond. *Ganymed* ist übrigens auch der größte Mond in unserem Sonnensystem. Er hat einen Durchmesser von 5200 Kilometern. Das ist ungefähr anderthalbmal so groß wie unser Mond.

Neu entdeckte Jupitermonde erhalten meist Namen der Geliebten des Obergottes Jupiter. Weil es so viele Monde gibt, gehen den Forschenden allerdings die Geliebten aus. Deshalb werden die Monde seit ein paar Jahren auch nach seinen Söhnen und Töchtern benannt. Wieder andere Monde verdanken ihren Namen griechischen Göttern. Hoffentlich gibt es davon genug!

Neben Monden verfügt Jupiter auch über einige Ringe, die aus Eis und Staub bestehen. Sie erinnern an die Ringe des Saturn, sind jedoch viel dünner und deshalb weniger auffällig.

Janssen:
diamantener Planet

16 VIELLEICHT GIBT ES EINEN DIAMANTENEN PLANETEN

Die Wissenschaft ist sich noch nicht ganz einig, aber Planet Janssen könnte ein ganz besonderer Planet sein. Oder besser: Exoplanet. Das sind Planeten, die um einen anderen Stern als unsere Sonne kreisen. *Janssen* ist einer von Tausenden Exoplaneten, die bisher entdeckt wurden.

In einer Studie von 2012 stellten Forschende die Vermutung auf, dass *Janssen* eine spezielle chemische Zusammensetzung hat. Er soll zu einem Großteil aus Kohlenstoff bestehen. Das ist der Stoff, aus dem Diamanten und Grafit sind. Die Temperatur auf *Janssen* beträgt über 2000 °C. Die Kombination von Kohlenstoff mit hohem Druck und hoher Temperatur ist ideal für die Entstehung von Diamanten. Möglicherweise schwebt also ein riesiger Diamant durchs Weltall.

Ein anderer Exoplanet ist Proxima Centauri b, der auf einer Bahn um den Zwergstern *Proxima Centauri* kreist. Er ist der unserem Sonnensystem am nächsten liegende Zwergstern. Rund um *Proxima Centauri* soll eine »bewohnbare Zone« liegen, die den hübschen Namen »Goldlöckchen-Zone« erhielt. Das ist eine Zone, in der es weder zu kalt noch zu warm für flüssiges Wasser an der Oberfläche ist, weil der Planet weit genug von seinem Stern entfernt ist. Wie du weißt, ist Wasser sehr wichtig, damit irgendwo Leben entstehen kann. In unserem Sonnensystem befinden sich die Erde und der Mars in dieser Zone. Die anderen Planeten sind entweder zu nah an der Sonne oder zu weit von ihr entfernt.

Proxima Centauri b:
bewohnbar in der »Goldlöckchen-Zone«?

17 FUSSABDRÜCKE AUF DEM MOND BLEIBEN SICHTBAR

1969 betraten Neil Armstrong und Buzz Aldrin als erste Menschen den Mond. Heute, über fünfzig Jahre später, sind ihre Fußabdrücke noch immer sichtbar. Das wird auch noch eine Weile so bleiben, denn auf dem Mond gibt es weder Wind noch Regen, sodass die Fußabdrücke weder weggeweht noch weggespült werden.

Es ist natürlich nicht ganz sicher, dass die Fußabdrücke für immer und ewig sichtbar bleiben werden. Schließlich schlagen regelmäßig Mikrometeoriten auf der Mondoberfläche ein, die sie beschädigen könnten.

Noch mehr Wissenswertes über den Mond:

- Der erste Mann, der den Mond betrat, war Neil Armstrong. Er tat das am 21. Juli 1969 im Rahmen der Apollo-11-Mission. Von ihm stammen die berühmten Worte: »Dies ist ein kleiner Schritt für einen Menschen, aber ein riesiger Sprung für die Menschheit.«

Fußabdruck von Neil oder Buzz »Ein kleiner Schritt für einen Menschen, ein großer Sprung für die Menschheit.«

- Insgesamt sind bisher nur zwölf Menschen auf dem Mond gewesen, und zwar im Rahmen der Apollo-Missionen zwischen 1969 und 1972. Inzwischen ist es schon wieder über fünfzig Jahre her, dass ein Mensch einen Fuß auf den Mond gesetzt hat. Eine Frau war bisher noch nicht dabei.

- Wusstest du, dass auf dem Mond ein Kunstwerk steht? Bei der Apollo-15-Mission 1971 nahm ein Astronaut eine Skulptur mit auf den Mond. Das Kunstwerk wurde von Paul Van Hoeydonck, einem belgischen Künstler, angefertigt und heißt »Fallen Astronaut«.

»Fallen Astronaut« von Paul Van Hoeydonck

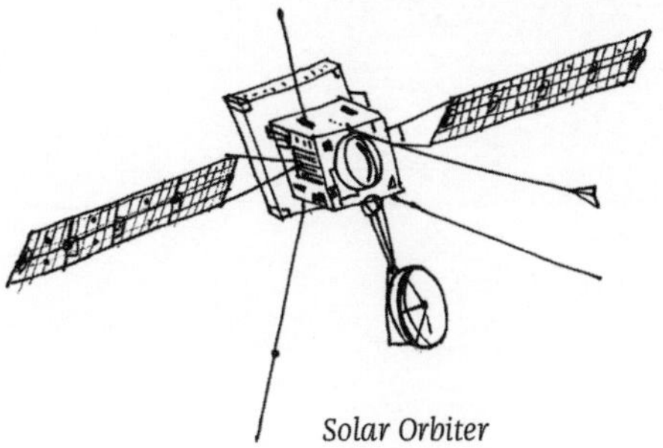

Solar Orbiter dreht 22 Runden um die Sonne.

18 DER SONNE GANZ NAH

Die Sonne ist für das Leben auf der Erde unentbehrlich. Trotzdem wissen wir noch nicht so viel über »unseren« riesigen Feuerball. Die Europäische Weltraumorganisation ESA und die amerikanischen Kollegen und Kolleginnen der NASA wollen das ändern. Sie haben beide wissenschaftliche Missionen ins Leben gerufen, um die Sonne zu beobachten.

Die NASA baute die Raumsonde Parker Solar Probe, die im August 2018 startete. Wenn alles gut geht, wird sie sich der Sonne bis auf 6,2 Millionen Kilometer nähern. Das ist ein Rekord, denn bisher ist noch nie ein Raumfahrzeug so nah an der Sonne gewesen.

Die Europäische Weltraumorganisation ESA verfügt über die Sonde Solar Orbiter. Dieses Raumfahrzeug verließ Cape Canaveral in Florida im Februar 2020. An Bord werden bis zu zehn verschiedene Experimente durchgeführt. Insgesamt wird es 22 Runden, im Englischen *orbits* genannt, um die Sonne drehen, daher auch der Name *Solar Orbiter*.

Solar Orbiter soll Fotos von der Sonne aus der Nähe machen. »Nähe« ist hierbei sehr relativ: Die Entfernung zur Sonne wird mindestens 42 Millionen Kilometer betragen, doch sogar in dieser Entfernung kann es bis zu 500 °C warm sein. Zum Glück ist die Raumsonde mit einem speziellen Hitzeschild ausgerüstet, um die Apparate zu schützen.

Wenn Solar Orbiter ein Foto zur Erde schickt, dauert es ungefähr 16,5 Minuten, bevor wir es sehen können. Das kommt daher, dass das Foto eine riesige Strecke zurücklegen muss – manchmal bis zu 300 Millionen Kilometer! Und wenn wir ein Signal zum Orbiter zurückschicken wollen, dauert das noch einmal mehr als eine Viertelstunde, bis es dort ankommt.

ESA und NASA arbeiten zusammen. Die Fotos und Daten der beiden Missionen werden gebündelt, damit wir noch mehr Geheimnisse der Sonne entschlüsseln können.

19 DAS ERSTE FOTO VON EINEM SCHWARZEN LOCH WURDE ERST 2019 GEMACHT

Forschende zerbrechen sich schon sehr lange den Kopf über die Existenz von Schwarzen Löchern. Das sind Orte im Weltall, an denen die Schwerkraft so stark ist, dass sogar das Licht ihr nicht entkommen kann. Es ist ein »Pünktchen« mit unendlich hoher Dichte der Masse (siehe Info 72) und einer riesigen Anziehungskraft. Alles ist dort extrem kompakt zusammengedrängt. Dieses »Pünktchen« kann allerdings auch gigantisch groß sein … Wenn ein Stern einem Schwarzen Loch zu nahe kommt, wird er »verschluckt« und verschwindet. Allein in der Milchstraße, der Galaxie, der auch unser Sonnensystem angehört, soll es mehr als 100 000 Schwarze Löcher geben.

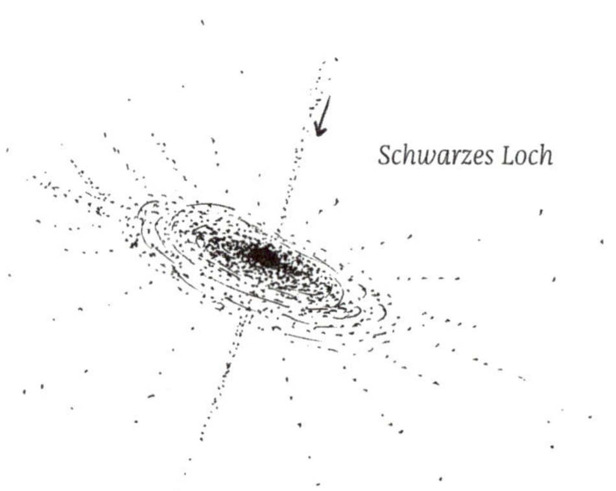

Von Schwarzen Löchern geht kein Licht aus, aber durch die starke Schwerkraft können sie das Licht der Gaswolken, die sie umgeben, krümmen. Manchmal krümmt sich Licht fast vollständig um ein Schwarzes Loch herum. In dem Moment entsteht ein »Band« aus Licht um einen dunklen Fleck herum. Das kannst du auf dem ersten Foto sehen, das jemals von einem Schwarzen Loch gemacht wurde.

Dieses erste Foto machte das Event Horizon Telescope oder EHT. Das EHT-Projekt ist ein großes Forschungsprojekt, an dem mehr als zweihundert Astronomen und Astronominnen weltweit zusammenarbeiten. Du kannst dir das Teleskop wie einen Zusammenschluss vieler Satellitenschüsseln auf der ganzen Welt, darunter Hawaii und Alaska, vorstellen. Indem man sie virtuell miteinander verbindet, entsteht ein Teleskop mit einer Satellitenschüssel, die fast so groß ist wie die Erde.

Das Schwarze Loch auf dem Foto liegt im Zentrum der Galaxie M87, die von der Erde ungefähr 55 Millionen Lichtjahre entfernt ist. Es ist vermutlich 6,5 Milliarden Mal so schwer wie unsere Sonne.

20 SOGAR IM WELTRAUM SCHWEBT MÜLL ...

Wusstest du, dass wir Menschen nicht nur unseren eigenen Planeten vermüllen, sondern auch den Weltraum? Ob du es glaubst oder nicht, um die Erde kreist enorm viel Abfall! Dieser Weltraummüll besteht nicht aus leeren Getränkedosen oder Plastikflaschen, sondern aus ausrangierten Satelliten und Satellitenbruchstücken. Zum einen ist es natürlich sehr schade, dass in diesem schönen Weltraum so viel Krempel rumfliegt. Zum anderen kann dieser Weltraumschrott zusammenstoßen und explodieren. Dadurch werden unter Umständen funktionierende Satelliten beschädigt.

Derzeit kreisen circa 7500 funktionsfähige Satelliten um unseren Planeten und zahllose kaputte. Das ist ein großes Problem. Wenn die kaputten Satelliten miteinander oder mit anderem Weltraummüll zusammenstoßen, wird noch mehr Schrott freigesetzt und so weiter: Jeder Zusammenstoß produziert mehr Schrott, durch den noch mehr Schrott entsteht, der wieder zu mehr Zusammenstößen führt. Das ist ein Teufelskreis, der auch *Kessler-Effekt* genannt wird.

Eine große Weltraumreinigungsaktion wäre hierfür eine gute Maßnahme. Inzwischen wurden Bedingungen aufgestellt, denen Raumfahrzeuge genügen müssen, bevor sie ins All geschossen werden dürfen. Sie müssen zum Beispiel so entworfen sein, dass sich so wenige Einzelteile wie möglich lösen können. Außerdem müssen die Konstrukteure Explosionen vorbeugen. Ausrangierte Satelliten müssen in eine »Friedhofsumlaufbahn« gebracht werden können, auf der sie keinen Schaden mehr anrichten.

Der Weltraumschrott, der jetzt schon dort oben herumfliegt, muss auch aufgeräumt werden. Die Europäische Weltraumorganisation ESA und andere arbeiten an einer großen Reinigungsaktion, der Mission *ClearSpace-1*. Manche Fachleute finden, dass mithilfe einer Steuer dafür gesorgt werden sollte, dass weniger Weltraummüll entsteht.

Eins ist auf jeden Fall sicher: Auch im Weltraum kommt man ums Aufräumen nicht herum!

21 WIR SEHEN IMMER DIESELBE SEITE DES MONDES

Guckst du manchmal nachts zum Mond hinauf? Wusstest du, dass du nie die Rückseite zu sehen bekommst? Das liegt daran, dass der Mond sich exakt einmal um die eigene Achse dreht, während er um die Erde kreist. Manchmal wird die Rückseite auch »die dunkle Seite des Mondes« genannt, aber das stimmt nicht.

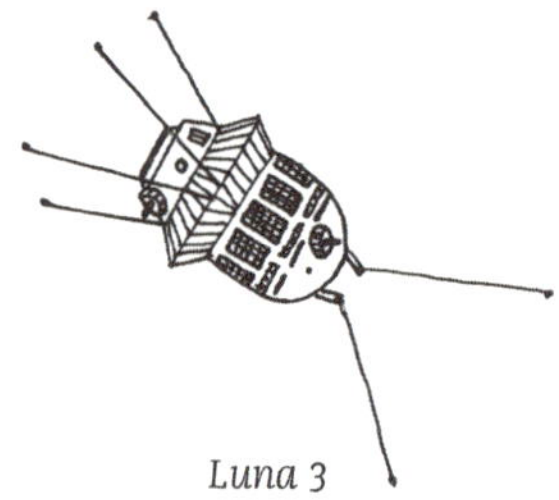

Luna 3

Die Rückseite des Mondes ist ein unebenes Gelände voller Senken und Krater. Das können Vulkankrater sein, aber auch Einschläge anderer Objekte aus dem Weltraum. Auf der Rückseite gibt es auch viel weniger dunkle Tiefebenen, *Mare* genannt, als auf der Vorderseite. Mare sind keine ausgetrockneten Seen, sondern vulkanische Flächen aus Basalt, einem Stein, der aus erstarrter Lava entsteht. Sowohl die Krater als auch die Mare kann man von der Erde aus mit bloßem Auge sehen. Das *Südpol-Aitken-Becken* ist ein Krater auf der Rückseite des Mondes. Mit einer Breite von ungefähr 2500 Kilometern und einer Tiefe von bis zu acht Kilometern ist es einer der größten Krater in unserem Sonnensystem. Fast unvorstellbar!

Das erste Bild von der Rückseite des Mondes machte 1959 die sowjetische Mondsonde *Luna* 3. 2019 landete die chinesische *Chang'e-4*-Mission (siehe Info 6) mit einem Raumfahrzeug auf der Rückseite des Mondes. Dies war die erste erfolgreiche Landung dort überhaupt.

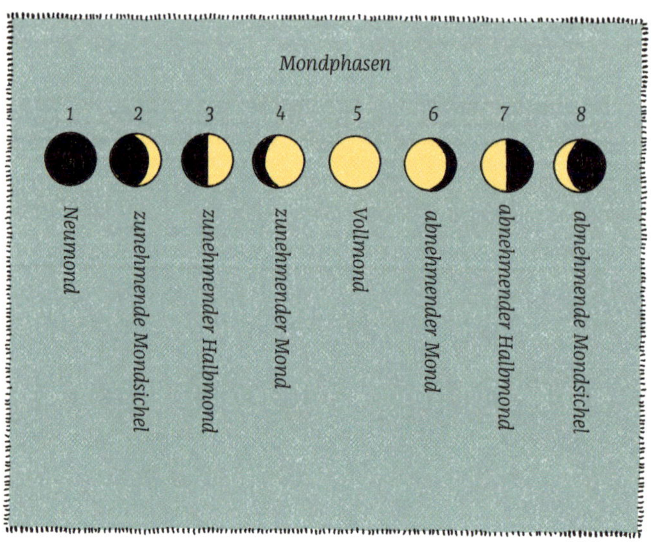

kosmische Strahlung

22 RAUMFAHREN IST GEFÄHRLICH

Nur wenige Menschen eignen sich für die Raumfahrt. Man muss nicht nur schlau sein und viel von Naturwissenschaften verstehen, sondern auch körperlich fit. Eine der größten Gefahren, denen Astronauten und Astronautinnen ausgesetzt sind, ist die kosmische Strahlung.

Im Weltall flitzen kleine Energieteilchen mit Lichtgeschwindigkeit umher. Manche von ihnen kommen von Stürmen auf der Sonne und sind sehr intensiv. Andere kommen von sterbenden Sternen in weit entfernten Galaxien. Diese Teilchen nennen wir *kosmische Strahlung*.

Mit dem bloßen Auge kann man die Teilchen nicht sehen, aber sie können die Körperzellen der Astronauten und Astronautinnen beschädigen und ihr Krebsrisiko erhöhen. Innerhalb des Magnetfelds der Erde geht es noch. Die Internationale Raumstation ISS beispielsweise liegt innerhalb dieses Felds, wodurch die Strahlung dort nicht so hoch ist. Aber bei einer Reise zum Mond oder zum Mars nimmt die kosmische Strahlung zu, und damit steigt auch das Risiko. Forschende suchen deshalb nach Mitteln, wie sie die Astronauten und Astronautinnen besser schützen können.

23 AUF JUPITER WÜTET SEIT JAHREN EIN GIGANTISCHER STURM

Jupiter ist von der Sonne aus betrachtet der fünfte Planet. Er ist ein Gasriese und der größte und schwerste Planet unseres Sonnensystems. Jupiter kann man leicht am Nachthimmel sehen, weil er sehr hell ist.

im Auge des Sturms auf dem Jupiter

Die Atmosphäre des Jupiters besteht aus verschiedenen Schichten auf unterschiedlichen Höhen. Das sorgt für kräftige Wirbelwinde und Stürme an den Stellen, an denen diese Schichten aufeinandertreffen.

Der Große Rote Fleck ist ein gigantischer Sturm, der schon seit Hunderten Jahren auf dem Jupiter wütet. Er ist ein Hochdruckgebiet mit Windgeschwindigkeiten von über 600 Stundenkilometern. Der Sturm wütet auf der Südhalbkugel des Planeten und dreht sich gegen den Uhrzeigersinn. Er ist größer als unser Planet Erde.

Schon vor langer Zeit wurde nachgewiesen, dass der Sturm immer »kleiner« wird. Mit der Zeit schrumpft das Gebiet, in dem der Sturm wirbelt. Wie das kommt, weiß man aber noch nicht.

24 SATELLITEN WERDEN IN EINEM BLITZBLANKEN RAUM GEBAUT

Möchtest du einen Satelliten bauen? Dann räum erst mal dein Zimmer auf! Dazu braucht man nämlich einen Reinraum, einen blitzblanken Raum. In einem Satelliten darf es kein einziges Staub- oder anderes luftgetragenes Teilchen geben, das dessen Funktionsfähigkeit stören könnte.

Es gibt verschiedene Arten von Reinräumen. Je nach Reinheitsgrad werden sie für unterschiedliche Dinge gebraucht. Der Reinheitsgrad bemisst sich an der Größe der Teilchen oder *Partikel*, die auf einem Kubikmeter vorkommen dürfen. Bei Satelliten sind die Normen sehr streng. Verunreinigungen könnten dazu führen, dass Kameras keine scharfen Bilder machen können. Sie könnten auch die Drähte und Kabel beschädigen und dadurch die Funktion des Satelliten beeinträchtigen. Deshalb wird die Luft im Reinraum stark gefiltert, damit kein Staubkörnchen mehr durchkommt. Der Luftdruck, die Temperatur und die Luftfeuchtigkeit werden ebenfalls kontrolliert, damit die Umgebungsfaktoren immer gleich bleiben.

Operation Satellit

Menschen, die an Satelliten arbeiten, tragen spezielle Anzüge, damit sie keine verschmutzenden Teilchen mitbringen. Die Anzüge halten auch Hautschuppen und ausfallende Haare zurück – denn auch die könnten den Satelliten verschmutzen. Zu guter Letzt gelten sehr strenge Regeln für das Material, das für den Bau von Satelliten verwendet wird.

25 WISSENSWERTES ÜBER MARS (DEN PLANETEN, NICHT DEN SCHOKORIEGEL!)

- Der Mars ist rund 229 Millionen Kilometer von der Sonne entfernt und der vierte Planet von der Sonne aus betrachtet. Die kürzeste Entfernung zur Erde beträgt 55 Millionen Kilometer, aber diese Entfernung ist nicht immer gleich.

- Der Mars hat eine sehr dünne Atmosphäre, die zum größten Teil aus Kohlendioxid besteht. Andere Bestandteile sind Stickstoff und das Edelgas Argon. Man kann also auf dem Mars nur wenig Sauerstoff atmen. Auf der Erde atmen wir mit einem Atemzug zu etwa vier Fünfteln Stickstoff und zu einem Fünftel Sauerstoff ein. Um auf dem Mars die gleiche Menge Sauerstoff zu kriegen, müsstest du 14 500-mal einatmen.

- Die Temperatur auf dem Mars schwankt zwischen 20 °C und -153 °C. Weil der Planet weiter von der Sonne entfernt ist als die Erde, ist es dort viel kälter als bei uns.

- Die Schwerkraft auf dem Mars beträgt nur ein Drittel von der auf der Erde.

- Der Mars ist ungefähr halb so groß wie die Erde.

- Ein Tag auf dem Mars dauert 24 Stunden und 37 Minuten, also ein bisschen länger als auf der Erde.

- Der Mars braucht für seine Runde um die Sonne fast zweimal so lang wie die Erde.

- Es gibt Jahreszeiten auf dem Mars. Weil ein Jahr dort länger dauert als auf der Erde, dauern auch die Jahreszeiten länger (siehe Info 10).

Einmal atmen auf der Erde

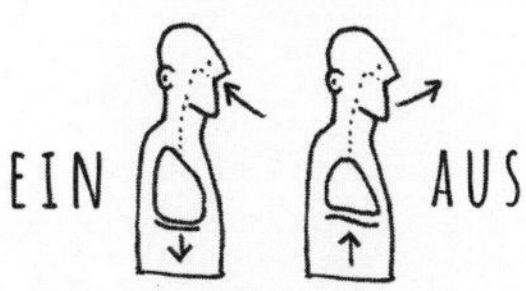

14 500-mal atmen auf dem Mars

26 AB WELCHER HÖHE BEGINNT DIE RAUMFAHRT?

Geh mal nach draußen und guck nach oben. In 100 Kilometern Höhe verläuft die Kármán-Linie. Siehst du sie? Nein? Das ist normal, denn die Kármán-Linie ist eine gedachte Linie, genau wie der Äquator. Wenn man diese Linie überschreitet, ist man offiziell im Weltraum. Erst ab dem Moment gilt man als Astronaut beziehungsweise Astronautin.

100 Kilometer ist nicht besonders weit. Es entspricht einer Fahrt von einer knappen Stunde auf der Autobahn. Leider (oder vielleicht ist das auch gut so?) können wir mit unserem Auto aber noch nicht senkrecht ins Weltall fahren.

Die Linie wurde nach dem Ungarn Theodore von Kármán benannt. Dieser Ingenieur und Physiker berechnete, ab wo die Atmosphäre zu dünn für die Luftfahrt wird. Das ist zwar nicht genau in 100 Kilometern Höhe, aber trotzdem wurde dort die Grenze gezogen, weil man sich die Zahl leicht merken kann: Alles über der Kármán-Linie ist Raumfahrt, alles darunter Luftfahrt.

Nicht überall ist die Kármán-Linie anerkannt. Für die NASA liegt die Weltraumgrenze beispielsweise bei 80 Kilometern. Da ist man noch schneller Astronaut!

27 DIE ERSTEN ASTRONAUTEN WAREN FRUCHTFLIEGEN

1947 war es so weit: Zum ersten Mal wurden Tiere ins Weltall geschossen. Nein, keine Hunde oder Affen, sondern Fruchtfliegen! Diese Fliegen sind dem Menschen nämlich genetisch und biologisch sehr ähnlich (auch wenn man das nicht meinen möchte). Indem man untersuchte, wie die Fruchtfliegen im Weltall zurechtkamen, wollte man mehr darüber erfahren, wie es für den Menschen dort sein könnte. Außerdem sind Fruchtfliegen klein und leicht, weshalb es nicht so schwierig war, sie in den Weltraum zu befördern.

Fruchtfliegen waren also die ersten Tiere, die an Bord einer deutschen Aggregat-4-Rakete die Kármán-Linie überquerten (siehe Info 26). Sie blieben nur knapp drei Minuten weg und überlebten ihren Ausflug ins All.

Es wurden noch viele andere Tiere in den Weltraum geschickt, bevor man sich an Menschen wagte. Die USA setzten auf Affen für ihr wissenschaftliches Raumfahrtprogramm, die Sowjetunion auf Hunde. Vielleicht kennst du die Geschichte von Laika, der ersten Hündin im Weltall? Leider gingen die Raumfahrten für diese Astro-Affen und Kosmo-Hunde nicht immer gut aus.

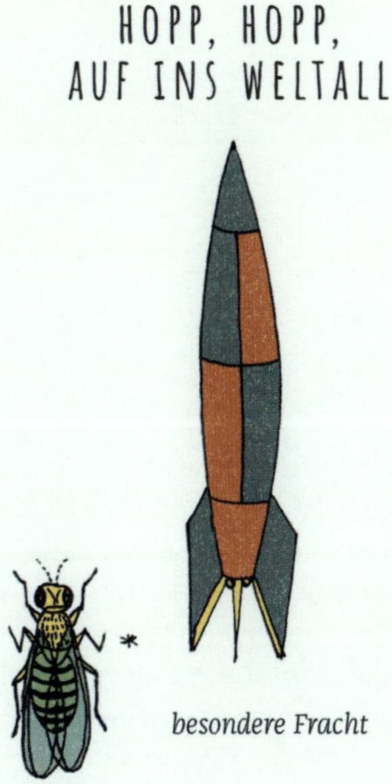

besondere Fracht

Inzwischen sind schon Mäuse, Schildkröten, Fische, Spinnen, eine Katze, Kaninchen – kurz: ein ganzer Zoo – in den Weltraum gereist.

über die Kármán-Linie

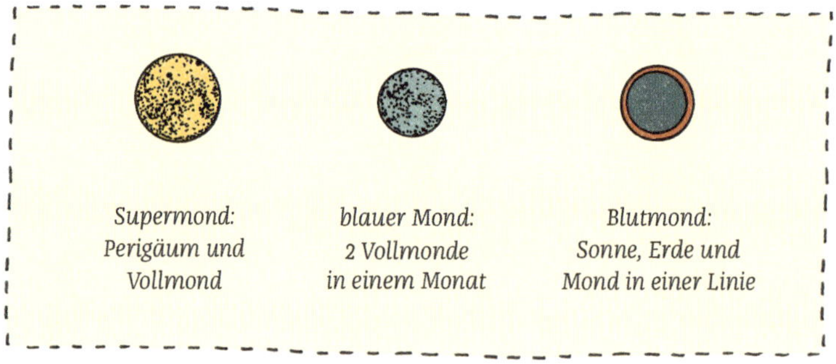

28 VON SUPERMONDEN, BLAUEN MONDEN UND BLUTMONDEN

Der Mond selbst gibt kein Licht ab, sondern reflektiert das Licht der Sonne. Wie schön ist doch ein Nachthimmel, an dem ein Vollmond, eine Mondsichel oder – einmal im Monat – ein Neumond steht. Wobei man den Neumond natürlich nicht sehen kann, denn der reflektiert kein Licht. Die verschiedenen Formen ergeben sich durch den Mondzyklus, der ungefähr einen Monat dauert (siehe Info 21). Selbstverständlich ändert der Mond nicht seine Form, sondern wir sehen im Laufe eines Mondzyklus jeweils nur den Teil der Mondoberfläche, der von der Sonne angestrahlt wird.

Die Entfernung des Mondes zur Erde beträgt durchschnittlich knapp 385 000 Kilometer. Durchschnittlich, denn sie ist nicht immer gleich. Der Mond kreist nämlich nicht auf einer runden Bahn um die Erde, sondern auf einer *elliptischen* oder *ovalen*. Deshalb ist der Mond manchmal näher dran, manchmal weiter weg.

Den Punkt, an dem der Mond der Erde am nächsten steht, nennt man *Perigäum* (*Erdnähe*). Dabei kommt der Mond der Erde auf 363 000 Kilometer nah. Der fernste Punkt des Mondes heißt *Apogäum*

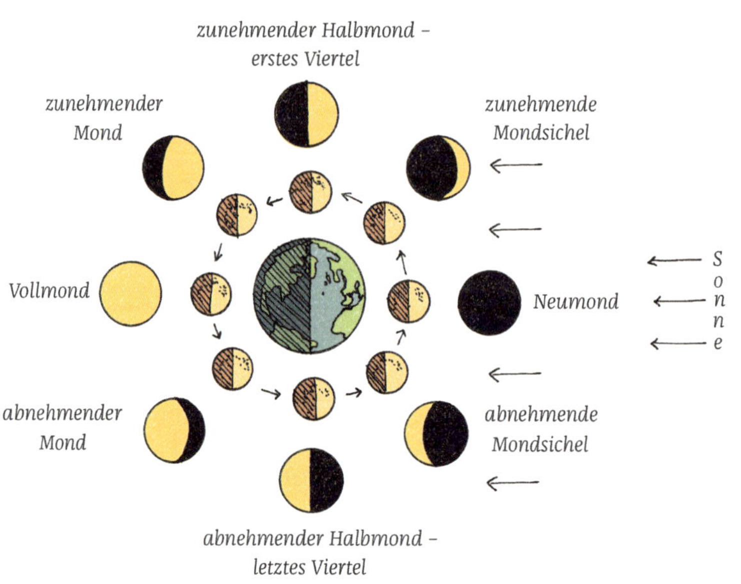

(Erdferne) und ist 406 000 Kilometer weit weg. Wenn der Vollmond mit der Erdnähe zusammenfällt (der Mond also im Perigäum steht), spricht man von einem Supermond.

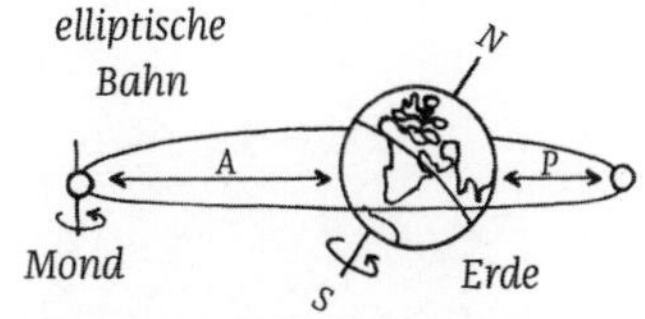

Durchschnittliche Entfernung: 385 000 km
Nächster Punkt (Perigäum): 363 000 km
Fernster Punkt (Apogäum): 406 000 km

Ein Supermond ist eigentlich gar nicht super. Er ist größer und heller als ein »normaler« Vollmond, aber man muss sich schon sehr anstrengen, um mit dem bloßen Auge einen Unterschied zu erkennen. Einen Supermond gibt es mehrmals im Jahr.

Alle zwei bis drei Jahre gibt es in einem Monat zwei Vollmonde. Dieser zweite Vollmond wird im englischen Sprachraum *Blue Moon*, blauer Mond, genannt. Zu guter Letzt gibt es auch noch den Blutmond. Den sieht man, wenn sich die Erde zwischen Sonne und Mond schiebt und alle drei auf einer Linie stehen. Dann fällt das Sonnenlicht erst an der Erde vorbei, bevor es auf den Mond trifft. Die Erde selbst ist natürlich lichtundurchlässig, doch ihre Atmosphäre lässt vor allem gelbes, orangefarbenes und rotes Licht gut durch. Das strahlt wiederum den Mond an, der dadurch blutrot aussieht.

29 WIR BEOBACHTEN DAS GETREIDE AUS DEM WELTRAUM

Bei Sturm und Regen können die Stängel von Getreide verbiegen oder sogar abknicken. Dann ist die Ernte schwierig, und die Körner sind meist von schlechterer Qualität. Wäre es deshalb nicht praktisch, wenn Bauern live verfolgen könnten, wie es um ihr Getreide steht? Dann könnten sie sofort eingreifen, wenn etwas schiefläuft, und früher ernten, um den Schaden zu begrenzen.

Fernerkundung

Niederländische Forschende haben für dieses Problem eine Lösung gefunden: Auf Satellitenbildern beobachten sie in verschiedenen Regionen, wie sehr sich die Weizenstängel biegen. Dieser Einsatz von Satellitendaten heißt Fernerkundung. Dem niederländischen Team gelang es, recht verlässlich vorherzusagen, wann sich das Getreide zu sehr biegen wird. Sie konnten sogar das Datum, an dem dieser Moment eintritt, relativ genau bestimmen. Mit der Hilfe verschiedener kanadischer und europäischer Satelliten beobachteten sie dafür in Italien Getreidefelder auf einer Fläche von 600 Hektar.

Diese Technik kann Bauern helfen, ihr Getreide jederzeit im Auge zu behalten. Das hat viele Vorteile: Der Anbau kostet die Bauern weniger, weil der Ertrag größer ist. Außerdem können sie mehr Getreide anpflanzen und erzielen eine bessere Qualität.

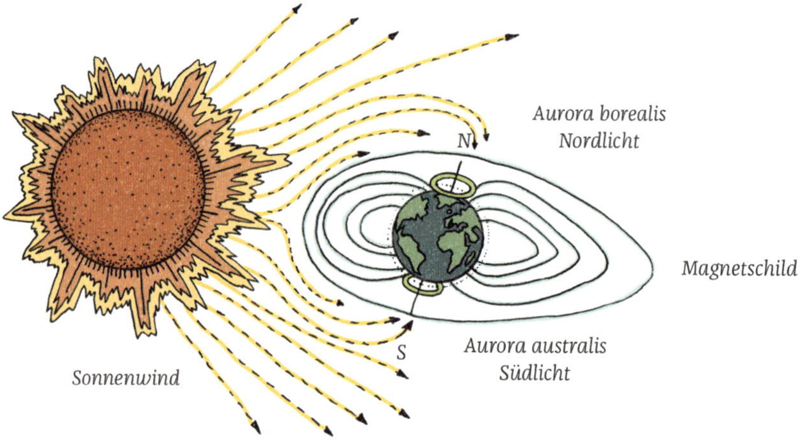

30 DAS MAGISCHE LICHT AN DEN POLEN

Am Nord- und Südpol kann man manchmal etwas ganz Besonderes sehen: Wenn es dunkel ist, erscheint am Himmel das Polarlicht, auch *Aurora polaris* genannt. Am Nordpol spricht man vom Nordlicht (*Aurora borealis*), am Südpol vom Südlicht (*Aurora australis*). Diese Lightshow findet in den obersten Schichten der Atmosphäre statt.

Das Polarlicht wird vom Sonnenwind verursacht. Das sind Ströme geladener Teilchen, die von der Sonne kommen. Die Erde hat ein Magnetfeld, das unseren Planeten zu einem Riesenmagneten mit einem Nord- und einem Südpol macht. Wenn die geladenen Teilchen nun die Erde erreichen, werden sie durch deren Magnetfeld zu den zwei Polen

magisches Polarlicht

geleitet. Dort treffen sie auf die Erdatmosphäre, in der ihre Energie auf Stickstoff- und Sauerstoffmoleküle trifft. Die Energie wird freigesetzt und zeigt sich im wunderschönen und farbenfrohen Polarlicht. Die Farbe des Lichts hängt unter anderem davon ab, welche Moleküle zusammenstoßen und in welcher Höhe das geschieht.

Bei hoher Sonnenaktivität ist der Sonnenwind stärker. Dann kann man dieses besondere Lichtschauspiel nicht nur an den Polen sehen, sondern auch in Regionen, die weiter von den Polen entfernt liegen wie Deutschland, Österreich oder der Schweiz. Leider kommt das nicht so häufig vor, sodass man meist in den hohen Norden oder fernen Süden reisen muss, wenn man das Polarlicht sehen möchte. Wir sind neugierig, ob das auch auf deiner Wunschliste steht ...

31 DER KERN DER SONNE IST 15 MILLIONEN GRAD CELSIUS HEISS

Im Kern der Sonne ist es mehr als nur brüllend heiß – stolze 15 Millionen Grad Celsius. An der Sonnenoberfläche sind es »nur« knapp 6000 °C. In der *Korona*, dem atmosphärischen Lichtkranz, der die Sonne umgibt und Millionen Kilometer weit reicht, kann es bis zu 2 Millionen Grad Celsius heiß sein. Heiß, heißer, am heißesten also!

Die Sonne steht im Mittelpunkt unseres Planetensystems – weshalb es auch »Sonnensystem« genannt wird. Die riesige Feuerkugel sorgt für Licht und Wärme und ermöglicht so Leben auf der Erde.

Im Kern der Sonne findet Kernfusion statt. Durch die hohen Temperaturen und den hohen Druck verschmelzen jeweils zwei Wasserstoffatome zu einem Heliumatom. Bei diesem Prozess wird jede Menge Energie freigesetzt: in Form von Wärme und Licht.

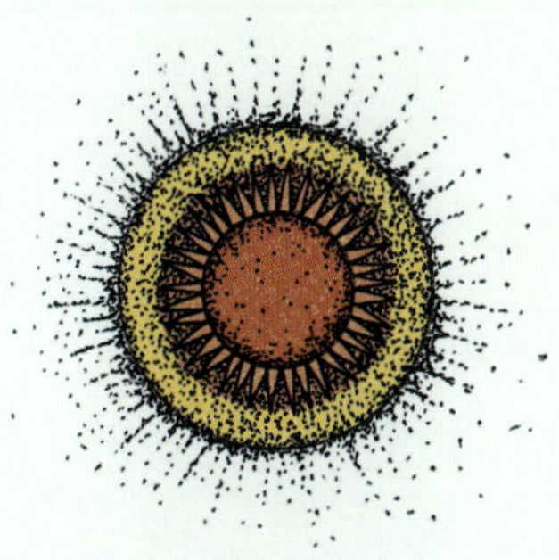

Kern: 15 Millionen °C
Oberfläche: 6000 °C
Korona: 2 Millionen °C

Bonus-Info:

- Die Sonne wiegt ungefähr 1 989 000 000 000 000 000 000 000 000 000 Kilogramm. Sie ist also kein Leichtgewicht und macht 99 Prozent der totalen Masse unseres Sonnensystems aus. Zum Vergleich: Die Erde wiegt »nur«6 000 000 000 000 000 000 000 000 Kilogramm (das ist nur ein 331-stel der Sonne).
- Der Durchmesser der Sonne beträgt etwas weniger als 1,4 Millionen Kilometer. Damit ist sie über hundertmal so groß wie die Erde.
- Die Entfernung zwischen Erde und Sonne beträgt durchschnittlich 150 Millionen Kilometer. Diese Entfernung wird Astronomische Einheit genannt.

32 MEIN VATER ERKLÄRT MIR JEDEN SAMSTAG UNSEREN NACHTHIMMEL

Früher zählte unser Sonnensystem neun Planeten, doch seit 2006 sind es nur noch acht. Von der Sonne aus gesehen sind das Merkur, Venus, Erde, Mars, Jupiter, Saturn, Uranus und Neptun. Mithilfe der Eselsbrücke »Mein Vater Erklärt Mir Jeden Samstag Unseren Nachthimmel«, bei der jeder Anfangsbuchstabe für einen Planeten steht, kannst du sie dir leicht merken.

Fällt dir auf, welcher Planet in dieser Reihe fehlt? Stimmt: Pluto! Pluto ist von der Sonne am weitesten entfernt und erfüllte nicht länger alle Bedingungen, um als Planet gelten zu dürfen. Deshalb wurde er zum Zwergplaneten degradiert.

Pluto liegt im *Kuipergürtel*. Das ist eine Region in unserem Sonnensystem, in der viele planetenartige Objekte herumschwirren. Manche sind fast genauso groß wie Pluto. Der Zwergplanet *Eris* zum Beispiel, der 2005 entdeckt wurde.

Pluto bewegt sich zudem auf einer ungewöhnlichen Bahn um die Sonne: Seine Umlaufbahn ist viel stärker elliptisch (oval) als die Bahnen der anderen Planeten.

2006 beschloss man, dass Pluto kein Planet mehr sein sollte, weil er zu klein ist, um seine Umlaufbahn von anderen Objekten frei zu halten. Pluto wurde ein Zwergplanet, genau wie *Ceres* und *Eris*.

Zusätzliche Planeten-Info:

- Die vier Planeten, die der Sonne am nächsten sind (Merkur, Venus, Erde und Mars), sind *terrestrische* oder *felsartige* Planeten. Das heißt, dass sie eine feste Oberfläche haben, auf der man springen, tanzen und laufen könnte.
- Die anderen vier Planeten (Saturn, Jupiter, Uranus und Neptun) sind Gasriesen. Sie bestehen aus Gas und sind viel größer. Auf ihnen könnte man nicht tanzen und springen, sondern würde versinken.

Merkur – Venus – Erde – Mars – Jupiter – Saturn – Uranus – Neptun
Mein – Vater – Erklärt – Mir – Jeden – Samstag – Unseren – Nachthimmel

– 2 –

ALLES ERDE

33 DIE ERDE BEWEGT SICH STÄNDIG

Du weißt bestimmt, dass die Erde aus verschiedenen Kontinenten besteht. Das war nicht immer so. Mehrmals in der Geschichte unserer Erde gab es nur einen einzigen Kontinent, einen Superkontinent. Damals hättest du einfach so von der einen Seite bis zur anderen fahren können, ohne Wasser überqueren zu müssen.

Pangäa, der letzte Superkontinent, war von einem Superozean umgeben: *Panthalassa*. Vor ungefähr 200 Millionen Jahren fing der Superkontinent an auseinanderzudriften, sodass andere Kontinente entstanden. Das nennt man Kontinentaldrift, und die entsteht durch die Plattentektonik. Die Kontinentalplatten bestehen aus Erdkruste und einem Teil des Erdmantels. Sie können sich unabhängig voneinander bewegen. Derzeit gibt es sieben größere und eine Handvoll kleinere tektonische Platten, die sowohl an Land als auch im Ozean liegen. Langfristig können sich Kontinente aneinander vorbei, auseinander oder aufeinander zubewegen.

Bonus-Info:

- Der Name Pangäa kommt vom griechischen Wort *Pangaia*, das sich zusammensetzt aus *pan* = ganz, alle und *gaia* = Erde, Land. Also »ganze Erde, alle Länder«.
- Die Kontinente verschieben sich immer noch im Verhältnis zueinander. Das geht sehr langsam, nur wenige Zentimeter im Jahr. Indien bewegt sich immer noch nach Norden, deshalb wird der Himalaja auch jedes Jahr ein bisschen höher (siehe Info 53). Europa und Nordamerika treiben immer noch auseinander.
- Auf einer heutigen Weltkarte kannst du erkennen, wie die Kontinente früher aneinanderpassten. Du brauchst dir bloß Afrika und Südamerika anzusehen.

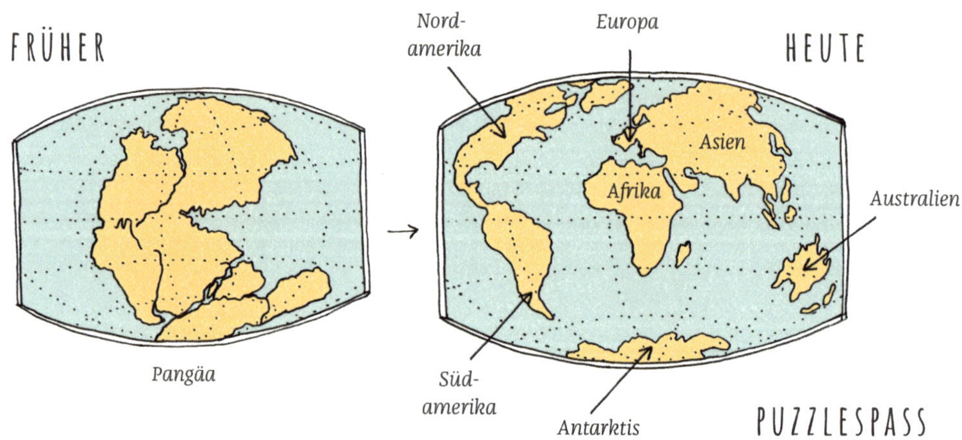

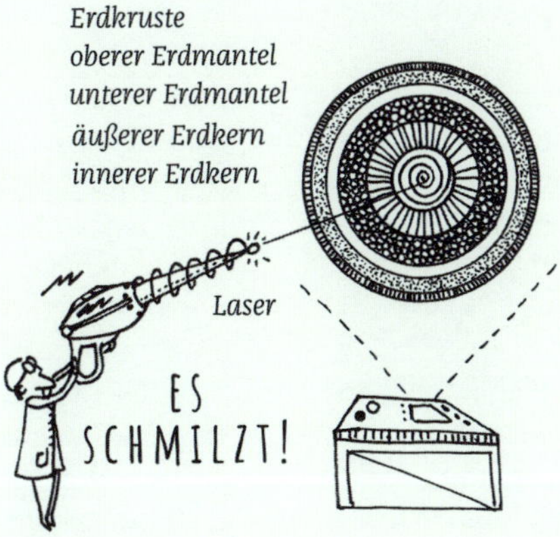

34 DAS ERDINNERE BESTEHT AUS EISEN

Die Erde setzt sich aus mehreren Schichten zusammen: der Erdkruste, dem oberen und unteren Erdmantel, dem flüssigen äußeren und dem festen inneren Erdkern. Der flüssige äußere Erdkern besteht überwiegend aus Eisen. Er ist flüssig, weil dort Temperaturen bis zu 5000 °C erreicht werden. Noch tiefer, im inneren Erdkern, ist der Druck so hoch, dass der Kern aus festem Eisen besteht. Früher dachte man, dass auch der innere Erdkern eine Temperatur von 5000 °C habe, aber Forschende entdeckten vor einigen Jahren, dass er noch heißer ist.

Anhand von *seismischen Wellen*, also Erdbebenwellen, können Forschende unter anderem die Dichte des Kerns und den Druck dort ermitteln. Bei der Temperatur ist das schwieriger, weil sie im Erdinneren natürlich nicht einfach selbst messen können.

Zum Glück kam ein Forschungsteam auf eine Idee, wie man dieses Problem lösen könnte: Sie bauten das Erdinnere in einem Labor nach. Mithilfe von Diamanten übten sie enormen Druck auf das Eisen aus, vergleichbar mit dem Druck, der unter anderem vom flüssigen äußeren Kern auf den inneren wirkt. Dann wurde das Eisen mit einem Laserstrahl erhitzt. Mit dieser Technik entdeckte das Team, dass im inneren Erdkern die Temperatur bei über 6000 °C liegen kann. Das ist 500 bis 1000 °C höher als gedacht.

35 EIN KORALLENRIFF, DAS MAN AUS DEM WELTRAUM SEHEN KANN

Das Great Barrier Reef vor Australien ist das größte Korallenriff der Welt. Es besteht aus ungefähr dreitausend verschiedenen Korallenriffen, die zusammen ein großes Ganzes bilden. Mit einer Länge von 2300 Kilometern ist es sogar die größte lebendige Struktur der Welt. Und auch die Oberfläche ist riesig: fast 350 000 Quadratkilometer – das ist fast so groß wie Deutschland!

Als einzige lebendige Struktur der Welt kann man das Great Barrier Reef sogar aus dem Weltraum sehen. Darüber freuen sich die Astronauten und Astronautinnen, die über unseren Köpfen in der Raumstation ihre Runden drehen.

Rund um das Riff leben über 1500 verschiedene Fischarten. Auch Delfine, Wale, Seeschlangen, Meeresschildkröten und Salzwasserkrokodile fühlen sich dort wohl. Außerdem ist das weitläufige Riff Brutplatz für 200 Vogelarten. Es ist also nicht nur schön anzusehen, sondern auch sehr wichtig für unzählige Lebewesen.

Leider erwärmt sich durch den Klimawandel auch das Meerwasser und wird saurer. Dadurch bleicht das farbenfrohe Riff aus und stirbt sogar ab. Auch der industrielle Fischfang und der Tourismus tragen zur Zerstörung des Riffs bei.

Meist können sich Korallenriffe von allein regenerieren, also erholen. Doch durch den beschleunigten Klimawandel bleibt dafür leider nicht genug Zeit. Das Great Barrier Reef verschwindet schneller, als es sich erholen kann. Fachleute befürchten, dass so gut wie alle Korallenriffe weltweit verschwinden könnten, wenn der Klimawandel nicht aufgehalten werden kann.

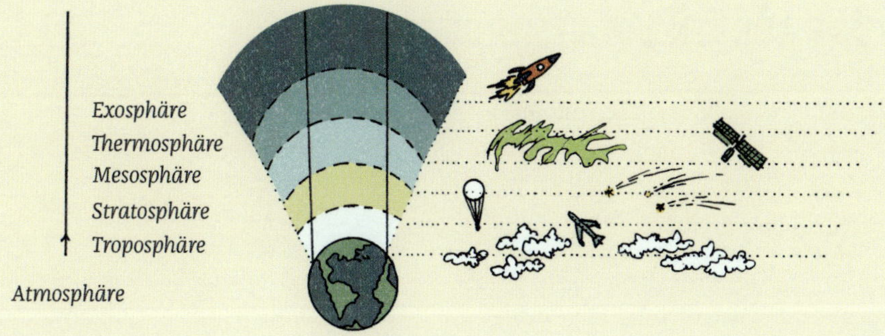

36 OHNE DIE ATMOSPHÄRE IST EIN LEBEN AUF DER ERDE NICHT MÖGLICH

Die Atmosphäre – die gasförmige Hülle der Erde – besteht aus verschiedenen Schichten. Man kann sie ein bisschen mit verschiedenen Daunendecken vergleichen, die übereinanderliegen und unter denen wir es kuschelig warm haben. Ohne diese wichtige Schutzschicht wäre ein Leben auf der Erde nicht möglich. Die Atmosphäre sorgt dafür, dass der Erde keine Wärme verloren geht, und schützt uns gegen schädliche Strahlung aus dem Weltraum.

Sehen wir uns die verschiedenen Schichten einmal genauer an:

- Die *Troposphäre* liegt zwischen 0 und 15 Kilometern Höhe. Flugzeuge fliegen hier.
- Die *Stratosphäre* liegt zwischen 15 und 50 Kilometern.
- Die *Mesosphäre* liegt zwischen 50 und 85 Kilometern. In dieser Schicht verbrennen die meisten Meteoren. Die sehen wir dann als Sternschnuppen.
- Die *Thermosphäre* liegt zwischen 85 und 600 Kilometern. In dieser Schicht zeigt sich das Polarlicht. Hier verläuft auch die (gedachte) Kármán-Linie, die die Grenze zum Weltraum darstellt (siehe Info 26). Die ISS (*International Space Station* – »Internationale Raumstation«) kreist meist in einer Höhe von 400 Kilometern um die Erde.
- Die *Exosphäre* erstreckt sich danach bis in 10 000 Kilometern Höhe.

37 IN DEINEM LEBEN GEHST DU UNGEFÄHR FÜNF RUNDEN UM DIE ERDE

Ein aktiver Mensch macht vielleicht 7500 Schritte pro Tag. Diese Zahl ist natürlich von Mensch zu Mensch sehr unterschiedlich, aber gehen wir für unsere Berechnung einmal von 7500 Schritten aus. Nehmen wir an, dass ein Mensch durchschnittlich 80 Jahre alt wird, dann ergeben sich daraus 219 000 000 oder auch 219 Millionen Schritte im Leben.

Mit diesen 219 Millionen Schritten kommt man auf eine lebenslange Wanderung von ungefähr 177 000 Kilometern. Das ist sehr weit. Wenn du auf dem Äquator laufen würdest, wären das ganze fünf Runden um die Erde! Der Äquator ist nämlich etwas länger als 40 000 Kilometer.

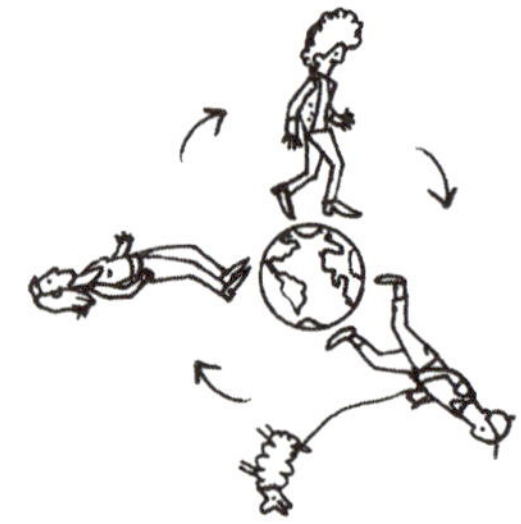

Noch eine Runde!

Zusätzliche Wander-Info:

- Die längste Wanderroute der Welt ist der *Great Trail*. Er ist fast 24 000 Kilometer lang und verläuft quer durch Kanada. Wenn du die ganze Route wandern möchtest, solltest du genug Zeit mitbringen. Stell dir vor, du gehst 30 Kilometer pro Tag (was echt schon ziemlich viel ist), dann brauchst du immer noch über zwei Jahre …

- Den Rekord für die längste Wanderung hält der Engländer George Meegan. Er wanderte zwischen 1977 und 1983 stolze 30 608 Kilometer. Er begann am südlichsten Punkt Südamerikas und wanderte bis nach Alaska in Nordamerika. Er durchwanderte also die komplette Westhalbkugel der Länge nach. Dafür brauchte er 41 Millionen Schritte. Herr Meegan berichtete, dass er dabei 13 Paar Wanderschuhe verschlissen hat. Kein Wunder!

George Meegan

- Hast du schon mal vom Weltrekord »Über Legosteine Laufen« gehört? Den gibt es wirklich, und der Rekordhalter heißt Salacnic Molina aus den USA. Er lief fast neun Kilometer barfuß über Legosteine. Autsch!

Lego-Wandern

größte Schneewüste

38 DIE GRÖSSTE WÜSTE DER ERDE IST AUS SCHNEE UND EIS

Beim Wort »Wüste« denkst du wahrscheinlich an Sonne, Hitze und Sand – viel Sand! –, nicht an Kälte und Schnee. Dabei ist der Südpol – die Antarktis – die größte Wüste der Erde. Eine Wüste wird nämlich nicht durch die Temperatur bestimmt, die dort herrscht, sondern durch die jährliche Niederschlagsmenge. In der Polarwüste der Antarktis fallen weniger als 200 Millimeter Regen pro Jahr.

Damit verdient die antarktische Wüste mit ihren knapp 14 Millionen Quadratkilometern den Titel der größten Wüste der Welt. Die Antarktis ist der kälteste, trockenste und windigste Kontinent der Welt. Sie ist unbewohnt, jedoch werden jedes Jahr Forschungsmissionen organisiert, bei denen Wissenschaftlerinnen und Wissenschaftler manchmal monatelang in der Forschungsstation am Südpol wohnen.

Die zweitgrößte Wüste liegt am Nordpol. Die arktische Wüste erstreckt sich unter anderem über kanadisches, dänisches, norwegisches, russisches und US-amerikanisches Gebiet. Die arktische Wüste ist knapp 13,4 Millionen Quadratkilometer groß. Am Nordpol ist es weniger kalt als am Südpol. Die Temperatur fällt dort auf bis zu -50°C, während es am Südpol bis zu -90 °C kalt werden kann.

Den dritten Platz belegt die Sahara mit 9 Millionen Quadratkilometern. Die Sahara liegt in Nordafrika und ist eine »typische« Wüste: Dort ist es sehr warm, trocken und sandig.

BRUTZEL

Verkehrte Wüste?

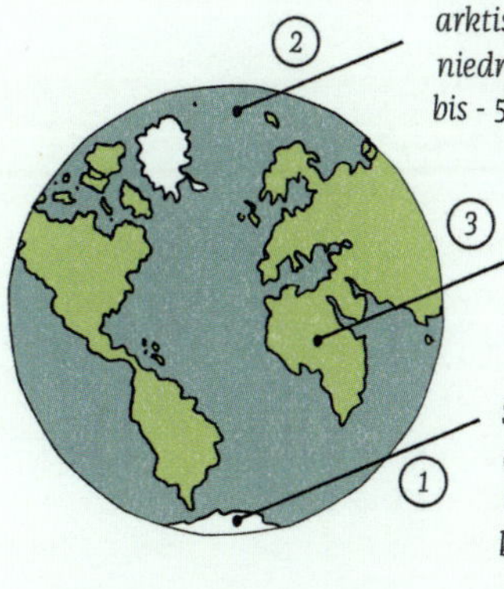

39 AUF WOLKEN KANN MAN SCHIESSEN

Lasst es schneien!

Stell dir vor, man könnte es irgendwo schneien lassen, um beispielsweise Flüsse mit (Schmelz-) Wasser zu füllen. Ob du es glaubst oder nicht, Forschende arbeiten tatsächlich an einer Technik, mit der das möglich werden soll. Indem man von einem Flugzeug aus mit Silberjodid (einem nicht-wasserlöslichen Salz) auf Wolken schießt, kann man dafür sorgen, dass (mehr) Schnee fällt. Bei niedrigen Temperaturen gefrieren Wasserteilchen in der Wolke an den Silberjodid-Teilchen, wodurch schwerere und dickere Tropfen entstehen. Sobald diese schwer genug sind, kommt es zu (mehr) Schneefall.

Drei verschiedene Experimente hat man bisher durchgeführt, bei denen auf Wolken geschossen wurde. Dabei soll genug Schnee gefallen sein, um eine Fläche von 2000 Quadratkilometern zu bedecken (ungefähr Berlin, Hamburg und München zusammengenommen). Mit dem Schmelzwasser könnte man 282 olympische Schwimmbecken füllen.

Leider ist die Technik noch nicht ausgereift. Die Niederschlagsmenge angrenzender Gebiete wird dadurch nämlich ebenfalls beeinflusst. Wenn dort dann mehr oder auch weniger Niederschlag fällt, kann das unerwünschte Folgen haben. Außerdem besteht das Risiko, dass (viel) mehr Niederschlag fällt, als gut ist.

Wenn es aber gelingt, diese Probleme zu lösen, könnte diese Technik dazu beitragen, Flüsse mit zusätzlichem Wasser zu füllen. Der berühmte Colorado River in den USA beispielsweise, der durch den Grand Canyon fließt, droht auszutrocknen und könnte etwas mehr Niederschlag gut gebrauchen.

40 LAVA BRINGT PLANKTON ZUM BLÜHEN

Der Kilauea ist einer der aktivsten Vulkane der Welt. Er liegt auf Hawaii und bricht immer wieder aus. Bei einem Ausbruch 2018 ergoss sich sehr viel Lava ins Meer. So viel, dass 3 Quadratkilometer neue Küste entstanden. Gleichzeitig geschah etwas Merkwürdiges: Das Meer färbte sich türkis. Das kam durch das Wachstum von Phytoplankton. Die Farbe verteilte sich immer weiter ins Meer hinein, bis 150 Kilometer vor die Küste. Das konnte man sogar auf Satellitenbildern sehen. Was war da los?

Phytoplankton besteht aus winzigen Algen, Bakterien und anderen Pflanzen, die an der Wasseroberfläche treiben. Während des Vulkanausbruches wuchs die Planktonmenge enorm an. Danach hörte das Wachstum wieder auf. Forschungsteams entnahmen Wasserproben. Sie untersuchten die Zusammensetzung des Wassers und notierten die Planktonarten.

Das Wasser enthielt viel mehr Nitrat als vor dem Ausbruch – ein wahres Festmahl für Plankton. Dabei enthält Lava eigentlich fast keinen Stickstoff,

der für die Bildung von Nitrat nötig ist.
Es musste eine andere Erklärung geben.

Die Forschenden entdeckten, dass die große Nitratmenge aus den untersten Wasserschichten des Ozeans stammte. Diese sind viel kälter und schwerer und befinden sich deshalb normalerweise in größeren Tiefen. Die Lavaströme hatten die untersten Meeresschichten aber erwärmt, sodass sie aufstiegen. Dadurch kam auch das Plankton in den Genuss der Nährstoffe darin und wuchs enorm.

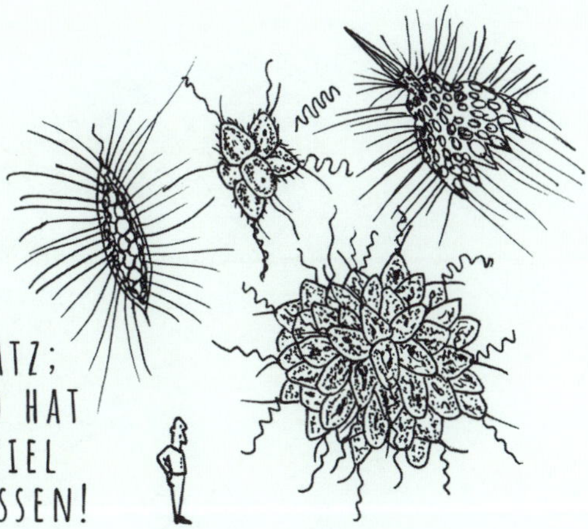

41 SONNENCREME IST SCHLECHT FÜR KORALLENRIFFE

Sonnencreme schützt dich vor den Sonnenstrahlen. Leider enthalten viele Cremes chemische Inhaltsstoffe, die schädlich sind. Wenn du im Meer schwimmen gehst, bleiben sie im Wasser und können großen Schaden anrichten. Besonders schädlich sind diese Sonnencremes für Korallenriffe. Die Korallen nehmen die chemischen Stoffe auf und wachsen dadurch schlechter. Nach einer Weile verlieren sie ihre schönen Farben und bleichen aus. Durch den Klimawandel wird zudem das Wasser wärmer und saurer (siehe Info 35). Korallenriffe haben es also schwer.

Korallenriffe, von Sonnencreme überrascht

Die Schadstoffe aus Sonnencremes landen auch auf anderen Wegen im Meer. Wenn du Sprühsonnencreme verwendest, können sich die Stoffe auf dem Sand absetzen und später vom Wind oder von der Flut ins Meer getragen werden.

Manche Länder ergreifen drastische Maßnahmen zum Schutz des Meeres und der Korallenriffe.
In Hawaii dürfen seit dem 1. Januar 2021 keine Sonnencremes mit bestimmten Schadstoffen mehr verkauft werden. Dafür wurde sogar ein Gesetz erlassen.

Trotzdem ist es natürlich eine gute Idee, sich einzuschmieren, bevor man in die Sonne geht. Nimm ganz einfach eine biologisch abbaubare Sonnencreme oder zieh Kleidungsstücke an, die dich vor der Sonne schützen. Das ist gut für deine Haut und für die Lebewesen im Meer!

42 DIE SCHNEEMENGE IN DEN BERGEN KANN MAN SO GUT WIE NICHT MESSEN

Um zu messen, wie viel Schnee im Gebirge liegt, greifen Forschende seit Kurzem auf die Radarmesswerte von Sentinel-1 zurück. Das ist ein Satellit der Europäischen Weltraumorganisation ESA. An Orten, an denen viel Schnee liegt, misst der Satellit, wie stark das Sonnenlicht reflektiert wird. Die verschiedenen Signale ermöglichen die Berechnung der Schneedicke. Dank dieses Satelliten ist es jetzt auch möglich, an schwer zugänglichen Orten, zum Beispiel im Himalaja, zu messen, wie hoch die Schneedecke ist.

Die amerikanische Raumfahrtbehörde NASA arbeitet derweil an einem Satelliten, der speziell für die genaue Messung der Schneemenge in den Weltraum geschickt werden soll. Es wird allerdings wahrscheinlich noch einige Jahre dauern, bis dieser Satellit fertig ist.

Es ist wichtig zu wissen, wie viel Schnee auf der Erde liegt, denn schmelzender Schnee versorgt fast eine Milliarde Menschen mit Trinkwasser. Dieses Wasser wird außerdem für die Landwirtschaft und Lebensmittelproduktion verwendet. Indem Forschende die Schneemenge beobachten und dokumentieren, ist es ihnen möglich, die Eisschmelze vorherzusagen. So weiß man, wann Wasser zur Verfügung stehen wird, und kann gleichzeitig die Überflutungsgefahr berechnen. Über einen langen Zeitraum betrachtet sagt die Schneemenge außerdem viel über den Fortschritt des Klimawandels durch die Erderwärmung aus. Schnee reflektiert bis zu 90 Prozent des Sonnenlichts und sorgt so für die Abkühlung unseres Planeten. Meeresoberfläche und Baumwipfel beispielsweise reflektieren viel weniger Sonnenlicht und nehmen deshalb mehr Wärme auf. Je weniger Schnee liegt, desto schneller wird sich der Planet erwärmen.

43 DIE SAHARA WAR EINST DER GEFÄHRLICHSTE ORT DER WELT

Vor 100 Millionen Jahren war die Sahara der gefährlichste Ort der Welt. Das haben Paläontologinnen und Paläontologen – das sind Forschende, die sich mit Fossilien (versteinerten Pflanzen- und Tierüberresten) beschäftigen – entdeckt.

Die Sahara ist die größte Sandwüste und die drittgrößte Wüste der Erde (siehe Info 38). Sie liegt in Nordafrika zwischen dem Atlantik und dem Roten Meer. Früher war die Sahara nicht so trocken und sandig wie heute, sondern es gab dort eine Vielzahl von Pflanzen und Tieren.

Vor rund 100 Millionen Jahren lebten dort sogar riesige Raubtiere, beispielsweise fleischfressende und fliegende Dinosaurier. Paläontologen fanden unter anderem Fossilien des Spinosaurus. Das waren riesige Saurier, die mehr als 7000 Kilogramm wogen und bis zu 16 Meter lang wurden. Aber das ist noch nicht alles! Die Forschenden fanden auch Fossilien des ebenso riesigen Carcharodontosaurus, eines fleischfressenden Sauriers. Seine Zähne wurden bis zu 20 Zentimeter lang. In den Flüssen, die die Sahara durchzogen, lebten furchteinflößende Fische wie der Onchopristis, eine Art Riesensägerochen, dessen Zähne Widerhaken hatten. Hinzu kamen auch noch Flugsaurier mit einer Flügelspannweite von bis zu 13 Metern. Du verstehst also sicher, warum die Sahara ziemlich gefährlich war.

Onchopristis

Spinosaurus

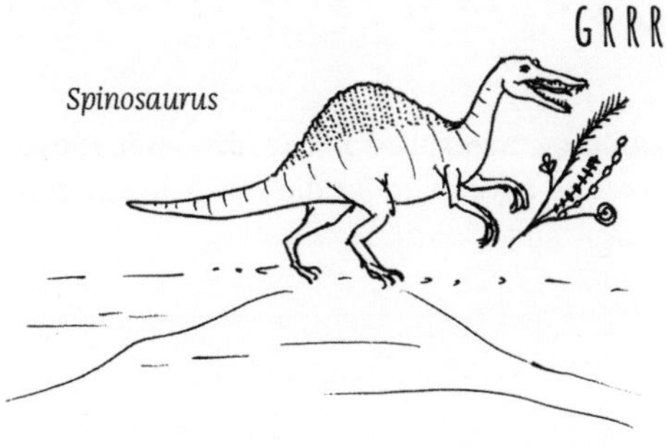

Nach den Eiszeiten veränderte sich das Klima der Sahara. Es wurde dort immer trockener und heißer. Tagsüber kann es über 45 °C werden, nachts fällt die Temperatur oft bis unter den Gefrierpunkt. Das kommt daher, dass es dort keine Wolkendecke gibt, die die Wärme nachts festhält. Die Trockenheit und die extremen Temperaturschwankungen machten aus der Sahara einen Ort, an dem nicht viel Leben möglich ist.

Brücken bauen

44 IM WINTER KANN MAN VON RUSSLAND ZU FUSS IN DIE USA GEHEN

Russland und die USA scheinen auf den ersten Blick recht weit auseinanderzuliegen – erst recht, wenn man auf eine Karte in einem Atlas guckt. Doch in Wirklichkeit beträgt die Entfernung zwischen den beiden Ländern nur 3,8 Kilometer! Das kann man vor allem auf einem Globus gut sehen. Im Winter könnte man sogar über eine Brücke aus Eis vom einen Land ins andere gehen.

Im Norden der beiden Länder, in der Beringstraße, liegen nämlich die Diomedes-Inseln. Auf russischer Seite gibt es die Ratmanow-Insel, auch *Große Diomedes-Insel* genannt. Sie ist 29 Quadratkilometer groß und unbewohnt. Auf amerikanischer Seite, in Alaska, liegt Little Diomede Island, die *Kleine Diomedes-Insel*, die nicht einmal 7 Quadratkilometer groß ist und auf der zuletzt unter 100 Einwohner gezählt wurden. Im Winter friert das Meer zwischen den Inseln zu, sodass man problemlos hinüberspazieren könnte. Leider darf man das jedoch nicht. Die USA und Russland sind nämlich meist nicht die allerbesten Freunde.

Es wird aber noch verrückter! Zwischen den beiden Inseln verläuft die internationale Datumsgrenze. Die Ratmanow-Insel ist deshalb immer fast einen Tag weiter als die Kleine Diomedes-Insel (im Winter 21 Stunden, im Sommer 20 Stunden). Deshalb wird die Ratmanov-Insel auch Tomorrow Island (»Morgen-Insel«) genannt, während die Kleine Diomedes-Insel auch Yesterday Island (»Gestern-Insel«) heißt. Wenn man von der Kleinen Diomedes-Insel auf die Ratmanow-Insel guckt, guckt man also buchstäblich in die Zukunft …

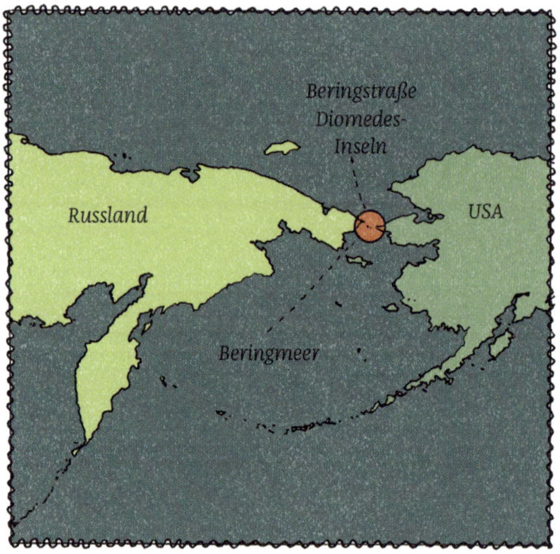

45 ALASKA IST DER NÖRDLICHSTE, WESTLICHSTE UND ÖSTLICHSTE STAAT DER USA

Die USA hat fünfzig Bundesstaaten. Einer davon ist Alaska, bekannt für seine wunderbare Natur und seine Grizzlybären.

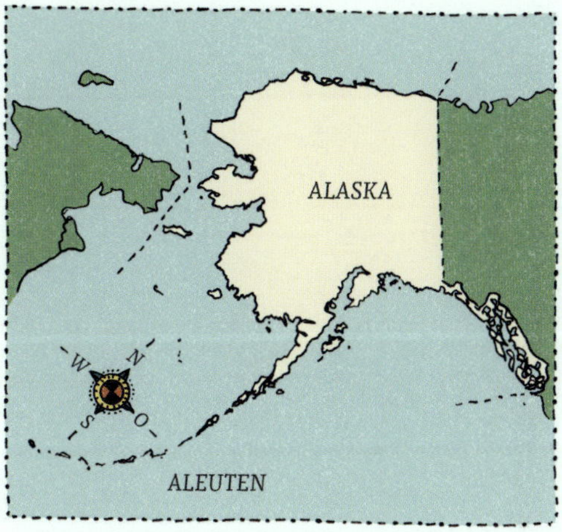

Alaska liegt im Nordwesten der USA. Es ist deshalb nicht ungewöhnlich, dass es der nördlichste und westlichste Bundesstaat ist. Aber wusstest du, dass Alaska auch der östlichste Bundesstaat ist? Das liegt daran, dass es eigentlich eine Halbinsel ist, an die sich eine lange Inselkette anschließt, die Aleuten. An deren Ende liegt das winzige und unbewohnte Inselchen *Semisopochnoi*, und zwar so weit westlich, dass es schon wieder auf der Osthalbkugel liegt. So kommt es, dass Alaska der nördlichste, westlichste und östlichste amerikanische Bundesstaat ist.

Noch mehr Alaska-Infos:

- Alaska gehörte ursprünglich zu Russland. Am 30. März 1867 wurde es den USA für 7,2 Millionen Dollar verkauft.
- Alaska schloss sich am 3. Januar 1959 als 49. Bundesstaat den USA an. Der 50. Staat ist Hawaii, das seit dem 21. August 1959 zu den USA gehört.
- Mit einer Fläche von fast 1,5 Millionen Quadratkilometer ist Alaska der allergrößte Bundesstaat der USA. Das ist fast fünfmal so groß wie Deutschland. Kein Wunder, dass man es Alaska nannte, denn das bedeutet »großes Land«.
- Der Bundesstaat Alaska hat über 2000 Gletscher und drei Millionen Seen.
- Die Stadt Fairbanks in Alaska ist die kälteste Stadt der USA. Im Winter ist es dort durchschnittlich -20 °C kalt.

46 LERNE, DAS WETTER VORHERZUSAGEN!

Meteorologen und Meteorologinnen stützen ihre Wettervorhersagen auf neueste Technologien und detaillierte *Simulationen*. Sie berücksichtigen dabei viele Faktoren, wie Sonne, Regen, Wolken und Luftströmungen. Ihre Vorhersagen sind heutzutage viel genauer als früher.

Aber wusstest du, dass auch du ganz ohne Technologie das Wetter des Tages vorhersagen kannst? Dazu musst du dir nur die Wolken gut angucken.

Wolken entstehen, wenn Luft bis zum *Taupunkt* abkühlt. Das ist die Temperatur, an der die Luft den Wasserdampf (also Wasser, das zu Gas verdampft ist) nicht mehr festhalten kann. Der Wasserdampf bildet kleine Wassertropfen (er *kondensiert*), und dadurch entsteht eine Wolke.

Wenn du mehrere Wolkenarten erkennen kannst, kannst du das Wetter des Tages vorhersagen:

- Cumulus: eine Wolke, die aussieht wie eine Daunendecke. Sie wird »Schönwetterwolke« genannt und kündigt trockenes Wetter an.
- Cumulonimbus: Gewitterwolken. Sie sind eigentlich eine Anhäufung von Cumuluswolken, die immer größer werden und sich immer höher

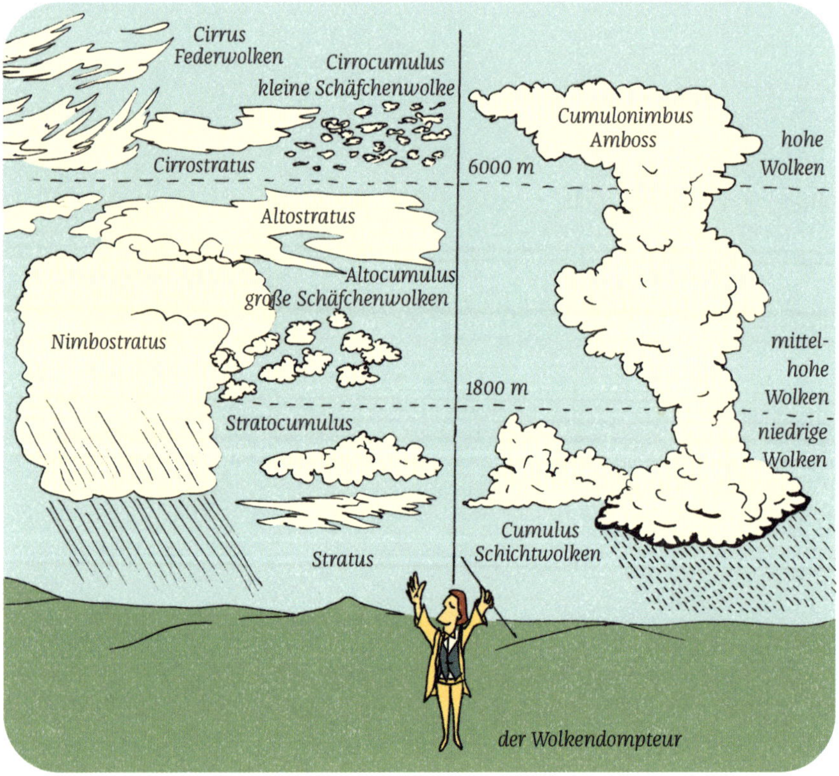

in die Atmosphäre auftürmen. Cumulonimbus sieht man oft im Sommer, wenn morgendliche kleine Wolken sich am Nachmittag oder Abend zu Gewitterwolken auswachsen.

- Cirrus: auch »Federwolke« genannt. Diese Wolken sind lang gestreckt und bestehen aus Eiskristallen. Sie sind ein Zeichen für schönes Wetter am Tag selbst, können jedoch ein Vorbote für Regen am nächsten oder übernächsten Tag sein, je nachdem, wie sie sich im Verhältnis zu anderen Wolken am Himmel bewegen.

- Stratus: Stratuswolken sind dünne Wolken, die sehr tief hängen und sich über den ganzen Himmel erstrecken. Sie sorgen für einen grauen Tag mit bedecktem Himmel, aber selten für viel Regen.

Um den Wetterbericht präsentieren zu dürfen, musst du noch eine Reihe anderer Wolken kennen, aber mit dieser Liste kannst du immerhin schon ein paar Vorhersagen treffen.

47 DIE MEISTEN MENSCHEN WOHNEN AUF DER NORDHALBKUGEL

Die Erdkugel wird in zwei Halbkugeln aufgeteilt. Die Grenze zwischen den beiden ist der Äquator. Die Nordhalbkugel befindet sich oberhalb des Äquators, die Südhalbkugel unterhalb. Südamerika, Afrika und Asien liegen teils auf der einen, teils auf der anderen Halbkugel. Nur Australien und die Antarktis liegen ausschließlich auf der Südhalbkugel.

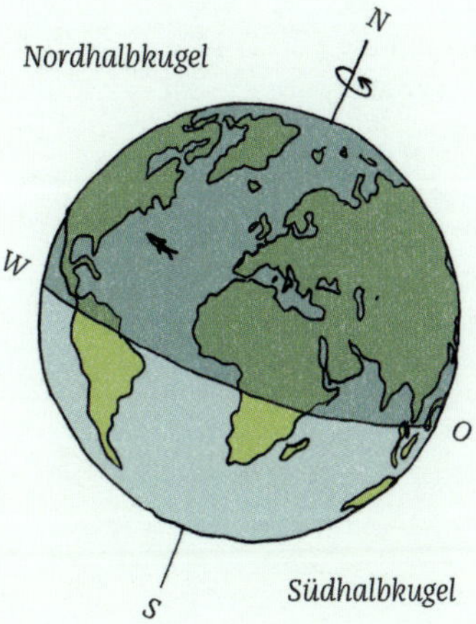

Fast 70 Prozent der Landfläche liegen nördlich des Äquators. Der größte Teil der Südhalbkugel – 80 Prozent – besteht aus Wasserflächen.

Es wird dich deshalb nicht wundern, dass auf der Nordhalbkugel viel mehr Menschen wohnen als auf der Südhalbkugel. Derzeit leben ungefähr 8 Milliarden Menschen auf der Erde. 90 Prozent davon – über 7 Milliarden – leben nördlich des Äquators.

Südlich des Äquators liegen vor allem viele unbewohnbare Inseln, der Kontinent Antarktis, tropische Regenwälder und hohe Gebirgskämme. Es ist deshalb nicht überraschend, dass dort viel weniger Menschen wohnen.

48 DAS KASPISCHE MEER IST KEIN MEER, ABER AUCH KEIN SEE

Das Kaspische Meer liegt auf der Grenze zwischen Europa und Asien und ist 371 000 Quadratkilometer groß (ein bisschen größer als Deutschland). Da es ringsum von Land umgeben ist, ist es ein »See«. Aber das Kaspische Meer enthält kein Süß-, sondern Salzwasser. Es ist zwar weniger salzig als die Nordsee, aber immerhin. Wegen des Salzwassers – und auch wegen der Größe – nennt man es ein »Meer«. Ganz schön verwirrend, denn was ist es jetzt wirklich? Ein Meer oder ein See?

2018 beschlossen die fünf Länder, die an das Kaspische Meer grenzen (Aserbaidschan, Iran, Kasachstan, Russland und Turkmenistan), es als eine Art Meer zu betrachten, obwohl es eigentlich ein See ist. Das liegt vor allem an den Rohstoffen, die in seinem Boden vorkommen: Öl und Gas. Ob ein Gewässer »Meer« oder »See« heißt, hat nämlich Auswirkungen darauf, wie das Wasser und der darunterliegende Boden (und damit seine Rohstoffe) verteilt werden. Das Kaspische Meer bekam deshalb eine Sonderstellung. So können die angrenzenden Länder über eine faire Verteilung der Rohstoffe verhandeln.

KASPISCHES MEER ODER KASPISCHER SEE?

Der Wasserspiegel des Kaspischen Meeres fällt jährlich um einige Zentimeter, wodurch er derzeit auf 28 Metern unter dem Meeresspiegel liegt. Forschende sagen voraus, dass der Wasserspiegel zukünftig noch schneller fallen könnte, weil das Wasser in den letzten Jahren immer schneller verdampft, unter anderem durch die Erderwärmung. Im schlechtesten Fall liegt das Kaspische Meer am Ende des 21. Jahrhunderts noch einmal 18 Meter tiefer. Das hat große Auswirkungen auf das Leben und die Vielfalt der Tierarten im Kaspischen Meer und für die Wirtschaft der umliegenden Länder.

49 DIE MEISTEN PYRAMIDEN STEHEN ... NICHT IN ÄGYPTEN

Wenn du an Pyramiden denkst, denkst du wahrscheinlich an das alte Ägypten. Das ist ganz normal. Die Cheops-Pyramide ist eins der sieben Weltwunder des Altertums. Insgesamt stehen in Ägypten heute noch über hundert Pyramiden. Das klingt viel, dabei gibt es im Sudan, einem Land südlich von Ägypten, fast doppelt so viele.

Im Norden des Sudans lag früher Nubien. Die nubischen Könige bewunderten die Ägypter sehr. Sie wollten auch solche schönen Pyramiden, um ihre reichen Familien zu bestatten. Allein in der nubischen Königsstadt Meroë stehen schon an die hundert. Diese Pyramiden sind allerdings im Allgemeinen kleiner als ihre ägyptischen Vorbilder, und viele sind nicht so gut erhalten.

Guiseppe Ferlini, Pyramidendieb

Sie unterscheiden sich von den ägyptischen vor allem dadurch, dass sie häufig keine Spitze haben. Früher dachte man, dass es sich hierbei um einen anderen Baustil handelte, doch der wahre Grund ist viel einfacher: 1834 war der italienische Schatzjäger und Grabräuber Giuseppe Ferlini auf Beutezug in Meroë und trug bei seinen Plünderungen viele Pyramidenspitzen ab. Wir finden: Das geht gar nicht!

50 SIERRA LEONE IST DAS RUNDESTE LAND DER WELT

Natürlich weißt du, dass Länder verschiedene Formen haben. Italien hat beispielsweise die Form eines hochhackigen Stiefels. Es sieht sogar so aus, als träte dieser Stiefel einen Ball, dargestellt von Sizilien. Italien ist zweifellos das bekannteste Beispiel, aber es gibt noch viel mehr Länder mit einer speziellen Form. Die Vereinigten Arabischen Emirate ähneln mit etwas Fantasie einem Känguru. Von Sri Lanka wird manchmal gesagt, es habe die Form einer Flamme. Chile sieht zwar nicht wie irgendetwas aus, hat aber doch eine sehr auffällige Form, weil es so lang und schmal ist.

Es gibt auch Länder, die eine mehr oder weniger geometrische Form haben. Sierra Leone in Westafrika ist das rundeste Land der Welt. Es gibt auch jede Menge Drei- und Vierecke. Nicaragua in Mittelamerika ist das dreieckigste Land, während Ägypten in Nordafrika das quadratischste ist. Damit läuft es Vatikanstadt den Rang ab, das aber immerhin noch den ersten Platz als kleinstes Land der Welt belegt. Auf dem dritten Platz folgt Puerto Rico, das beinah rechteckig ist.

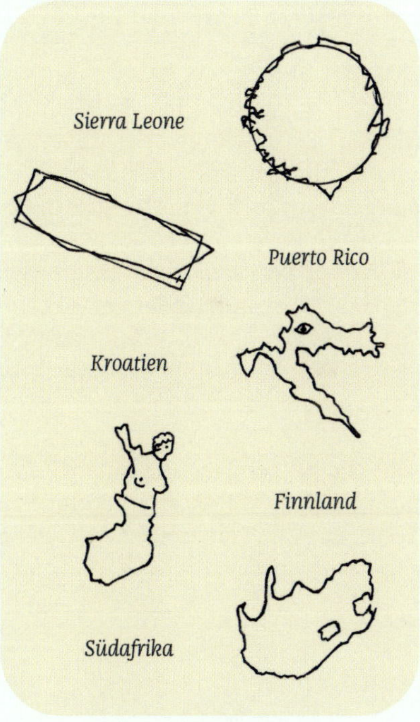

WAS SIEHST DU IN DEN UMRISSEN DIESER LÄNDER?

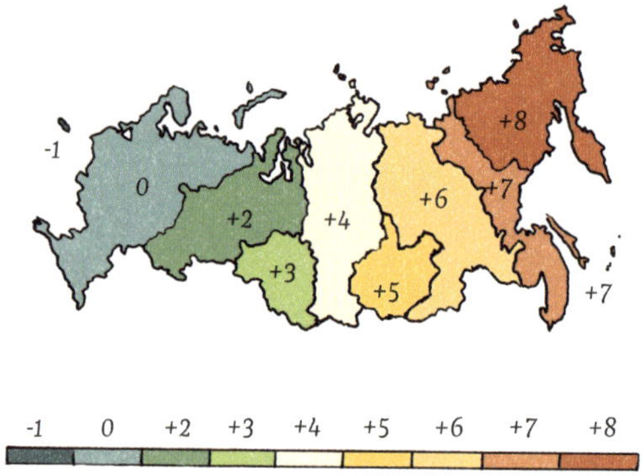

Zeitzonen in Russland

51 INNERHALB RUSSLANDS KANNST DU ZEITREISEN

Russland ist das größte Land der Welt mit einer Fläche von sage und schreibe 17 Millionen Quadratkilometern. Das ist fast so groß wie der gesamte Zwergplanet Pluto! Die größte Entfernung von West nach Ost beträgt 9000 Kilometer. Hierdurch hat das Land elf Zeitzonen. Zwischen Westen und Osten des Landes gibt es nicht weniger als zehn Stunden Zeitunterschied. Wenn jemand im Westen aufsteht, macht sich jemand im Osten gerade Abendessen.

Doch es gibt ein Land mit noch mehr Zeitzonen, nämlich Frankreich. Runzelst du gerade die Stirn? Und doch ist es so: Frankreich hat zwölf Zeitzonen, im Sommer sogar dreizehn. Im Land selbst gibt es natürlich nur eine einzige, aber durch seine vielen Überseegebiete kommen noch jede Menge Zeitzonen hinzu.

in Frankreich

China ist das viertgrößte Land der Welt (nach Russland, Kanada und den USA), verwendet jedoch für das ganze Land nur eine Zeitzone. Vom Prinzip her hätte es vier haben können, aber die chinesische Regierung beschloss 1949, nur eine zu handhaben.

Die winzige Insel Märket ist nur 150 mal 350 Meter groß und gehört zu gleichen Teilen Schweden und Finnland. Dadurch gelten dort zwei Zeitzonen und kann man mit einem kleinen Sprung eine Stunde hinter sich lassen.

Im Weltraum gilt nur eine einzige Zeitzone: die *Greenwich Mean Time* (GMT). Das ist die Zeitzone, in die unter anderem Großbritannien im Winter fällt.

52 HIER KANNST DU VON EINEM KONTINENT ZUM ANDEREN SCHWIMMEN

In Island kannst du im warmen Wasser der *Blue Lagoon* baden, aber auch im eiskalten Wasser der *Silfra-Spalte* schwimmen, das nur 2 bis 4 °C hat. Die Silfra-Spalte entstand, als sich zwei tektonische Platten auseinanderbewegten: die eurasische und die nordamerikanische. So eine Spalte wird auch Verwerfung genannt.

Das Auseinanderdriften von Kontinentalplatten dauerte um die 200 Millionen Jahre. Die zwei Platten, zwischen denen die Silfra-Spalte entstand, gehörten ursprünglich zum Superkontinenten *Pangäa* (siehe Info 33). Dadurch, dass die Platten auseinanderstreben, entsteht ein enormer Druck auf das Land darüber. Ab und zu führen die Verschiebungen zu Erdbeben, durch die dann neue Spalten entstehen. Die Silfra-Spalte entstand 1789 nach einem Erdbeben. Die tektonischen Platten treiben noch immer auseinander, sodass die Verwerfung jedes Jahr zwei Zentimeter größer wird.

LASS UNS SPALTENSCHWIMMEN!

vom einen zum anderen Kontinent in der Silfra-Spalte

Der Ort zieht Tauchfans aus der ganzen Welt an, die sich dort ins eiskalte Wasser wagen. Nicht nur ist es etwas Besonderes, zwischen zwei Kontinenten zu tauchen, sondern das Wasser ist auch besonders klar (und sogar trinkbar!). Es ist Grundwasser, das durch den Riss in der Erdkruste nach oben strömt. Dadurch kann man über 100 Meter weit sehen.

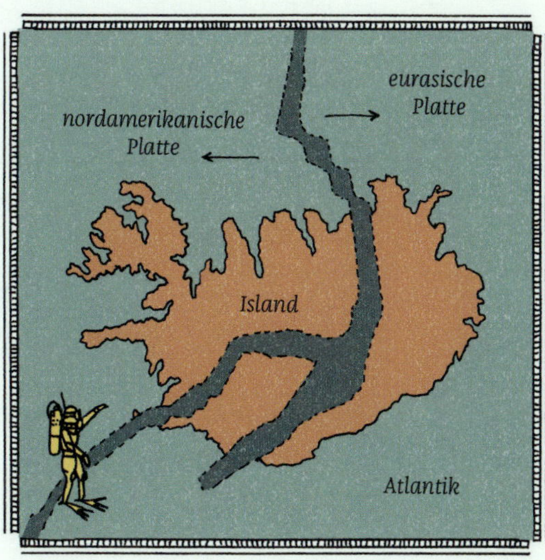

53 BERGE KÖNNEN WACHSEN UND SCHRUMPFEN

In Info 33 hast du schon gelesen, dass es einst einen großen Superkontinent gab: *Pangäa*. Die tektonischen Platten dieses Superkontinents trieben auseinander, wodurch wir heute verschiedene Kontinente haben. Dieser Prozess ist noch nicht abgeschlossen. Mancherorts bewegen sich die Platten jedes Jahr ein kleines bisschen weiter auseinander, an anderen Orten treffen die Platten aufeinander oder bewegen sich aneinander entlang.

Wenn tektonische Platten aneinanderstoßen, schieben sie die Erdkruste nach oben, sodass Berge entstehen können. Der Himalaja entstand auf diese Weise, als vor Millionen Jahren die indische auf die eurasische Platte traf. Dieser Prozess setzt sich immer noch fort, wodurch der Himalaja immer höher wird. Das geht sehr langsam. Im Nordwesten des Himalajas (wo auch der Mount Everest liegt) kommen jährlich bis zu zwei Zentimeter hinzu. Der Mount Everest wird deshalb angeblich jedes Jahr einen Millimeter höher.

Vergleichen wir das mal mit dem Wachstum von Fingernägeln. Die wachsen monatlich zwei bis drei Millimeter. Es geht bei den Bergen also nicht gerade rasend schnell voran. Hinzu kommt, dass sie durch Wind und Wetter abgetragen oder *erodiert* werden.

Manchmal erodieren Berge sogar schneller, als sie wachsen können. Dann verlieren sie mehr Material, als hinzukommt. Hierdurch können Berge auch schrumpfen. Die beschleunigte Erderwärmung verstärkt die Erosion noch, beispielsweise durch die Gletscherschmelze.

Und zu welchem Schluss kommen wir jetzt? Gebirge sehen sehr still aus, doch eigentlich sind sie die ganze Zeit schwer aktiv!

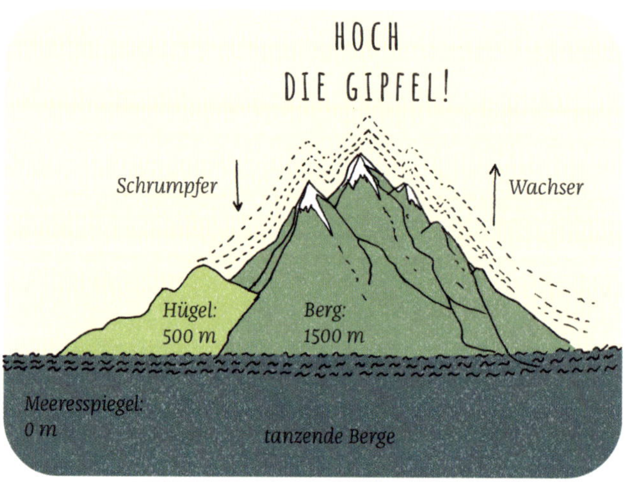

54 ISTANBUL LIEGT AUF ZWEI KONTINENTEN

Istanbul ist die größte Stadt der Türkei und mit über 15 Millionen Einwohnern auch eine der größten Städte der Welt. Das Besondere an ihr ist jedoch, dass sie als eine von wenigen Städten auf zwei Kontinenten liegt: Europa und Asien.

Der europäische Teil wird vom asiatischen durch den Bosporus getrennt. Das ist eine lange Meerenge, die das Schwarze Meer mit dem Mittelmeer verbindet. Dadurch liegt Istanbul natürlich besonders günstig. Der Bosporus ist die einzige Wasserroute zwischen den beiden Meeren und war als Handelsroute jahrhundertelang sehr wichtig für die Dörfer und Städte der Umgebung.

Istanbul hat eine lange Geschichte. Die Stadt wurde 660 vor Christus von den alten Griechen unter dem Namen Byzantion gegründet. 330 nach Christus eroberten die Römer die Stadt und benannten sie in Konstantinopel um. Im 15. Jahrhundert übernahmen die Ottomanen, wodurch die Stadt muslimisch wurde. 1923 wurde dann die Republik Türkei gegründet, und 1930 wurde die Stadt offiziell in Istanbul umbenannt.

Es gibt noch eine Handvoll andere kleinere und größere Ortschaften, die zu zwei Kontinenten gehören. Die russischen Städte Orenburg und Magnitogorsk sind halb europäisch, halb asiatisch, genauso wie die Städte Atyrau und Oral in Kasachstan und Çanakkale in der Türkei. Die Stadt Sues liegt sowohl in Asien als auch in Afrika, Panama-Stadt ist halb nord-, halb südamerikanisch. Istanbul ist jedoch die einzige Metropole, die auf zwei Kontinenten liegt.

55 AN DER SARGASSOSEE KANNST DU NICHT IM SAND SPIELEN

Die Sargassosee ist das einzige Meer der Welt, das nirgendwo auf Land trifft. Dieses Meer wird nämlich von vier Ozeanströmungen eingeschlossen: dem Nordatlantikstrom im Norden, dem Kanarenstrom im Osten, dem Nordäquatorialstrom im Süden und dem Golfstrom im Westen. Das Zusammentreffen dieser Meeresströmungen führt zu einer Strömung im Uhrzeigersinn. Die nächstgelegenen Inseln sind die Bermudainseln, aber die liegen bereits jenseits der Sargassosee.

Die Sargassosee erstreckt sich auf einer Fläche von 3200 auf 1100 Kilometern. Sie ist sehr salzig und im Allgemeinen sehr ruhig. Das Wasser ist dunkelblau und besonders klar. Ihren Namen verdankt die Sargassosee einer Algenart aus der Gattung Sargassum, die dort vorkommt und die Wasseroberfläche an manchen Stellen mit einer dicken Schicht bedeckt. Zum Glück stellt die Sargassosee für Schiffe heute kein Hindernis dar. Die Segelschiffe von früher taten sich allerdings oft schwer, weil hier so gut wie kein Wind weht.

Die Sargassosee ist der einzige Laichplatz des Europäischen Aals. Die Larven des Aals schlüpfen hier und ziehen den weiten Weg bis nach Europa, wo sie erwachsen werden. Zur Fortpflanzung kehren sie wieder in die Sargassosee zurück.

Weil die Meeresströmungen sich um die Sargassosee herumbewegen, landet dort leider auch viel Plastikmüll.

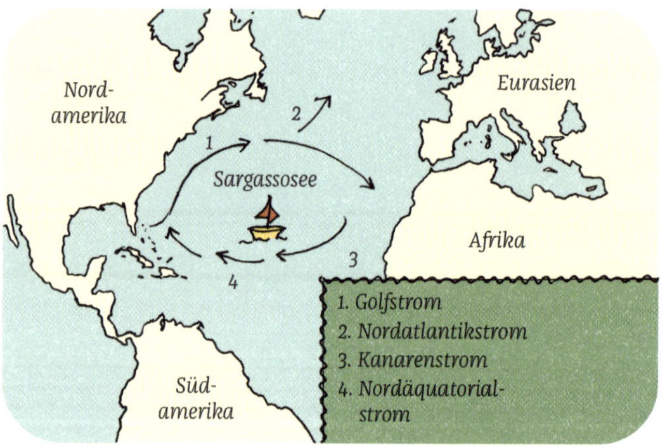

KÜSTE GESUCHT!

K'gari

56 DIE GRÖSSTE SANDINSEL LIEGT IN AUSTRALIEN

K'gari (ausgesprochen: Garri) ist die größte Sandinsel der Welt. Sie besteht komplett aus … Sand! Das ist durchaus ungewöhnlich. Die Insel erhielt sogar UNESCO-Weltnaturerbe-Status, wodurch sie heutzutage geschützt ist.

K'gari liegt vor der Ostküste Australiens. Die Insel ist ungefähr 122 Kilometer lang und 25 Kilometer breit. Der Sand, aus dem sie besteht, stammt aus dem Bundesstaat New South Wales im Osten Australiens. Er wurde aus Flüssen geschwemmt und von einer Meeresströmung nach Norden getragen. Unterwegs hielten drei große Felsen den Sand auf, wodurch mit der Zeit eine Insel entstand. Auch der Wind brachte Sand mit, der sich ebenfalls auf der Insel ablagerte. Es gibt sogar einige richtig hohe Dünen auf K'gari: Mount Bowarrady ist beispielsweise über 240 Meter hoch und gehört zu den höchsten Dünen der Welt.

K'gari bedeutet in der Sprache der australischen Ureinwohner, der Aborigines, »Paradies«. Später wurde sie in *Great Sandy Island* – große, sandige Insel – umgetauft. 1836 erlitten Kapitän James Fraser und seine Frau Eliza in der Nähe der Insel Schiffbruch und strandeten zusammen mit einigen Besatzungsmitgliedern auf der Insel. Die meisten der Schiffbrüchigen starben aus ungeklärten Gründen, aber Eliza wurde letztendlich gerettet, und die Insel erhielt den Namen *Fraser Island*. Seit 2021 heißt die Insel wieder K'gari.

57 AFRIKA IST DER EINZIGE KONTINENT, DER SICH ÜBER VIER HEMISPHÄREN ERSTRECKT

Eine Hemisphäre oder *Halbkugel* ist eine Hälfte der Erdoberfläche. Man kann die Erde in eine Nord- und eine Südhemisphäre unterteilen – auch Nord- und Südhalbkugel genannt –, mit dem Äquator in der Mitte. Aber man kann die Erde auch in eine östliche und eine westliche Hemisphäre unterteilen, die durch den Nullmeridian getrennt werden. Afrika ist der einzige Kontinent, der sich über alle vier Hemisphären erstreckt.

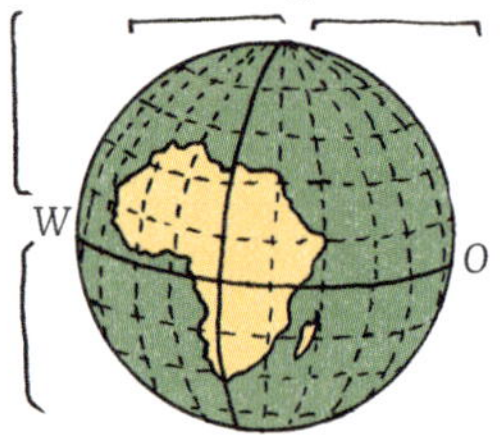

Zusätzliche Afrika-Info:

- Afrika besteht aus 54 Ländern, deren größtes Algerien ist.
- Afrika ist der zweitgrößte Kontinent und hat die zweitmeisten Einwohner. In beiden Punkten wird es von Asien übertroffen.
- Die Sahara nimmt fast ein Drittel des afrikanischen Kontinents ein. Wenn man alle afrikanischen Wüsten zusammenrechnet, sind zwei Drittel des Kontinents von Wüsten bedeckt.
- In Afrika werden offiziell 2000 Sprachen gesprochen.
- Der Kilimandscharo ist der höchste Berg Afrikas. Er liegt in Tansania und ist 5895 Meter hoch. Der größte See ist der Victoriasee, an den Kenia, Tansania und Uganda grenzen. Der längste Fluss der Welt, der Nil, befindet sich ebenfalls in Afrika. Er ist 6650 Kilometer lang.
- Tiere wie Nilpferde, Schimpansen, Gorillas, Zebras und Giraffen gibt es nur in Afrika. Der Afrikanische Elefant ist das größte landbewohnende Tier der Erde und wiegt bis zu 6000 Kilo.

58 MANCHE WOLKENKRATZER IN NEW YORK HABEN EINE EIGENE POSTLEITZAHL

Wahrscheinlich hast du schon mal ein Foto von New York gesehen. Diese US-amerikanische Stadt erkennt man sofort an den vielen Wolkenkratzern. Aber wusstest du, dass manche dieser Wolkenkratzer eine eigene Postleitzahl haben? Das Empire State Building, das Woolworth Building und das Chrysler Building zum Beispiel. Dass sie eigene Postleitzahlen haben, liegt aber nicht nur an ihrer Größe. Das One World Trade Center zum Beispiel ist das höchste Gebäude New Yorks, hat aber keine eigene Postleitzahl. Es hängt auch davon ab, wie viel Post an einer Adresse eingeht. Erst ab einer bestimmten Menge gibt es eine eigene Postleitzahl.

In New York gibt es über vierzig Gebäude mit eigener Postleitzahl. Auch Regierungsbehörden und Universitäten haben in den USA eigene Postleitzahlen, das Weiße Haus zum Beispiel. Die Postleitzahl für die persönliche Post des Präsidenten ist allerdings geheim.

- In den USA gibt es 43 000 Postleitzahlen. Dort heißen sie *ZIP-Codes*.
- In Kanada gibt es fast 900 000 Postleitzahlen.
- In Deutschland gibt es knapp 29 000 Postleitzahlen.

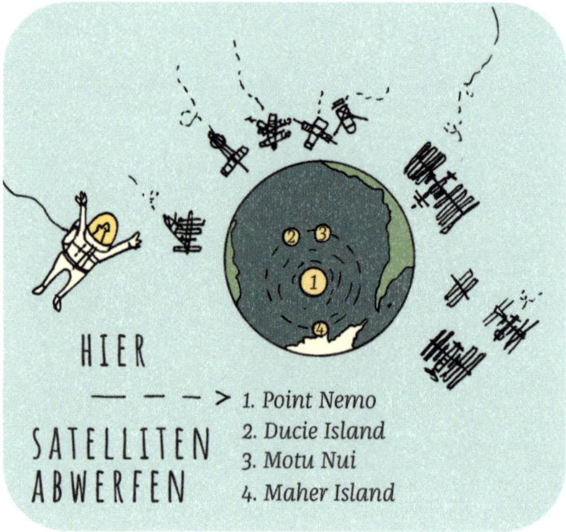

59 POINT NEMO IST DER ABGELEGENSTE ORT IM MEER

Point Nemo liegt im Pazifik. Kein Ort ist weiter vom Land entfernt. Er liegt 2688 Kilometer von drei Inseln entfernt, Ducie Island (Teil der Pitcairninseln), Maher Island (Antarktis) und Motu Nui (gehört zu Chile). Motu Nui ist eine winzige Insel mit einem Durchmesser von nicht einmal 100 Metern, doch sie liegt nicht weit entfernt von der Osterinsel (Rapa Nui). Die ist vor allem für ihre Moai-Statuen bekannt.

Weil Point Nemo von bewohnten Gebieten so weit entfernt ist, wird dieser Ort als Satelliten-Friedhof genutzt. Satelliten, die nicht mehr aktiv sind, aber noch gesteuert werden können, werden über dieser Stelle zum Absturz gebracht. In den letzten Jahren wurden dort schon über 250 Raumflugkörper versenkt. Auf dem Meeresboden am Point Nemo liegen sogar Stücke der russischen Raumstation Mir.

- Point Nemo gibt es im Jahr 2022 offiziell seit 30 Jahren. Er wurde 1992 von Hrvoje Lukatela, einem kroatischen Wissenschaftler, mithilfe eines Computerprogramms berechnet.

- Der Punkt ist nach der Hauptfigur Kapitän Nemo aus dem Buch *Zwanzigtausend Meilen unter dem Meer* von Jules Verne benannt. Nemo bedeutet »niemand« auf Lateinisch.

- Die Menschen, die Point Nemo am nächsten kommen, sind die Astronauten und Astronautinnen an Bord der Internationalen Raumstation ISS, die in 400 Kilometern Höhe um die Erde kreist – aber natürlich nur, wenn sie gerade über Point Nemo fliegen.

60 EIN WINZIGES LAND, DAS NOCH NICHT EINMAL EINE HAUPTSTADT HAT

Nauru ist eine winzige Insel im Pazifik. Sie hat eine Fläche von knapp 21 Quadratkilometern und ungefähr 11 000 Einwohner. Sie ist das drittkleinste Land der Welt, nach Vatikanstadt und Monaco. Nauru erklärte 1968 seine Unabhängigkeit von Australien, hat jedoch bis heute keine Hauptstadt. Die meisten Regierungsgebäude und der einzige internationale Flughafen befinden sich in der Stadt Yaren. Man könnte Yaren also als Hauptstadt von Nauru bezeichnen, doch offiziell wurde das nie festgelegt.

Nauru

Zusätzliche Hauptstadt-Infos:

- Die Hauptstadt von Australien ist nicht Sydney, sondern Canberra. Die Hauptstadt der Türkei ist nicht Istanbul, sondern Ankara. Die Hauptstadt von Brasilien ist Brasilia und nicht São Paolo oder Rio de Janeiro.

- Die Hauptstadt der Niederlande ist Amsterdam, doch Parlament und Regierung befinden sich in Den Haag. Auch das Schloss des Königs steht dort.

- Südafrika hat drei Hauptstädte: Bloemfontein, Kapstadt und Pretoria. In Bloemfontein befindet sich das Oberste Berufungsgericht, in Kapstadt das Parlament und in Pretoria die Regierung.

- Die Schweiz hat keine richtige Hauptstadt, sondern eine *Bundesstadt*. Man entschied sich nicht für eine der größeren Städte wie Zürich oder Genf, sondern für das kleinere Bern. Auch Deutschland hat eine Bundesstadt: Bonn. Bonn war die Hauptstadt Deutschlands, bevor Berlin es wurde.

- Quito, die Hauptstadt von Ecuador, liegt ungefähr 20 Kilometer südlich des Äquators und ist damit die Hauptstadt, die diesem am nächsten liegt. Mit 2850 Metern über dem Meeresspiegel ist sie auch die höchstgelegene Hauptstadt der Welt.

niederländischer Kolonialist auf Papua-Neuguinea

61 IN PAPUA-NEUGUINEA WERDEN ÜBER ACHTHUNDERT SPRACHEN GESPROCHEN

Wer nach Papua-Neuguinea reist, sollte Sprachtalent haben, denn dort werden fast 850 Sprachen gesprochen. Es gibt die »Papua-Sprachen«, die dort schon vor 40 000 Jahren von den ersten Bewohnern der Inseln gesprochen wurden. Vor 3000 Jahren kamen die *austronesischen* Sprachen hinzu. Ab dem 16. Jahrhundert kamen spanische, portugiesische, niederländische, englische und deutsche Entdeckungsreisende und Kolonialisten auf die Inseln. Sie beeinflussten die lokalen Sprachen, brachten aber auch neue Sprachen und Dialekte mit.

Die Amtssprachen Papua-Neuguineas sind Englisch, Tok Pisin und Hiri Motu. Tok Pisin basiert auf dem Englischen, doch man kann unter anderem auch Klänge und Wörter aus dem Portugiesischen, Deutschen und den Papua-Sprachen heraushören.

Manche der über achthundert Sprachen werden von weniger als hundert Menschen gesprochen, andere wiederum von Millionen Einwohnern.

Dass in dem Inselstaat immer noch so viele Sprachen gesprochen werden, liegt an der Lebensweise der Menschen dort. Viele Volksgruppen bleiben noch immer unter sich, abgeschieden im Regenwald oder in den Bergen. Der Großteil der Bevölkerung lebt zudem auf dem Land und kommt selten in Kontakt mit anderen Sprachen.

Tok Pisin wird derzeit von über der Hälfte der Einwohner Papua-Neuguineas gesprochen. Die Sprache dient als Verkehrssprache, mit der man sich gut untereinander verständigen kann. Weil inzwischen so viele Menschen Tok Pisin sprechen, wird befürchtet, dass andere Sprachen Papua-Neuguineas im Laufe der Zeit aussterben könnten.

62 KÖNNEN FUSSBALLFANS DIE ERDE ZUM BEBEN BRINGEN?

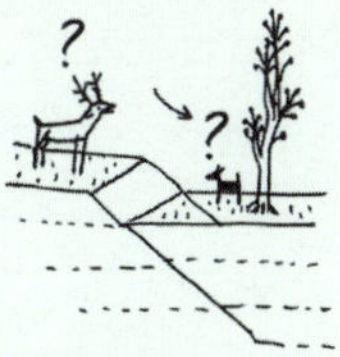

Als Erdbeben bezeichnet man das Vibrieren der Erdkruste. Dazu kommt es, wenn sehr viel Energie aus der Erdkruste freigesetzt wird. Diese Energie kann von natürlichen Quellen herrühren: von Erdrutschen, Verschiebungen der tektonischen Platten oder Vulkanaktivität. Sie kann aber auch von Menschen verursacht werden, beispielsweise durch das Zünden einer Atombombe oder eine Explosion in einer Mine.

Erdbeben können sehr unterschiedlich stark sein. Manche fühlt man kaum. Andere sind so stark, dass sie Häuser zum Einstürzen bringen und viele Todesopfer fordern. Die Erdbebenstärke wird meist auf der Richterskala gemessen. Die Zahl auf dieser Skala gibt die Stärke der Schwingungen an. Das Instrument, das diese Schwingungen grafisch aufzeichnet, nennt man einen Seismografen. Er erstellt ein Seismogramm. Je höher die Zahl auf der Richterskala, desto stärker das Beben. Die Skala leitet sich vom dekadischen Logarithmus (*Zehnerlogarithmus*) ab. Ein Wert von 6 ist beispielsweise zehnmal stärker als ein Wert von 5 und hundertmal stärker als ein Wert von 4.

Alles unter einer Stärke von 2 auf der Richterskala können Menschen nicht wahrnehmen. Nur Messgeräte zeichnen die Schwingungen auf. Erdbeben unter einer Stärke von 4 sind leicht (vergleichbar mit den Schwingungen, die ein vorbeifahrender Lastwagen verursacht). Weltweit wurden noch nicht viele Erdbeben über Stärke 9 auf der Richterskala gemessen.

Das stärkste Erdbeben, das bisher gemessen wurde, erschütterte 1960 die chilenische Provinz Valdivia. Es hatte eine Stärke von 9,5 auf der Richterskala. Es löste eine riesige Flutwelle, *Tsunami* genannt, aus und kostete 6000 Menschenleben.

Angeblich können sogar Fußballfans ein Erdbeben verursachen. Während der Fußball-Weltmeisterschaft 2018 maßen Seismometer leichte Schwingungen der Erdoberfläche. Die sollen von mexikanischen Fußballfans ausgelöst worden sein, als sie vor Freude Luftsprünge machten, weil die mexikanische Mannschaft im Spiel gegen Deutschland ein Tor schoss. Die Meldung stellte sich nachher allerdings als übertrieben heraus: Die Schwingungen waren nur am Ort des Geschehens spürbar und damit kein »richtiges« Erdbeben.

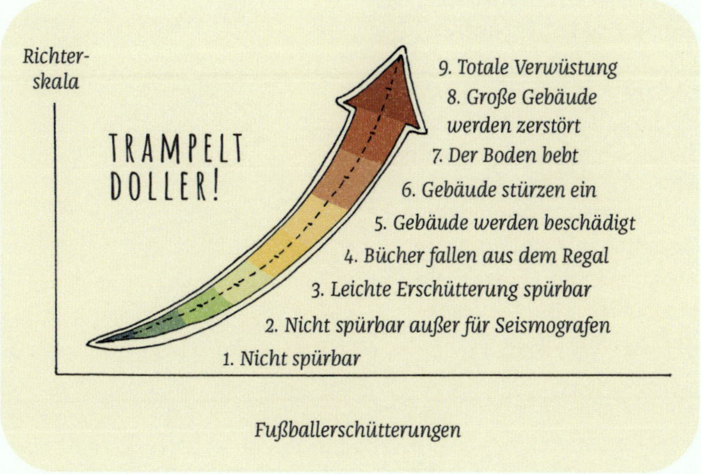

63 DIE NEPALESISCHE FLAGGE HAT EINE BESONDERE FORM

In den meisten Ländern flattert eine rechteckige Nationalflagge am Flaggenmast. Nur die Schweiz und der Vatikan haben eine quadratische. Nepal ist das einzige Land der Welt, das weder eine rechteckige noch eine quadratische Flagge hat, sondern zwei aneinanderhängende Wimpel.

Die Flagge ist karminrot mit dunkelblauem Rand. Karminrot ist die nepalesische Nationalfarbe, und das Dunkelblau steht für Frieden. Im oberen Dreieck der Flagge ist ein weißer, liegender Halbmond mit Strahlen abgebildet, im unteren eine Sonne mit zwölf Strahlen. Der Mond und die Sonne stehen für die verschiedenen Zweige der Rana-Dynastie, die Nepal lange Zeit regierte. Darüber hinaus stehen sie für die Hoffnung, dass das Land so lange bestehen bleiben möge wie Mond und Sonne. Wenn man die Flagge dreht, hat sie zwei Spitzen, die für die Berggipfel des Himalajas stehen, die in Nepal liegen.

Früher kam es häufiger vor, dass Länder keine rechteckige Flagge hatten, so zum Beispiel Äthiopien, Ungarn, China und Kambodscha. Inzwischen hat nur noch die nepalesische Flagge eine besondere Form.

64 VOR 250 MILLIONEN JAHREN STARB DAS LEBEN IN DEN OZEANEN DURCH PHOSPHOR

Vor ungefähr 250 Millionen Jahren geschah etwas auf der Erde, wodurch fast alle an Land und im Wasser lebenden Tiere ausstarben. Es war das bis heute größte Massenaussterben. Damals verschwanden sogar mehr Lebewesen als bei dem Massenaussterben vor 60 Millionen Jahren, dem die Dinosaurier zum Opfer fielen.

Vor 250 Millionen Jahren gab es im heutigen Sibirien große Vulkanausbrüche. Die Vulkane spien gigantische Lavamassen. Hierdurch wurden große Mengen Methan und Kohlendioxid freigesetzt, die einen grundlegenden Klimawandel zur Folge hatten. In der Folge starben sehr viele Tierarten aus – auch in den Ozeanen.

Durch die ausgetretene Lava floss nämlich eine große Menge Phosphor in die Meere. Das Gestein an Land gab durch verschiedene chemische Prozesse, die bei den höheren Temperaturen einsetzten, mehr Phosphor ab. Da es auch viel mehr regnete, gelangte der Phosphor ins Meer. Anfangs führte das noch nicht zu Problemen, aber durch den Klimawandel geriet der Phosphor außer Kontrolle.

Phosphor ist ein wichtiger Nährstoff für Algen. Große Phosphormengen in den Meeren führten zu einem enormen Algenwachstum. Die toten Algen sanken auf den Meeresboden. Normalerweise werden sie dort von Bakterien zersetzt, doch dafür benötigen diese Sauerstoff, und durch den vielen Phosphor gab es davon zu wenig. Wenn die Bakterien nicht genügend Sauerstoff bekommen, verwenden sie Sulfat. Das wiederum wird in Wasserstoffsulfid, *Schwefelwasserstoff*, umgesetzt, einen sehr giftigen Stoff. Dieser Prozess hatte vor rund 250 Millionen Jahren zur Folge, dass die Meereslebewesen buchstäblich keine Luft mehr bekamen und ausstarben.

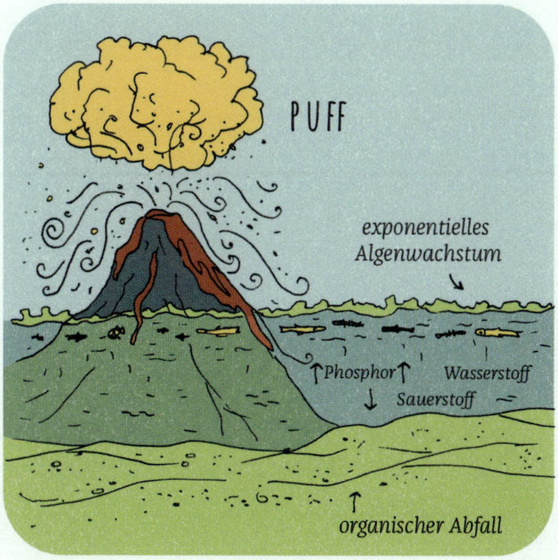

»Totes« Meer

65 DAS SCHMELZEN DER POLKAPPEN KANN DIE VULKANE AM SÜDPOL WECKEN

Beim Wort »Südpol« denkst du wahrscheinlich nicht sofort an Vulkane. Dabei gibt es in der Antarktis jede Menge davon. Vor einigen Jahren wurden im Westen der Antarktis fast hundert bis dahin unbekannte Vulkane unterm Eis entdeckt. Es könnte sich sogar um das größte vulkanische Gebiet der Erde handeln.

Manche dieser Vulkane sind mit einer Eisschicht von gut und gerne vier Kilometern Dicke bedeckt. Daher ist es nicht verwunderlich, dass man die Vulkane erst kürzlich entdeckte. Man kam ihnen mithilfe von Satellitenbildern und älteren Messungen von Radaranlagen an Bord von Flugzeugen auf die Spur. Und wer weiß, wie viele Vulkane noch unter dem Eis verborgen sind!

Durch den Klimawandel schmelzen die Polkappen immer schneller. Hierdurch schwindet auch die dicke Eisschicht, die bisher die Vulkane bedeckte. Das ist möglicherweise gar nicht gut, denn dadurch nimmt der Druck auf die Vulkane ab, sodass sie aktiv werden könnten. Wenn diese Vulkane ausbrächen, würden die Polkappen noch schneller schmelzen, und das Schmelzwasser würde den Meeresspiegel ansteigen lassen.

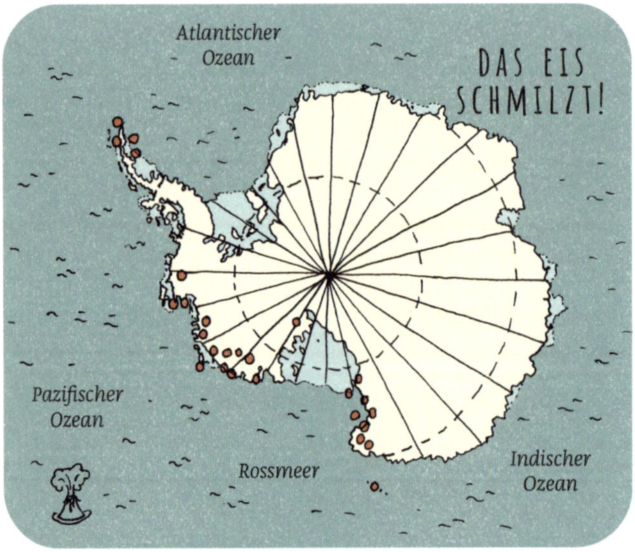

Antarktis von oben

– 3 –

DIE KRÄFTE DER NATUR

66 WAS WEISST DU ÜBER DEN NOBELPREIS FÜR PHYSIK?

Der Nobelpreis für Physik wurde 1901 zum ersten Mal verliehen, zusammen mit dem Nobelpreis für Chemie, Medizin und Literatur. Seitdem wird er jährlich für besonders wichtige Entdeckungen vergeben. Nur 1916, 1931, 1934, 1940, 1941 und 1942 wurde niemand geehrt. Das lag natürlich unter anderem daran, dass zwischen 1940 und 1945 der Zweite Weltkrieg wütete.

Bisher ging der Nobelpreis für Physik erst an vier Frauen:

- 1903 an Marie Curie für ihre Forschung zur radioaktiven Strahlung (siehe Info 262).
- 1963 an Maria Goeppert-Mayer für ihre Forschung zum Schalenmodell des Atomkerns.
- 2018 an Donna Strickland für ihre Forschung im Bereich der Laserphysik.
- 2020 an Andrea Ghez für ihre Forschung an Schwarzen Löchern.

1963
Maria Goeppert-Mayer:
Erforschung der Atomkerne

Der Physiker John Bardeen erhielt den Nobelpreis für Physik zweimal. 1956 für die Erfindung des *Transistors*, eines Geräts zum Schalten und Verstärken elektrischer Signale. Transistoren sind Bestandteil eines jeden Computerchips. Also ohne Transistor kein Smartphone! 1972 wurde er für seine Arbeit an *Supraleitern* zum zweiten Mal geehrt.

2020
Andrea Ghez:
Erforschung der Schwarzen Löcher

Manche Nobelpreisträger sind sehr jung. 1915 erhielt Lawrence Bragg den Nobelpreis im Alter von 25 Jahren. Er musste ihn allerdings mit seinem Vater William Henry Bragg teilen. Zusammen erforschten sie Kristallstrukturen mittels Röntgenstrahlen.

Arthur Ashkin musste auf seine Ehrung lange warten. Er war 96, als er 2018 zusammen mit Donna Strickland den Nobelpreis für Physik für seine Forschung im Bereich der Laserphysik erhielt.

2018
Arthur Ashkin:
Erforschung der Laserphysik

67 DER SCHLAUESTE PHYSIKER VON ALLEN: SIR ISAAC NEWTON

1665 saß Isaac Newton zu Hause. Er studierte damals an der Universität Cambridge, doch die war wegen eines Ausbruchs der Pest vorübergehend geschlossen. Als Isaac einen Apfel vom Baum fallen sah, hatte er eine zündende Idee. Der Apfel fiel senkrecht nach unten, nicht schräg und nicht nach oben. Das brachte Isaac auf die Theorie der Gravitations- oder Schwerkraft, die besagt, dass zwei Objekte mit einer Masse (siehe Info 71) einander anziehen. Es war eine neue Theorie, die für die Physik sehr wichtig wurde.

Isaac Newton wurde einer der bedeutendsten Wissenschaftler aller Zeiten. 1687 erschien sein wichtigstes Werk: *De Philosophiae Naturalis Principia Mathematica* oder *Die mathematischen Grundlagen der Naturphilosophie*, kurz *Principia* genannt. In diesem Buch formuliert er die drei Newtonschen Gesetze, die den Zusammenhang zwischen der Bewegung eines Objekts und den wirkenden Kräften beschreiben. Sie bilden die Grundlage der klassischen oder *Newtonschen* Mechanik. Mithilfe dieser Gesetze wurde es unter anderem möglich, die Bahnen der Planeten um die Sonne zu berechnen oder die Gezeiten – Ebbe und Flut – zu erklären.

Als Universitätsdozent hatte Newton keinen großen Erfolg. Er zeigte wenig Interesse am Lehren und an seinen Studierenden, sodass niemand mehr zu seinen Vorlesungen erschien. Trotzdem war allen Newtons wissenschaftliche Bedeutung bewusst. Er wurde 1705 von Königin Anne zum Ritter geschlagen und erhielt nach seinem Tod einen letzten Ruheplatz in der Abtei von Westminster in London. Dort liegen auch andere berühmte Leute wie der Wissenschaftler Charles Darwin (siehe Info 263), der Schriftsteller Charles Dickens oder der Entdeckungsreisende David Livingstone.

Gravitations- oder Schwerkraft

Isaac Newton

68 DAS ERSTE NEWTONSCHE GESETZ KANN WEHTUN

Stell dir vor, du sitzt in einem Auto, das an einer roten Ampel wartet. Das Auto bewegt sich nicht: Es ist in Ruhe.

Von hinten nähert sich ein anderes Auto. Es bemerkt das Auto, in dem du sitzt, nicht oder zu spät und stößt dagegen. Das zweite Auto übt eine Kraft auf das erste Auto aus. Dadurch bewegt sich das erste Auto nach vorn.

Du sitzt in dem ersten Auto. Dein Körper befindet sich im Moment des Zusammenstoßes noch in Ruhe und bewegt sich nicht sofort mit. Dem ersten Newtonschen Gesetz zufolge bleibt ein Körper in Ruhe, wenn keine äußeren Kräfte auf ihn einwirken. Durch die Kraft des auffahrenden Wagens bewegen sich dein Auto und dein Sitz nun nach vorn, aber dein Körper bleibt noch kurz an derselben Stelle. Hier zeigt sich das erste Newtonsche Gesetz.

Es ist ein Gesetz, das wehtun kann: Im Moment des Aufpralls schlägt dein Kopf nach hinten. Das kann zu einem *Schleudertrauma* führen – einer schmerzhaften Verletzung des Nackens und manchmal auch des Rückens.

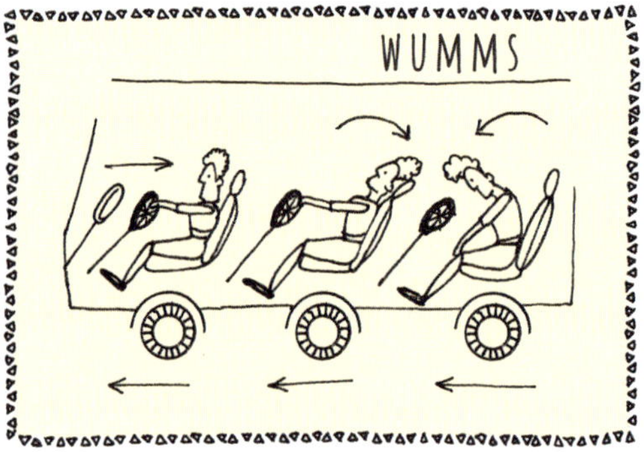

erstes Newtonsches Gesetz: Trägheit

Das erste Newtonsche Gesetz besagt, dass ein ruhender Körper in Ruhe bleibt, wenn keine Kräfte von außen auf ihn wirken. Ein sich bewegender Körper wird sich mit konstanter Geschwindigkeit in gerader Linie bewegen, wenn keine Kraft entgegenwirkt. Deshalb wird es auch das Gesetz der Trägheit genannt. Es scheint so, als widersetze sich ein Gegenstand einer veränderten Bewegung. Kraft wird nur benötigt, wenn man beschleunigen, lenken oder bremsen möchte (und hier kommen wir zum zweiten Newtonschen Gesetz).

69 DAS ZWEITE NEWTONSCHE GESETZ ERKLÄRT, WARUM MAN ZUM AUFHEBEN EINES STEINS MEHR KRAFT AUFWENDEN MUSS ALS ZUM AUFHEBEN EINER FEDER

zweites Newtonsches Gesetz: Kraft = Masse x Beschleunigung

Vor dir stehen zwei gleich große Säcke: einer mit Steinen, einer mit Federn. Ohne es auszuprobieren, weißt du, dass es schwieriger ist, den Sack mit Steinen anzuheben als den mit Federn.

Stell dir jetzt vor, du sitzt auf einem Fahrrad. Je stärker du in die Pedale trittst, desto schneller wirst du.

Beides sind Beispiele für das zweite Newtonsche Gesetz: *Ein Körper, auf den eine Kraft wirkt, wird beschleunigen, und die Beschleunigung hängt von der Größe der Kraft und der Masse des Körpers ab.*

Die Formel lautet

[Kraft = Masse x Beschleunigung]

Das Gesetz besagt also, dass du die Bewegungsrichtung eines Gegenstands beeinflussen kannst, indem du Kraft auf ihn ausübst. Die Beschleunigung kann auch negativ sein, was einer Verlangsamung gleichkommt.

Bleiben wir beim Beispiel vom Radfahren. Wenn die Masse (du und das Fahrrad) gleich bleibt, musst du mehr Kraft aufwenden, um zu beschleunigen. Du musst also mehr treten, um vorwärtszukommen. Oder andersrum: Je mehr Gepäck du auf dem Gepäckträger hast (Steine statt Federn), desto schwieriger wird es zu bremsen.

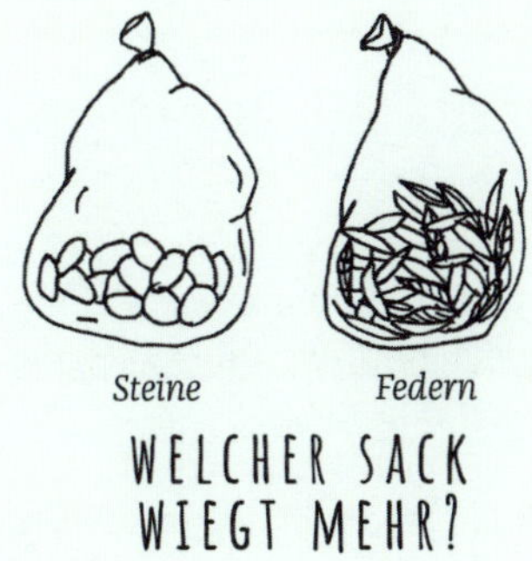

Im zweiten Newtonschen Gesetz geht es nicht nur um das Ausmaß der Beschleunigung oder Verlangsamung, sondern auch um die Richtung. Wenn man die Richtung eines Objekts ändern möchte, muss man Kraft aufwenden: Ein Tennisspieler kann beispielsweise die Flugrichtung des Balls lenken, indem er den Schläger beim Schlag auf eine bestimmte Weise hält.

70 DAS DRITTE NEWTONSCHE GESETZ: KRAFT IST GLEICH GEGENKRAFT

Das dritte Newtonsche Gesetz klingt einfach: Kraft ist gleich Gegenkraft.

$$[\text{Kraft}_{\text{Aktion}} = \text{Kraft}_{\text{Reaktion}}]$$

Wir erklären es dir an einem Beispiel aus dem Fußball: Jemand macht einen Fehler, und du bekommst einen Freistoß. Du legst den Ball auf den Punkt und nimmst Anlauf, um ihn mit größtmöglicher Kraft ins Tor zu schießen. Wenn du mit dem Fuß gegen den Ball trittst, übst du Kraft auf den Ball aus. Das ist die Aktion. Der Ball übt die entgegengesetzte Kraft auf deinen Fuß aus. Das ist die Reaktion.

Das dritte Newtonsche Gesetz besagt: Wenn ein Objekt A (du) eine Kraft auf ein Objekt B (den Ball) ausübt, übt Objekt B (der Ball) eine genauso große Kraft auf Objekt A (dich) aus – nur in entgegengesetzter Richtung. Kraft kommt also nie allein vor, sondern immer paarweise. Die *Reaktion* ist keine Folge der ersten Kraft oder *Aktion*. Die beiden Kräfte – Aktion und Reaktion – treten gleichzeitig auf.

drittes Newtonsches Gesetz: Kraft = Gegenkraft

71 SCHWERKRAFT IST DIE ANZIEHUNGSKRAFT ZWISCHEN ZWEI OBJEKTEN MIT MASSE

Die Schwerkraft ermöglicht es dir, mit beiden Beinen auf dem Boden stehen zu bleiben. Es sei denn, du fällst hin, natürlich, aber auch das ist eine Folge der Schwerkraft.

Sir Isaac Newton war der Erste, der die Schwerkraft in seinem Buch *Principia* beschrieb. Man erzählt sich, der Wissenschaftler habe im Garten gesessen, als ein Apfel vom Baum fiel. Isaac fragte sich, warum der Apfel fällt, statt in die Luft zu fliegen (siehe Info 67). Er beschäftigte sich mit dieser Frage und kam zu dem Schluss, dass eine unsichtbare Kraft den Apfel zu Boden ziehen müsse. Er nannte sie Gravitas oder *Schwerkraft* (auch: Gravitation). Das ist die Kraft, die zwischen *allen* Objekten wirkt, sodass diese einander anziehen. Auf der Erde ist sie überall gleich stark, jedoch abhängig von der Größe und der Masse des Objekts (siehe Info 72). Ein Apfel hat zum Beispiel zu wenig Masse, um die Erde anzuziehen, aber umgekehrt zieht die Erde den Apfel sehr wohl an. Schwerkraft wirkt auch im Weltraum. Sie ist der Grund, warum der Mond um die Erde kreist und die Erde und alle anderen Planeten um die Sonne.

Newton formulierte diese Entdeckung in einem Gesetz. Das Gesetz besagt: *Jeder Massepunkt übt eine Kraft auf einen anderen Massepunkt aus.* Es ist ein Naturgesetz, das die Anziehungskraft zwischen Objekten beschreibt. Diese hängt von zwei Dingen ab: von der Masse der zwei Objekte und von der Entfernung zwischen diesen beiden Objekten.

Je größer die Massen,
desto stärker die Schwerkraft.

Je größer die Entfernung,
desto schwächer die Schwerkraft.

Hund + Rakete haben dieselbe Masse im Weltraum wie auf der Erde, aber ein unterschiedliches Gewicht.

72 SAG NIEMALS »GEWICHT« ZU »MASSE« (ODER ANDERSRUM)

Wörter und Begriffe bedeuten in der Wissenschaft manchmal etwas anderes als im normalen Leben. Nehmen wir zum Beispiel »Masse« und »Gewicht«. Sie scheinen sich zu ähneln, doch in der Physik sind sie zwei unterschiedliche Begriffe, die man besser auseinanderhalten können sollte.

Die **Masse** eines Körpers hängt davon ab, wie viel *Materie* der Körper hat. Je größer die Masse, desto stärker wird die Schwerkraft darauf wirken. Masse messen wir in Kilogramm (kg).

Das **Gewicht** (oder: die *Gewichtskraft*) eines Körpers ist die Kraft, die dieser Körper auf die Erde ausübt. Gewicht wird in Newton (N) ausgedrückt. Die Formel zur Berechnung der Gewichtskraft von etwas lautet:

Gewichtskraft = Masse (m) x Fallbeschleunigung (g)

Die Fallbeschleunigung *g* ist die Beschleunigung der Schwerkraft. Wenn du etwas fallen lässt, zieht die Schwerkraft der Erde es an. Dadurch fällt es immer schneller (*es beschleunigt*). Für die zukünftigen Wissenschaftler und Wissenschaftlerinnen unter euch: Die Fallbeschleunigung auf der Erde beträgt 9,8 Meter pro Sekunde im Quadrat.

Gewicht hängt also von der Masse eines Körpers, der Schwerkraft und der Gegenkraft ab, die jemand oder etwas auf den Boden ausübt. Eine Waage misst also dein Gewicht – nämlich die Kraft, die du auf die Waage ausübst – und nicht deine Masse.

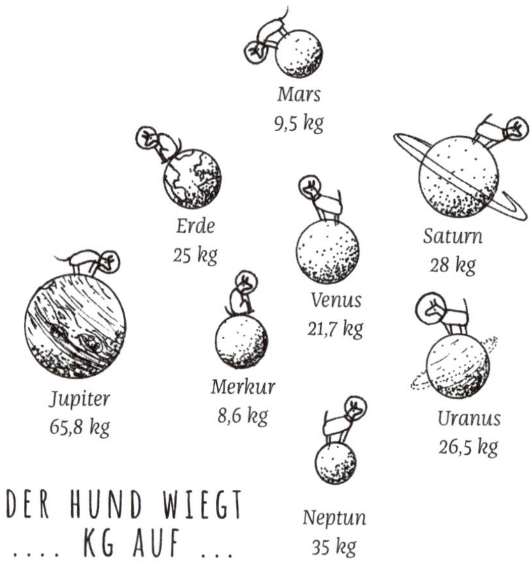

73 DU WIEGST NICHT AUF ALLEN PLANETEN GLEICH VIEL

Du wirst es zwar nicht überprüfen können, aber Forschende haben errechnet, wie viel du auf anderen Planeten wiegen würdest. Auf dem Mars und dem Merkur wärst du viel leichter als auf der Erde, auf dem Jupiter wesentlich schwerer.

In Info 72 hast du erfahren, dass Gewicht durch die Masse eines Körpers und die Fallbeschleunigung bestimmt wird. Auf der Erde beträgt die Fallbeschleunigung circa 9,8 Meter pro Sekunde im Quadrat, aber auf anderen Planeten ist das anders. Je schwerer der Planet, desto höher die Fallbeschleunigung und dadurch das Gewicht.

Wenn du auf der Erde 50 Kilo wiegst, wiegst du

- auf dem Merkur 17 Kilo
- auf dem Mars 19 Kilo
- auf der Venus 43,5 Kilo
- auf dem Uranus 53 Kilo
- auf dem Saturn 56,5 Kilo
- auf dem Neptun 70 Kilo
- auf dem Jupiter 131,5 Kilo

Auf der Sonne würdest du gut und gerne 13 900 Kilo wiegen, auf dem Mond etwas mehr als 8 Kilo.

74 SCHWERKRAFT IST ÜBERALL

Du wunderst dich womöglich über diese Überschrift, denn stimmt das auch wirklich? Wirkt die Schwerkraft überall? Auch im Weltraum? Die Astronautinnen und Astronauten auf der Internationalen Raumstation ISS schweben doch herum?

Glaub uns ruhig: Schwerkraft ist überall, auch im Weltraum.

In Info 71 haben wir dir das Gravitationsgesetz von Newton erklärt. Das besagt, dass zwischen zwei Körpern mit einer Masse eine Anziehungskraft (Schwerkraft) wirkt. Je größer die Masse der Körper, desto größer die Schwerkraft zwischen ihnen. Je weiter die Entfernung zwischen den Körpern, desto kleiner die Schwerkraft.

Auf der ISS leben vier bis neun Astronauten und Astronautinnen. Sie kreisen auf einer Höhe von ungefähr 400 Kilometern pausenlos um die Erde, ungefähr sechzehnmal pro Tag. Die Schwerkraft in dieser Höhe ist etwas geringer, als wenn man mit beiden Füßen auf dem Boden steht. Doch auch in 400 Kilometern Höhe beträgt die Schwerkraft noch immer 90 Prozent von der auf dem Erdboden. Man schwebt in der ISS, weil diese um die Erde kreist und man sich deshalb fortwährend im freien Fall befindet. Wenn etwas im freien Fall ist – wie die Astronauten und Astronautinnen auf der ISS –, dann spielt die Masse eines Körpers keine Rolle. Du hast etwas Ähnliches vielleicht selbst schon einmal gespürt, wenn du in einem Aufzug stehst und dieser plötzlich nach unten fährt. Das ist dann aber kein echter freier Fall, sonst könntest du im Aufzug schweben. (Das wäre ziemlich cool!)

16-MAL AM TAG UM DIE ERDE

»Gewichtslosigkeit« im Weltraum

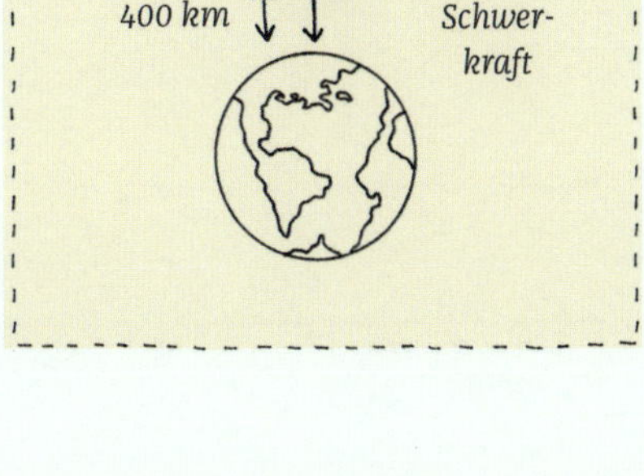

75 SCHALL HAT EINE GESCHWINDIGKEIT VON FAST 1235 STUNDENKILOMETERN

Schall wird durch Schwingungen verursacht. Diese Schwingungen bewirken Schallwellen, die sich durch eine Substanz - ein Medium - hindurchbewegen. Schall benötigt immer ein Medium, beispielsweise Luft oder Wasser, sonst kann er sich nicht ausbreiten. Im Weltraum kann man nichts hören, weil es dort keine Luft - und damit kein Medium - gibt.

Je stärker die Schwingungen, desto lauter der Ton: Das wird als Amplitude dargestellt und in Dezibel (dB) ausgedrückt. Je größer die Amplitude und je höher die Anzahl an Dezibel, desto lauter klingt etwas. Je mehr Schwingungen pro Sekunde, desto höher ein Ton: Das ist die Frequenz. Frequenz wird in Hertz (Hz) ausgedrückt. Je höher die Anzahl an Hertz, desto schneller die Schwingungen und desto höher der Ton.

Wenn Schall sich bei Zimmertemperatur durch die Luft fortbewegt, ist die Schallgeschwindigkeit ungefähr 343 Meter pro Sekunde oder 1234,8 Stundenkilometer. Bei anderen Temperaturen und anderen Medien ändert sich die Geschwindigkeit.

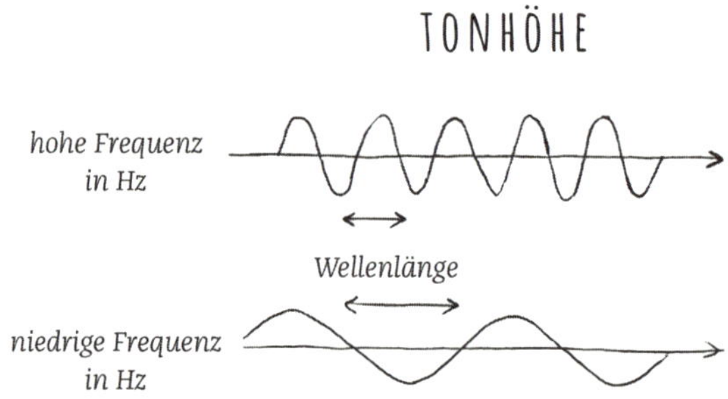

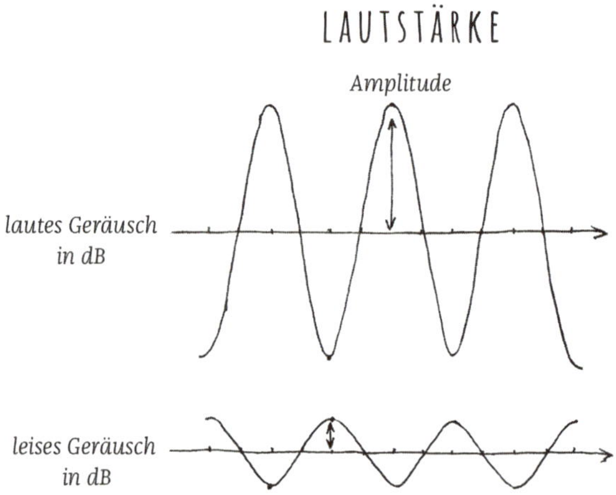

Das menschliche Ohr verträgt Lautstärken bis ungefähr 80 dB. Alle Werte darüber können das Gehör schädigen, wenn man ihnen zu lange ausgesetzt ist. Die Musiklautstärke in einer Disco liegt häufig um die 105 dB, die Sirene eines Feuerwehrwagens bei bis zu 120 dB und ein Feuerwerk bei bis zu 140 dB. Hier liegt auch ungefähr die Schmerzgrenze. Alles darüber tut in den Ohren weh.

Das menschliche Ohr kann Töne zwischen 20 und 20 000 Hz hören. Viele Tiere können noch wesentlich besser hören: Ein Hund kann Töne zwischen 10 und 35 000 Hz wahrnehmen, eine Fledermaus sogar zwischen 100 und 100 000 Hz. Den Rekord hält die Große Wachsmotte, ein Nachtfalter, der bis zu 300 000 Hz wahrnehmen kann.

1, 2, 3... BUMM!

3 Sekunden gezählt,
1 Kilometer weit weg

76 DIE ZEIT ZWISCHEN BLITZ UND DONNER VERRÄT DIR, WIE WEIT EIN GEWITTER WEG IST

Donnerschläge! Blitze! Hast du auch ein bisschen Angst bei Gewitter? Das ist ganz normal, denn es ist ein spektakuläres Naturschauspiel. Wusstest du schon, dass du berechnen kannst, wie weit ein Gewitter ungefähr von dir entfernt ist, indem du die Zeit zwischen Blitz und Donner misst?

Der Blitz kommt immer zuerst. Blitze sind Funkentladungen beziehungsweise Lichtbogen, vereinfacht bestehen sie also aus Licht, und das bewegt sich mit Lichtgeschwindigkeit, also mit knapp 300 000 Kilometern pro Sekunde. Umgerechnet sind das mehr als 1 Milliarde Stundenkilometer. Der Donner folgt immer auf den Blitz, weil sich Schallwellen langsamer bewegen als Licht. Die Schallgeschwindigkeit eines Donnerschlags beträgt ungefähr 1235 Stundenkilometer (abhängig von der Temperatur). Das ist fast eine Million Mal langsamer als das Licht.

Wie weit das Gewitter ungefähr von dir entfernt ist, kannst du berechnen, indem du sofort nach dem Blitz anfängst, die Sekunden zu zählen, bis du den Donner hörst, und das Ergebnis durch drei teilst. Drei Sekunden entsprechen nämlich ungefähr einem Kilometer Entfernung. Je länger du zählen kannst, desto weiter ist das Gewitter also weg.

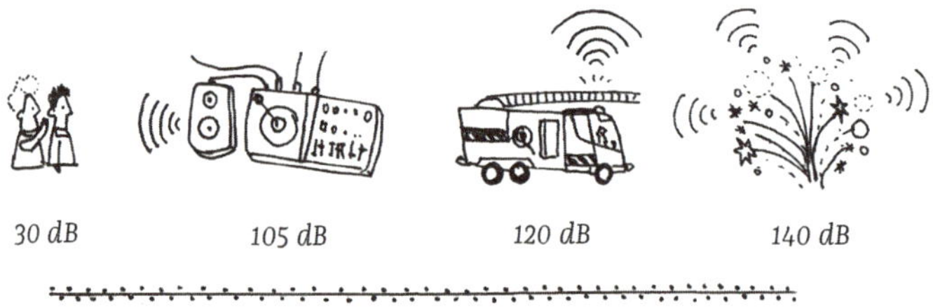

77 WARUM ÄNDERT SICH DAS GERÄUSCH EINER SIRENE, WENN DER KRANKENWAGEN VORBEIGEFAHREN IST?

Gute Frage! Darauf hat die Wissenschaft eine eindeutige Antwort.

Schall bewegt sich in Schallwellen (siehe Info 75). Wenn die Geräuschquelle stillsteht, breitet sich der Schall in Kreisen aus, die sich gleichmäßig um die Geräuschquelle herum verteilen. Denk nur an ein Radio oder die Lautsprecher einer Stereoanlage. Anders ist es, wenn sich die Geräuschquelle bewegt wie bei einem Krankenwagen, der mit heulenden Sirenen vorbeifährt.

Durch die Bewegung des Fahrzeugs bewegen sich auch die Schallwellen in Fahrtrichtung: Sie folgen schneller aufeinander. Hinter dem Krankenwagen bewegen sich die Schallwellen weiter auseinander. Je schneller die Wellen einander folgen, desto höher die Frequenz und die Tonhöhe. Die Sirene klingt deswegen höher, wenn der Krankenwagen auf dich zufährt, als wenn er von dir wegfährt. Dasselbe geschieht bei einem vorbeifahrenden Wagen mit lauter Musik oder Hupkonzert. Das nennt sich Dopplereffekt. Und jetzt kannst du ihn auch erklären, wenn mal wieder ein Krankenwagen vorbeifährt.

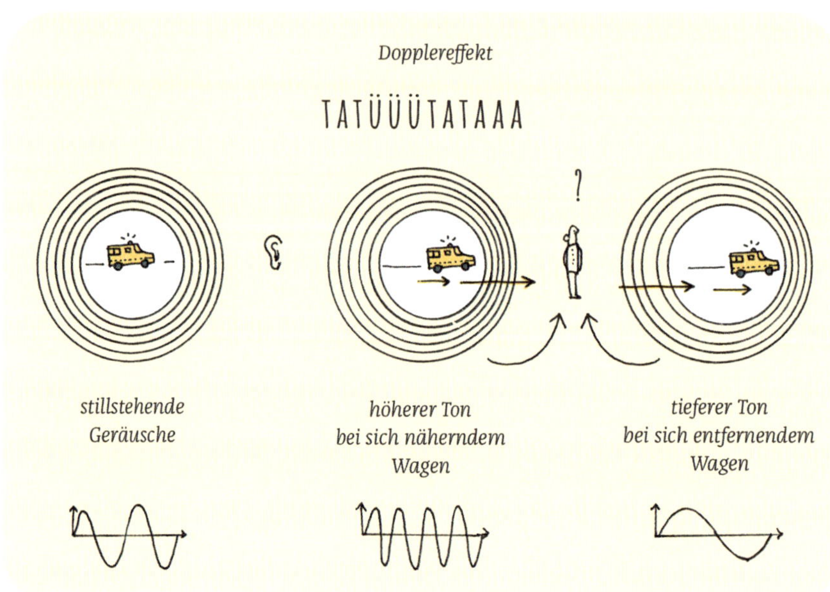

78 NICHT MARSCHIEREN!

Soldaten und Soldatinnen marschieren meistens im Gleichschritt. Aber wenn sie eine Brücke überqueren, sollten sie auf diesen gleichmäßigen Rhythmus besser verzichten, sonst könnte es passieren, dass die Brücke einstürzt. Das hat mit der Eigenfrequenz der Brücke zu tun.

Jedes Objekt hat eine bestimmte Frequenz, bei der es am einfachsten in Schwingungen gerät. Diese Frequenz nennt man *Eigenfrequenz*. Stell dir vor, du sitzt auf einer Schaukel. Um immer höher zu schaukeln, lässt du dich entweder von jemandem anschubsen, oder du bewegst deine Beine. Dabei musst du einen gewissen Rhythmus finden. Wenn du höher schaukeln möchtest, musst du im richtigen Moment die entsprechende Bewegung machen; bewegst du dich diesem Schwung entgegen, bremst du. Das kommt daher, dass auch eine Schaukel eine Eigenfrequenz hat. Indem du dich im richtigen Moment mitbewegst, trägst du Energie bei, sodass das Objekt schneller schwingen beziehungsweise in diesem Fall schaukeln kann. Manchmal können die Schwingungen so stark werden, dass das Objekt kaputtgeht. Opernsänger und -sängerinnen könnten Glas theoretisch kaputtsingen, wenn sie sehr laut und auf der Eigenfrequenz des Glases singen.

Zurück zu unseren Soldaten und Soldatinnen. Die Brücke hat – wie alle Objekte – auch eine Eigenfrequenz. Wenn man im Gleichschritt über sie marschiert, riskiert man, das im Rhythmus der Eigenfrequenz der Brücke zu tun. Hierdurch kann die Brücke Schaden nehmen oder sogar einstürzen.

Auch der Wind kann ein Objekt in Schwingungen auf Eigenfrequenz versetzen. Das passierte bei der Tacoma Narrows Bridge im US-amerikanischen Bundesstaat Washington. Die 1,6 Kilometer lange Brücke stürzte am 7. November 1940 durch vom Wind verursachte Schwingungen ein – knapp vier Monate nachdem sie eröffnet worden war.

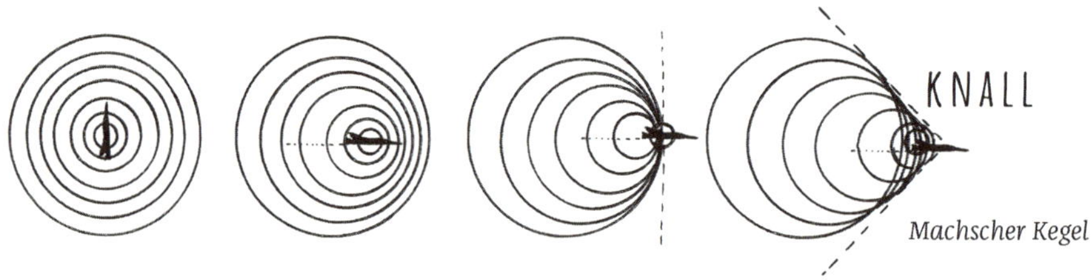

79 EIN PEITSCHENHIEB ERZEUGT EINEN ÜBERSCHALLKNALL

Wenn sich ein Objekt schneller als der Schall fortbewegt, hat es Überschallgeschwindigkeit. Das Objekt bewegt sich in dem Moment schneller als die Schallwellen und produziert dabei selbst neue Schallwellen. Das führt dazu, dass die Schallwellen in der Bewegungsrichtung des Objekts immer stärker zusammengedrückt werden, sodass eine Art Kegel entsteht, der auch Machscher Kegel genannt wird. Das Schnalzgeräusch einer Peitsche ist ein schönes Beispiel für einen Überschallknall.

Überschallpeitsche

Stell dir vor, du siehst einen Düsenjäger heranfliegen. Er fliegt mit Überschallgeschwindigkeit, aber solange er vor dir ist, hörst du nichts. Erst wenn er schon ein ganzes Stück vorbeigeflogen ist, hörst du plötzlich viel Schall auf einmal – als lauten Knall. Das ist ein Überschallknall. Inzwischen testet die NASA spezielle Flugzeuge, die X-59, bei denen man den Überschallknall kaum noch hören kann.

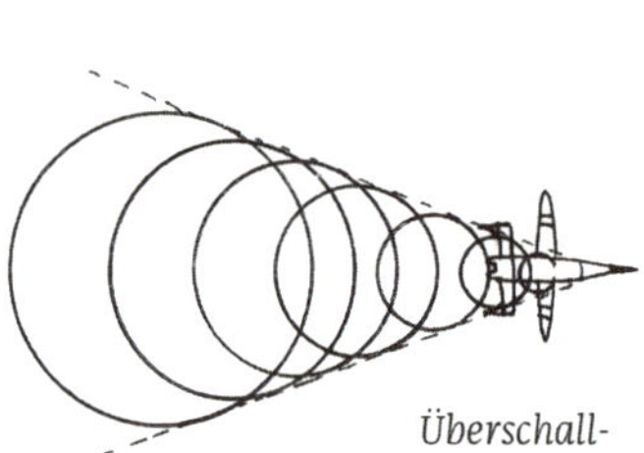
Überschall-knall

Die Concorde war ein Passagierflugzeug, das – nur über dem Meer – mit Überschallgeschwindigkeit flog. Sie brauchte von London bis nach New York nur knapp dreieinhalb Stunden – halb so lang wie

Felix Baumgartner

ein »normales« Flugzeug. Das Programm gab es schon seit 1969. Nach einem schweren Unfall wurden die Flüge 2003 eingestellt.

Wusstest du, dass Menschen sogar ohne Flugzeug die Schallmauer durchbrechen können? Am 14. Oktober 2012 sprang Felix Baumgartner auf einer Höhe von knapp 40 Kilometern aus dem Korb eines Heliumballons. Er fiel 4 Minuten und 19 Sekunden, bevor er seinen Fallschirm öffnete, und erreichte eine Höchstgeschwindigkeit von 1357 Stundenkilometern! Felix war der erste Mensch, der sich traute, die Schallmauer zu durchbrechen, weswegen er auch *Fearless Felix,* auf Deutsch »furchtloser Felix«, genannt wird.

80 DURCH HELIUM BEKOMMST DU EINE HÖHERE STIMME, DURCH XENON EINE TIEFERE

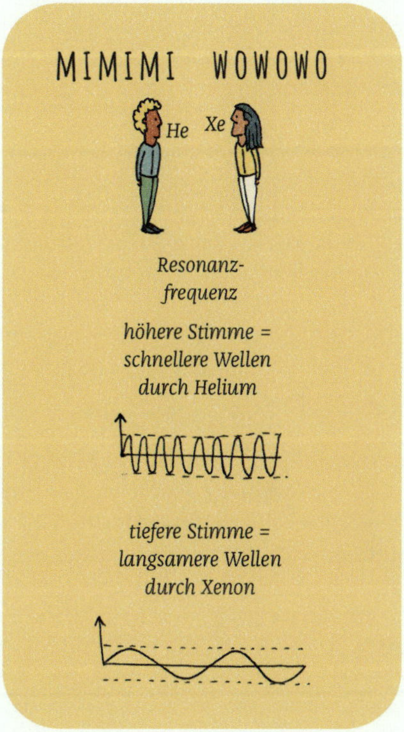

Vielleicht hast du es schon einmal ausprobiert: Wenn du Helium aus einem Ballon einatmest, klingt deine Stimme eine Weile viel höher und ziemlich komisch. Das ist die typische »Heliumstimme«, die nach Donald Duck klingt.

In Info 75 hast du gelesen, dass Schall durch Schwingungen entsteht, die sich durch ein Medium fortbewegen. Bei der Stimme ist das die Luft. Wenn du sprichst, geraten deine Stimmlippen und -bänder in Bewegung, und du produzierst verschiedene Frequenzen. Dadurch schwingt die Luft in deinem Rachenraum. Die Schallwellen werden zu einem Stimmgeräusch. Dein Rachen verstärkt bestimmte Frequenzen. Das nennt man Resonanzfrequenz oder Eigenfrequenz. Auf diesen Frequenzen schwingt der Schall am stärksten.

Der Klang deiner Stimme wird von verschiedenen Faktoren beeinflusst, darunter die Form deines Rachens und die Dicke deiner Stimmbänder.

Wenn du Helium einatmest, bewegen sich die Schallwellen nicht durch Luft, sondern durch ein Gemisch aus Luft und Helium. In Helium kann sich Schall dreimal so schnell bewegen wie in Luft. Deshalb kommt aus deinem mit Helium gefüllten Rachen ein anderes Geräusch, als wenn er nur mit Luft gefüllt ist. Wenn wir dann sprechen, werden vor allem die hohen Frequenzen verstärkt. Dadurch entsteht die Piepsstimme.

Beim Edelgas Xenon passiert genau das Gegenteil. Seine Schallgeschwindigkeit liegt niedriger als bei Luft, wodurch niedrige Frequenzen verstärkt werden und deine Stimme tiefer klingt.

81 ENERGIE KANN WEDER VERLOREN GEHEN NOCH AUS DEM NICHTS ENTSTEHEN

In einem Apfel ist Sonnenenergie gespeichert. Wenn du den Apfel isst, geht diese Energie auf dich über. Du benutzt diese Energie zum Wachsen, aber auch zum Bewegen. Die Energie aus Nahrungsmitteln wird also (teils) in Bewegungsenergie (auch *kinetische Energie* genannt) umgesetzt.

Ein Liter Benzin enthält Wärmeenergie. Wenn du das Benzin in den Tank eines Autos füllst, kann es fahren. Hier wird Wärmeenergie in kinetische Energie umgesetzt.

Auf der Sonne finden Kernfusionen statt, bei denen Licht und Wärme freigesetzt werden. Pflanzen nutzen diese Energie als Nährstoff (oder *chemische Energie*) für die Fotosynthese. Dabei wird mithilfe von Lichtenergie Kohlenstoffdioxid in Zucker (*Glucose*) umgewandelt, von dem sich die Pflanzen ernähren. Die Pflanzen werden ihrerseits von Tieren gefressen, die diese Energie nutzen, um sich zu bewegen.

All dies sind Beispiele für den ersten Hauptsatz der Thermodynamik*: Energie kann weder vernichtet werden noch aus dem Nichts entstehen. Er wird auch der *Satz der Energieerhaltung* genannt.

Dieser Satz klingt simpel, ist jedoch für vieles in unserem Alltag sehr wichtig.

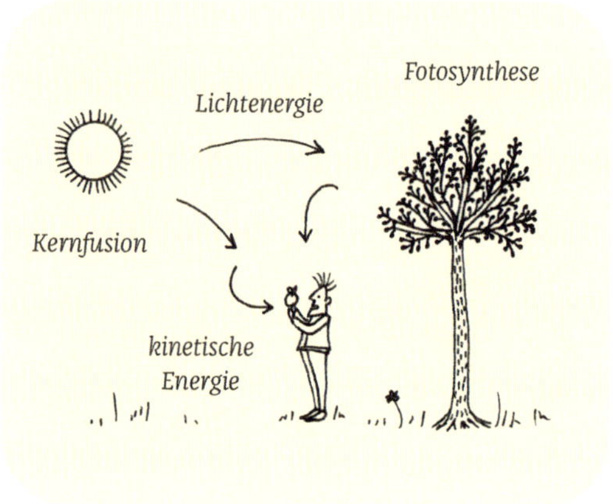

erster Hauptsatz der Thermodynamik

* Die Thermodynamik ist eine naturwissenschaftliche Disziplin, die sich mit der Beziehung von Teilchensystemen untereinander befasst. Hierbei geht es um alles, was mit Wärme und Temperatur zu tun hat, und deren Verhältnis zu Energie, Strahlung und Materien in verschiedenen Aggregatzuständen.

82 AM ABSOLUTEN NULLPUNKT VERHALTEN SICH STOFFE UNGEWÖHNLICH

Materie besteht aus Molekülen oder Atomen. Diese Atome schwingen und bewegen sich frei. Je höher die Temperatur, desto schneller bewegen sie sich. Je niedriger die Temperatur, desto langsamer. Die Bewegung der Atome hängt also mit der Temperatur zusammen. Theoretisch könnte man Moleküle so stark abkühlen, dass sie aufhören sich zu bewegen und zum Stillstand kommen.

Diese Temperatur wird der absolute Nullpunkt genannt. Er ist für alle Gase gleich und liegt bei 0 Kelvin (K). Diese Maßeinheit ist nach Lord Kelvin benannt, der diese absolute Temperaturskala beschrieb. 0 Kelvin entspricht -273 Grad Celsius.

Wenn Gase auf Temperaturen nahe dem absoluten Nullpunkt heruntergekühlt werden, verhalten sie sich seltsam. Sie werden beispielsweise *supraleitend* oder *supraflüssig*. Letzteres nennt man Suprafluidität, und darüber erfährst du in der nächsten Info mehr.

Lord Kelvin

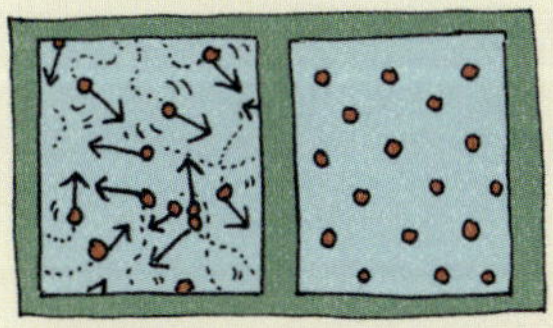

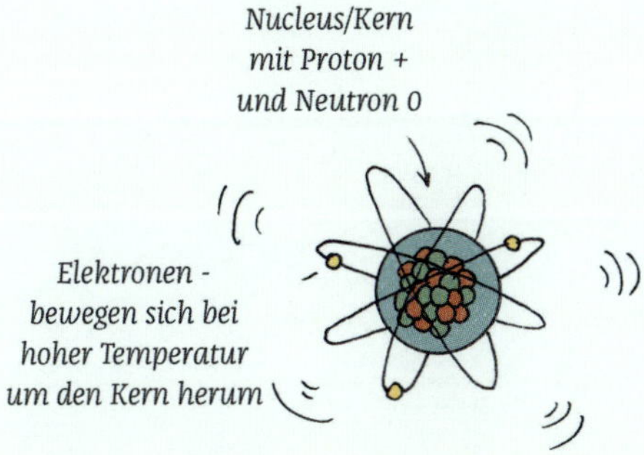

83 HELIUM WIRD BEI SEHR NIEDRIGEN TEMPERATUREN SUPRAFLUIDE

Wenn ein Stoff auf fast 0 Kelvin, also -273 °C, heruntergekühlt wird, also fast den absoluten Nullpunkt erreicht, entwickelt er besondere Eigenschaften. Manche Stoffe werden dann supraflüssig oder suprafluide. Helium beispielsweise wird bei circa 2 Kelvin (-271 °C) suprafluide.

Bei Suprafluidität verliert ein Stoff seine Zähflüssigkeit oder *Viskosität*. Die Flüssigkeit bewegt sich dann ohne Widerstand. Eine suprafluide Flüssigkeit wird auch nicht länger von dem Gefäß gehalten, in dem sie sich befindet. Helium »kriecht« dann über den Rand des Behälters hinaus. Erwärmt man es nun wieder etwas, kann ein kleiner Springbrunnen entstehen, der nicht zu fließen aufhört. Ein sehr ungewohnter Anblick!

84 HEISS, HEISSER … 141 000 000 000 000 000 000 000 000 000 000 GRAD CELSIUS

Temperatur ist Ausdruck von Energie. Je mehr sich die Moleküle bewegen, desto höher ist die Temperatur. Doch wie schnell können sich Moleküle bewegen? Wo liegt die Grenze?

Genau wie es einen absoluten Nullpunkt gibt (siehe Info 82), an dem sich Atome nicht mehr bewegen, gibt es auch eine höchste mögliche Temperatur. Der deutsche Physiker Max Planck errechnete, dass es eine Maximaltemperatur gibt, die die Bewegung von Molekülen und Atomen bestimmt. Diese höchste mögliche Temperatur oder Planck-Temperatur liegt extrem hoch: bei 141 000 000 000 000 000 000 000 000 000 000 Grad Celsius.

Was an diesem Punkt oder darüber passiert, wissen wir nicht. Nicht einmal in der Theorie. Es ist die höchste denkbare Temperatur, und Moleküle müssten theoretisch an diesem Punkt so groß werden, dass sie sich in reine Energie verwandeln. Schwarze Löcher müssten verdampfen. Der Theorie nach wurde die Planck-Temperatur für den Bruchteil einer Millisekunde unmittelbar nach dem Urknall oder *Big Bang* erreicht, also dem Moment, in dem das Weltall entstand (siehe Info 290). Der Ursprung von allem soll also am Punkt der maximalen Temperatur gelegen haben.

maximale Temperatur = Planck-Temperatur = pure Energie

85 DURCH DEINEN KÖRPER SAUSEN MILLIARDEN NEUTRINOS (OHNE DASS DU ES MERKST)

Ein Neutrino ist ein winziges Teilchen. Neben Photonen* sind sie vermutlich die häufigsten Teilchen im Weltall. Sie sind sehr schwer nachzuweisen. Neutrinos ähneln Elektronen (negativ geladene Elementarteilchen), nur ohne elektrische Ladung; sie sind also neutral. Lange dachte man, dass Neutrinos keine Masse hätten, aber inzwischen weiß man, dass diese winzigen Teilchen auch eine winzige Masse haben. Dadurch bewegen sich Neutrinos mit einer Geschwindigkeit fort, die nur wenig unter Lichtgeschwindigkeit liegt. Der Großteil der Neutrinos, die die Erde erreichen, kommt von der Sonne.

Da Neutrinos elektrisch neutral sind und eine winzige Masse haben, bewegen sie sich einfach durch sämtliche Materie hindurch. In der Zeit, in der du diesen Text gelesen hast, sind Milliarden Neutrinos durch dich hindurchgesaust! Deshalb nennt man sie manchmal auch Geisterteilchen.

Neutrinos: Geisterteilchen in Aktion

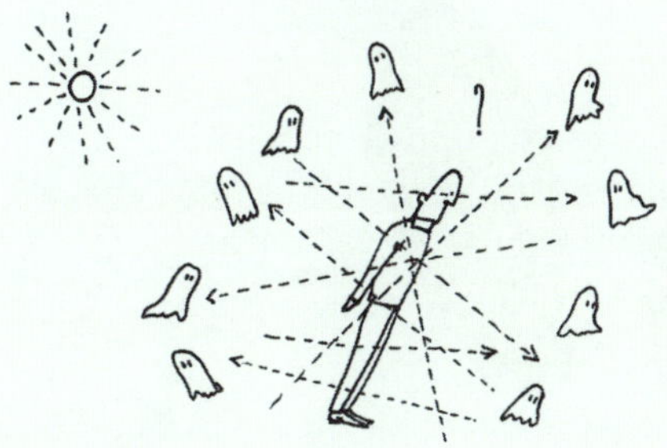

Diese extrem kleinen Teilchen wurden 1956 von Frederick Reines und seinem Team entdeckt. Für diese Entdeckung erhielt er 1995 den Nobelpreis für Physik. Dabei vermutete die Wissenschaft schon länger, dass es solche winzigen Teilchen gibt. Der Wissenschaftler Wolfgang Pauli hatte sie schon 1930 beschrieben.

* Photonen sind Elementarteilchen, die sich mit Lichtgeschwindigkeit fortbewegen. Licht und andere Strahlungsarten bestehen aus Photonen.

86 WARUM MANCHE INSEKTEN AUF DEM WASSER LAUFEN KÖNNEN

Du drehst den Wasserhahn zu, und ein Tropfen bleibt hängen. Du schenkst ein Glas so voll, dass das Wasser gerade eben nicht über den Rand läuft und sich sogar ein bisschen nach oben wölbt. Du siehst ein Insekt übers Wasser laufen. All das sind Beispiele für Oberflächenspannung.

Bei Oberflächenspannung verhält sich die Oberfläche einer Flüssigkeit dort, wo Flüssigkeit und Gas aufeinandertreffen, wie eine elastische Schicht. Das Gas kann beispielsweise Luft sein. Dieses Phänomen entsteht dadurch, dass die Wassermoleküle wegen der sogenannten *Van-der-Waals-Kräfte* einander stark anziehen und dabei Wasserstoffbrücken – starke Verbindungen – bilden. Die Oberflächenspannung ist so stark, dass Insekten, ähnlich wie beim Schlittschuhlaufen, übers Wasser skaten können oder sehr leichte Gegenstände auf der Oberfläche liegen bleiben.

Seife reduziert die Oberflächenspannung, weil sie viele der Wasserstoffbrücken zerstört. Das kommt dadurch, dass Seife ein sogenanntes Tensid ist. Tenside haben sowohl einen wasserliebenden (*hydrophilen*) Anteil, der Wasser anzieht, als auch einen *hydrophoben* Anteil, der Wasser abstößt. Die hydrophoben Teilchen legen sich auf die Wasseroberfläche, die hydrophilen drängen sich zwischen die Wassermoleküle. Dabei gehen die starken Wasserstoffbrücken kaputt, und die Oberflächenspannung wird aufgelöst. Das kannst du selbst ausprobieren: Lege einen sehr leichten Gegenstand, wie eine Heft- oder Büroklammer, auf die Wasseroberfläche in einem Glas. Wenn er leicht genug ist, schwimmt er. Jetzt füge einen Tropfen Spülmittel hinzu, und du wirst sehen, dass er untergeht.

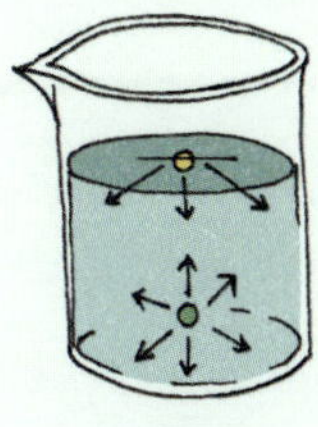

Versuch mit Wasser und Spülmittel

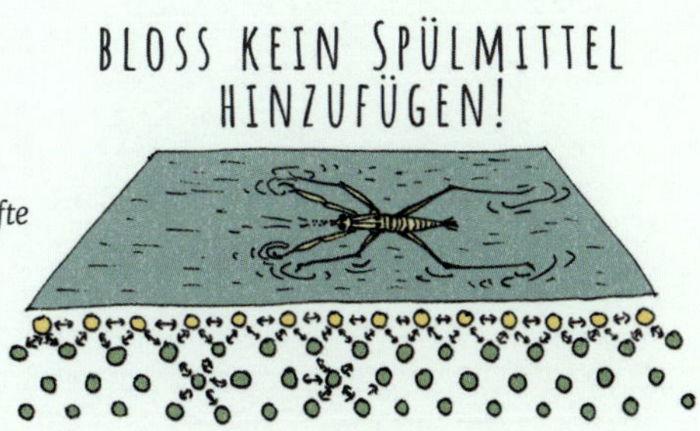

Oberflächenspannung

87 HELIUM KANN NICHT NUR BALLONS ZUM SCHWEBEN BRINGEN

Helium (He) ist ein sehr leichtes Gas. Es ist unter anderem viel leichter als Luft. Deshalb wird es dazu benutzt, Ballons – und sogar Zeppeline – zum Schweben zu bringen. Da Luft schwerer ist als Helium, steigt das Helium auf. Wasserstoff ist zwar auch leichter als Luft, doch ihn für Ballons zu verwenden ist zu gefährlich. Wasserstoff ist nämlich brennbar. Das ist für eine Geburtstagsfeier wohl eher keine so gute Idee ...

Man kann Helium auch zum Kühlen nutzen. Es hat nämlich den niedrigsten Schmelz- und Siedepunkt aller Elemente.

Der Stoff ist ungiftig, aber er verdrängt den vorhandenen Sauerstoff. Dadurch kann man an Helium ersticken. Pass also gut auf, wenn du Helium aus einem Ballon einatmest. Du bekommst dann zwar eine lustige Piepsstimme (siehe Info 80), aber wenn du größere Mengen einatmest, kann das gefährlich oder sogar tödlich sein.

88 WARUM STREUSALZ IN SIBIRIEN NICHTS BRINGT

in Sibirien

Der Siedepunkt von Wasser liegt bei 100 °C. Der Gefrierpunkt bei 0 °C. Das kann man ändern, indem man etwas zum Wasser hinzufügt wie zum Beispiel Salz. Der Siedepunkt liegt dann höher, der Gefrierpunkt niedriger. Darum streuen wir Salz, wenn es friert. Das Wasser gefriert dann erst bei einer Temperatur von unter 0 °C. Um wie viel der Gefrierpunkt sinkt, hängt von der Salzmenge ab.

Auf einer Eisoberfläche befindet sich immer eine dünne Wasserschicht. Gibt man Salz auf das Eis, löst sich dieses in der Wasserschicht auf. Dadurch können sich die Wassermoleküle nicht mehr so gut miteinander verketten, und die Wasserschicht oben auf dem Eis gefriert langsamer. Es wird nicht so schnell glatt.

Der Effekt ist allerdings begrenzt. Wenn es sehr stark friert, reicht Salz nicht aus, um die Eisbildung zu verhindern. In Sibirien Salz zu streuen wäre deshalb so gut wie wirkungslos. Sowohl Küchen- als auch unser Streusalz sind Natriumchlorid (NaCl). In Ländern mit kälteren Wintern wird häufig Kalziumchlorid ($CaCl_2$) eingesetzt, weil es bei noch niedrigeren Temperaturen wirksam ist. Allerdings ist es auch viel teurer.

89 BEI EXTREM NIEDRIGEN TEMPERATUREN WIRD LUFT FLÜSSIG

Du musst pro Tag ungefähr 14 500-mal atmen, um zu überleben. Aber wusstest du, dass man Luft auch verflüssigen kann?

Dazu braucht man sehr niedrige Temperaturen. Luft geht erst bei circa –192 °C vom gasförmigen in den flüssigen Zustand über. Flüssige Luft kannst du dir ungefähr vorstellen wie Wasser. Wasser dagegen ist bis zu einer Temperatur von 100 °C flüssig und wird erst danach gasförmig. Diesen Punkt nennt man *Siedepunkt*.

ein Glas flüssige Luft in der Air-Bar

Trockene Luft besteht vor allem aus folgenden Bestandteilen: Stickstoff (N, 78 Prozent), Sauerstoff (O, 20 Prozent) und anderen Bestandteilen wie Argon (Ar) und Kohlenstoffdioxid (CO_2). Durch das Verflüssigen werden die einzelnen Bestandteile voneinander getrennt.

Aber warum sollte man Luft verflüssigen wollen? Flüssige Luft könnte zum Beispiel dazu verwendet werden, Strom zu speichern und zu transportieren. Luft in flüssigem Zustand nimmt nämlich tausendmal weniger Platz ein als in gasförmigem und kann deshalb leichter gelagert werden. Wenn der Strom benötigt wird, müsste man die flüssige Luft nur noch erwärmen, sodass sie wieder gasförmig wird. Dann dehnt sie sich extrem aus, sodass man mit ihr beispielsweise Turbinen betreiben könnte, die Strom produzieren. Das ist eine gute Alternative, wenn gerade nicht genug Wind- oder Sonnenenergie verfügbar ist. Luft gibt es nämlich überall. Allerdings ist das Verflüssigen ein sehr aufwendiges Verfahren.

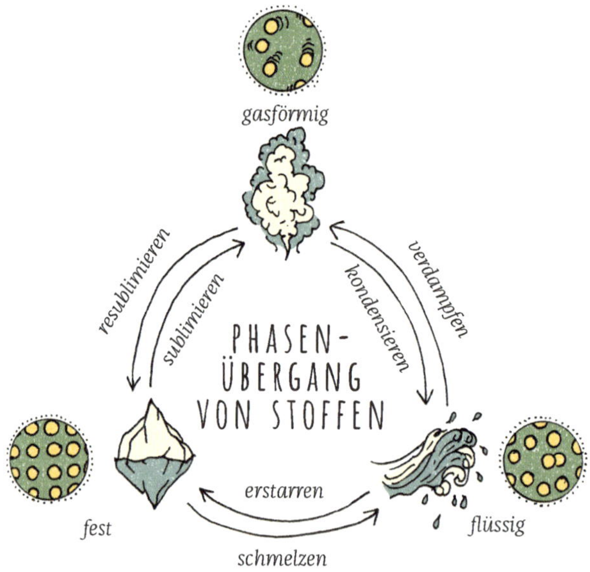

90 TROCKENEIS SCHMILZT NICHT

Eis ist Wasser in fester Form. Wenn es schmilzt, hinterlässt es eine Pfütze. Diese Pfütze ist Wasser in flüssiger Form. Nach einer Weile wird das Wasser verdampfen. Dann wird es gasförmig.

Trockeneis ist Eis, das keine Flüssigkeit hinterlässt. Es schmilzt also nicht. Eigentlich ist es Kohlendioxid (CO_2) in fester Form. Die flüssige Phase wird übersprungen: Trockeneis geht direkt von der festen in die gasförmige Form über. Diesen Prozess nennt man Sublimation. Trockeneis hat eine Temperatur von -78 °C. Du solltest es also besser nicht anfassen!

Dieses Eis wird vor allem zum Kühlen von Lebensmitteln verwendet. Auch Blut- oder Urinproben sowie manche Medikamente und Impfstoffe werden auf Trockeneis transportiert.

Trockeneispartikel werden zudem dazu benutzt, bestimmte Oberflächen zu reinigen. Die Partikel sprengen den Schmutz regelrecht von der Oberfläche ab.

Forschende haben bewiesen, dass Trockeneis auch im Weltraum vorkommt. Auf dem Mars soll es an den Polen sogar »Trockeneisstürme« geben. Auch auf mehreren Monden des Uranus und des Neptuns wird Trockeneis vermutet.

91 WASSER DEHNT SICH AUS, WENN ES GEFRIERT

Bei Zimmertemperatur ist Wasser flüssig. Bei 100 °C siedet es und verdampft. Dampf ist Wasser in gasförmigem Zustand. Bei 0 °C gefriert Wasser und nimmt eine feste Form an: Eis.

Die meisten Stoffe ziehen sich bei niedrigen Temperaturen zusammen. Das kommt durch die Schwingungen der Atome in dem jeweiligen Stoff: Je kälter es ist, desto weniger schwingen die Atome und desto weniger Platz ist zwischen ihnen. Der Stoff zieht sich zusammen. Bei Erwärmung passiert das Gegenteil: Die Atome schwingen stärker, zwischen ihnen entstehen größere Abstände, und der Stoff dehnt sich aus.

Wasser bildet eine Ausnahme. Das liegt an der besonderen Struktur des Wassermoleküls (H_2O). Dieses Molekül setzt sich aus einem großen Sauerstoffatom in der Mitte und zwei kleineren Wasserstoffatomen zusammen. Es sieht ein bisschen aus wie der Kopf von Micky Maus.

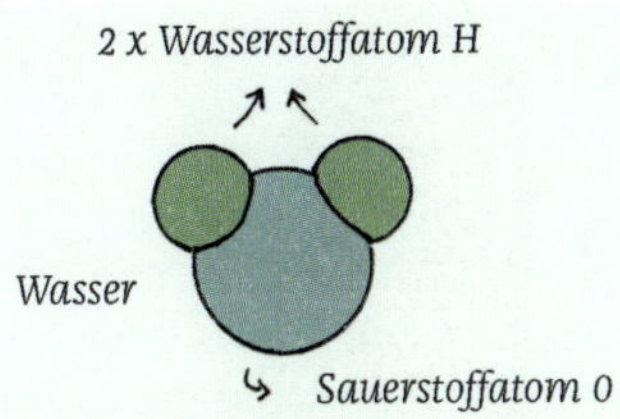

Durch diese besondere Form der Wassermoleküle und die Art und Weise, wie sie sich aneinanderbinden, entsteht ein Raster mit ziemlich großen Löchern. Stell es dir wie ein Puzzle mit sechseckigen Puzzlestücken vor. Zwischen den Molekülen ist also viel Platz, und das Wasser kann sich ausdehnen, wenn es gefriert. Ein Eiswürfel ist darum ungefähr ein Zehntel größer als das Wasservolumen, das für seine Herstellung nötig war. Eine volle Glasflasche, die man in den Gefrierschrank stellt, wird zerspringen, weil das Eis mehr Platz benötigt als das flüssige Wasser. Wenn die Temperatur steigt und das Eis taut, sortieren sich die Wassermoleküle wieder um, sodass das Volumen schrumpft.

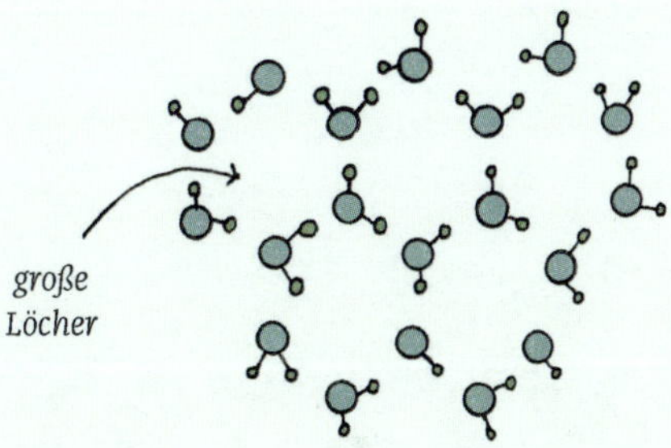

92 GLAS IST EIGENTLICH FLÜSSIG

Wahrscheinlich hast du heute schon Glas verwendet: Du hast zum Beispiel etwas getrunken oder zum Fenster rausgeguckt. Trotzdem ist Glas eine rätselhafte Materie. Wenn man es von Nahem betrachtet, sieht es nämlich wie eine Flüssigkeit aus.

Das klingt für dich wahrscheinlich erst einmal komisch. Glas ist doch fest? Stimmt. Sogar Fachleute zerbrechen sich darüber immer noch den Kopf. Die allerkleinsten Teilchen von Glas, die Atome, haben eine seltsame Struktur. Sie scheinen nicht wirklich geordnet zu sein, und trotzdem sind sie so aufgebaut, dass sie eine starke und feste Struktur haben. Glas erinnert an eine Flüssigkeit, die nicht mehr fließt. Es befindet sich in einem Zustand zwischen fest und flüssig. Das nennt man ein amorphes Material.

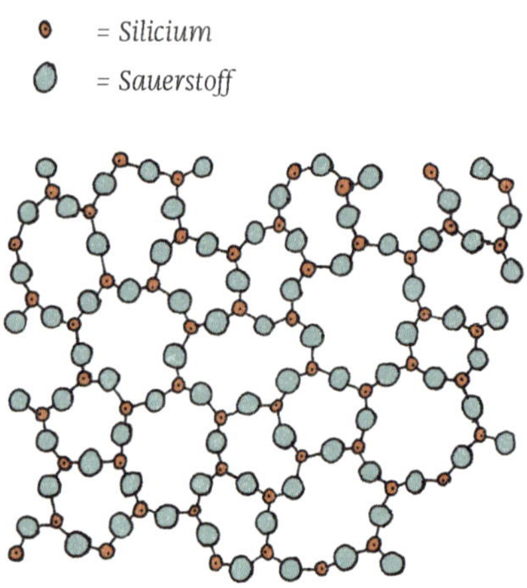

chemischer Aufbau von Glas

Manchmal wird behauptet, an alten Kirchenfenstern könne man sehen, dass Glas flüssig sei. Die Scheiben sind dort oft unten etwas dicker als oben. Das liege daran, dass Glas langsam nach unten fließe, wodurch die Unterkante mit der Zeit dicker werde. Eine schöne Theorie – doch sie stimmt nicht. Obwohl Glas wirklich ein klitzekleines

bisschen flüssig ist, würde es mehrere Milliarden Jahre dauern, bis man das mit bloßem Auge erkennen könnte – also genauso lang, wie es das Weltall gibt. Innerhalb einiger Jahrhunderte können wir das also nicht merken. Die dickere Unterkante der alten Kirchenfenster entstand durch das damalige Herstellungsverfahren: Das Glas wurde in flüssiger Form bearbeitet und geglättet, wodurch es zu den Rändern hin etwas dicker ist.

Flüssiges Fensterglas?

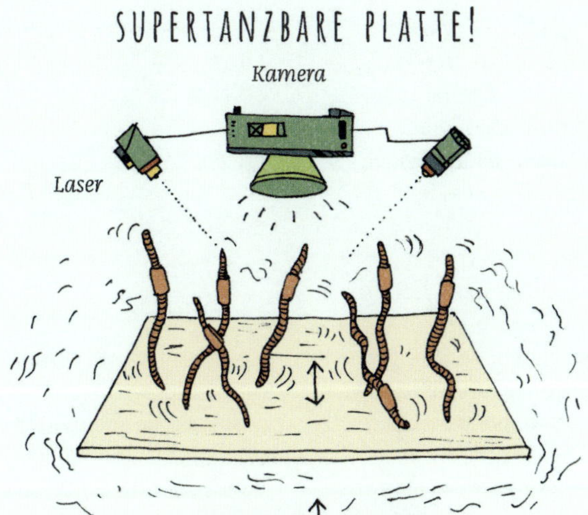

Regenwurm-Tanz-Experiment

93 WAS HABEN TANZENDE WÜRMER MIT PHYSIK ZU TUN?

Wenn du einen Tropfen Wasser auf eine sehr schnell schwingende oder *vibrierende* Platte fallen lässt, entstehen senkrechte Wellen. Man kann dann vielleicht ein Kreuz, einen Stern oder sogar einen Buchstaben erkennen.

Die Forscher Andriy Pototskyy und Ivan Maksymov untersuchten, ob das auch für Tiere gilt, die hauptsächlich aus Wasser bestehen: beispielsweise **Regenwürmer**. Diese bestehen zu 75 bis 85 Prozent aus Wasser und haben eine dünne, elastische Haut mit einem flexiblen *Hydroskelett*. Die Forscher betäubten vier Regenwurmarten und legten sie auf eine vibrierende Platte. Mit Lasern und Fotodetektoren machten sie Aufnahmen der Würmer und sahen, dass mit ihnen genau dasselbe passierte wie mit den Wassertropfen. Die Würmer bewegten sich in verschiedene Richtungen und nahmen verschiedene Formen ein.

Pototskyy und Maksymov erhielten für ihr Experiment den **Ig Nobelpreis** für Physik. Das ist das humorvolle Gegenstück zum echten Nobelpreis. Er wird für Forschungsergebnisse vergeben, die Menschen erst zum Lachen und dann zum Nachdenken bringen sollen. Die beiden Wissenschaftler hoffen, dass ihre Untersuchungsergebnisse der Physik dabei helfen, bestimmte Phänomene lebender Organismen besser zu verstehen. Damit wollen sie einen Beitrag zur medizinischen Forschung leisten.

Info am Rande:

Die Würmer lebten nach ihrem Tanzabenteuer noch lange glücklich und zufrieden.

94 WAS HABEN FISCHE MIT ARCHIMEDES ZU TUN?

Wenn du irgendetwas in ein Gefäß mit Wasser legst, wird das Wasser zur Seite und nach oben gedrückt und durch die Masse des Gegenstands ersetzt. Das merkst du, wenn du dich in die Badewanne setzt, dann steigt der Wasserspiegel. Wenn du aus der Wanne steigst, fällt er wieder.

Ob ein Körper sinkt, treibt oder aus dem Wasser aufsteigt (sobald er ins Wasser eintaucht), hängt von seiner Dichte ab. Im Toten Meer beispielsweise ist die Dichte des Wassers sehr hoch, weil es so viel Salz enthält. Dadurch kannst du viel müheloser darauf treiben als in anderen, weniger salzigen Meeren.

Wenn die Dichte des Körpers größer ist als die der Flüssigkeit, in der er sich befindet, sinkt er. Stell dir einen Backstein vor, der ins Wasser fällt. Das hängt mit der Auftriebskraft zusammen, die auf einen Körper in einer Flüssigkeit wirkt. Das Archimedische Prinzip besagt, dass die Auftriebskraft gleich der Schwerkraft ist, die auf die verdrängte Flüssigkeit wirkt. Die Formel sieht wie folgt aus:

Auftriebskraft = Dichte der Flüssigkeit x Fallbeschleunigung x Volumen des Körpers

Je höher die Dichte der Flüssigkeit, desto stärker wirst du nach oben gedrückt. Je größer das Volumen, desto stärker die Auftriebskraft.

Auftriebskraft nach Archimedes

Den Punkt, an dem ein Körper weder steigt noch sinkt, nennt man *neutralen Auftrieb*. Der Körper schwebt dann im Wasser. Fische beispielsweise haben zu diesem Zweck eine gasgefüllte Schwimmblase. Indem sie Gas ablassen oder hinzufügen, können sie in verschiedenen Tiefen neutralen Auftrieb herstellen. Der Fisch hat die Kontrolle über die Gasmenge und kann dadurch seine eigene Dichte an die Dichte des Wassers anpassen. Fische nutzen die Auftriebskraft, um in jeder Tiefe schweben zu können. Ahnt ja niemand, dass Fische sich mit Physik auskennen!

95 IM AUTO IST MAN MEGASICHER, WENN ES BLITZT

Wenn es blitzt, ist der sicherste Ort ein Auto. Dieses funktioniert nämlich als Faradayscher Käfig. Wir erklären dir, was es damit auf sich hat.

Ein Leiter ist eine Materie, die elektrischen Strom mit niedrigem Widerstand durchlässt oder *leitet*. Alle Metalle leiten gut, aber Silber und Kupfer sind die besten Leiter. Bei niedrigen Temperaturen um den absoluten Nullpunkt (0 Kelvin oder -273 °C) erreicht der Widerstand mancher Materien fast null. Dann sprechen wir von *Supraleitern*.

Ein hohler Leiter schützt den Inhalt in seinem Hohlraum zum Beispiel vor statischen Entladungen wie Blitzen. Statische elektromagnetische Felder können nicht von außen in ihn eindringen.

Ein Faradayscher Käfig ist ein solcher hohler Leiter: eine allseitig geschlossene Hülle aus einem elektrischen Leiter wie Eisen, in der man sicher ist. Auto und Fahrstuhl sind hierfür gute Beispiele. In den meisten Fällen hält ein Faradayscher Käfig auch Funksignale ab. Dadurch kann es passieren, dass du in einem geschlossenen Fahrstuhl nicht telefonieren kannst. Im Auto hat man wegen der Fenster trotzdem Empfang.

Faradayscher Käfig

96 GRAPHEN IST DAS LIEBLINGSMATERIAL VIELER FORSCHENDER

Graphen (Betonung auf dem E: *Grafeen*) ist eine hauchdünne Substanz aus einer einzelnen Schicht Kohlenstoffatome, die in einer Bienenwabenstruktur angeordnet sind (wie Hasendraht). Die Bienenwabe ist eine von Natur aus sehr stabile Form - sie ist sogar stärker als Stahl. Da Graphen einlagig ist, ist es extrem flexibel, wiegt so gut wie nichts und ist fast durchsichtig. Außerdem leitet es Elektrizität und Wärme sehr gut.

Vor einigen Jahren entdeckten Forschende, dass Graphen zum Supraleiter wird, wenn man es auf eine bestimmte Weise zweilagig aufeinanderlegt. Ein Supraleiter leitet Elektrizität mit so gut wie keinem Widerstand. Vorläufig ist das nur bei sehr niedrigen Temperaturen möglich, aber die Wissenschaft sucht fieberhaft weiter nach Methoden, wie das Material auch bei Zimmertemperatur verwendet werden kann.

Graphen besitzt so viele besondere Eigenschaften, dass Forschende weltweit nach Nutzungsmöglichkeiten dafür suchen. Leichte, starke Materialien eignen sich sehr gut für die Luft- und Raumfahrt, weil das Flugzeug beziehungsweise Raumfahrzeug dann weniger Brennstoff benötigt. Auch für die Sohlen von Sportschuhen kann es verwendet werden, denn es leitet Wärme ab, sodass die Sohlen sehr atmungsaktiv sind. Darüber hinaus kommt Graphen bei einer Vielzahl neuer Elektronik und anderer Erfindungen zum Einsatz (siehe auch Info 153).

wissenschaftliche Liebe

– 4 –

FLORA UND FAUNA

97 EISBÄRENFELL IST NICHT WEISS

Wenn du einen Eisbären siehst, kommt er dir schneeweiß vor. Dadurch verschmilzt er perfekt mit der Schneelandschaft am Nordpol. Aber eigentlich sind Eisbären gar nicht weiß!

topgetarnter Eisbär am Nordpol

Die Haut des Eisbären ist sogar schwarz, um so viel Wärme wie möglich anzuziehen. Das Deckhaar hat kein Pigment und ist durchsichtig und zudem hohl. Die schwarze Haut zieht also Wärme an, während die Deckhaare dafür sorgen, dass sie unterm Fell festgehalten wird. So muss der Eisbär am kalten Nordpol nicht frieren. Das funktioniert so gut, dass es Eisbären manchmal sogar zu warm wird, zum Beispiel wenn sie bei der Jagd schnell laufen müssen.

Welche Farbe ein Eisbär annimmt, hängt vom Licht ab, das auf sein Fell fällt. An bedeckten Tagen sind Eisbären ein bisschen grau, bei Sonnenuntergang können sie sogar orange glühend aussehen. Manchmal ist ihr Fell auch gelblich. Das kommt dann von Fetten in ihrer Nahrung – Seehunden zum Beispiel –, die im Fell gespeichert werden.

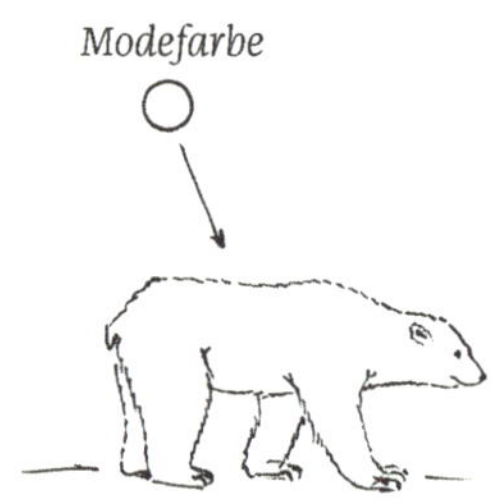

Bonus-Info:

Weil die hohlen Haare des Eisbärenfells Infrarotlicht reflektieren, sind Eisbären auf Wärmebildern kaum zu sehen. Diese Erkenntnis kann zur Entwicklung von Tarnkleidung für Soldaten genutzt werden.

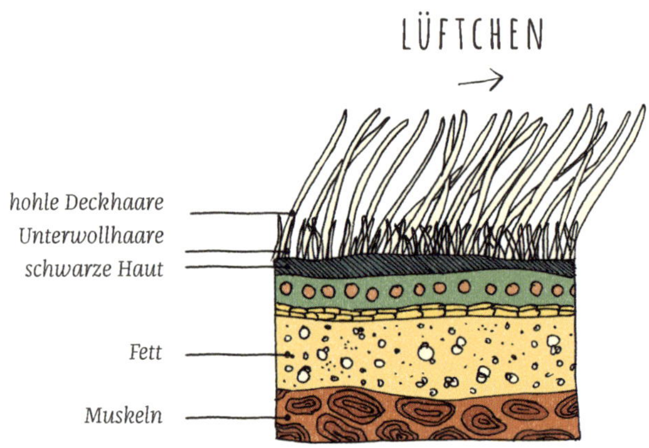

Eisbärenfell

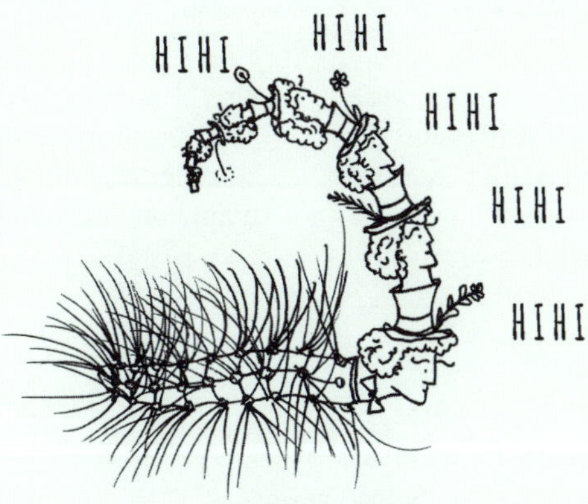

eine Feder am Hut des verrückten Hutmachers

98 DER VERRÜCKTE HUTMACHER IST EINE MOTTE

Der Eukalyptus-Skelettierer *(Uraba lugens)* ist eine Mottenart, die in Australien und Neuseeland vorkommt.

Die Raupe dieser Motte wechselt während des Wachsens mehrmals ihr Außenskelett (auch Exoskelett genannt). Das ist an sich nichts Besonderes. Allerdings fällt bei *Uraba lugens* der Kopf des abgelegten Exoskeletts nach dem Wechsel nicht ab, sondern ist mit dem neuen, größeren Kopf verwachsen. Dadurch trägt sie manchmal bis zu zehn aufeinandergestapelte Köpfe, die wie Hüte aussehen! Aus diesem Grund wird sie auch »verrückter Hutmacher« genannt, nach der Figur aus *Alice im Wunderland*.

Wie viele »Hüte« die Raupe hat, hängt von verschiedenen Faktoren ab. Je niedriger die Umgebungstemperatur, desto mehr Hüte. Weibliche Raupen haben zudem mehr Hüte als männliche. Die »Hutsammlung« ist eine ungewöhnliche Waffe und wird dazu eingesetzt, Fressfeinde wie beispielsweise Spinnen abzuschrecken. Wenn die Motte den Kopf wild schüttelt, traut sich so mancher nicht näher zu kommen.

Die Raupen von *Uraba lugens* sind übrigens Schädlinge. Sie ernähren sich vor allem von Eukalyptus und fressen manchmal ganze Bäume kahl.

99 KONDORE KÖNNEN STUNDENLANG FLIEGEN, OHNE MIT DEN FLÜGELN ZU SCHLAGEN

Der Andenkondor ist einer der größten flugfähigen Vögel der Welt. Er kann unglaublich weit fliegen, ohne auch nur ein einziges Mal mit seinen Riesenflügeln schlagen zu müssen. Das entdeckten Forschende dank spezieller Sender, mit denen sie acht Kondore ausstatteten. Damit konnten sie allen Bewegungen dieser »Könige der Anden« folgen und ihre Lebensweise studieren.

Anhand dieser Daten zeigte sich, dass die Vögel nur in etwa einem Prozent ihrer gesamten Flugzeit mit den Flügeln schlagen. Einer der acht Vögel flog sogar über 172 Kilometer ohne einen einzigen Flügelschlag! Das ist ihnen möglich, weil sie sich von warmen Luftströmungen tragen lassen. Der Kondor hat gelernt, auf der Luft zu »reiten«. Das ist auch gut so, denn mit den Flügeln zu schlagen kostet einen Andenkondor enorm viel Energie.

Kondor,
König der Anden

1. *Sonne wärmt die Erde.*
2. *Erde wärmt die Luft.*
3. *Warme Luft steigt auf (Thermik).*
4. *Kondor steigt gratis mit der Thermik auf.*

Diese Forschungsergebnisse erklären womöglich auch, warum manche schwere Saurier fliegen konnten, obwohl ihre Flügelspannweite das Doppelte von der des Andenkondors betrug.

Noch mehr Andenkondor-Infos:

- Der Andenkondor misst vom Kopf bis zur Schwanzspitze rund 1,30 Meter und hat eine Flügelspannweite von 2,70 bis 3,40 Metern. Damit ist er der Vogel mit der größten Flügeloberfläche. Es gibt jedoch Vögel mit noch größerer Spannweite. Die Flügel des rosa Pelikans messen von Spitze zu Spitze sogar 2,70 bis 3,60 Meter. Der Wanderalbatros hat eine Spannweite von 3,60 Meter und führt damit die Spannweitentabelle an.
- Andenkondore können bis auf eine Höhe von 7000 Metern aufsteigen. Da kann einem ganz schwindelig werden!
- Die Kondore sehen sehr ungewöhnlich aus. Sie sind schwarz und haben einen weißen Kragen. Männchen erkennt man am großen Kamm auf dem Kopf.
- In freier Wildbahn werden Kondore durchschnittlich fünfzig Jahre alt.

Der Hallimasch hat starke Familienbande.

100 DÜRFEN WIR VORSTELLEN: DER MEGAPILZ!

Das größte Tier der Welt ist der Blauwal. Er kann bis zu 30 Meter lang werden. Trotzdem ist er damit nicht das größte Lebewesen auf unserem Planeten. Das sieht um einiges weniger spannend aus. Es ist nämlich ein Pilz, der sich unterirdisch über eine Fläche von 965 Hektar erstreckt – das sind ungefähr 1700 Fußballfelder! Er wurde vor einigen Jahren in Oregon in den USA entdeckt.

Der Dunkle Hallimasch befindet sich im Malheur National Forest. Er soll mindestens 2400 Jahre alt sein! Sehen kann man von ihm nur die Fruchtkörper, die oberirdisch wachsen: kleine Gruppen essbarer gelbbrauner Hallimasche, die ein bisschen fruchtig riechen. Die Sporen der Fruchtkörper helfen dem Pilz, sich noch besser zu verbreiten. Der Rest des Pilzes wächst unterirdisch. Dort bilden feine Wurzeln, *Myzelien* genannt, ein riesiges, weit verzweigtes Netzwerk.

Der Hallimasch ist für Gärtner ein echter Albtraum, weil er im Boden viel kaputt macht. Er greift die Wurzeln anderer Pflanzen an, die daraufhin krank werden und sterben. Die Fruchtkörper findet man vor allem in der Nähe von Bäumen, die der Pilz unterirdisch befallen hat.

Mistbiene: »Tut-bloß-so-als-ob-Biene«

101 DIE SCHWEBFLIEGE IST EINE MEISTERIN IM NACHAHMEN

Die Mistbiene ist keine Biene, sondern eine Schwebfliege. Man kann sie schon mal verwechseln, denn sie ist eine Meisterin der Nachahmung.

Die Mistbiene ist eigentlich eine Schwebfliege, die sich als Honigbiene tarnt. Sie hat einen ähnlich braun gestreiften Hinterleib und summt auch gleich. Dafür gibt es einen guten Grund: Schwebfliegen haben keinen Stachel, mit dem sie sich verteidigen können. Indem sie sich als Wespe oder Biene tarnen, täuschen sie Fressfeinden Gefährlichkeit vor.

In Deutschland gibt es rund 450 verschiedene Schwebfliegenarten. Manche sind schlicht schwarz, andere sehen aus wie Bienen oder Wespen. Für die Bestäubung von Blumen und anderen Pflanzen sind sie übrigens ebenso wichtig wie ihre »Vorbilder«. Ein gutes Drittel aller Bestäubungen wird von Schwebfliegen übernommen. Weil sie sehr weit fliegen können, tragen sie den Blütenstaub Hunderte Kilometer weit.

Wahrscheinlich leben auch bei dir im Garten oder Park Schwebfliegen. Du kannst sie daran erkennen, dass sie nur zwei Flügel haben – Bienen und Wespen haben vier – und dass ihre Fühler viel kürzer sind. Allerdings gibt es sogar Arten, die mit ihren Beinchen Fühler nachmachen. Du siehst, diese Fliegen geben alles, um dich reinzulegen.

102 SCHNECKEN, MUSCHELN UND KLEBREIS MACHEN DIE CHINESISCHE MAUER SO STABIL

Die Chinesische Mauer liegt im Norden Chinas. Sie wurde zum Schutz des Landes gegen Feinde gebaut. Die ersten Abschnitte wurden im 7. Jahrhundert vor Christus errichtet, doch mit der Zeit wurde die Mauer immer länger. Sie ist ein Meisterwerk der Baukunst, denn sie ist nicht nur enorm lang, sondern steht zudem auf sehr steilen Bergkämmen. Außerdem ist sie besonders massiv, wodurch sie Wind, Wetter und feindlichen Angriffen trotzen kann. Archäologen und Archäologinnen fragen sich, wie es möglich sein kann, dass ein so altes Bauwerk fast so stabil ist wie moderner Beton.

Reparaturen an der chinesischen Mauer

Wie es scheint, hat das mit den Schneckenhäusern und Muscheln in der Mauer zu tun. Diese enthalten Kalziumkarbonat – kurz: Kalk. Kalk besteht aus Kristallen. Er wurde dem Mörtel hinzugefügt, mit dem die Mauer gemauert wurde. Darüber hinaus enthält die Mauer Klebreis. Dieser Reis enthält *Amylopektin*. Wenn man das nun mit Kalk mischt, werden die Kalziumkarbonatkristalle kleiner. Die kleineren Kristalle halten das Ganze besser zusammen und machen dadurch die Mauer extrem massiv. Die chemische Reaktion zwischen Klebreis und Kalk dauert übrigens bis heute an, wodurch die Mauer im Laufe der Jahrhunderte sogar immer stabiler wird.

Die Chinesische Mauer ist das größte Bauwerk, das jemals von Menschenhand errichtet wurde. Kein Wunder, dass sie von der UNESCO als Weltkulturerbe anerkannt wurde. Vor einigen Jahren entdeckte man, dass die Chinesische Mauer sogar noch viel länger ist: Neue Messungen ergaben inzwischen gut 21 000 Kilometer statt 9000 Kilometer, wie früher angenommen.

21 000 Kilometer – das ist einmal halb um die Erde! Wenn du pro Tag acht Stunden wandern würdest, bräuchtest du zwei Jahre, um die ganze Chinesische Mauer abzulaufen. Manche Forschenden vermuten, dass die Mauer sogar noch länger ist.

103 MOTTEN SCHLAGEN FLEDERMÄUSEN EIN SCHNIPPCHEN

Um sich in ihrer Umgebung zu orientieren, bedienen sich Fledermäuse einer speziellen Technik: Sie senden Schallwellen aus. Diese werden reflektiert, und mithilfe des Echos finden die Fledermäuse ihren Weg oder fangen sich eine leckere Motte. Diese Technik heißt Echoortung.

Aber die Motten geben sich nicht so einfach geschlagen. Manche haben sich angepasst, indem sie spezielle körperliche Eigenschaften entwickelt haben. Sie sind mit anderthalb Millimeter dicken Schuppen bedeckt, die den Schall schlucken, statt ihn zurückzuwerfen.

NICHT AUF DEM FLEDERMAUSRADAR

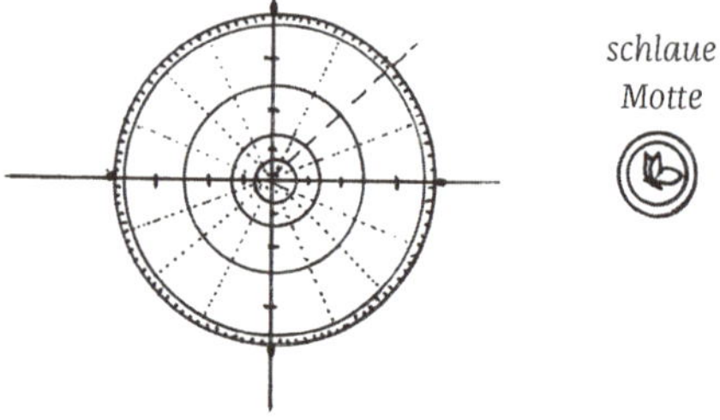

Forschende entdeckten, dass auch die Flügel der Motten aus diesem Material sind. Sie fangen den Ultraschall auf, den die Fledermäuse aussenden, und reduzieren oder dämpfen so den Schall, und das sehr wirkungsvoll. Dadurch fällt es der Fledermaus schwerer, die Motte zu finden.

Das Material auf den Mottenflügeln ist hauchdünn, sodass die Tiere trotzdem leicht genug sind, um davonfliegen und den Fledermäusen ein Schnippchen schlagen zu können.

Die Wissenschaft hofft, von den Motten lernen zu können. Das Material, aus dem die Mottenflügel sind, könnte beispielsweise zur Schallisolierung von Gebäuden verwendet werden. Derzeit braucht man dafür noch sehr dicke Materialien. Mithilfe der Motte könnten diese in Zukunft vielleicht dünner werden.

104 IN BERLIN LEBEN ANDERE MIKROBEN ALS IN PARIS

In jeder Stadt gibt es Viren, Bakterien, Schimmelpilze und Mikroben, kurz: Mikroorganismen. Aber wusstest du, dass jede Stadt ihr eigenes Mikrobiom hat? Das ist die Gesamtheit aller Mikroorganismen, die in einer Stadt leben.

Wissenschaftlerinnen und Wissenschaftler nahmen zwischen 2015 und 2017 in sechzig Großstädten auf der ganzen Welt - darunter Berlin, Paris, New York, Rio de Janeiro und Tokio - jede Menge Proben im öffentlichen Nahverkehr. Mit Wattestäbchen aus Nylon sammelten sie 4728 Proben und untersuchten die DNA - das Erbmaterial - in einem Labor.

Anhand der Ergebnisse konnte man mit ziemlich großer Sicherheit feststellen, aus welcher Stadt ein bestimmtes Mikrobiom stammte. In Paris leben also andere Bakterien, Schimmelpilze, Mikroben und Viren als etwa in Berlin oder New York. Dadurch hat jede Stadt einen einzigartigen »Fingerabdruck«.

Die Forschenden entdeckten bei dieser Gelegenheit über 10 000 neue Viren und 748 neue Bakterien. Über diese große Anzahl waren sie selbst erstaunt. Diese Erkenntnisse können unter anderem dazu genutzt werden, neue Medikamente zu entwickeln, aber auch, um herauszufinden, ob jemand kürzlich in einer bestimmten Stadt gewesen ist.

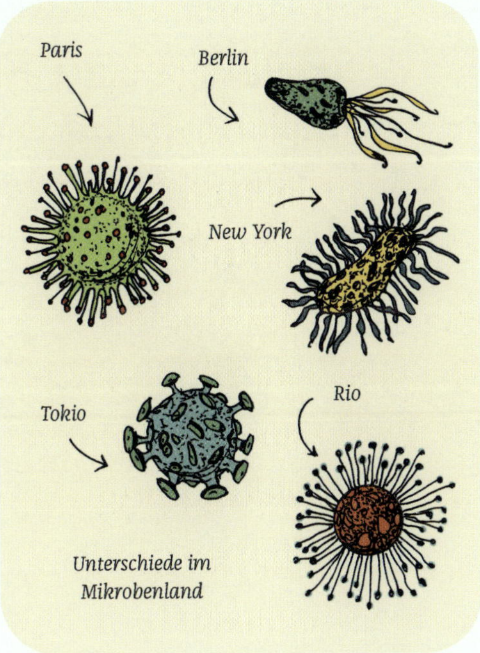

105 OKTOPUSSE KÖNNEN BOXEN

Oktopusse und Fische verstehen sich im Allgemeinen gut. Manchmal arbeiten sie bei der Jagd sogar zusammen. Dabei nutzen sie die Vorteile der Jagdmethoden des jeweils anderen. Doch die Zusammenarbeit verläuft nicht immer reibungslos.

Manchmal steckt ein Oktopus viel Energie in eine Jagd, die sich letzten Endes für ihn gar nicht lohnt. In solchen Momenten kann es schon mal passieren, dass er Schläge austeilt. Manchmal boxt er auch einfach so, ohne ersichtlichen Grund. Sind Oktopusse womöglich aggressiver, als wir denken?

Fachleute glauben, dass Oktopusse die Fische zurechtweisen, damit sie sich bei einer folgenden Jagd korrekt verhalten. Doch das muss noch genauer untersucht werden.

In der Zwischenzeit sollten die Fische besser auf der Hut sein. Schließlich hat ein Oktopus acht Fäuste, mit denen er zuschlagen kann …

Bei Oma Orca wird man verwöhnt.

106 ORCA-KÄLBER BRAUCHEN IHRE OMA

Orcas erkennt man sofort: Sie sind schwarz mit weißen Ringen um die Augen und haben einen weißen Bauch. Wusstest du schon, dass jedes Schwarz-Weiß-Muster einzigartig ist, ähnlich wie der menschliche Fingerabdruck (siehe auch Info 215)? Orcas werden wegen ihrer Rückenflosse auch manchmal *Schwertwale* genannt, dabei sind sie überhaupt keine Wale, sondern Delfine.

In freier Wildbahn wird das Männchen durchschnittlich 30 Jahre alt. Die Weibchen leben viel länger. Durchschnittlich werden sie 50 Jahre alt, aber es gibt sogar jede Menge 80-jährige. Genau wie beim Menschen kommen auch weibliche Orcas in die Wechseljahre. Danach sind sie nicht mehr fruchtbar. Die Menopause liegt bei Orcas zwischen dem 30. und dem 50. Lebensjahr. Zu dem Zeitpunkt sind die meisten Kühe schon Oma.

Orca-Omas sind furchtbar wichtig für das Überleben ihrer Enkelkinder. Man fand heraus, dass Orca-Kälber mit Oma eine fast fünfmal so große Überlebenschance haben wie Kälber ohne Oma.

Wusstest du, dass es diesen Großmutter-Effekt auch bei uns Menschen gibt? Omas sorgen mit dafür, dass ihre Enkelkinder überleben. Das war vor allem in den früheren Gesellschaften der Jäger und Sammler wichtig. Doch auch heute noch spielt der Großmutter-Effekt eine Rolle, und das nicht nur bei Naturvölkern.

107 SCHNABELTIERE LEUCHTEN IM DUNKELN

Das Schnabeltier ist ein besonderes Tier. Als europäische Forschende im 18. Jahrhundert zum ersten Mal ein ausgestopftes Exemplar zu Gesicht bekamen, dachten sie, jemand habe sich einen Scherz erlaubt und Körperteile verschiedener Tiere zusammengesetzt. Doch das Schnabeltier gibt es wirklich, und es ist die einzige noch lebende Art aus der Familie der Schnabeltierartigen. Von allen anderen Arten sind nur noch Fossilien erhalten. Dieses seltsame und seltene Wesen lebt in Ostaustralien und Tasmanien.

Das Schnabeltier ist das einzige Säugetier, das einen Schnabel hat und Eier legt. Doch das ist noch nicht alles ... Schnabeltiere leuchten nämlich im Dunkeln. Ja, du hast richtig gelesen: Sie sind fluoreszierend! Bei Tageslicht sind sie braun, aber im Dunkeln leuchten sie unter UV-Licht bläulich grün bis lila.

Fluoreszenz kommt auch bei anderen Tieren vor, zum Beispiel bei Skorpionen, Spinnen, Libellen, Salamandern und sogar Blaumeisen. Bei Säugetieren hingegen ist sie viel seltener. So entdeckten Forschende durch Zufall, dass Gleithörnchen fluoreszieren. Und eben auch Schnabeltiere. Wahrscheinlich gibt es noch mehr Säugetiere, die im Dunkeln leuchten, doch (bisher) wissen wir nicht, welche.

Wieso es für das Schnabeltier nützlich ist, im Dunkeln zu leuchten, ist noch nicht geklärt. Fische, Amphibien und Reptilien benutzen Fluoreszenz unter anderem, um Weibchen anzulocken. Aber bei Gleithörnchen und Schnabeltieren leuchten sowohl die Männchen als auch die Weibchen, sodass es einen anderen Grund geben muss. Beide Tierarten sind vor allem nachtaktiv. Es ist gut möglich, dass Fluoreszenz vor allem bei Säugetieren vorkommt, die im Dunkeln eine Lampe gut gebrauchen könnten ...

Glow-in-the-dark-Schnabeltier

108 ACHTUNG, GEFÄHRLICHE RAUPE!

Raupe des Eichen-Prozessionsspinners

Der Eichen-Prozessionsspinner ist ein graubrauner Nachtfalter. Er lebt vor allem in Regionen, in denen es viele Eichen gibt, denn die Raupen ernähren sich von deren Blättern. Diese Raupen können Mensch und Tier sogar gefährlich werden.

Die Raupe des Eichen-Prozessionsspinners ist vollständig behaart. Ein Teil dieser Härchen sind Brennhaare. Diese sind sehr klein, nur 0,1 bis 0,2 Millimeter lang. Unter dem Mikroskop kann man erkennen, dass sie die Form eines Pfeils mit Widerhaken haben. Der Raupe dienen diese Brennhaare dazu, Fressfeinde auf Abstand zu halten, sie können sich aber auch in der Haut von Menschen oder Tieren festsetzen.

Nachdem die Raupen geschlüpft sind, häuten sie sich mehrmals, und bei jeder Häutung bleiben die Brennhaare im Nest zurück. In solchen Nestern liegen also Milliarden Brennhaare. Zudem lösen sich jedes Mal Brennhaare, wenn die Raupe gestört wird, weil sie beispielsweise berührt wird oder der Wind durch ihr Nest bläst. Sie verteilen sich auch, wenn der Falter aus der Puppe schlüpft.

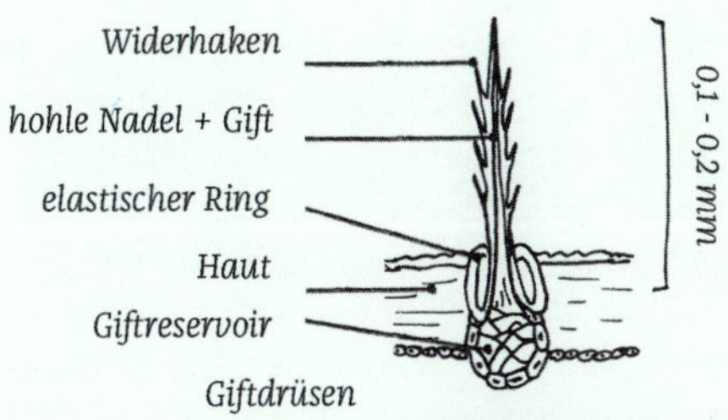

Brennhaare mit Thaumetopoein

Die Widerhaken der Brennhaare können kleine Wunden verursachen, und zwar nicht nur auf der Haut, sondern auch in Augen, Mund und Nase und sogar in der Lunge, wenn man sie einatmet. Das kann sehr gefährlich werden. Wenn diese Haare brechen, wird *Thaumetopoein*, ein giftiges Protein, freigesetzt. Es sorgt nicht nur für Hautrötung, sondern lässt auch die Schleimhäute anschwellen. Das tut weh und juckt. Wenn die Härchen in die Lunge geraten, können sie Atemnot auslösen. Manchmal kommt es sogar zu einer allergischen Reaktion, die tödlich sein kann.

Auch Tiere wie Hunde, Pferde oder Schafe leiden unter den Brennhaaren. Manche Vögel hingegen, wie Kohl-, Blau- und Haubenmeisen, haben damit überhaupt kein Problem und finden die Raupen sogar lecker. Das beste Mittel, um Eichen-Prozessionsspinnerraupen vorzubeugen, ist also, mehrere Nistkästen für Meisen aufzuhängen.

Versteckgras

109 GRAS IST EIN HERVORRAGENDES VERSTECK

Ein Viertel der Erdoberfläche ist mit Gras bedeckt. Damit ist nicht nur Rasen gemeint, wie du ihn vom Fußballplatz oder aus dem Garten oder Park kennst. Es gibt über 10 000 Grassorten, die alle unterschiedlich aussehen. Gras ist extrem widerstandsfähig. Sogar nach einem Brand oder einem Hochwasser wächst es sehr schnell wieder nach. Es verträgt Temperaturen unter dem Gefrierpunkt, verkraftet aber auch eine längere Trockenphase. In der Regenzeit stehen Wiesen manchmal vollständig unter Wasser, sodass ein riesiges Sumpfgebiet entsteht, doch es dauert nicht lang, bis wieder Grashalme aus dem Wasser ragen.

Wilde, unberührte Graslandschaften sind für viele Tierarten sehr wichtig. Sie sind sichere Lebensräume, denn im Gras kann man sich gut verstecken. Kleine Nagetiere wie Mäuse und Ratten, aber auch Vögel bauen dort ihre Nester. Außerdem ist Gras hervorragendes Futter für viele Tiere, die dort wohnen.

Manche Grassorten werden so hoch, dass sogar große Tiere darin verschwinden. Das Elefantengras in bestimmten Regionen Indiens beispielsweise kann bis zu 4 Meter hoch werden. Das ist mehr als doppelt so lang wie ein Mensch! Dadurch können sich Antilopen und Hirsche, aber auch Tiger, Nashörner und Elefanten darin verstecken. Elefanten trampeln auf ihrem Weg Tunnel in das hohe Gras. Tiger pirschen sich an ihre Beute heran. Dank ihrer Streifen sind sie zwischen den Stängeln so gut wie unsichtbar. Doch nicht nur Tiger, sondern auch Beutetiere sind im hohen Gras schwer zu finden, und ein Tiger muss sich ziemlich anstrengen, wenn er ein Hirschkalb erbeuten will. Dieses Gras ist deshalb ein prima Ort zum Versteckspielen – aber auch nicht ganz ungefährlich.

110 MANCHE ZEBRAS HABEN WEISSE PUNKTE STATT STREIFEN

Jedes Zebra hat ein einzigartiges Streifenmuster, sozusagen einen eigenen »Streifencode«. Die Streifen verlaufen senkrecht über den Körper, außer an den Beinen, da verlaufen sie waagrecht. Das Streifenmuster soll den Zebras helfen, ihren Feinden zu entkommen: Wenn sie vor einem Löwen davongaloppieren, soll ihn das Wirrwarr der sich bewegenden Streifen verwirren. Forschende entdeckten auch, dass das Streifenmuster vor lästigen Fliegen schützt. Das ist wichtig, weil Fliegen oft Krankheiten übertragen. Die Streifen können die Fliegen mit ihren Facettenaugen schlechter anvisieren, wodurch sie nicht mehr so einfach landen können. Stattdessen stürzen sie ab oder fliegen am Zebra vorbei.

Ein paar wenige Zebras sind nicht gestreift, sondern gepunktet. Sie haben eine genetische Abweichung, die *Pseudo-Melanismus* heißt.

Melanin ist das Pigment, das für Haut- und Haarfarbe zuständig ist. Zebras haben eine schwarze Haut, und das Streifenmuster ist abhängig vom Melanin. Haare mit Melanin sind schwarz; Haare ohne Melanin weiß. So bekommt das Zebra sein typisches Schwarz-Weiß-Muster.

Bei Zebras mit Pseudo-Melanismus ist etwas schiefgegangen: Sie haben ungewöhnlich viele schwarze Haare, wodurch die weißen Streifen verschwinden oder höchstens noch als Punkte sichtbar sind. Diese Zebras haben es schwer zu überleben. Da sie sehr auffällig sind, haben Raubtiere ein leichtes Spiel. Außerdem werden sie öfter krank durch Fliegenbisse.

Bonus-Info:

Es gibt auch eine Mutation, bei der das Pigment Melanin völlig oder teilweise fehlt. Das nennt man *Albinismus*, und er kommt sowohl im Tier- als auch im Pflanzenreich vor. Tiere und Menschen mit dieser Abweichung haben weiße Haut, weiße Haare und helle Augen.

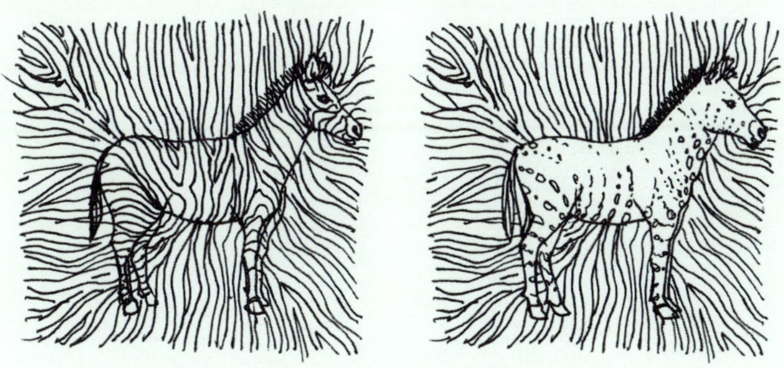

Zebra im Tarnanzug?

111 HUNDE FINDEN DIE RICHTIGE TÜR, ABER NICHT DAS RICHTIGE STOCKWERK

Wir und jede Menge andere Lebewesen suchen und finden unseren Weg täglich mithilfe unserer Sinnesorgane. Doch manche Tierarten haben ihre ganz eigenen Methoden, um sich nicht zu verirren. Meist haben diese Methoden damit zu tun, wie sie sich fortbewegen.

Im Urlaub fiel dem Hirnforscher Thomas Brand rein zufällig etwas auf: Sein Hund fand im Hotel zwar problemlos die richtige Tür, aber nicht das richtige Stockwerk. Er lief auf jeder Etage zur gleichen Tür, wusste aber nicht, ob sein Herrchen im ersten, zweiten oder achten Stock wohnte.

Der Forscher wiederholte das Experiment mit mehreren Hunden und kam immer zum selben Ergebnis. Alle Hunde fanden die richtige Tür, aber hatten Schwierigkeiten, das korrekte Stockwerk zu finden. Brand folgerte daraus, dass sich Hunde zwar sehr gut rechts und links und vorwärts und rückwärts, in der Horizontalen, orientieren können, ihr Orientierungssinn aber im Vertikalen, bei oben und unten, versagt, wodurch sie nicht in der Lage sind, die richtige Etage zu finden.

Abhängig von der Tierart unterscheiden sich die Methoden zur Orientierung. Fliegende und schwimmende Tiere orientieren sich anders als Hunde. Eine Honigbiene nimmt Bewegung aus allen Richtungen wahr, egal ob von rechts oder links, hinten oder vorne, oben oder unten. Bei Hunden – und auch beim Menschen – ist die Oben-unten-Orientierung weniger gut ausgeprägt.

Vielleicht willst du das im nächsten Urlaub mit deinem eigenen Hund mal testen?

Herrchen suchen

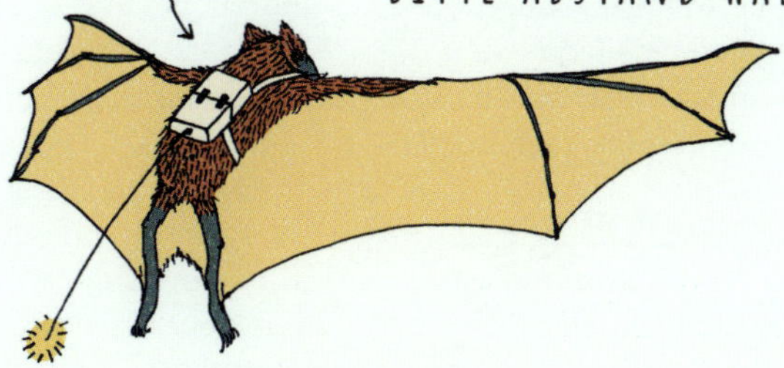

Vampirfledermaus

112 VAMPIRFLEDERMÄUSE HALTEN ABSTAND, WENN SIE KRANK SIND

Social distancing, das heißt: Abstand halten, ist bei ansteckenden Krankheiten sehr wichtig. Das wissen wir alle nur zu gut, seit wir Bekanntschaft mit dem Coronavirus machen durften. Doch der Mensch ist nicht die einzige Spezies, die das tut. Auch Vampirfledermäuse halten Abstand, wenn sie krank sind.

Forschende kamen zu dieser Erkenntnis, nachdem sie Vampirfledermäusen ein Mittel gegeben hatten, wodurch diese sich ein paar Stunden lang krank fühlten. Man entdeckte, dass sich die Vampirfledermäuse in diesen Stunden vom Rest der Kolonie absonderten. Das konnte man mithilfe eines Rucksacks messen, den man den Fledermäusen aufgeschnallt hatte und der ihre Bewegungen aufzeichnete.

Die »kranken« Vampirfledermäuse blieben auf Abstand zu den anderen Fledermäusen, und wenn sie doch in ihre Nähe kamen, blieben sie nur kurz. Das ist auffällig, weil Vampirfledermäuse normalerweise sehr soziale Tiere sind. Indem sie Abstand wahren, wenn sie sich nicht gut fühlen, sorgen sie dafür, dass sich die Krankheit nicht so schnell verbreitet.

Fledermäuse tun das übrigens aus eigenem Antrieb – daran könnten wir Menschen uns ein Beispiel nehmen …

113 DIESE TEUFLISCHEN KÄFER SIND UNVERWÜSTLICH

Der Teuflische Eisenplattenkäfer ist ein toughes Tierchen, um nicht zu sagen: Er ist unverwüstlich. Dank seines Panzers kann er Kräfte aushalten, die 39 000-mal seinem Körpergewicht entsprechen. Man kann ihn sogar mit dem Auto überfahren, ohne dass er auch nur eine Schramme davonträgt.

Die meisten fliegenden Käfer haben Deckflügel. Das sind verhärtete Flügel, die die darunterliegenden Flügel und den Körper schützen. Der Teuflische Eisenplattenkäfer dagegen hat keine Flügel, sondern einen Panzer, der aus mehreren Teilen besteht, die ineinandergreifen wie Puzzlestücke. Eine von außen einwirkende Kraft – beispielsweise ausgehend vom Reifen eines Autos, das den Käfer überfährt – wird so viel besser über den ganzen Körper verteilt. Dadurch kann der Teuflische Eisenplattenkäfer sehr großen Kräften widerstehen.

Die Superkraft dieses Käfers hat schon viele Forschende erstaunt. Sie hoffen, durch genaue Untersuchung der Deckflügel neue Materialien entwickeln zu können, die genauso widerstandsfähig sind. Diese sollen dann zum Beispiel für den Bau von Flugzeugmotoren verwendet werden.

Teuflischer Eisenplattenkäfer

Panda

114 PANDAS SIND VEGETARISCHE FLEISCHFRESSER

Pandas sind Vegetarier *(Herbivore)*. Sie fressen ausschließlich Bambus und Bambussprossen. Das war aber nicht immer so. Früher waren Pandas Fleischfresser (*Karnivore*). Von innen sieht ihr Verdauungstrakt auch immer noch so aus wie bei Fleischfressern. Ihr Magen-Darm-Trakt ist nicht dazu gemacht, sämtliche Nährstoffe und Energie aus Bambus zu ziehen.

Um trotzdem genügend Eiweiß (Proteine) zu sich zu nehmen, muss ein Panda neun bis fünfzehn Kilo Bambus am Tag fressen. Bambus besteht nämlich vor allem aus unverdaulichen Ballaststoffen. Diese großen Mengen müssen auch wieder raus, sodass ein Panda am Tag bis zu vierzig Häufchen in die Landschaft setzt.

Doch wie wurde aus dem karnivoren Panda ein bambusfressender Vegetarier? Das geschah vermutlich in zwei Etappen. Schon vor rund zwei Millionen Jahren wurde der Panda Vegetarier, aber man vermutet, dass er sich erst vor etwa 5000 Jahren auf Bambus als Leibspeise festlegte. Wahrscheinlich wurden Pandas Vegetarier, weil sich bei ihnen ein Gen, das die Geschmackswahrnehmung von Umami ermöglichte, veränderte. Umami ist eine der grundlegenden Geschmacksqualitäten neben sauer, salzig, süß und bitter und wird vor allem von Fleisch hervorgerufen. Weil das Umami-Gen nicht mehr funktionierte, fanden die Pandas Fleisch wahrscheinlich nicht mehr so lecker und hörten auf, es zu fressen.

Bambus liefert nicht so viel Energie wie Fleisch. Deshalb hat sich auch das Verhalten des Pandas geändert. Er bewegt sich kaum, um so wenig Energie wie möglich zu verschwenden. Sogar äußerlich veränderte sich der Panda durch die andere Ernährungsweise. Seinen großen, runden Kopf verdankt er dem starken Kiefer und den Zähnen, die er für das Kauen von Bambus benötigt. Er bekam sogar einen »Pseudo-Daumen«, der aus einem Handwurzelknochen entstand und es ihm ermöglicht, Bambusstangen zu greifen.

115 MÜCKEN GIBT ES ÜBERALL – AUSSER AUF ISLAND

Mücken sind die tödlichsten Tiere der Welt, denn sie übertragen Krankheiten wie das Zika-Virus, Malaria und Denguefieber. Jährlich sterben ungefähr 800 000 Menschen durch einen Mückenstich, vor allem in Afrika, Südamerika und Asien. In Europa und nördlicheren Regionen ist die Mücke im Allgemeinen nicht tödlich, sondern höchstens nervtötend.

Einer der wenigen Orte auf der Welt, wo du keine Mückenstiche befürchten musst, ist Island. Das ist ziemlich ungewöhnlich, denn in Grönland oder Skandinavien gibt es Stechmücken. Dort überwintern Mückenlarven im Eis. Sobald der Frühling kommt und das Eis schmilzt, schlüpfen sie und schwärmen aus.

gefrorene Mücke

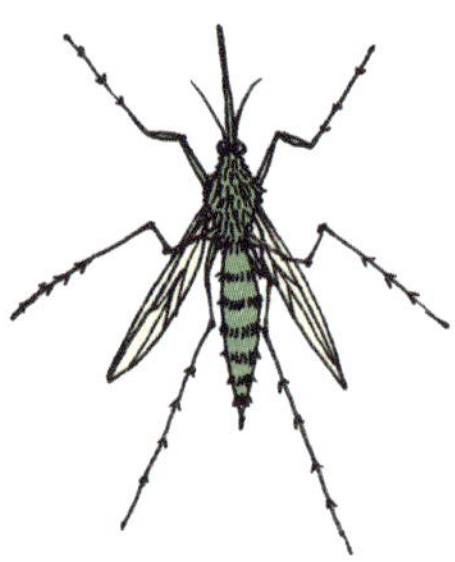

aufgetaute Mücke

Die Insel Island liegt unweit von Grönland und Skandinavien, doch die Winter verlaufen dort anders. Das Eis taut mehrmals auf und gefriert kurz darauf wieder. Dadurch fehlt den Mücken vielleicht einfach die Zeit – einige Tage –, die sie brauchen, um sich fortzupflanzen. Das Klima ist in Island also zu wechselhaft für Stechmücken. Andere Forschende denken, es könnte an der besonderen Zusammensetzung des Bodens und des Wassers liegen, dass es in Island keine Stechmücken gibt. Durch den Klimawandel infolge der Erderwärmung kann es allerdings passieren, dass die Mücken bald doch noch den Weg nach Island finden.

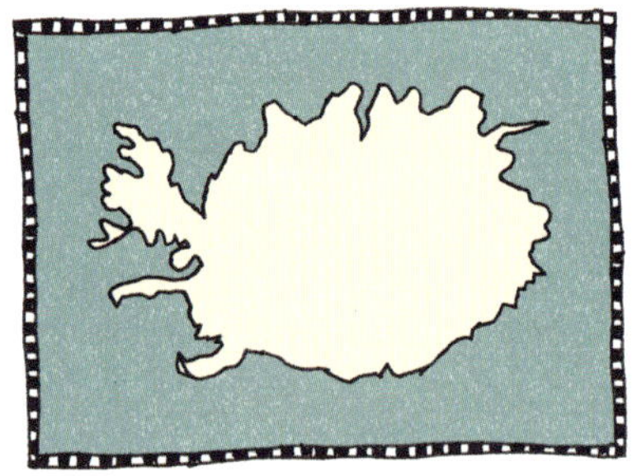

Ein Mückenleben in Island ist unerträglich.

Bonus-Info:

Mücken sind nicht die einzigen Tiere, die es in Island nicht gibt. Auch Frösche, Eichhörnchen und Reptilien leben dort nicht.

Bambus: Rekordhalter im Schnell-Wachsen

116 BAMBUS IST MEGASTARK UND WÄCHST IRRE SCHNELL

Hast du Bambus im Garten? Mit ein bisschen Geduld – und Glück – kannst du ihm beim Wachsen zuschauen. Manche Bambussorten können unter idealen Bedingungen bis zu 3 Zentimeter pro Stunde wachsen und so an einem Tag einen knappen Meter zulegen. Damit ist Bambus die am schnellsten wachsende Pflanze der Welt. Dafür braucht er allerdings viele Nährstoffe aus dem Boden und eine feuchtwarme Umgebung. Es gibt sage und schreibe 1575 verschiedene Bambusarten. Die am schnellsten wachsenden sind der Madake-Bambus und der Moso-Bambus. Am höchsten wird der Riesenbambus mit bis zu 40 Metern. Seine Stängel können bis zu 30 Zentimeter dick werden!

Bambus sieht zwar ein bisschen aus wie ein Baum, ist aber eigentlich ein Gras. Nach einer Weile kann ein richtiger Bambuswald entstehen. Bambus ist zudem eine sehr widerstandsfähige Pflanze: Er überlebte beispielsweise die Atombombenangriffe auf Hiroshima und Nagasaki. Außerdem ist er sehr kälteresistent und wächst sogar noch auf 4000 Metern Höhe in den Anden und dem Himalaja.

Besonders interessant ist, dass Bambus ungefähr ein Drittel mehr Sauerstoff produziert als andere Pflanzen. Außerdem nimmt er bis zu fünfmal so viel Kohlenstoffdioxid (CO_2) auf wie seine grünen Kollegen. Daher ist er eine wichtige Pflanze im Kampf gegen die Erderwärmung.

Menschen benutzen Bambus gerne als Baumaterial, weil er so stark ist. Zudem ist er nachhaltig und biologisch abbaubar. Vielleicht möchtest du ja später ein Haus aus Bambus bauen …

ICH LASS MIR ZEIT
DAMIT, DEN RICHTIGEN
ZU FINDEN

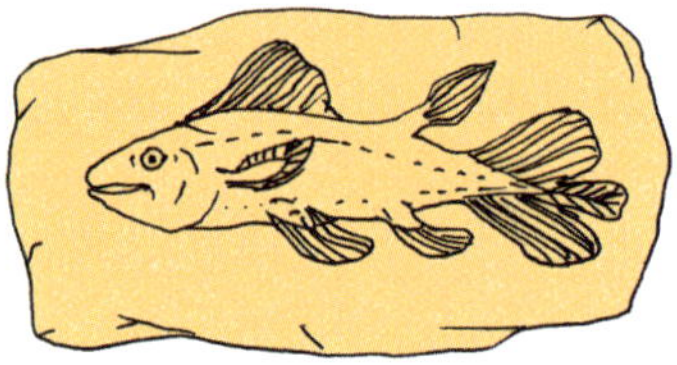

Quastenflosserfossil

117 MANCHE FISCHE WERDEN ERST JENSEITS DER 60 MUTTER

Hast du schon mal vom Quastenflosser gehört? Wenn nicht, ist das kein Wunder. Quastenflosser sind große Meeresfische, von denen die Wissenschaft annahm, dass sie zusammen mit den Dinosauriern ausgestorben seien. Sehr lange Zeit hat man nur Fossilien dieser Fische untersucht, bis 1938 zur allgemeinen Überraschung der Forschenden in Südafrika ein lebendes Exemplar ins Netz ging. Inzwischen wissen wir, dass in den Tiefen des Ozeans sogar mehrere Quastenflosserarten herumschwimmen.

Fachleute gingen lange davon aus, dass diese Fische ungefähr 20 Jahre alt werden. Das vermuteten sie, nachdem sie die Linien auf bestimmten Schuppen gezählt hatten – ein bisschen so wie die Jahresringe bei Bäumen. Durch eine neue Technik mit speziellem Licht erkannten sie allerdings viel mehr Linien. Der älteste untersuchte Quastenflosser war demnach sage und schreibe 84 Jahre alt! Die Forschenden vermuten inzwischen, dass Quastenflosser bis zu 100 Jahre alt werden können.

Zum Glück! Denn diese Fische fangen erst sehr spät mit der Familiengründung an. Die Männchen pflanzen sich zwischen ihrem 40. und ihrem 69. Lebensjahr fort, die Weibchen werden erst ab 60 geschlechtsreif. Nicht nur fangen sie spät an, sie sind auch länger trächtig: Die Tragzeit eines Quastenflossers beträgt nach aktuellen wissenschaftlichen Erkenntnissen wahrscheinlich mindestens fünf Jahre. Das wäre die längste im ganzen Tierreich.

Du siehst: Ein Fisch, von dem wir dachten, dass es ihn nicht mehr gibt, kann durchaus für Überraschungen gut sein!

118 AUCH SPATZEN NEHMEN MEDIKAMENTE

Der Mensch ist nicht die einzige Tierart, die bei Krankheit und Wehwehchen zu Heilmitteln greift. Spatzen tun das auch. Sie gehen natürlich nicht in die Apotheke, sondern suchen sie sich in der Natur.

Der Rötelsperling kleidet sein Nest mit Beifußblättern aus, um seine Küken vor Parasiten zu schützen. Küken aus solchen Nestern sind gesünder und kräftiger und haben einen Entwicklungsvorsprung.

Dass Tiere die Heilwirkung bestimmter Pflanzen kennen und nutzen, ist nicht neu. Vielleicht hast du schon mal einen Hund Gras fressen sehen. Dem war wahrscheinlich gerade übel. Das Gras hilft ihm, sich zu übergeben und seinen Magen zu leeren. Es gibt auch Eidechsen, die nach dem Biss einer Giftschlange bestimmte Wurzeln als Gegengift fressen. Viele Tierarten nutzen Heilpflanzen. Ob Bär, Hirsch, Elefant, Affe oder Ara, alle suchen sie Heilmittel in der Natur.

Auch viele Menschen vertrauen auf pflanzliche Arzneimittel. In der traditionellen chinesischen Medizin werden zum Beispiel verschiedenste Kräuter, sonstige Pflanzen und Wurzeln verwendet, um Patienten zu behandeln.

Sperlingsapotheke

119 FLAMINGOS SIND DEM MENSCHEN ÄHNLICHER, ALS MAN DENKT

Flamingos sind nicht nur schön anzusehen, sondern auch sehr interessant. Biologinnen und Biologen beobachteten ungefähr vier Jahre lang mehrere Flamingokolonien. Sie entdeckten nicht nur, dass Flamingos feste Partnerschaften eingehen, sondern auch, dass sie Freundschaften pflegen und sogar »BFFs« haben. Manchmal tun sie sich zu Cliquen von drei bis vier Tieren zusammen. Diese können sowohl nur aus Männchen als auch nur aus Weibchen bestehen oder gemischt sein. Manche Flamingos können einander nicht ausstehen und gehen sich so gut wie möglich aus dem Weg. All das erinnert sehr an Menschen, oder?

Ein Flamingopaar bleibt sehr lang zusammen. Flamingos sind übrigens auch lieber in Gesellschaft als allein. Je größer die Kolonie, desto sozialer die Flamingos.

Diese Forschung ist wichtig, um die Beziehungen der Flamingos untereinander besser zu verstehen. Das Wissen kann dann für die Zoohaltung genutzt werden, wenn es beispielsweise darum geht, über die Größe einer Kolonie zu entscheiden. In freier Wildbahn bestehen diese oft aus über hundert Tieren.

Flamingokolonie

Bonus-Info:

Wusstest du, dass Flamingos eigentlich weiß sind? Ihre rosa Farbe verdanken sie den *Karotinoiden* in ihrer Nahrung (Algen und kleine Krebse). Abhängig von der Menge Karotinoide, die sie aufnehmen, haben Flamingos deshalb verschiedene Farben.

120 FÜR HUMMELN DARF ES GERNE WENIGER SÜSS SEIN

Hast du schon einmal eine Hummel beim Nektarsammeln beobachtet? Wenn du mit einer Lupe guckst, kannst du womöglich ihren langen, haarigen, ausrollbaren Rüssel sehen, mit dem sie die Flüssigkeit aufsaugt. Die Zusammensetzung des Nektars hängt von der Pflanzenart ab. Meist enthält er sehr viel Zucker. Das ist die wichtigste Energiequelle der Hummel: Je mehr Zucker, desto mehr Energie für die Hummel.

Aber geht diese Rechnung auf? Je mehr Zucker ein Nektar enthält, desto zähflüssiger wird er. Und je zähflüssiger der Nektar, desto länger braucht die Hummel, um ihn zu trinken. Das ist nicht so gut, denn solange die Hummel trinkt, ist sie leichte Beute für andere Tiere.

Hummeln verarbeiten den Nektar nicht sofort. Einen Teil nehmen sie in ihrem Honigmagen – einer Art eingebautem Honigtopf – als Vorrat mit. Zu Hause würgen sie ihn dann wieder hoch. Die Muskeln des Honigmagens ziehen sich zusammen und pressen den Nektar durch die Speiseröhre nach draußen. Je dickflüssiger der Nektar, desto schwieriger lässt er sich hochwürgen. Es kann bis zu einer Minute dauern, bis der Honigmagen einer Hummel leer ist.

Deshalb suchen Hummeln sich nur dann den süßesten Nektar, wenn sie weit fliegen müssen. In dem Fall ist die Zeit, die die Hummel zum Trinken und Hochwürgen braucht, im Verhältnis zur Flugzeit kurz. Süßerer Nektar enthält nun mal mehr Energie. Bei kürzeren Flügen ist ihnen weniger süßer Nektar lieber, dann dauert ihnen das mühevolle Saugen und Hochwürgen zu lange.

»Süß, süßer, am süßesten« ist also nicht immer gut, besser, am besten für Hummeln.

betrunkene Hummel

Marmorkrebs

121 WEIBLICHE MARMORKREBSE BRAUCHEN ZUR FORTPFLANZUNG KEINE MÄNNCHEN

Der Marmorkrebs ist ein etwa 10 Zentimeter langer Flusskrebs. In Europa hielten viele Menschen diese Krebse früher in Aquarien, doch seit einigen Jahren ist das verboten. Menschen, die heute noch einen Marmorkrebs haben, müssen sich an strenge Regeln halten.

Manche Leute hatten zu viele Krebse in ihrem Aquarium und setzten deshalb welche in der Natur aus. Doch Marmorkrebse haben die unangenehme Eigenschaft, sich sehr schnell zu verbreiten. Sie sind eine *invasive* Art, die sich schnell vermehrt und zudem in kurzer Zeit sehr viele Wasserpflanzen frisst. Dadurch wird das Wasser trüb, und die Wasserqualität nimmt ab.

Trotzdem ist der Marmorkrebs ein besonderes Tier. Es gibt von dieser Tierart nämlich ausschließlich Weibchen. Diese können sich ganz ohne Männchen fortpflanzen. Das nennt man *ungeschlechtliche Fortpflanzung*. Man braucht also nur ein einziges Weibchen für eine ganze Marmorkrebspopulation. Der lateinische Name verrät es schon: *Procambarus virginalis*, »jungfräulicher Krebs«.

Den Marmorkrebs wird man nur schwer wieder los. Man kann ihn mit Gift bekämpfen, aber das ist in vielen Ländern nicht erlaubt. Das Gift würde nämlich auch allen anderen Pflanzen und Tieren in der Umgebung schaden. Es ist also sehr wahrscheinlich, dass Marmorkrebse in immer mehr Ländern auftauchen werden.

122 PFLANZEN KÖNNEN UNTER JETLAG LEIDEN

Weißt du, was ein Jetlag ist? Das ist das unangenehme Gefühl, das du bekommst, wenn du irgendwohin reist – meist mit dem Flugzeug –, wo es viel früher oder später ist als dort, wo du losgeflogen bist. Dadurch wird deine biologische Uhr, dein Schlaf-Wach-Rhythmus, durcheinandergebracht, und das fühlt sich seltsam an. Doch wusstest du, dass auch Pflanzen eine biologische Uhr haben, die auf Licht und Temperatur reagiert? Diese innere Uhr ist auf ungefähr 24 Stunden eingestellt, was man den *zirkadianischen Rhythmus* nennt.

Zimmerpflanzen stehen vor einem Rätsel.

Sonnenblumen drehen sich an einem Tag mit der Sonne von Osten nach Westen. Wenn man sie beispielsweise in einen Raum stellt, in dem durchgehend Licht ist, versuchen sie weiterhin, der Sonne zu folgen. Doch wenn die Lichtquelle sich nicht bewegt, richten sie sich auf diese aus. Sonnenblumen müssen sich erst umgewöhnen, genau wie der Mensch mit Jetlag. Bei Pflanzen sprechen wir allerdings nicht von Jetlag, sondern von *Phasenverschiebung*.

Pflanze ist verwirrt.

Dieses Wissen wird im Gartenbau genutzt. Man kann beispielsweise die innere Uhr von Pflanzen in Gewächshäusern beeinflussen. Auf diese Weise können Gärtner sichergehen, dass die Pflanzen nicht zu groß werden, was praktischer ist für den Transport und Verkauf. Die Anpassung ist vorübergehender Natur. Sobald ihre innere Uhr nicht mehr gestört wird, gewöhnen sich die Pflanzen an die neuen Gegebenheiten und wachsen normal weiter.

123 BIENEN MACHEN IHRE EIGENEN WELLEN, AUF DENEN SIE SURFEN

Fällt eine Honigbiene ins Wasser, kann sie sich retten, indem sie Wellen macht, auf denen sie »surfen« kann. Sie schlägt dann mit den Flügeln aufs Wasser und bleibt dadurch an der Oberfläche. So versucht sie, das Ufer zu erreichen.

Das ist eine schlaue Technik, doch sie funktioniert nicht immer und kostet sehr viel Energie. Im Wasser schlägt die Honigbiene zwar nur halb so oft mit den Flügeln wie in der Luft, aber das hält sie trotzdem nur ein paar Minuten durch. So kommt sie einige Meter voran, was mit etwas Glück ausreicht.

Das Wellenmuster, das die Honigbiene auf dem Wasser macht, ist rechts und links völlig symmetrisch. Hinten sind die Wellen größer als vorne, wodurch sie vorangeschoben wird. Andere Fluginsekten, wie Eintagsfliegen, haben es da leichter: Durch ihr geringeres Körpergewicht und die größere Flügeloberfläche bleibt, wenn sie ins Wasser fallen, meist ein Teil der Flügel trocken, sodass sie leichter wieder auffliegen können.

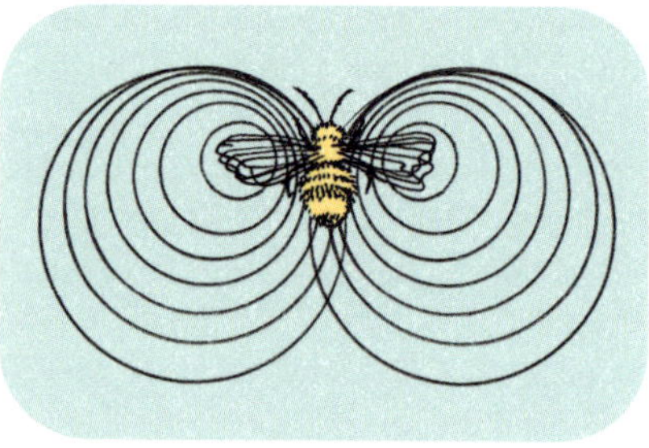

surfende Honigbiene

Im Flugzeugbau versucht man, die Technik der Honigbiene nachzuahmen, um in Zukunft Flugzeuge zu bauen, die sowohl fliegen als auch auf Wasser gleiten können.

124 BLAUMEISEN KÖNNEN AUS FILMEN LERNEN

Hast du schon mal etwas aus einer Doku im Fernsehen gelernt? Blau- und Kohlmeisen tun das. Blaumeisen sind etwa 12 Zentimeter große Vögel, die man an ihrer blauen »Kappe«, der gelben Brust, dem schwarzen Streifen an den Augen und den blauen Flügeln erkennt. Kohlmeisen sind etwas größer und haben eine schwarze Kappe.

Forschende filmten Blau- und Kohlmeisen, die etwas Ungenießbares vorgesetzt bekamen. Sie hielten die Kamera vor allem auf die Reaktion der Vögel. Wenn diese etwas nicht lecker finden, schütteln sie den Kopf und putzen ihren Schnabel. Das taten sie beispielsweise, wenn man ihnen Bittermandeln vorsetzte statt essbarem Futter. Die Forschenden kennzeichneten das eklige »Futter« deutlich mit einem schwarzen Quadrat.

Blaumeisen im Unterricht

Nachdem die Blau- und Kohlmeisen diesen Film gesehen hatten, setzte man ihnen sowohl etwas Essbares als auch etwas Ungenießbares vor. Das ungenießbare Futter war wie im Film mit einem schwarzen Quadrat markiert. Das essbare Futter sah genau gleich aus, allerdings ohne Markierung. Sowohl Blau- als auch Kohlmeisen vermieden eher das ungenießbare Futter. Sie hatten also etwas aus dem Film gelernt.

Blaumeisen lernen vor allem von anderen Blaumeisen. Kohlmeisen lernen sowohl von Blaumeisen als auch von Kohlmeisen. Sie lernen also auch von anderen Vogelarten. Das ist möglicherweise auch eine Erklärung dafür, warum es gemischte Schwärme mit verschiedenen Vogelarten gibt.

125 MISTKÄFER ORIENTIEREN SICH AN DER MILCHSTRASSE, UM NACH HAUSE ZU FINDEN

Mistkäfer rollen Mist zu einer Kugel. Manchmal graben sie diese ein und benutzen sie als eine Art Nistkammer für ihre Larven. Manchmal nehmen sie die Kugel auch mit. Aber wie finden sie mit ihrer Mistkugel den Weg nach Hause? Man entdeckte, dass der Afrikanische Mistkäfer sich an der Milchstraße orientiert, um beim nächtlichen Kugelrollen den Weg zu finden.

Wir wissen schon länger, dass verschiedene Tierarten im Dunkeln ihren Weg mithilfe des Mondes finden. Wenn der Mond nicht sichtbar ist, gibt es immer noch die Sterne, an denen sie sich orientieren können. Das tun beispielsweise Vögel, Seehunde und Meeresschildkröten. Auch von Mistkäfern wissen wir, dass sie auf die Sonne und den Mond achten, wenn sie ihre Kugeln vom Mist wegrollen. Selbst wenn der Mond nicht zu sehen ist, schaffen es die Mistkäfer meist, sich mit ihren Mistkugeln in einer geraden Linie zu bewegen.

Forschende haben jetzt untersucht, wie sie das tun. Sie brachten Mistkäfer ins Planetarium von Johannisburg, Südafrika. Dort konnten sie verschiedene Konstellationen der Himmelskörper nachstellen und die jeweilige Reaktion der Mistkäfer beobachten. Sie entdeckten, dass die Mistkäfer ihren Weg am besten fanden, wenn sie Sicht auf den Sternenhimmel hatten oder wenigstens das schwache Leuchten der Milchstraße sehen konnten. Wenn es bewölkt war, fiel es ihnen schwerer.

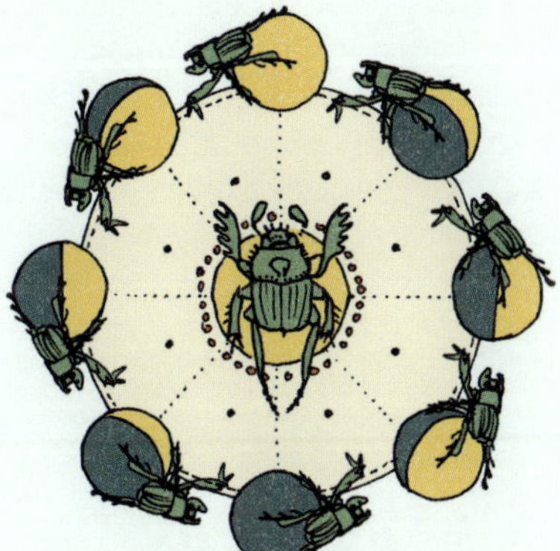

Afrikanischer Mistkäfer folgt der Milchstraße.

126 WUSSTEST DU, DASS ES AUCH HALBNACKTSCHNECKEN GIBT?

Sicher weißt du, dass es Schnecken mit und ohne Häuschen - sogenannte Nacktschnecken - gibt. Aber wusstest du auch, dass es Halbnacktschnecken oder *Daudebardien* gibt? Das sind Schnecken, die ein Häuschen tragen, das so klein ist, dass sie nicht hineinpassen. Nicht so praktisch irgendwie ...

Halbnacktschnecke

Gehäuseschnecken nutzen ihr sicheres Häuschen zum Schutz vor Feinden und Austrocknung. Trotzdem gelingt es manchen Schneckenfressern, ihre Beute aus dem Häuschen zu pulen. Gehäuseschnecken sind zudem sehr abhängig von der Umgebung, in der sie leben. Um ein stabiles Häuschen zu produzieren, brauchen sie viel Kalk. Nacktschnecken haben zwar kein schützendes Häuschen, sind dafür aber auch nicht abhängig von Kalk in ihrer Umgebung. Sie können sich außerdem überall verstecken, weil sie kein Häuschen mitschleppen.

Die Halbnacktschnecke ist zu groß, um in ihr winziges Häuschen zu passen. Sie hat deshalb weder die Vorteile der Häuschen- noch die der Nacktschnecke. Fachleute vermuten, dass sie auf tropischen Inseln mit wenigen Fressfeinden als eine »Übergangsform« entstanden ist. Dort riskierte sie weder auszutrocknen noch gefressen zu werden. Doch auch bei uns gibt es Schnecken aus dieser Familie: vor allem Rote und Kleine Daudebardien.

Wusstest du übrigens, dass Schnecken in Evolutionsdingen ziemlich fix sind? Sie können sich sehr gut und sehr schnell an ihre Umgebung anpassen, um zu überleben. Einer Schneckenart in einer bestimmten Region gelang es innerhalb weniger Jahre (!), sich hin zu der Farbe zu entwickeln, mit der sie sich am besten tarnen kann.

127 HONIGBIENEN SCHMIEREN IHRE NESTER MIT MIST EIN, UM FEINDE ABZUSCHRECKEN

In Asien ist der größte Feind der Honigbiene eine bestimmte Hornisse. Die *Vespa soror* kann eine Körperlänge von fast 5 Zentimetern erreichen. Sie überfällt die Nester, tötet alle erwachsenen Bienen und »entführt« die Larven, um sie an ihre eigene Brut zu verfüttern. Auch auf Wespen, Libellen und Schmetterlinge hat sie es abgesehen. Kein willkommener Besuch also.

Die Honigbienen haben deshalb eine besondere Verteidigung gegen diese brutalen Hornissen entwickelt: Sie beschmieren den Eingang ihrer Nester mit Mist. Und das funktioniert! Mist anderer Tiere, beispielsweise von Büffeln, schreckt die Hornissen ab.

Mistgeruch schreckt Hornissen ab.

Forschenden gelang es, dieses Verhalten hervorzurufen, indem sie *Pheromone* (Duftstoffe) der Hornissen an Bienennestern hinterließen. So konnten sie beobachten, wie sich die Bienen für einen bevorstehenden Angriff wappneten, indem sie ihre Nester mit noch mehr Mist beschmierten.

Ein Häufchen bei dir vor der Tür würde wahrscheinlich auch andere Menschen abhalten ... Aber würdest du das wollen?

128 AUSSCHLIESSLICH GRAS IM GARTEN IST NICHT GUT FÜRS KLIMA

Ein grüner, kurz gehaltener Rasen ist vielleicht gut zum Fußballspielen, aber nicht fürs Klima. Schwedische Architektinnen und Architekten empfehlen deshalb, Rasenflächen durch Blumen, Sträucher, Kräuter und verschiedene Grassorten zu ersetzen. Wenn es nach ihnen ginge, dürften Gärten ruhig verwildern, denn das ist viel besser für die Umwelt.

Rasenflächen nehmen zwar Kohlenstoff auf und speichern auch Regenwasser. Außerdem gefallen sie vielen Menschen optisch gut und sind bequem zum Picknicken. Trotzdem ist Rasen nicht sehr umweltfreundlich. Erstens muss man ihn kurz halten, und viele Rasenmäher sind benzinbetrieben und verschmutzen dadurch die Umwelt. Zweitens braucht Rasen viel Wasser, erst recht im Sommer. Drittens bekämpfen viele Menschen Unkraut im Gras mit giftigen Pflanzenvernichtungsmitteln (*Herbiziden*). Und zu guter Letzt schadet wenig abwechslungsreiche Bepflanzung auch der Biodiversität: Je weniger Pflanzen, desto weniger Tiere gibt es dort auch.

In einigen Städten wird inzwischen mit Naturgärten experimentiert. Sie werden anfangs zwar angelegt, doch dann der Natur überlassen. Vögel und Schmetterlinge finden das großartig, denn die verschiedenen Pflanzenarten bieten Futter für sie und viele andere Lebewesen. Diese Gärten sind echte Drei-Sterne-Restaurants!

raspelkurzer Rasen bei den Nachbarn — *wuchernde Wildnis im eigenen Garten*

129 ALGEN VERJAGEN FEINDE MIT LICHT

Stell dir vor, du siehst nachts aufs Meer hinaus und die Wellen fangen an zu leuchten! Diese fantastische Lightshow gibt es wirklich, und sie wird unter anderem von *Dinoflagellaten* verursacht. Diese einzelligen Algen können leuchten. Man nennt das Biolumineszenz.

Die Algen sind winzig und nur unterm Mikroskop sichtbar. Mit ihrem Aufleuchten wollen sie wahrscheinlich Feinde abschrecken. Warum das so ist, weiß die Wissenschaft noch nicht. Vielleicht sollen Fressfeinde durch das Lichtsignal verscheucht werden, oder sie sollen glauben, dass die leuchtenden Algen giftig sind.

Zu diesem Meeresleuchten kommt es vor allem an warmen Sommerabenden. Das Licht entsteht durch den Naturstoff *Luciferin* in Zusammenwirkung mit dem Enzym *Luciferase*. Wenn diese Bestandteile mit Sauerstoff in Berührung kommen, erzeugen sie Licht. Die Farbe des Lichts ist abhängig von der *Luciferase* und von Art zu Art unterschiedlich, meistens jedoch blau. Das Leuchten ist vor allem in den Wellen zu sehen oder bei Berührung, beispielsweise wenn du durch das Wasser läufst oder schwimmst.

Auch Glühwürmchen nutzen Biolumineszenz, damit Männchen und Weibchen zueinander finden. Ihr Licht ist jedoch eher gelbgrün.

Biolumineszenz beim Meeresleuchten

musikalische Mäuse auf Freiersfüßen

130 MÄUSE SINGEN, WENN SIE SICH PAAREN WOLLEN

Dass Singvogelmännchen wunderschön singen, um Weibchen anzulocken, wissen wir schon länger. Auch manche Menschen versuchen auf diese Weise ihr Glück. Wusstest du aber, dass auch männliche Mäuse singen, wenn sie ein Weibchen für sich gewinnen wollen?

Mäuse singen so hoch, dass Menschen es nicht hören können. Das menschliche Ohr kann nur bis zu 20 Kilohertz wahrnehmen, die Gesänge der Mäusemännchen finden aber im Bereich zwischen 35 und 125 Kilohertz statt. Forschende brauchen deshalb spezielle Instrumente, um sie aufzeichnen und hörbar machen zu können.

Wir wissen schon eine ganze Weile, dass männliche Mäuse für ihre Weibchen singen. Wenn ein Mäuserich ein Weibchen riecht, es aber nicht sehen kann, beginnt er, eine komplexe Melodie zu singen. Sobald das Weibchen in Sichtweite ist, singt er leiser und weniger verschnörkelt. Die erste Melodie dient also dazu, das Weibchen anzulocken. Beim zweiten Lied spart er Energie, die er später noch brauchen wird, um das Weibchen rumzukriegen.

Die Mäusegesänge sind sehr unterschiedlich. Melodien von Brüdern sind sich ähnlicher als die von nicht verwandten Mäuserichen. So wird dafür gesorgt, dass Mäuse sich nicht zu oft innerhalb der engsten Familie paaren. Forschende entdeckten, dass die Weibchen mitsingen, wenn ihnen das Männchen gefällt.

Wenn du im Internet nach »Mäuse singen« suchst, kannst du dir jede Menge verschiedene Gesänge anhören.

131 DER GINKGO IST EIN LEBENDES FOSSIL

Der Ginkgo biloba, kurz: Ginkgo, ist eine der ältesten Baumarten. Man hat Fossilien von Ginkgo-Blättern gefunden, die 200 Millionen Jahre alt sind. Es gab den Baum schon vor dem Mesozoikum, der geologischen Ära vor etwa 252 bis 66 Millionen Jahren. Der Ginkgo ist die einzige Baumart aus der Klasse der Ginkgopflanzen (*Ginkgoopsida*), die es noch gibt. Deshalb wird er auch ein »lebendes Fossil« genannt. Das Besondere an ihm ist, dass er in all der Zeit so gut wie unverändert geblieben ist, während andere Tiere und Pflanzen sich im selben Zeitraum stark verändert haben.

Er hat einzigartige fächerförmige Blätter, die im Herbst goldgelb werden, bevor sie abfallen. In der freien Natur gibt es den Baum kaum mehr, deshalb wird er gezüchtet.

Der Ginkgo kommt ursprünglich aus China und wird dort wegen seiner essbaren Samen und zur Tempelbepflanzung kultiviert, weshalb er auch »Tempelbaum« genannt wird. Auch als »Entenfußbaum« ist er bekannt, ein Name, der uns besonders gut gefällt, weil seine Blätter wirklich aussehen wie Entenfüße.

Die weiblichen Samen des Baumes werden manchmal für Nüsse gehalten. Sie riechen ein bisschen nach ranziger Butter, weshalb es dich sicher nicht wundert, dass man vor allem männliche Bäume pflanzt.

In Japan wird der Baum als Symbol für ein langes Leben und Hoffnung verehrt. Ein Ginkgo kann über tausend Jahre alt werden. Er ist in der Lage, sich sein Leben lang anzupassen und gegen Insekten und Krankheiten zu verteidigen.

Ginkgo biloba

– 5 –

STOFFE IN IHREM ELEMENT

132 DER TRAUM EINES JEDEN CHEMIKERS

Das Periodensystem ist eine Tabelle, in der alle chemischen Elemente verzeichnet sind. Elemente sind Reinstoffe, die mit chemischen Methoden nicht weiter zerlegt werden können. Dieser Tabelle werden immer noch neue Elemente hinzugefügt. Alle Elemente werden mit ein oder zwei Buchstaben abgekürzt.

Stell dir vor, du bist Chemiker beziehungsweise Chemikerin und kannst mithilfe des Periodensystems deine ganze Postanschrift schreiben. Okay, natürlich haben nur Forschende, nach denen ein Element benannt ist, diese Möglichkeit, zum Beispiel Glenn Seaborg. Diesem amerikanischen Wissenschaftler konntest du einen Brief schicken, indem du die folgenden Elemente untereinander geschrieben hast:

Sg Glenn Seaborg
Lr Lawrence Berkeley National Laboratory
Bk Berkeley
Cf California
Am USA

- Sg ist das Element Seaborgium, das nach dem Wissenschaftler selbst benannt ist.
- Lr ist Lawrencium, nach dem Physiker Ernest O. Lawrence, dem Gründer des Lawrence Berkeley Laboratory, an dem Glenn Seaborg arbeitete.
- Bk steht für Berkelium, benannt nach der amerikanischen Stadt Berkeley, in der das Labor liegt.
- Cf ist Californium, für – wie du sicher fast selbst erraten konntest – Kalifornien, dem amerikanischen Bundesstaat, in dem Berkeley liegt.
- Und zu guter Letzt Am – Americium – von Amerika.

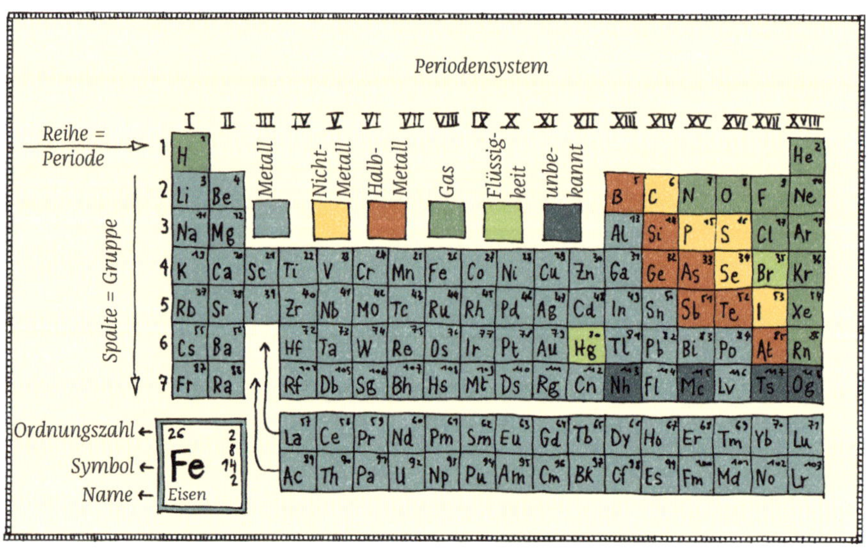

Post für Mr. Seaborg

Bonus-Info:

Im Periodensystem kommen so gut wie alle Buchstaben vor, außer dem J. Das J stand früher für Jod, wurde jedoch inzwischen durch I ersetzt. Auch das Q kommt bei den definitiven Namen nicht vor, nur bei einigen vorläufigen Elementen. Wir sind gespannt, ob das Q irgendwann doch noch einen festen Platz erhält.

133 SUPERWEISSE FARBE HÄLT DEIN HAUS KÜHL

Im Sommer kann es in Zimmern unterm Dach oder Büros mit großen Fenstern sehr warm werden. Speziell hierfür haben amerikanische Forschende das **weißeste Weiß** entwickelt. Diese Farbe soll dafür sorgen, dass es in Gebäuden weniger warm wird, sodass keine Klimaanlage mehr benötigt wird.

Die superweiße Farbe reflektiert nämlich über 95 Prozent der Sonnenstrahlen. Wenn man damit also sein Dach streicht, heizt sich das ganze Haus weniger auf. Hitze durch Farbe vorzubeugen ist eine umweltschonendere Maßnahme, als Gebäude mit Klimaanlagen zu kühlen. Jetzt, wo unser Planet sich erwärmt, ist es wichtig, nachhaltige Lösungen zu finden, wie unsere Häuser kühl bleiben.

Du kannst allerdings noch nicht sofort zum Pinsel greifen. Erst muss die Farbe nämlich noch genauer erforscht werden. Was passiert beispielsweise, wenn sie lange Zeit Wind und Wetter ausgesetzt ist? Erweist sie sich als haltbar, oder bröckelt sie schnell ab? Bisher sieht es jedenfalls vielversprechend aus. Vielleicht streichen wir bald alle unsere Dächer in Superweiß.

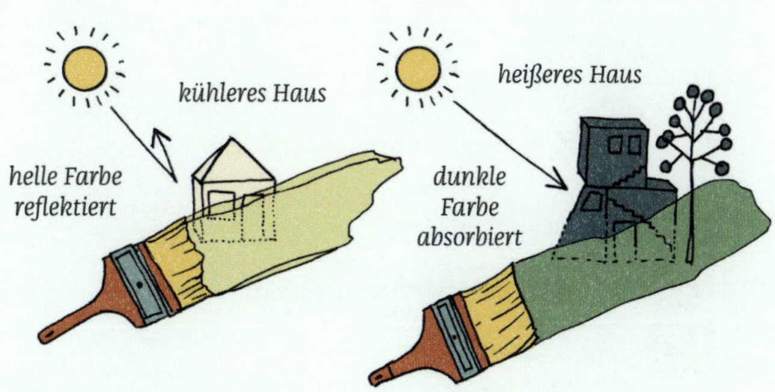

134 SALZ MACHT FEUERWERK BUNT

Magst du Feuerwerke? Dann möchtest du sicher wissen, woher das Feuerwerk seine vielen Farben hat. Wir erklären es dir gerne.

Um Feuerwerk herzustellen, brauchst du drei Dinge: Brennstoff, Sauerstoff und Farbstoff. Für die Farben werden verschiedene Metallsalze verwendet. Wenn der Brennstoff entzündet wird, werden die Metallsalze durch die hohe Temperatur in Gas umgewandelt. Das Salz zerfällt in dem Moment in einzelne, ungeladene Atome. Wenn diese Atome zu ihrem ursprünglichen Zustand zurückkehren und ihre Energie freisetzen, geben sie Lichtteilchen oder *Photonen* ab. Abhängig von dem Salz geschieht das auf unterschiedlichen Wellenlängen. Die Wellenlänge entscheidet über die Farbe:

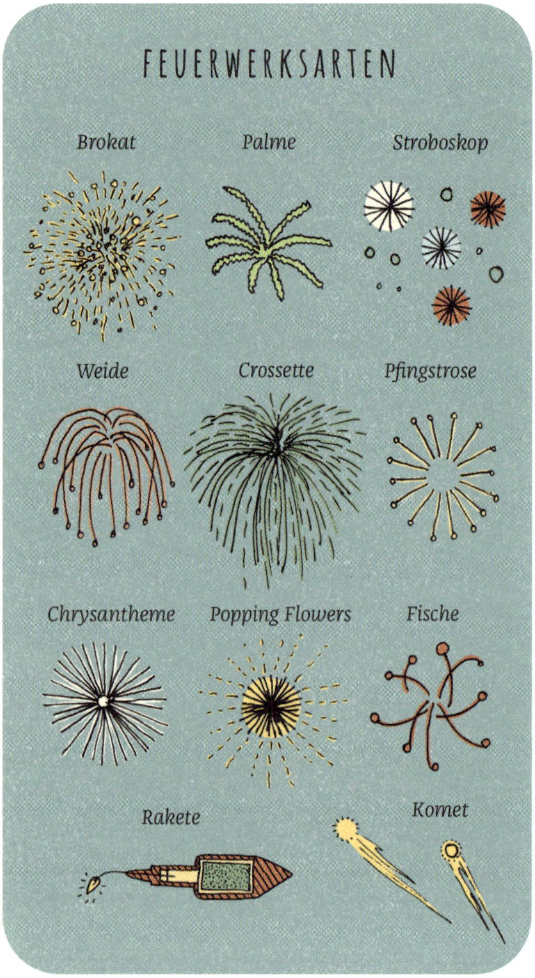

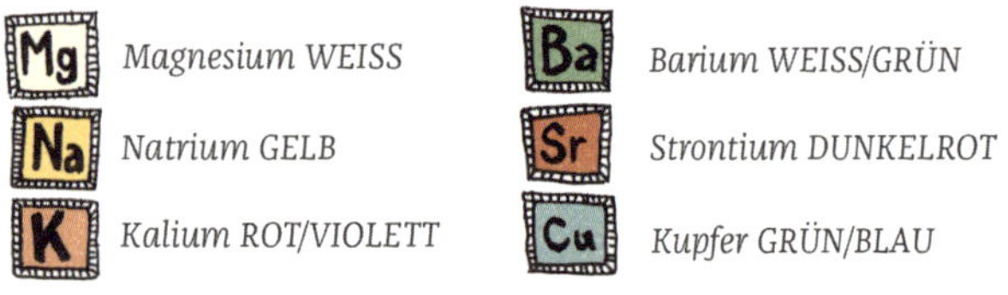

Metallsalz	Farbe
Natrium	gelb
Kalium	rot oder violett
Barium	weiß oder grün
Strontium	dunkelrot
Kupfer	grünlich oder bläulich
Magnesium	weiß

Feuerwerke sind schön, aber auch gefährlich. Jedes Jahr passieren Unfälle, bei denen Menschen verletzt werden. Am 13. Mai 2000 kam es in der niederländischen Stadt Enschede zu einem Brand in einer Feuerwerksfabrik. Es folgte eine Riesenexplosion, bei der mehrere Menschen ihr Leben verloren und fast tausend verwundet wurden.

Feuerwerk ist außerdem nicht gut für die Umwelt, weil es die Luft verschmutzt. Beim Abbrennen werden Ruß, Stickstoffoxid und Schwefeldioxid freigesetzt. Außerdem verunreinigen herabfallende giftige Metalle und Plastik den Boden und das Wasser.

135 DIE MINE DEINES BLEISTIFTS UND EIN DIAMANT SIND AUS DEMSELBEN MATERIAL

Die Mine deines Bleistifts ist aus Grafit. Damit kannst du schreiben oder zeichnen. Glitzert an der Hand deiner Mutter oder deines Vaters vielleicht ein Diamant? Lege den Bleistift neben den Diamanten. Sie scheinen nichts gemein zu haben und sind doch aus derselben Substanz: Kohlenstoff.

Dass Mine und Diamant so unterschiedlich aussehen, liegt an ihrem Aufbau. Kohlenstoff hat nämlich verschiedene Strukturen, *Allotrope* genannt. Abhängig von ihrer *allotropischen* Form unterscheiden sich Materialien in ihren Eigenschaften. Grafit ist undurchsichtig und schwarz; Diamant ist durchsichtig. Grafit ist so weich, dass die Bleistiftspitze abbricht, wenn du zu fest aufdrückst; Diamant ist das härteste Material in der Natur.

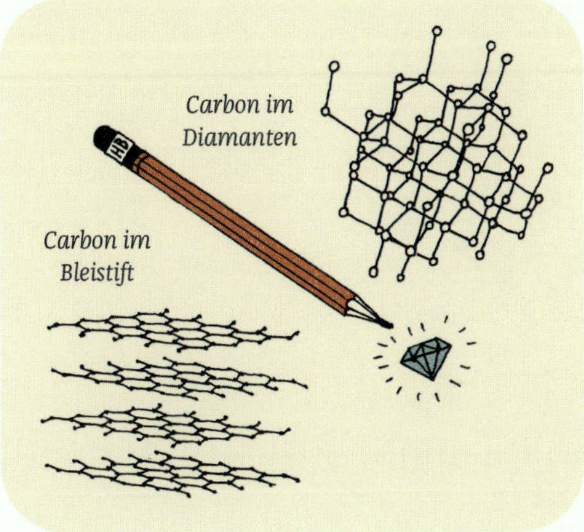

Bei normalem Druck nimmt Kohlenstoff die Form von Platten an: Grafit. Unter hohem Druck erreicht Kohlenstoff eine komplexe Struktur, die extrem robust ist – die des Diamanten.

Zusätzliche Kohlenstoff-Info:

- Kohlenstoff wird auch *Carbon* genannt, vom lateinischen Wort *carbo*: Kohle. Das Wort »Grafit« kommt vom griechischen Wort *graphein*: schreiben. Diamant ist ein zusammengesetztes Wort aus den griechischen Wörtern *diaphenes* (»durchsichtig«) und *adamas* (»unbesiegbar«).
- Diamanten sind so hart, dass sie oft für Bohrköpfe und Schneidegeräte verwendet werden. Sie bohren beziehungsweise schneiden nämlich durch fast alle anderen Materialien, wie Stein, Beton oder Backstein.
- Kohlenstoff ist nach Wasser, Helium und Sauerstoff das am häufigsten vorkommende Element im Weltall.

136 KATZENMINZE MACHT KATZEN HIGH (UND SCHÜTZT SIE VOR MÜCKEN)

Hast du eine Katze? Dann weißt du womöglich, dass sie Katzenminze liebt. Wahrscheinlich ist sie sogar völlig verrückt danach. Vielleicht streift sie zwischen den Pflanzen hindurch oder rollt sich in ihnen. Sie wirkt wie im Rausch. Das kommt durch einen chemischen Stoff in der Pflanze: das *Nepetalacton*. Davon wird deine Katze ein bisschen high. Merkwürdigerweise zieht die Pflanze nur Katzen an, während Hunde sie links liegen lassen.

Das Nepetalacton hat auch noch eine andere Wirkung: Man konnte nachweisen, dass es Katzen vor Mückenstichen und Flohbissen schützt. Das könnte auch ein Grund dafür sein, warum Katzen Katzenminze so mögen. Es ist nämlich praktisch, wenn sie während der Jagd im hohen Gras von Blutsaugern in Ruhe gelassen werden.

berauschte Katze

Die Wissenschaft erwägt auch den Einsatz von Nepetalacton in Insektenabwehrmitteln für Menschen.

Katzen drehen durch bei Katzenminze.

137 COCA-COLA WURDE ALS SCHMERZMITTEL ERFUNDEN

John Pemberton war Apotheker und Biochemiker. Im amerikanischen Bürgerkrieg kämpfte er als Soldat in der Armee. In einer Schlacht wurde er mit einem Säbel verletzt. Gegen den Schmerz nahm er Morphium. Leider wurde er davon aber abhängig. Um die Abhängigkeit zu überwinden, experimentierte er mit verschiedenen Schmerzmitteln. Aus diesen Experimenten entstand das Rezept für Coca-Cola.

Die Rezeptur von 1866 enthielt einen Stoff aus den Blättern des Kokastrauchs. Das ist die Pflanze, aus der die Droge Kokain hergestellt wird. Pemberton fügte Wein und Kolanüsse hinzu und nannte das Medikament *Pemberton's French Wine Coca*.

Als 1886 Alkohol in den USA verboten wurde, musste Pemberton sich ein Rezept ohne Wein ausdenken. Er versuchte es mit Sprudelwasser, wodurch ein leckeres Erfrischungsgetränk entstand. Pemberton behauptete, es helfe gegen Kopfschmerzen, Müdigkeit und Nervosität.

Der Name **Coca-Cola** kommt von den zwei ursprünglichen Zutaten: *Coca* vom Kokastrauch und *Cola* von den Kolanüssen. Anfangs enthielt das Getränk tatsächlich Kokain, heute natürlich nicht mehr. Der Name blieb, weil er so gut klingt.

Bonus-Info:

Manchmal wird behauptet, Coca-Cola sei früher grün gewesen, aber das stimmt nicht. Das Getränk wurde in einer grünen Flasche verkauft, war jedoch schon damals braun wegen des Karamellanteils.

138 BEDANK DICH RUHIG BEI DEN ENZYMEN IN DEINEM KÖRPER

In deinem Körper gibt es ein paar tausend Enzyme. Sie sind wichtig für die Verdauung, den Stoffwechsel und das Immunsystem. All diese Prozesse würden auch ohne Enzyme stattfinden, nur viel langsamer. Enzyme beschleunigen das Ganze. Sie werden teils vom Körper selbst produziert (vor allem von der Bauchspeicheldrüse), teils mit der Nahrung aufgenommen.

Doch was sind Enzyme nun genau? Enzyme sind Eiweißmoleküle, die bestimmte chemische Reaktionen in deinen Zellen beschleunigen. Solche Substanzen nennen wir Katalysatoren. Die Enzyme selbst bleiben erhalten und können beispielsweise ein Molekül in ein anderes umwandeln. Diese Arbeit können sie leisten, weil sie selbst nicht verloren gehen. Sie sind also die ganze Zeit damit beschäftigt, verschiedenste Prozesse in deinem Körper anzukurbeln.

Dabei ist ein bestimmtes Enzym immer für eine bestimmte chemische Reaktion zuständig. Es gibt Enzyme, die Fette oder Stärke abbauen oder Eiweiße aufspalten. Am besten funktionieren sie bei Körpertemperatur.

Du kannst dich ruhig mal bei deinen Enzymen bedanken!

139 WARUM MAN VON ALKOHOL EINEN KATER BEKOMMT

Wenn man zu viel Bier, Wein oder andere alkoholische Getränke trinkt, kann es sein, dass man am nächsten Tag einen Kater hat. Nein, da läuft dann nicht plötzlich ein pelziger Vierbeiner durchs Haus: Bei einem Kater ist einem übel, man hat Kopfschmerzen und noch andere unangenehme Begleiterscheinungen.

Alkohol wird im Körper mithilfe des Enzyms *Alkoholdehydrogenase* (ADH) abgebaut. Dieses Enzym findet man im Magen-Darm-Trakt und der Leber. ADH wandelt Alkohol in *Acetaldehyd* um. Im nächsten Schritt wird dieses in unschädliche Essigsäure umgewandelt. Dafür bedarf es eines zweiten Enzyms, der *Aldehyddehydrogenase* (ALDH). Die Essigsäure wird zu guter Letzt in Wasser und Kohlendioxid umgesetzt, die den Körper über den Urin und den Atem verlassen.

Acetaldehyd ist ein bisschen giftig. Deshalb wird einem schlecht und man muss sich übergeben, wenn man zu viel Alkohol getrunken hat. Das nennt man dann einen Kater.

Bei manchen Menschen funktioniert das ALDH nicht ganz so gut, oder sie haben sogar überhaupt keins. Bei diesen Menschen wird das schädliche Acetaldehyd nicht abgebaut, sondern gespeichert. Das kann dazu führen, dass man schwitzt, einen roten Kopf und womöglich sogar Herzrasen bekommt und einem übel wird. Das nennt man eine *Flush-Reaktion*. Sie kommt bei vielen asiatischen Menschen vor, denen das Enzym oft aus genetischen Gründen fehlt.

Medikamente, die Alkoholabhängigen helfen sollen, verringern die ALDH-Produktion. Dadurch sammelt sich das Acetaldehyd an, sodass der Kater besonders unangenehm wird. Auf diese Weise hofft man, dass die Betroffenen weniger Alkohol trinken – oder am besten gar keinen mehr.

Alkohol —(*Enzym ADH, Alcoholdehydrogenase*)→ *Acetaldehyd* —(*Enzym ALDH, Aldehyddehydrogenase*)→ *Essigsäure* → *Wasser und Kohlendioxid*

Ausscheidung über Urin und Atemluft

140 WEBEN MIT MOLEKÜLEN

Hast du schon mal vom Achterknoten, dem Schotstek und dem Altweiberknoten gehört? Das sind nur einige von vielen Arten, verschiedene Dinge miteinander zu verknoten. Wissenschaftlerinnen und Wissenschaftler verknoten sogar winzige Moleküle.

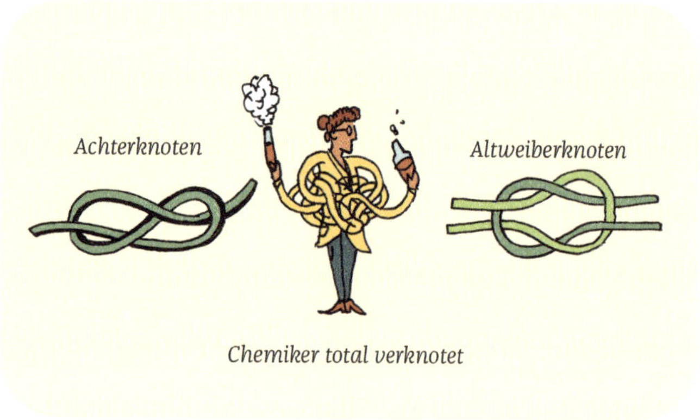

Chemiker total verknotet

2020 gelang es Chemikern, aus winzigen Fadenenden einen Endlosknoten herzustellen. Die Fädchen waren nicht größer als ein Molekül. Ein solches Molekül ist ungefähr ein Millionstel eines Millimeters groß. Mit bloßem Auge kann man es nicht sehen. Wenn man die endlosen Knoten aneinanderhängt, erhält man theoretisch ein endlos langes Band aus einem Stoff.

Der Endlosknoten ist nicht einfach. Der Faden muss unter einem Faden durch, dann über den folgenden drüber und dann wieder unter den danach. Die Moleküle müssen außerdem perfekt aneinanderpassen. Um alles gut zu verbinden, verwendeten die Forschenden das Metall Zink. Dieses Molekül passt genau zwischen die Fäden.

Weben mit Molekülen

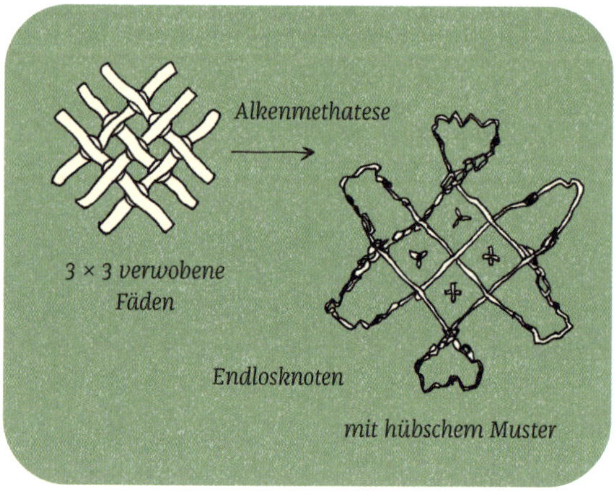

Das Zickzackmuster, das dadurch entsteht, ist gut aufeinander abgestimmt. Es sorgt dafür, dass das Material sich von sich aus auf die richtige Weise aneinanderschmiegt.

Der Endlosknoten ist eigentlich kein echter Knoten, sondern eher eine Art Muster oder Motiv. Dieses Motiv wird miteinander verwoben, um etwas Größeres daraus zu bauen. Nun ja ... größer ... wir reden immer noch über Moleküle. Im Prinzip sollte man diesen Endlosknoten vergrößern können. Daraus könnte dann ein besonders stabiles Material entstehen, das beispielsweise im Bausektor verwendet werden könnte.

Doch so weit sind wir noch lange nicht. Es ist nicht sicher, dass die Knoten auf molekularer Ebene bei Vergrößerung dieselbe starke Struktur hätten. Dafür bedarf es noch längerer Forschung.

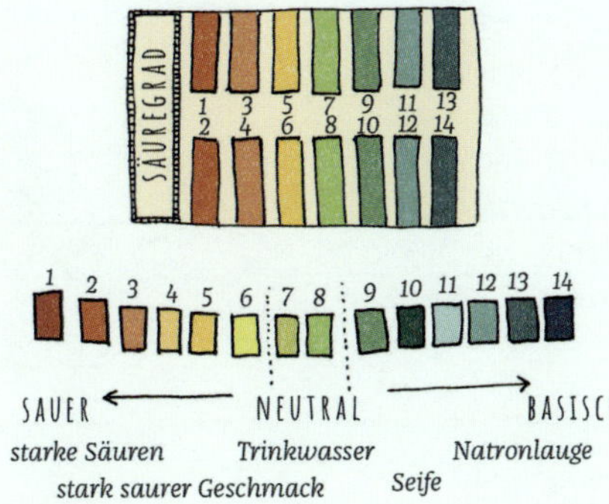

141 COLA IST FAST GENAUSO SAUER WIE ZITRONENSAFT

Du magst sicher Softdrinks. Damit bist du nicht allein! Im Durchschnitt trinken wir pro Tag ein Glas von dem Zeug. Das sind über hundert Liter pro Jahr!

Softdrinks bestehen zum größten Teil aus Wasser mit Zucker und Geschmacksstoffen (Aromen, Extrakten, Obstsaft). Sie löschen den Durst mit einer Kombination aus Geschmack, sprudelnden Kohlensäurebläschen und dem richtigen Verhältnis von süß und sauer.

In einem Glas eines Softdrinks steckt enorm viel Zucker. Dieser verstärkt den Geschmack, sorgt aber auch dafür, dass man schneller Löcher in den Zähnen bekommt. Wenn ein Softdrink künstliche Süßstoffe enthält, heißt er »light« oder »zero«.

Nicht nur der Zucker schädigt deinen Zahnschmelz, sondern auch die Säure des Softdrinks. Er hat nämlich einen bestimmten pH-Wert oder Säuregrad. Liegt dieser unter 5,5, gilt etwas als »sauer« und greift den Zahnschmelz an. Wein, Sportgetränke und Kaffee sind übrigens auch saurer, als man denkt, und deshalb schlecht für den Zahnschmelz.

Auch Cola ist ziemlich sauer, obwohl man das nicht schmeckt. Ihr pH-Wert beträgt ungefähr 2,5. Damit ist er ähnlich niedrig wie der von Zitronensaft. Cola enthält nämlich Phosphorsäure, und die ist furchtbar sauer. Warum schmeckt Cola dann aber nicht sauer? Weil sie sehr viel Zucker oder Süßstoffe enthält, die den sauren Geschmack übertünchen. Zitronensaft schmeckt saurer, weil Zitronen viel weniger Zucker enthalten als Cola.

Cola = Zitrone

Säuregrad um die 2,5

Vielleicht denkst du vor der nächsten Cola doch lieber an deine Zähne?

142 CHEMISCHE WAFFEN SIND VERBOTEN

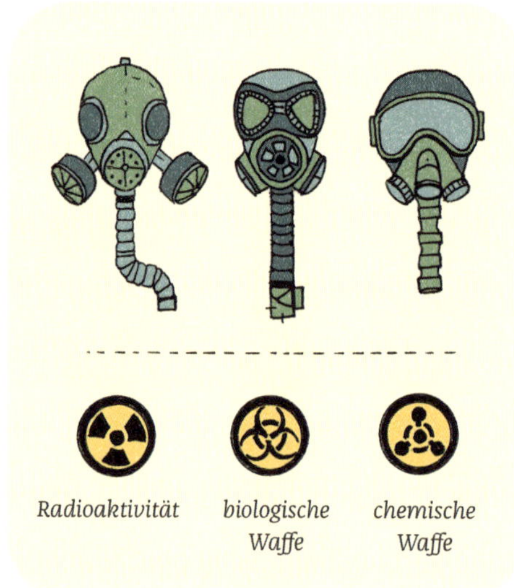

Chemische Waffen explodieren im Allgemeinen nicht. Man kann mit ihnen weder stechen noch schießen. Trotzdem sind sie sehr schädlich und manchmal sogar tödlich. Im Ersten Weltkrieg wurden sie noch oft eingesetzt: in Form von Chlorgas, Phosgengas und Senfgas. Sie wurden in den Schützengräben verteilt und töteten Tausende Soldaten.

- *Chlorgas* (Cl_2; Dichlor) wirkt stark reizend auf die Schleimhäute, vor allem der Augen und Atemwege.
- *Phosgengas* ($COCl_2$; Carbonyldichlorid) ist hochgiftig. Es reizt die Augen und Atemwege und kann die Lunge dauerhaft schädigen.
- *Senfgas* ($C_4H_8Cl_2S$; Bis(2-chlorethyl)sulfid) ist ein langsam wirkendes Gas. Die schlimmsten Symptome treten erst nach einer Weile auf. Es führt zu Hautrötungen und zu verbrennungsähnlichen Schäden und kann große Blasen verursachen. Es greift auch die Augen und Atemwege an. Senfgas wird auch *Yperit* genannt, weil es im Ersten Weltkrieg in den Schützengräben in der Nähe der belgischen Stadt Ypern eingesetzt wurde.

Chemische Waffen sind seit 1925 verboten. Mehrere Länder haben darüber hinaus beschlossen, dass auch andere Massenvernichtungswaffen nicht mehr verwendet werden dürfen.

Neben chemischen gibt es auch biologische Waffen. Hierfür werden Pflanzen, Viren und Insekten verwendet. Genau wie chemische sind auch biologische Waffen verboten.

Ein Beispiel für eine biologische Waffe ist Milzbrand, auch *Anthrax* genannt. Diese Infektionskrankheit wird durch eine Bakterie ausgelöst, *Bacillus anthracis*. Manchmal wurde Anthraxpulver schon per Post an Menschen verschickt, mit denen der Absender nicht einer Meinung war. Wird es eingeatmet, kann es großen Schaden anrichten.

Bonus-Info:

Chemische Waffen gibt es schon sehr lang. Schon in der Antike wurde Giftgas eingesetzt. Angeblich haben die Perser die Römer mit Pech- und Schwefelgasen vergiftet.

Feuer benötigt zum Brennen diese drei Zutaten.

143 BRENNSTOFF + SAUERSTOFF = FEUERCHEN!

Kokeln, am Lagerfeuer sitzen, sich am Kaminfeuer wärmen, Marshmallows rösten … Feuer ist gefährlich, aber auch wunderschön und gemütlich. Es erzeugt zudem Wärme und man kann darauf kochen.

Verbrennung ist eigentlich eine sehr schnelle chemische Reaktion zwischen Sauerstoff und einem Brennstoff. In der Chemie wird eine Reaktion mit Sauerstoff *Oxidation* genannt. Als Brennstoff kann man beispielsweise Holz verwenden. Damit Holz brennt, bedarf es Energie: Man kann einen Feuerstein, ein Streichholz oder ein Feuerzeug benutzen, um einen Funken zu erzeugen. Sobald die Temperatur höher ist als die »Zündtemperatur« des Brennstoffes, entzündet sich das Holz, und es werden Licht und Wärme freigesetzt. Solange Sauerstoff und Brennstoff vorhanden sind, wird das Feuer brennen. Sobald einer von beiden erschöpft ist, erlischt es.

Zu einem Brand gehören meist Flammen. Eine Flamme ist eigentlich ein heißes Gas, das aus dem Stickstoff und dem Sauerstoff der Luft sowie dem Kohlendioxid und dem Wasserdampf des Brandherds besteht. Die Farbe der Flamme verrät die Temperatur des Gases: Sie ist weiß und blau bei großer Hitze, rot bei niedrigerer.

144 RADIOKARBONDATIERUNG VERRÄT, WIE ALT ETWAS IST (UND ENTLARVT BETRÜGER)

Die Radiokarbondatierung wird dazu verwendet, das Alter von etwas oder jemandem anhand der Atome des Kohlenstoff-Isotops ^{14}C zu bestimmen. Diese sind radioaktiv. Sie sind instabil, das heißt, sie zerfallen im Laufe der Zeit. Die Zeit, die etwas benötigt, bis es um die Hälfte zerfallen ist, nennt man Halbwertszeit. Bei ^{14}C beträgt sie 5730 Jahre. Nach dieser Zeit ist die Hälfte des ^{14}C zerfallen. Dann dauert es noch einmal 5730 Jahre, bis die Hälfte der verbleibenden Menge zerfallen ist und so weiter. ^{14}C schwebt in der Atmosphäre und wird deshalb von Pflanzen, Tieren und Menschen aufgenommen. Wenn sie sterben, nehmen sie kein ^{14}C mehr auf. Durch den Vergleich des ^{14}C in der Atmosphäre mit dem ^{14}C eines Fossils kann man deshalb dessen Alter bestimmen. So weiß man zum Beispiel, wie alt das Fossil eines Säbelzahntigers oder Mammuts ist.

Radiokarbondatierung kann auch dazu verwendet werden, Betrüger zu entlarven. Nehmen wir beispielsweise schottischen Whisky. Ein alter Whisky ist sehr teuer. Flaschen aus dem 19. und 20. Jahrhundert werden für 10 000 bis 15 000 Euro pro Flasche gehandelt. Doch manche Verkäufer sind unehrlich. Der Whisky, den sie verkaufen, ist viel jünger. Sie füllen ihn in eine alte Flasche und kleben ein gefälschtes Etikett drauf.

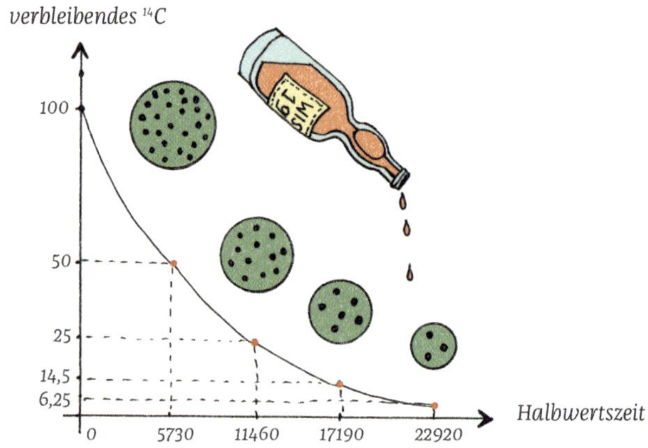

Ob der Whisky echt oder gefälscht ist, ließ sich früher kaum feststellen. Heutzutage kann man mithilfe der Radiokarbondatierung das Alter des Inhalts einer Flasche ziemlich genau bestimmen.

Die Gerste, aus der der Whisky gemacht wird, enthält ^{14}C. Im Whisky befindet sich also ^{14}C, das langsam abnimmt. Forschende haben für Whisky eine Kurve erstellt, die sie mit der ^{14}C-Kurve der Atmosphäre vergleichen können. Auf diese Weise können sie auf ein bis drei Jahre genau bestimmen, wie alt ein Whisky ist.

Die Forschung hat diese Methode für verschiedene Whiskys ausprobiert. Eine Flasche Talisker-Whisky, die für 7000 Euro zum Kauf angeboten wurde, erwies sich beispielsweise als Fälschung. Sie war mit Whisky von 2010 gefüllt, der nur knapp 40 Euro wert war.

WAS ZUM KNABBERN?

giftige Mandeln
Wasserstoffcyanid oder Blausäure

145 MANCHE MANDELN SIND GIFTIG

Bittermandeln wie auch die Kerne von unter anderem Aprikosen, Äpfeln und Kirschen sind giftig, denn sie enthalten Cyanid.

Viele Verbindungen mit Cyanid sind giftig und werden auch häufig als Gift eingesetzt. Nimm zum Beispiel Wasserstoffcyanid, wie man es in Mandeln und Aprikosensteinen findet. Es wird auch Blausäure genannt. Es kann Kopfschmerzen, Übelkeit, Kurzatmigkeit und Verwirrung auslösen, manchmal auch Erbrechen. Eine zu hohe Dosis kann sogar tödlich sein.

Mach dir aber keine Sorgen, wenn du ab und zu mal einen Obstkern verschluckst. Ein Mensch, der 70 Kilo wiegt, müsste über 100 Gramm pure Apfel- oder Birnenkerne verschlucken, bis er etwas merkt. Das ist echt viel!

Die Mandeln, die man normalerweise isst, sind Süßmandeln. Bittermandeln kann man erst essen, nachdem man sie geröstet hat. Und selbst dann sollte man vorsichtig sein. Es ist schon vorgekommen, dass Menschen vom Verzehr von Bittermandeln sehr krank wurden oder sogar starben. Vor allem Kinder müssen aufpassen, weil sie weniger wiegen als Erwachsene und deshalb schon bei einer kleineren Dosis Vergiftungserscheinungen bekommen können.

146 KNICKLICHTER LEUCHTEN DANK CHEMIE

Knicklichter sind super! Sie sind schön bunt, und es gibt sie als Kette, Armband oder Brillengestell. Diesen Leuchtspaß verdanken wir der Chemie, genauer der Chemilumineszenz.

Von Chemilumineszenz sprechen wir, wenn etwas infolge einer chemischen Reaktion leuchtet. Ein Knicklicht enthält zwei Chemikalien, von denen eine meist in einem Glasröhrchen eingeschlossen ist. Beim Knicken zerbricht das Röhrchen, sodass sich die Flüssigkeiten vermischen, und *tadaaa*, schon leuchtet es. Deshalb spricht man von *Leuchtstäbchen* oder *Knicklichtern*.

Die Flüssigkeit im Glasröhrchen ist Wasserstoffperoxid. Das äußere Kunststoffröhrchen des Knicklichts enthält einen fluoreszierenden Farbstoff in einer Lösung. Wenn diese beiden Stoffe sich vermischen, kommt es zu einer chemischen Reaktion, die Wärme erzeugt und den fluoreszierenden Stoff zum Leuchten bringt. Wenn die chemische Reaktion beendet ist, hört das Knicklicht auf zu leuchten. Deshalb brauchst du es aber nicht gleich wegzuwerfen! Unter Schwarzlicht leuchtet es nämlich immer noch.

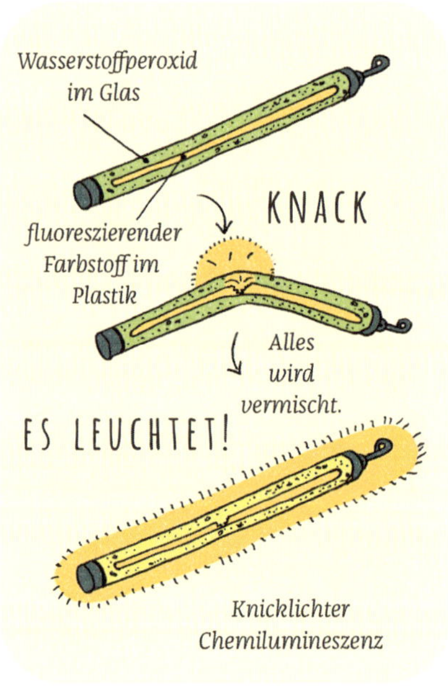

Knicklichter Chemilumineszenz

147 EINE SCHERE, DIE DNA SCHNEIDET

So gut wie jede deiner Körperzellen enthält *Desoxyribonukleinsäure*, kurz: DNA. Du kannst sie dir wie einen langen Zopf vorstellen. Die DNA trägt dein ganzes Erbmaterial. Darin ist nicht nur festgelegt, dass du ein »Mensch« bist, sondern auch, welche einzigartigen Eigenschaften du hast.

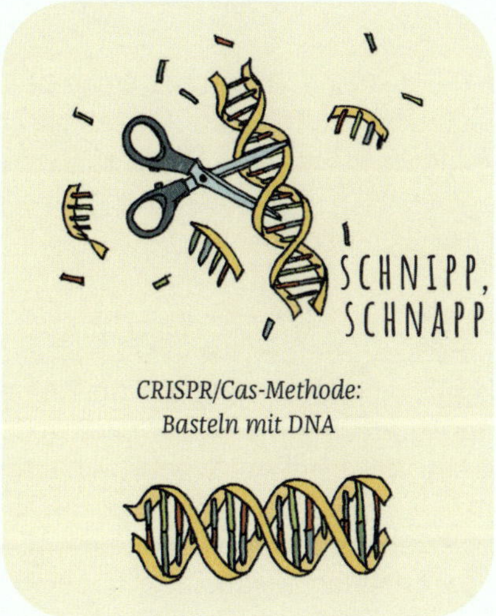

CRISPR/Cas-Methode: Basteln mit DNA

Forschende interessieren sich deshalb natürlich sehr für die DNA. Es gibt Krankheiten, die durch einen kleinen Fehler in der DNA entstehen und die man heilen könnte, wenn man die DNA repariert.

2020 ging der Nobelpreis für Chemie an Emmanuelle Charpentier und Jennifer Doudna (siehe Info 152), weil sie eine Art »Gen-Schere« entwickelt haben. Sie nannten diese Technik CRISPR/Cas-Methode. Mit ihr kann die DNA einfacher verändert werden. Bis dahin war das ein sehr kompliziertes Verfahren.

Die Forscherinnen ließen sich von der Natur inspirieren: Bei Bakterien wurden CRISPR schon in den Achtzigerjahren des letzten Jahrhunderts entdeckt. Es handelt sich dabei um Abschnitte sich wiederholender DNA. CRISPR spielen für die Resistenz der Bakterien eine wichtige Rolle, denn sie schützen sie gegen Viren.

Das hast du richtig gelesen: Viren können auch Bakterien krank machen. Wenn Viren eine Bakterie angreifen, setzen sie ihre eigene DNA in die Bakterie ein. Wenn die Bakterie überlebt, speichert sie einen Teil der DNA des Virus ab. Bei einem erneuten Angriff erkennt die Bakterie das Virus und kann sich zur Wehr setzen. Dafür nutzt sie vor allem das Cas9-Protein, das die DNA des Eindringlings zerschneidet.

Emmanuelle Charpentier und Jennifer Doudna gelang es, diesen Abwehrmechanismus im Labor nachzubauen, und zwar so gut, dass sie letztlich selbst wählen konnten, an welcher Stelle sie die DNA zerschneiden und wieder zusammensetzen. Die CRISPR/Cas-Methode dient also eigentlich zum Zerschneiden und Wiederzusammensetzen von DNA. Die Möglichkeiten, auf diese Weise Fehler zu korrigieren, sind unbegrenzt. Dadurch kann genetisch bedingten Krankheiten vorgebeugt oder sie können geheilt werden.

2020 wurde die CRISPR/Cas-Methode erstmals bei Menschen eingesetzt. Forschung und Medizin diskutieren jetzt, wozu sie verwendet werden darf. Darüber muss gut nachgedacht werden, denn die Anwendung ermöglicht grundlegende Veränderungen. Auch für die Landwirtschaft ist die Methode interessant, weil mit ihr Pflanzen beispielsweise dahingehend verändert werden könnten, dass sie schneller wachsen oder kein Gluten enthalten.

148 1982 ERKLÄRTE MAN IHN FÜR VERRÜCKT, 2011 ERHIELT ER DEN NOBELPREIS

1982 entdeckte Daniel Shechtman etwas Besonderes: Kristalle, bei denen die Atome zwar gleichmäßig angeordnet waren, diese Muster sich jedoch nicht wiederholten wie bei normalen Kristallen. Er nannte sie Quasikristalle.

Daniel Shechtman: verrückt oder nicht?

Bei normalen Kristallen sind die Atome streng symmetrisch angeordnet. Das nennt man in der Chemie »periodisch«. Die Atome befinden sich in einem gleichmäßigen Abstand voneinander. Das kann zu verschiedenen Symmetrien führen, nämlich ein-, zwei-, drei-, vier- oder sechszähligen. Bei Quasikristallen, wie Shechtman sie entdeckte, kamen auch fünf- und zehnzählige Symmetrien vor. Der Abstand zwischen den Atomen war nirgends gleich. Die Atome bildeten ein regelmäßiges Muster, das jedoch nicht symmetrisch war.

Shechtmans Kollegen glaubten ihm nicht und erklärten ihn für verrückt. Sein damaliger Chef wollte ihn sogar entlassen. Doch die Welt der Wissenschaft musste einsehen, dass sie unrecht hatte. 2011 erhielt Shechtman für seine Entdeckung den Nobelpreis für Chemie. So kann's gehen, sogar in der Wissenschaft.

Symmetrie bei Kristallen

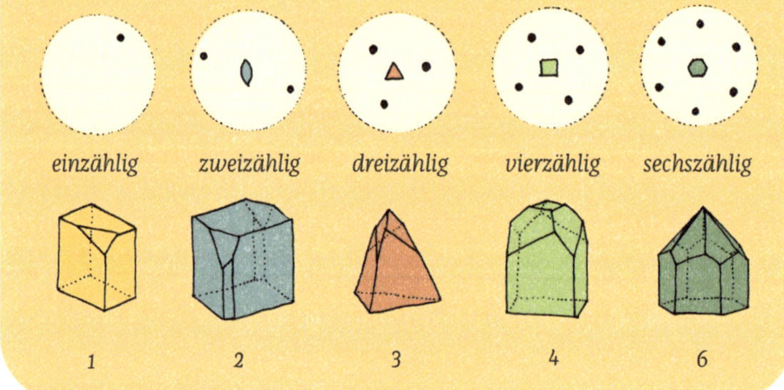

Petrichor:
Duft nach frischem Regen

149 KANN MAN REGEN RIECHEN?

Gehst du im Sommer auch so gerne raus nach einem kräftigen Regenschauer? Findest du auch, dass es dann immer so gut riecht? Regen kann ganz wunderbar duften. Es gibt sogar Lufterfrischer und Duftkerzen mit der Geruchsrichtung Petrichor. Das ist nämlich der Name des Geruchs von frischem Regen.

Dieser typische Geruch kommt vom Geosmin. Diese Verbindung wird von manchen Algen und im Boden lebenden Bakterien produziert. Bakterien recyceln verschiedenstes organisches Material. Bei diesem Prozess wird Geosmin freigesetzt: der Duft nach »Erde«. Wenn es trocken ist, sind diese Bakterien auf Stand-by und produzieren kein Geosmin. Wenn es dann nach langer Zeit mal wieder regnet, wird Geosmin im Überfluss produziert, sodass man es sogar riechen kann.

Für den typischen Regenduft ist allerdings noch eine weitere Zutat notwendig, die von Pflanzen herrührt. Wenn es sehr trocken ist, produzieren Pflanzen eine ölige Substanz. Diese sorgt dafür, dass das Wachstum von Samen und jungen Pflänzchen pausiert, wenn das verfügbare Wasser zum Wachsen nicht reicht. Der Boden nimmt dieses Öl auf. Sobald es regnet, wirbeln die Regentropfen es auf, sodass das Öl und das Geosmin in die Luft aufsteigen.

Menschen haben für Geosmin einen guten Riecher. Wir können sogar kleinste Mengen wahrnehmen. Manche Forschende meinen, das komme daher, dass unsere Vorfahren zum Überleben von Regen abhängig waren.

Der Geschmack von Geosmin ist allerdings weniger beliebt. Manchmal schmeckt Wasser oder Wein danach, und das finden wir dann meist nicht so lecker.

150 ELEFANTENZAHNPASTA KANNST DU SELBST MACHEN

Mit Elefantenzahnpasta putzt man keine Zähne. Nicht einmal die von Elefanten. »Elefantenzahnpasta« ist der Name eines beliebten Chemieexperiments, das spektakulär aussieht.

Was braucht man dafür? *Wasserstoffperoxid* (H_2O_2), Flüssigseife (oder Spülmittel) und einen Katalysator wie Kaliumiodid oder einfach Hefe. Ein Katalysator ist eine Substanz, die eine chemische Reaktion beschleunigt (siehe auch Info 138).

Normalerweise zerfällt Wasserstoffperoxid sehr langsam in Sauerstoff und Wasser. Von diesem Prozess merkt man so gut wie gar nichts. Durch das Kaliumiodid oder die Hefe wird das Wasserstoffperoxid superschnell in Wasser und Sauerstoff umgewandelt. Die Seife in der Mischung »fängt« den Sauerstoff und macht daraus Millionen Seifenbläschen und Wasser. So entsteht eine gigantische Schaumfontäne.

Sei aber vorsichtig, wenn du das Experiment nachmachst, und hol dir einen Erwachsenen dazu! Bei der chemischen Reaktion wird viel Wärme freigesetzt, und das kann gefährlich sein.

Mixe deine eigene Schaumfontäne.

Das Zeug wurde Elefantenzahnpasta getauft, weil es so aussieht, als könne man damit Elefanten die Zähne putzen.

Den Weltrekord im Elefantenzahnpasta-Machen hält Influencer Nick Uhas. Er produzierte über 200 Kubikmeter davon. Das solltest du besser nicht zu Hause nachmachen!

Bonus-Info:

Wenn du zu der Mischung ein paar Tropfen Lebensmittelfarbe hinzufügst, bekommst du farbige Elefantenzahnpasta.

Antiheulmaschine

151 ZWIEBELN MÖCHTEN NICHT GEGESSEN WERDEN

Wenn du Zwiebeln schneidest, kommen dir die Tränen. Nicht, weil du traurig wärst, sondern weil deine Augen anfangen zu tränen. Das kommt durch das Enzym *Alliinase*.

In dem Moment, wenn du die Zwiebel schneidest, machst du ihre Zellen kaputt. Alliinase wird freigesetzt, weil das Enzym mit anderen Stoffen in der Zwiebel reagiert. Es entsteht eine Säure, die ihrerseits ein Gas bildet: *Propanthialoxid*. Dieses Gas enthält Schwefel – einen Stoff, der Tiere abschrecken soll. Die Zwiebel wehrt sich so gegen das Gegessenwerden.

Menschen sind jedoch komische Wesen und stören sich daran nicht. Sie schneiden die Zwiebel einfach weiter klein und freuen sich auf das leckere Gericht, das sie mit ihr zubereiten werden. Wenn ihnen das Gas in die Augen steigt, fangen diese an zu brennen und schließlich zu tränen. Was kannst du dagegen tun, dass dir beim Zwiebelschneiden die Augen tränen?

1. Keine Zwiebeln mehr essen, bis eine »tränenfreie Zwiebel« auf den Markt kommt. Das kannst du dir nicht vorstellen? Und doch ist es wahr: Man versucht, eine tränenfreie Zwiebel zu entwickeln, indem man die DNA der Zwiebel verändert (siehe auch Info 147).
2. Isst du zu gerne Zwiebeln, um darauf warten zu können? Schütze deine Augen dann, indem du eine (Sonnen-)Brille aufsetzt. So siehst du auch gleich viel cooler aus. Menschen, die Kontaktlinsen tragen, leiden meist weniger unter der Wirkung des Gases, weil ihre Augen durch die Linsen teils geschützt sind. Du kannst dir auch ein Handtuch mit einem nassen Ende über die Schulter hängen oder deine Zunge rausstrecken. Das Gas der Zwiebel bewegt sich dann zur Feuchtigkeit des Handtuchs oder der Zunge statt in Richtung deiner Augen.

Bonus-Info:
Lege die Zwiebel, bevor du sie schneidest, in den Kühl- oder Gefrierschrank, dann wird das schwefelhaltige Gas nicht so schnell freigesetzt.

152 WAS WEISST DU ÜBER DEN NOBELPREIS FÜR CHEMIE?

1901 wurden zum ersten Mal Nobelpreise verliehen, die wichtigsten Auszeichnungen auf den Gebieten Chemie, Physik, Literatur und Medizin. Später kam noch Wirtschaft hinzu. Hier geht es um den Nobelpreis für Chemie.

DAS IST NOBEL.

- 1916, 1917, 1919, 1924, 1933, 1940, 1941 und 1942 wurde kein Nobelpreis für Chemie vergeben. Die Leute, die über die Vergabe entschieden, fanden, es habe keine wissenschaftlichen Entdeckungen gegeben, die eine Auszeichnung verdienten. Während der zwei Weltkriege wurden insgesamt weniger Nobelpreise vergeben.

- Bisher erhielten nur acht Frauen den Nobelpreis für Chemie, darunter Marie Curie 1911 (siehe Infos 66 und 262), ihre Tochter Irène Joliot-Curie 1935 (siehe Info 262), sowie Emmanuelle Charpentier und Jennifer Doudna 2020 (siehe Info 147).

Marie Curie

- 1938 erhielt Richard Kuhn den Nobelpreis für Chemie und im Jahr darauf Adolf Butenandt. Beide waren deutsche Wissenschaftler. Doch Adolf Hitler verbot ihnen, den Nobelpreis anzunehmen. Er ärgerte sich nämlich noch immer darüber, dass Carl von Ossietzky – ein langjähriger Hitler-Kritiker – 1935/1936 einen Friedensnobelpreis bekommen hatte.

- Aus demselben Grund durfte auch Gerhard Domagk, der 1939 den Medizin-Nobelpreis erhielt, diesen nicht annehmen. Zum Glück wurden die Wissenschaftler nach dem Krieg rehabilitiert und bekamen nachträglich ihre Medaille, das dazugehörige Preisgeld allerdings nicht.

- Es gibt bisher zwei Wissenschaftler, die den Chemie-Nobelpreis zweimal erhielten: der Brite Frederick Sanger und der Amerikaner Karl Barry Sharpless. Sanger wurde 1958 und 1980 für die Forschung an Insulin sowie Nukleinsäuren ausgezeichnet, Sharpless 2001 und 2022 für seine Untersuchungen zu Oxidationsreaktionen und für die Entwicklung der Click- und bioorthogonalen Chemie.

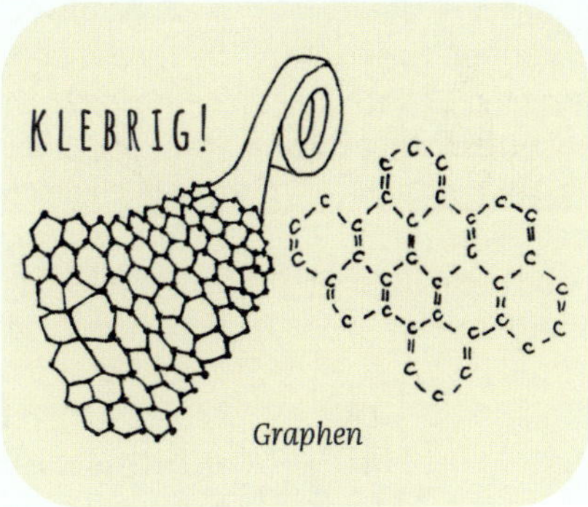

Forschung mit Klebeband von Andre Geim und Konstantin Novoselov

153 WISSENSCHAFTLICHE FORSCHUNG MIT KLEBEBAND

Graphen ist ein hauchdünnes Material, das sogar 100 000-mal feiner ist als ein menschliches Haar. Es besteht aus einer einfachen Schicht Kohlenstoff, die in einer Bienenwabenstruktur angeordnet ist (siehe auch Info 96).

2004 gelang es Andre Geim und Konstantin Novoselov, eine einzelne Schicht Graphen abzulösen. Normalerweise kleben die Schichten aneinander und bilden Grafit – den Stoff, aus dem Bleistiftminen sind. Mithilfe von Klebeband trugen die Wissenschaftler so lange Stückchen vom Grafit ab, bis sie eine einzelne Schicht Graphen erwischten. Das hatte vor ihnen noch niemand geschafft. 2010 erhielten sie hierfür den Nobelpreis für Physik.

Graphen ist ein wirklich außergewöhnliches Material. Du kannst dir also sicher vorstellen, dass Forschende es gut gebrauchen können. Man findet es beispielsweise in den Displays von Smartphones. Auch für elektrische Maschinen wird es verwendet, für Apparate zur Wasserbehandlung oder medizinische Geräte. Ganz erstaunlich, was man mit einem einfach Stückchen Klebeband alles tun kann!

154 ASTAT IST DAS SELTENSTE ELEMENT IN DER NATUR

Niemand weiß, wie Astat aussieht. Das liegt daran, dass man noch nie genug davon zusammentragen konnte, um es zu erforschen. Selbst wenn es doch gelingen sollte, genug davon zu gewinnen, bleibt es schwierig: Astat verdampft nämlich sofort durch seine eigene Wärme, denn es ist radioaktiv. Forschende vermuten, dass Astat eine metallische Silberfarbe hat, aber genau wissen sie es nicht.

Suche nach dem instabilen Astat

Astat ist das seltenste Element der Welt. Es ist Bestandteil der Erdkruste, aber die Menge ist so klein, dass alles Astat zusammengenommen wahrscheinlich nur wenige Gramm wiegen würde. Manche Forschenden schätzen die Gesamtmenge auf 40 Gramm, andere auf weniger als 1 Gramm.

Der Name Astat leitet sich vom griechischen *astatos* ab. Das bedeutet »unbeständig« oder »unstet«. Durch seine chemische Instabilität hält sich Astat nie lang. Abhängig von der Form zerfällt es schnell in andere Stoffe.

155 CHILISCHÄRFE LÖSCHT MAN AM BESTEN MIT MILCH

Hast du schon einmal versehentlich in eine scharfe Chilischote gebissen? Das fühlt sich an, als stünde dein Mund in Flammen. Mit Wasser löschen hilft da nicht, sogar nach einer ganzen Flasche fühlst du dich immer noch, als hätte man in deinem Mund ein Feuer gelegt.

Das brennende Gefühl wird von dem chemischen Stoff Capsaicin ausgelöst. Diese Substanz reizt die *Nozizeptoren* auf der Zunge. Das sind die Rezeptoren für Schmerz- und Hitzereize. Man kann diesen Schmerz nicht mit Wasser löschen, weil Capsaicin nicht gut wasserlöslich ist. Ethanol (Alkohol) oder Fette eignen sich da besser. Ein Glas Milch hilft daher besser.

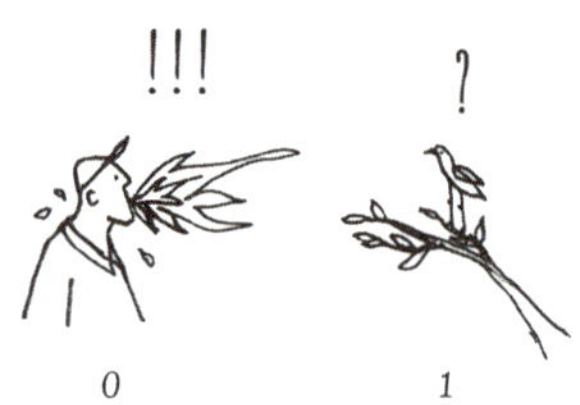

um die Wette Chili futtern

Capsaicin ist ein *Alkaloid*. Das ist ein natürlicher Stoff, der Stickstoff enthält. Alkaloide kommen häufig in Giftpflanzen vor und manchmal auch in Tieren wie Kröten. Es steckt auch in manchen Paprikasorten, vor allem in Peperoni und Chili.

Manchmal werden Alkaloide in Medikamenten verwendet, weil sie eine sehr starke Wirkung entfalten können. In bestimmten Fällen ist es sogar eine Droge. Einige Beispiele für Alkaloide sind Morphin, Kodein und Kokain, aber auch Koffein, das im Kaffee steckt.

Die meisten Vögel sind immun gegen Capsaicin. In ihrem Schnabel brennt es also nicht, wenn sie eine Chilischote fressen.

Bonus-Info:
Pfefferspray enthält eine sehr hohe Dosis Capsaicin.

156 MANCHE NÜSSE SIND RADIOAKTIV

Magst du Nüsse? Erdnüsse, Walnüsse, Haselnüsse ... und vielleicht auch diese dicken brasilianischen Paranüsse? Die sind lecker und nahrhaft, aber auch 1000-mal radioaktiver als andere Nahrungsmittel. In jeder Paranuss steckt nämlich ein kleines bisschen *Radium* (Ra). Aber keine Panik! Die Menge liegt weit unter der, die du essen darfst. Möhren und Bananen sind übrigens auch ein wenig radioaktiv.

Radium wurde 1898 von Pierre und Marie Curie (siehe Info 262) entdeckt. Der Name kommt vom lateinischen *radius*, was Strahl bedeutet. In der Natur kommt es in Uranerzen (U) vor.

Früher wurde manchen Farben Radium zugesetzt, damit sie im Dunkeln leuchteten. Diese Farben wurden zum Beispiel zum Bemalen der Zeiger und Zifferblätter von Armbanduhren verwendet. Das führte in den USA Anfang des 20. Jahrhunderts zu einer Tragödie: Die Frauen, die in den Uhrenfabriken die Zifferblätter bepinselten, wurden einer zu hohen Dosis Radium ausgesetzt, wodurch sie schwer erkrankten und einige sogar starben. Deshalb wurden sie auch *Radium Girls* (»Radiummädchen«) genannt. Seit den Sechzigerjahren des letzten Jahrhunderts wird für solche Farben kein Radium mehr verwendet.

Radium wird jedoch gelegentlich noch zur Behandlung einiger Krebsarten eingesetzt.

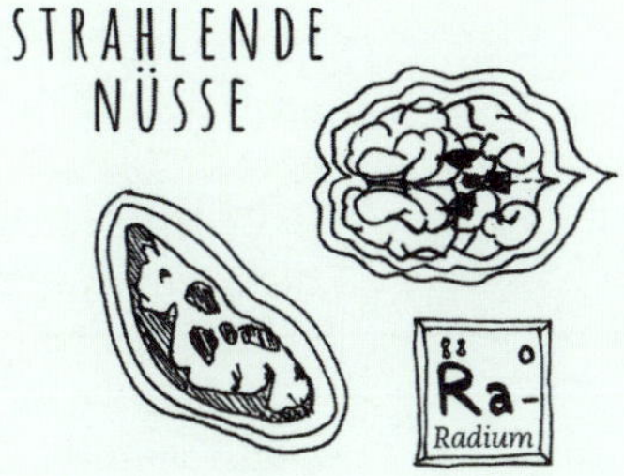

157 INS SCHWIMMBECKEN PINKELN VERBOTEN!

Schwimmen macht Spaß, doch der Schwimmbadgeruch ist nicht immer angenehm. Vielleicht hat man dir schon mal gesagt, dabei handle es sich um »den typischen Chlorgeruch«, doch das stimmt nicht ganz.

Das Chlor im Schwimmbadwasser soll Krankheitskeime abtöten. Doch wenn Menschen schwimmen gehen, kommt auch Schweiß, Talg, Spucke und – so ist es nun mal – Urin ins Wasser. Wenn diese Stoffe mit Chlor in Berührung kommen, bildet sich eine chemische Verbindung: Chloramin.

Nicht das Chlor selbst, sondern die *Chloramine* sorgen für den typischen Schwimmbadgeruch – und dafür, dass du rote Augen bekommst. Je stärker das Schwimmbad riecht, desto mehr Chloramine sind im Wasser, das heißt, desto schmutziger ist es. Wenn das Wasser zu viele Chloramine enthält, muss es gereinigt werden, indem man mehr Chlor hineingibt.

Chloramine

Geh also immer unter die Dusche, bevor du ins Schwimmbecken springst. Dann liegt es zumindest nicht an dir.

Außerdem natürlich: Pinkle nicht ins Schwimmbecken! Und: Trinke auf keinen Fall Schwimmbadwasser!

158 IN VIELEN DEOS STECKT ALUMINIUM

Das chemische Element Aluminium wurde 1808 von Humphry Davy entdeckt. Damals war das silberne Material so kostbar, dass aus ihm sogar Schmuck und andere dekorative Gegenstände hergestellt wurden.

Aluminium gegen den strengen Geruch

Erst 1886 gelang es, Aluminium in großen Mengen herzustellen. Da das Material so leicht ist, kann man es für viele Dinge verwenden. Wir kennen es vor allem als Einwickelfolie für Schulbrote und andere Lebensmittel, aber es gibt noch jede Menge andere Einsatzbereiche: Es wird zum Beispiel auch im Autobau benutzt, in diversen Haushaltsgeräten, Campingmaterial, Hochspannungsleitungen und noch vielem, vielem mehr.

Was du vielleicht noch nicht wusstest, ist, dass auch Deodorant oder Antitranspirant* Aluminium enthält. Die Bakterien, die den Schweiß auf der Haut zersetzen und für den typischen Schweißgeruch verantwortlich sind, vermehren sich dann weniger schnell, denn das Aluminium macht die Haut sehr sauer. Dadurch produziert der Körper weniger Stoffe, die zu Schweißgeruch umgewandelt werden können. Außerdem schwitzt man durch das Aluminium weniger, denn es verbindet sich mit Hautschuppen und den Fettsäuren des Talgs. Dadurch entstehen Stoffe, die die Schweißdrüsen verengen, sodass weniger Schweiß abgegeben wird.

Unser Tipp? Wasch dich vor allem regelmäßig. Dann brauchst du eigentlich kaum Deodorant und Antitranspirant.

* Deodorant und Antitranspirant sind nicht dasselbe. Ersteres schützt gegen Schweißgeruch, Letzteres tut das zwar auch, reduziert aber gleichzeitig die Schweißmenge.

159 AIRBAGS WERDEN DURCH EINE (GEFÄHRLICHE) CHEMISCHE REAKTION AUFGEBLASEN

Die allermeisten Autos haben heutzutage Airbags. Das sind Luftkissen, die im Falle eines Zusammenstoßes dein Leben retten können. Doch wusstest du, dass die Substanz, die dafür sorgt, dass ein Airbag aufgeblasen wird, extrem giftig ist?

An einer bestimmten Stelle im Auto befindet sich *Natriumazid* (NaN_3) in Form von Kristallen. Wenn das Auto gegen etwas stößt, registrieren das Sensoren und senden blitzschnell ein elektrisches Signal zu den Natriumazidkristallen. Das verursacht eine Zündung, wodurch die Salze verbrennen und in Natrium und Stickstoff zerfallen. Der gasförmige Stickstoff strömt in den Airbag und füllt ihn. Das geht blitzschnell. Der ganze Ablauf dauert 0,03 Sekunden. Eine Handvoll Natriumazidkristalle genügen, um den Airbag aufzublasen.

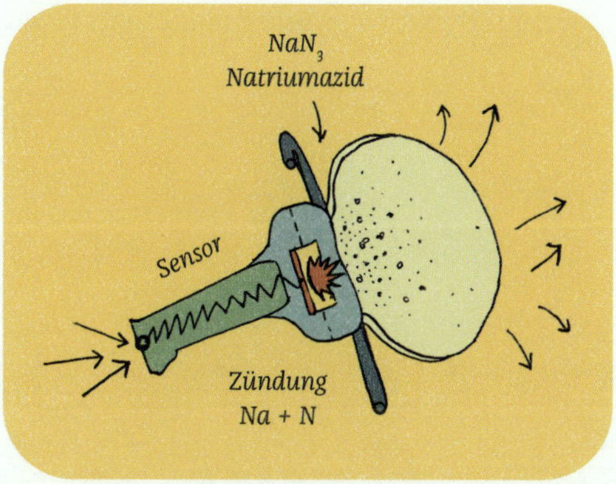

die chemische Reaktion in einem Airbag

Natriumazid ist sehr giftig. Wenn man es verschluckt, kann man daran sterben. Aber auch das Natrium, das freigesetzt wird, ist giftig. Deshalb werden chemische Substanzen hinzugefügt, die das Natrium binden, sodass es unschädlich wird. Für die Airbags neuerer Autos werden inzwischen weniger giftige Stoffe verwendet.

160 AUFGEPASST VOR EXPLODIERENDEN HOSEN!

Phosphor (P) ist ein chemisches Element, das 1669 von Hennig Brand entdeckt wurde. Der deutsche Alchemist und Apotheker erforschte Urin. Er wollte die darin enthaltenen Salze verdampfen und bemerkte dabei, dass am Ende eine weißliche Substanz übrig blieb. Sie war leicht entzündlich und leuchtete im Dunkeln. Er nannte sie »Phosphor«, nach dem griechischen Wort *phosphoros*, was so viel wie »Lichtträger« bedeutet.

Phosphor gibt es in verschiedenen Farben, darunter Weiß und Rot. Vor allem weißer Phosphor ist sehr giftig. Früher wurde weißer Phosphor für Streichhölzer benutzt, doch da er so giftig war, hat man ihn 1906 verboten und durch den weniger giftigen roten Phosphor ersetzt. Weil er so leicht entzündlich ist, kommt Phosphor in Reinform in der Natur nicht vor.

Phosphor wurde in dieser Form auch als Kunstdünger in der Landwirtschaft verwendet. Das war nicht ungefährlich! Das Zeug blieb manchmal an der Hose der Bauern kleben, und wenn es dann in die Nähe von Feuer gelangte – zum Beispiel, weil sich jemand eine Zigarette anzündete –, konnte die ganze Hose explodieren.

161 EIN METALL, DAS IN DER HAND SCHMILZT

Gallium (Ga) ist ein chemisches Element. Es ist ein silbrig weißes Metall, das seinen Namen von Paul-Émile Lecoq de Boisbaudran erhielt, einem französischen Chemiker. Er benannte es nach dem lateinischen Namen seines Heimatlandes Frankreich: *Gallia*.

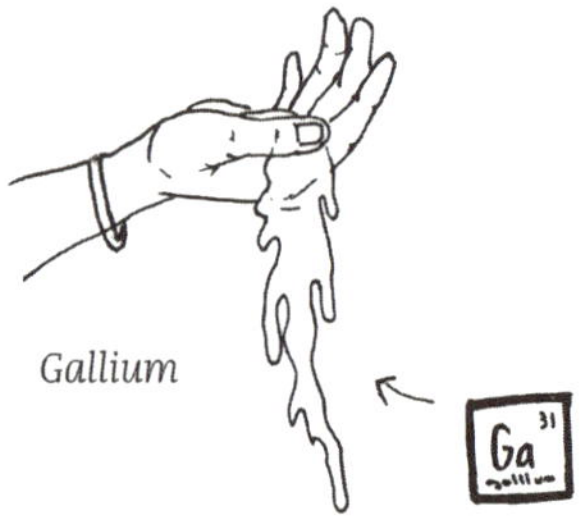

Das besondere Merkmal von Gallium ist sein sehr niedriger Schmelzpunkt. Der Schmelzpunkt ist der Punkt, an dem ein fester Stoff in einen flüssigen Zustand übergeht. Bei Gallium liegt er bei 29,7 °C. Du kannst das Metall also zum Schmelzen bringen, indem du es einfach nur in der Hand hältst. Verrückterweise liegt der Siedepunkt von Gallium sehr hoch: bei 2205 °C.

HILFE, MEIN SCHMUCK SCHMILZT!

Die meisten Stoffe ziehen sich zusammen, wenn sie gefrieren, aber das gilt nicht für Wasser (siehe Info 91), Gallium und das Metall Bismut. Sie dehnen sich aus, wenn sie vom flüssigen in den festen Zustand übergehen.

Umami ernten

162 DIE GESCHMACKSRICHTUNG UMAMI VERDANKEN WIR EINER ALGENSUPPE

Umami ist eine der fünf Grundqualitäten des Geschmacks, die die Geschmacksknospen auf unserer Zunge unterscheiden können. Die anderen sind: süß, sauer, salzig und bitter. *Umami* kommt aus dem Japanischen und bedeutet »herzhaft«.

Umami wurde viel später beschrieben als die anderen Geschmacksrichtungen, nämlich 1908 von Kikunae Ikeda, einem japanischen Wissenschaftler. Eines Tages aß er eine Suppe und fragte sich, warum sie einen runderen Geschmack hatte als sonst. Er untersuchte die Algen, aus denen die Suppe hauptsächlich bestand, und kam zu dem Schluss, dass sie ihren herzhaften Geschmack (umami) dem Bestandteil *Glutamat* verdankte.

Ikeda entwickelte daraufhin eine Methode, mit der er den Stoff in großer Menge herstellen konnte. Heutzutage wird Glutamat oft als Geschmacksverstärker in verschiedensten Lebensmitteln benutzt, zum Beispiel in Fertigmahlzeiten, Brühwürfeln und Knabberkram. Es verstärkt nämlich den herzhaften und salzigen Geschmack. In der Natur kommt es unter anderem in Tomaten, Champignons, Hülsenfrüchten und Algen vor.

163 SCHWEFEL LÄSST PUPSE STINKEN

Hast du schon mal einen »stillen Killerfurz« gelassen? So einen, den niemand hört, aber alle riechen? Wenn deine Pupse ekelhaft nach faulen Eiern stinken, liegt das am Schwefel.

Darmgase – die Gase, die bei einem Pups austreten – bestehen aus verschiedenen geruchlosen Gasen: Stickstoff und Sauerstoff aus der Luft, die du einatmest; Methan, das dein Körper produziert; Kohlendioxid, das du entweder eingeatmet hast oder dein Körper produziert hat. Es gibt allerdings auch Schwefelverbindungen im Darm. Und sogar eine kleine Menge Schwefel lässt deine Pupse schon gewaltig stinken.

Der Geruch deiner Pupse ist abhängig von der Luftmenge, die du einatmest, von deiner Ernährung und deiner Darmflora (das sind die Bakterien, die in deinem Darm leben). Brokkoli, Rosenkohl und Blumenkohl haben einen hohen Schwefelgehalt. Bakterien, die diese Gemüse zersetzen, produzieren viel Gas. Da sind stinkende Fürze garantiert.

Andere Lebensmittel gären im Darm, wodurch mehr Darmgase entstehen. Das passiert beispielsweise, wenn du laktoseintolerant bist und trotzdem Milch trinkst oder Käse isst.

Wenn du das nächste Mal einen ordentlichen Stinker fahren lässt, schieb die Schuld also einfach auf den Schwefel.

Stille Killerfürze!

– 6 –

DIE WUNDERSAME WELT DER MATHEMATIK

164 ES GIBT KEINEN NOBELPREIS FÜR MATHEMATIK

Alfred Nobel stiftete mit seinem Testament einen Preis für Physik, Chemie, Medizin, Literatur und Frieden (siehe Info 273). Später kam noch ein an die Nobelpreise angelehnter Preis für Wirtschaftswissenschaften dazu. Doch für Mathematik gibt es keinen Nobelpreis. Warum das so ist, wissen wir nicht. Vielleicht mochte Alfred Nobel einfach keine Mathematiker?

Und wo bleibt Mathe?

Dabei ist die Mathematik ein sehr wichtiger Zweig der Naturwissenschaften, deshalb verdienen Mathematiker und Mathematikerinnen auch einen Preis.

Im Bereich der Mathematik wird alle vier Jahre die Fields-Medaille vergeben. Erstmalig geschah das 1936. Die Auszeichnung ist nach dem kanadischen Mathematiker John Charles Fields benannt, der den Preis ins Leben rief und das Preisgeld zur Verfügung stellte. Einzige Bedingung: Der Preisträger muss unter 40 sein. Man muss sich also ranhalten!

Seit 2003 gibt es zudem den Abelpreis. Dieser ist nach dem norwegischen Mathematiker Niels Henrik Abel benannt und wird schlauen Mathe-Köpfen vom König von Norwegen überreicht.

165 MÖCHTEST DU AUCH EIN STÜCK PI(E)?

Die Kreiszahl Pi beschreibt das Verhältnis des Umfangs eines Kreises zu seinem Durchmesser. Wenn man den Umfang durch den Durchmesser teilt, erhält man immer Pi (der griechische Buchstabe Π), das heißt ungefähr 3,14. Dabei ist die Größe des Kreises egal. Π ist eine *mathematische Konstante*, das heißt, der Wert bleibt immer gleich.

Pi ist auch eine **irrationale Zahl**, was bedeutet, dass man sie nie ganz wird bestimmen können. Man kann sich ihr nur annähern. Nach dem Komma stehen unendlich viele Ziffern, und diese wiederholen sich nicht. Die ersten hundert Ziffern von Pi sind 3,14159265358979323846264338327950 2884197169399375105820974944592307816406286 208998628034825342117 0679.

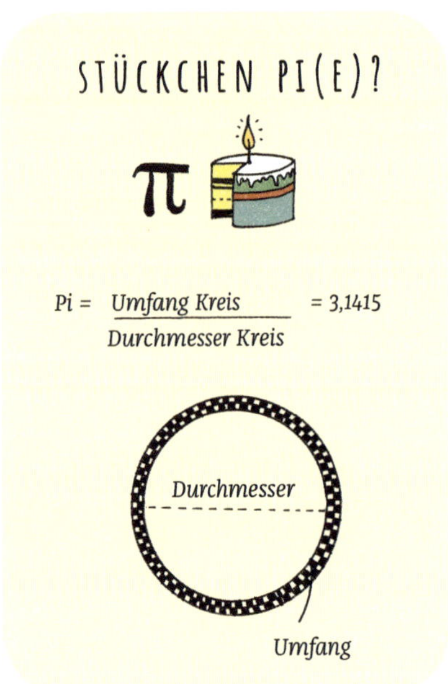

Es gibt Menschen, die noch immer versuchen, neue Ziffern zu finden. Den offiziellen Rekord hält seit August 2021 das Team eines Schweizer Mathematikers. Nach 108 Tagen Berechnungen am Computer kam es auf 62,8 Billionen Ziffern nach dem Komma. Doch die Konkurrenz schläft nicht: Ein Team um die Google-Entwicklerin Emma Haruka Iwao gab im Juni 2022 bekannt, 100 Billionen Stellen hinter dem Komma berechnet zu haben.

Die Berechnung der Nachkommastellen von Pi wird dazu verwendet, die Schnelligkeit von Computern zu messen.

Am 14. März wird weltweit der Pi-Tag gefeiert. In Amerika schreibt man bei Datumsangaben nämlich erst den Monat und dann den Tag: 3 14. Und weil im Englischen »Pi« ausgesprochen wird wie das englische Wort für Kuchen (*pie*, sprich: [pai]), werden an diesem Tag runde Kuchen gegessen.

166 EINE ZAHL, DIE SO GROSS IST, DASS MAN SIE NICHT AUFSCHREIBEN KANN

Die **Graham-Zahl**, auch: Grahams Zahl, ist unvorstellbar groß. Sie ist so gewaltig, dass sogar Wissenschaftlerinnen und Wissenschaftler nicht wissen, wie lang sie ist. Sie war die erste große Zahl, die je in einem mathematischen Beweis verwendet wurde. Das brachte ihr einen Platz im *Guinness-Buch der Rekorde* ein, doch inzwischen gibt es noch größere Zahlen, die auch einen eigenen Namen verdienen.

Graham-Zahl

Die Graham-Zahl ist so groß, dass man sie nicht aufschreiben kann. Es ist auch nicht möglich, sie mit Potenzen und Exponenten vereinfacht zu notieren (mit der sogenannten wissenschaftlichen Notation). Selbst wenn alle Materie im Weltall in einen Stift und Tinte verwandelt würde, hätte man nicht genug Tinte, um die Zahl aufzuschreiben!

Aber Mathematikerinnen und Mathematiker geben nicht so schnell auf. Mithilfe der *Zahlentheorie*, einem Teilgebiet der Mathematik, das sich mit den Eigenschaften ganzer Zahlen beschäftigt, gelang es, die letzten Stellen der Graham-Zahl zu berechnen: ...2464 195 387. Theoretisch ist es möglich, die Ziffern zu berechnen, die davor kommen, praktisch jedoch nicht. Die Graham-Zahl ist einfach zu riesig. Versuch dir das mal vorzustellen!

167 DER INHALT EINES ZYLINDERS = PIZZA

Jedes dreidimensionale Objekt hat einen Inhalt, auch Volumen genannt. *Dreidimensional* bedeutet, dass das Objekt eine Länge, eine Breite und eine Höhe hat. Die *Fläche* ist eine zweidimensionale Größe, weil dabei nur Länge und Breite gemessen werden.

Der Flächeninhalt eines Rechtecks lässt sich recht einfach berechnen, indem man die Länge mal der Breite nimmt. Das Volumen eines Quaders berechnet man mit: Länge mal Breite mal Höhe.

Bei einem Kreis ist das komplizierter, weil man hier nicht von Länge und Breite sprechen kann. Die Fläche eines Kreises berechnet man mithilfe des Radius und der Kreiszahl Pi (Π) (siehe Info 165). Der Radius ist der Abstand vom Mittelpunkt des Kreises zu dessen Rand. Die Zahl Π entspricht ungefähr 3,14 (eigentlich hat Pi unendlich viele Nachkommastellen, aber der Einfachheit halber beschränken wir uns auf 3,14).

Flächeninhalt eines Kreises =
Π x Radius x Radius

Um das Volumen eines Zylinders (eines runden Rohrs) zu berechnen, benötigt man die Oberfläche (die Fläche des Kreises) und die Höhe. Die Formel lautet:

Volumen eines Zylinders =
Π x Radius x Radius x Höhe

Wenn man den Radius z nennt und die Höhe a, erhält man also:

Volumen Zylinder =
Pi x z x z x a

Wusstest du, dass Mathe so lecker sein kann?

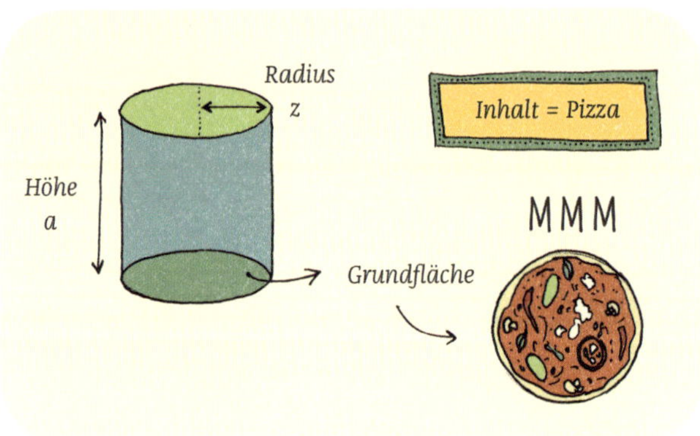

168 DIE BESONDERE ZAHL 1

Auf den ersten Blick kommt einem die Zahl Eins nicht so außergewöhnlich vor, doch Mathematikerinnen und Mathematiker können dir das eine oder andere über sie erzählen.

- 1 + 1 = 2. Das hast du wahrscheinlich in der Schule gelernt. Für Computer ist das Ergebnis jedoch 0. Das kommt daher, dass sie binär rechnen (nur mit Nullen und Einsen).

- Früher gab es auf manchen Schreibmaschinentastaturen keine Eins. Stattdessen wurde die Zahl mit einem kleinen L (»l«) geschrieben. Manchmal wurde auch ein großes J benutzt.

- Die Zahl 1 ist wichtig für Messungen. Eine Einheit wird dabei mit 1 gekennzeichnet. Beispielsweise 1 Kilogramm, 1 Meter, 1 Newton und so weiter.

- Die 1 ist nur durch sich selbst teilbar. Trotzdem ist sie keine Primzahl (das ist eine Zahl, die nur durch sich selbst und 1 teilbar ist).

- 1 ist eine *automorphe* Zahl. Das ist eine Zahl, die im Quadrat (mit sich selbst malgenommen) auf sich selbst endet: 1 mal 1 ist 1. Die nächste automorphe Zahl ist 5, denn 5 mal 5 ist 25.

- Wenn man 111 111 111 mit 111 111 111 malnimmt (also 111 111 111 im Quadrat), erhält man die außergewöhnliche Zahl 12 345 678 987 654 321*. Beides sind Palindromzahlen. Das sind Zahlen, die von vorne nach hinten oder hinten nach vorne gelesen gleich sind.

* Kleiner Tipp: Lies die Zahl Ziffer für Ziffer. Und lies sie dann andersrum.

169 JEDE RAUTE IST EIN PARALLELOGRAMM, ABER NICHT JEDES PARALLELOGRAMM IST EINE RAUTE

Aus dem Geometrieunterricht weißt du, dass eine Raute ein Viereck mit vier gleich langen Seiten ist. Ein Paar der sich gegenüberliegenden Winkel ist spitz (unter 90°), das andere Paar ist stumpf (über 90°).

Ein Parallelogramm ist ein Viereck, dessen gegenüberliegende Seiten zueinander parallel sind. Die vier Seiten müssen aber nicht gleich lang sein.

Jede Raute ist also ein Parallelogramm, aber nicht jedes Parallelogramm ist eine Raute.

Eine Raute mit vier rechten Winkeln (90°) ist ein Quadrat. Und ein Parallelogramm mit vier rechten Winkeln ist ein Rechteck.

So. Mit diesem Wissen kannst du jetzt im Matheunterricht Eindruck schinden!

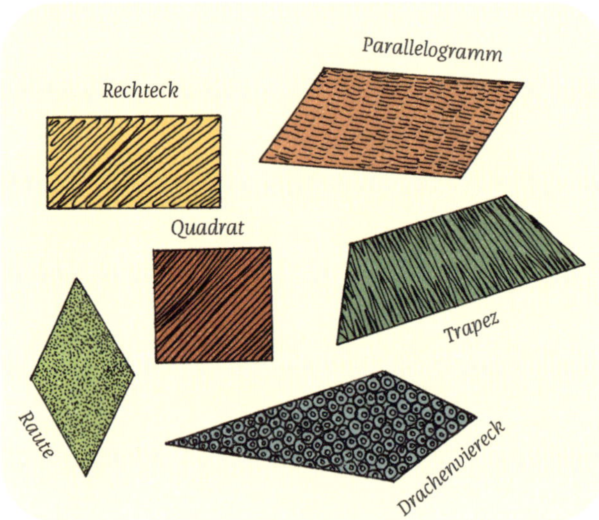

Geometrie für Anfänger

170 ESCHERS UNMÖGLICHE FIGUREN

Höchstwahrscheinlich hast du schon einmal Zeichnungen von Maurits Cornelis Escher (1898–1972) gesehen. Escher war ein niederländischer Künstler, der in seinen Zeichnungen gerne mathematische Grundsätze, Formen und Ideen verwendete. Besonders faszinierte ihn die Arbeit der *Kristallografen*, der Wissenschaftler, die Kristalle erforschen (siehe auch Info 148). Das zeigt sich in der Gleichmäßigkeit und den wiederkehrenden (Kristall-)Mustern in seinen Zeichnungen.

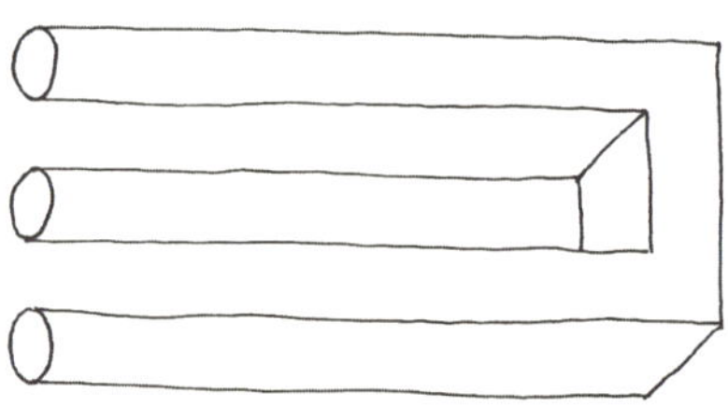

Blivet oder unmöglicher Dreizack

M. C. Escher liebte es vor allem, sich unmögliche Figuren auszudenken. Sie sind zweidimensional gezeichnet und würden dreidimensional gar nicht funktionieren, und trotzdem versucht unser Hirn, sie so zu sehen. Bei genauerem Hinschauen wird deutlich, dass die Figur so nicht sein kann. Es sind optische Täuschungen – Zeichnungen, die Augen und Hirn einen Streich spielen.

Penrose-Dreieck

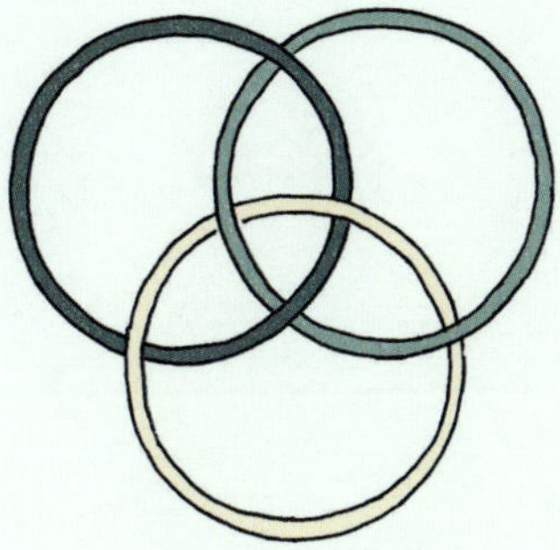

Borromäische Ringe

unmögliche Kubus

Beispiele für unmögliche Figuren sind:

- das unmögliche oder Penrose-Dreieck
- Borromäische Ringe
- der unmögliche Kubus

So lange man sie auch betrachtet – die Figuren werden nie dreidimensional funktionieren.

nach Escher

Bonus-Info:

Escher spielte auch gerne mit der Vorstellung von Unendlichkeit. Er schuf beispielsweise ein Kunstwerk mit dem Titel »Circle Limit IV (Himmel und Hölle)«, in dem man sowohl Fledermäuse als auch Engel sehen kann. Der berühmte Physiker Stephen Hawking (siehe Info 276) soll einmal gesagt haben, es sei möglich, dass das Weltall nach Eschers Zeichnungen aufgebaut sei ...

EWIGER RADLER

Möbiusband

171 EIN MÖBIUSBAND KANN MAN NICHT ZWEIFARBIG ANMALEN

Um diese Überschrift zu verstehen, bastelst du dir am besten zuerst ein Möbiusband. Dazu nimmst du einen Papierstreifen, verdrehst ihn an einer Seite um 180° und klebst die Enden aneinander. Schon hast du eins.

Sieh dir jetzt die besondere Form an. Ein Möbiusband ist eine einseitige Fläche oder auch eine zweidimensionale Figur, die es nur im dreidimensionalen Raum geben kann. Von jeder Seite betrachtet hast du das Gefühl, zwei Seiten zu sehen, aber wenn eine Ameise über das Band liefe, käme sie immer wieder am selben Punkt an, ohne über den Rand krabbeln zu müssen. Wenn du jetzt versuchst, das Band anzumalen, kannst du Unter- und Oberseite keine verschiedenen Farben geben. Es hat nämlich nur eine Seite, weswegen du es nur in einer Farbe anmalen kannst.

In der *Topologie*, einem Teilgebiet der Mathematik, das sich mit geometrischen Gebilden und ihrem Verhältnis zueinander beschäftigt, wurde das Möbiusband untersucht.

Fließbänder in Fabriken sind oft Möbiusbänder. Wenn man ihnen einen »Twist« verpasst, halten sie länger. Logisch, denn sonst wird immer nur die Außenseite benutzt, und das Band verschleißt dort schneller. Auch in Dampfmaschinen kamen Möbiusbänder zum Einsatz.

172 MIT DIESEM MATHEMATISCHEN TRICK GEWINNST DU BEIM MONOPOLY

Spielst du auch ab und zu gerne eine Partie Monopoly? Damit bist du nicht allein! Es ist nach wie vor eins der beliebtesten Brettspiele weltweit. Am meisten Spaß macht es natürlich, wenn man gewinnt. Halte dich an die folgenden Regeln, dann schaffst du das in Zukunft vielleicht öfter.

Ein Monopoly-Spiel kann man mithilfe der Markow-Kette analysieren. Die Theorie davon besagt, dass die Zukunft eines Systems in einem bestimmten Zustand nicht von der Vergangenheit abhängt, sondern ausschließlich vom aktuellen Zustand des Systems. Auf Monopoly übertragen heißt das: Die Wahrscheinlichkeit, auf eine bestimmte Straße und ein bestimmtes Feld zu kommen, hängt davon ab, auf welchem Feld du jetzt gerade stehst, und nicht davon, von welchem Feld du kommst.

Mit der Markow-Kette kannst du deine Chancen, auf ein bestimmtes Feld zu kommen, langfristig berechnen. Am höchsten ist die Wahrscheinlichkeit, auf dem Gefängnisfeld zu landen. Bei den Straßen ist es am wahrscheinlichsten, auf die dritte Straße nach »Frei Parken« zu kommen. Am niedrigsten ist die Wahrscheinlichkeit, die zweitteuerste Straße zu erwischen.

Ob es sinnvoll ist, bestimmte Straßen zu kaufen, hängt von der Besuchswahrscheinlichkeit, aber auch vom Kauf-, Bau- und Mietpreis ab. Du musst deine Taktik der Anzahl der Mitspieler anpassen:

- Spielt ihr zu zweit? Kauf die Straße vor dem Gefängnisfeld und die Straße vor dem »Frei Parken«-Feld.
- Spielt ihr zu dritt oder viert? Dann kauf die Straßen vor und hinter dem »Frei Parken«-Feld.
- Spielt ihr mit mehr als vier Personen? Dann kauf die Straße hinter dem »Gehen Sie in das Gefängnis«-Feld.
- Und zu guter Letzt: Wenn du auf die teuersten Straßen kommst, kaufe diese, um sie nachher weiterverkaufen zu können.

Wetten, dass du jetzt, wo du dich schlaugemacht hast, beim nächsten Mal gewinnst?

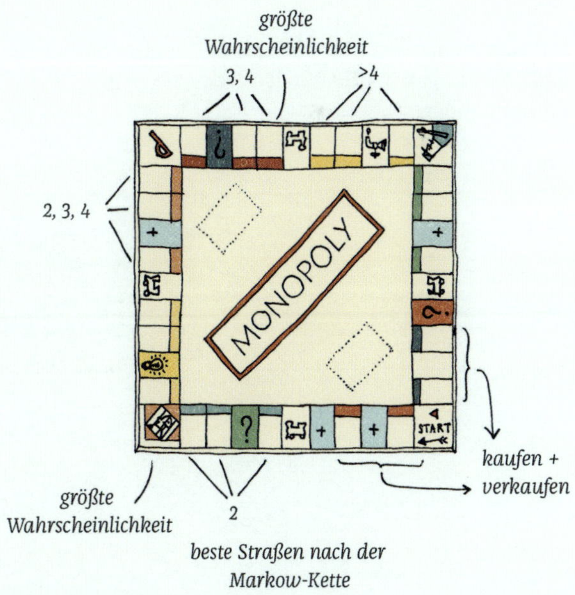

173 DIE VAMPIRZAHL HAT BISS

Eine Vampirzahl ist eine gerade Zahl, die aus dem Produkt zweier Zahlen besteht und dabei noch ein paar Bedingungen erfüllen muss. Die zwei Zahlen sind dabei die »Vampirzähne«.

Das sind die Bedingungen:

- Die zwei Vampirzähne sind natürliche Zahlen*, deren Ziffernanzahl die Hälfte der Ziffernanzahl der Vampirzahl beträgt. Eine Vampirzahl aus vier Ziffern besteht aus zwei Vampirzähnen von jeweils zwei Ziffern.
- Eine Vampirzahl besteht also aus einer geraden Anzahl Ziffern und hat mindestens vier Ziffern.
- Die zwei Vampirzähne dürfen nicht beide auf 0 enden.
- Die Vampirzahl setzt sich zusammen aus den Ziffern von Zahn 1 und Zahn 2 in beliebiger Reihenfolge.

Ein Beispiel für eine Vampirzahl ist 1260. Das ist das Produkt von 21 und 60, den zwei Vampirzähnen.

Vampirzahl mit zwei Zähnen

Ein weiteres Beispiel ist 125 460. Das ist sogar eine »doppelte« Vampirzahl: Sie entsteht aus den Vampirzähnen 204 mal 615 oder 246 mal 510.

Selbst eine Vampirzahl zu finden ist ziemlich schwierig. Aber vielleicht schaffst du es, wenn du dich so richtig in der Suche verbeißt … (Muhahaha).

* Natürliche Zahlen sind 0 und alle positiven ganzen Zahlen (0, 1, 2, 3, 4 …) – aber das wusstest du als zukünftiger Wissenschaftler oder zukünftige Wissenschaftlerin natürlich bestimmt schon!

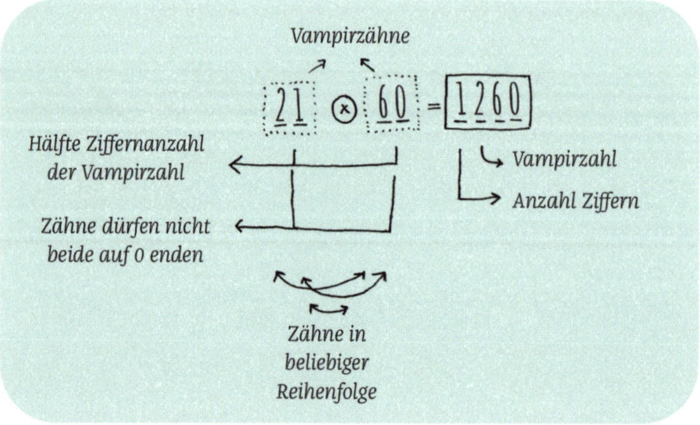

174 PASCALS BESONDERES DREIECK

Das Pascalsche Dreieck ist ein ganz spezielles Dreieck. Jede Zahl in diesem Dreieck ist die Summe der beiden Zahlen über ihr. Sieh es dir an:

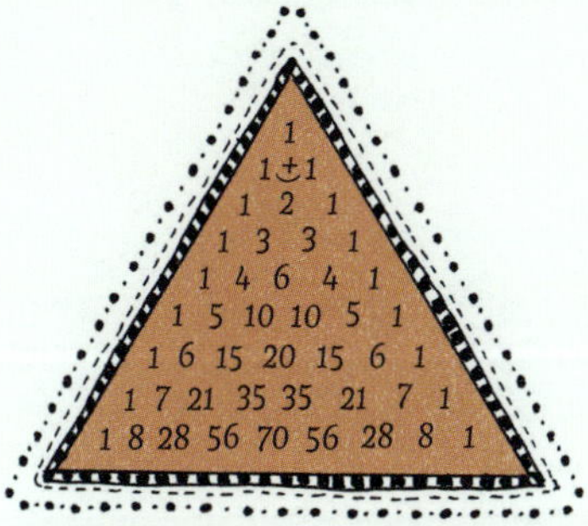

Das Dreieck könnte man unendlich fortsetzen. In der Mitte der vorletzten Reihe siehst du die 35, das ist die Summe aus 15 und 20 aus der Zeile darüber. Dasselbe gilt für alle anderen Zahlen. Die Seiten des Dreiecks bestehen aus Einsen. Auch wissenswert: Die oberste Reihe, in der nur die 1 steht, ist die Reihe 0, die zweite die Reihe 1 und so weiter. Wenn man das Pascalsche Dreieck benutzt, beginnt man also immer erst ab der zweiten Zeile zu zählen.

Das Pascalsche Dreieck hilft dabei, schnell den *Binomialkoeffizienten* zu finden. Der Binomialkoeffizient ist eine mathematische Funktion, die angibt, wie viele Möglichkeiten es gibt, aus einer Menge von verschiedenen Objekten eine bestimmte Anzahl von Objekten auszuwählen.

Stell dir vor, du wolltest aus einer Menge von fünf verschiedenen Süßigkeiten (Lolli, Keks, Bonbon, Gummibärchen, Schokoriegel) zwei nehmen, egal welche, und wolltest wissen, wie viele Kombinationen möglich sind. Dann gehst du von der Spitze des Dreiecks (ohne Zeile 0) fünf Zeilen nach unten und zwei vom linken Rand (ohne die äußere 1) nach rechts und siehst: Aha, es gibt zehn Kombinationsmöglichkeiten.

Bonus-Info:

Das Dreieck wurde nach dem französischen Philosophen und Mathematiker Blaise Pascal benannt, dabei war Pascal nicht der Erste, der diese Zahlen erforschte. Schon Jahrhunderte zuvor hatten sich andere Mathematiker in China, Europa und Indien mit ihnen beschäftigt. Die erste ausführliche Beschreibung eines Dreiecks mit Binomialkoeffizienten stammt aus dem 10. Jahrhundert.

BINOMIALKOEFFIZIENT

Pascalsches Dreieck

175 WIE SCHNELL KANNST DU EINEN ZAUBERWÜRFEL LÖSEN?

Rekord Zauberwürfel-Lösen mit den Füßen: 15,56 Sekunden

Den Zauberwürfel hat sich der ungarische Architekt und Designer Ernö Rubik ausgedacht. Der ursprüngliche Würfel besteht aus sechs Flächen mit jeweils drei mal drei Steinen. Jede Seite hat eine andere Farbe. Der Würfel ist nicht nur ein Spielzeug, sondern auch mathematisch interessant: Er ist nämlich ein gutes Forschungsobjekt für die *Gruppentheorie*, die mathematische Disziplin, die sich mit der Erforschung der algebraischen Struktur von Gruppen und Symmetrien beschäftigt. Mithilfe der Erkenntnisse kann man den Zauberwürfel analysieren und Lösungswege erarbeiten.

Rubiks Zauberwürfel

Forschende haben bewiesen, dass man den Zauberwürfel mit nur zwanzig Drehungen lösen kann – egal, aus welcher Position man beginnt. Insgesamt sind übrigens 43 252 003 274 489 856 000 (über 43 Trillionen) Positionen möglich. Nur eine davon ist richtig.

- Der Weltrekord im Lösen des Zauberwürfels (3 × 3 × 3) liegt derzeit bei 3,47 Sekunden.
- Die Disziplin des möglichst schnellen Lösens des Zauberwürfels wird *Speedcubing* genannt. Manche Teilnehmenden lassen sich sogar die Augen verbinden. Der Rekord im Lösen des Zauberwürfels mit verbundenen Augen liegt bei 12,78 Sekunden.
- Der Rekord im einhändigen Lösen des Zauberwürfels ist 6,2 Sekunden.
- Es gibt sogar einen Rekord für das Lösen des Zauberwürfels mit den Füßen. Er liegt bei 15,56 Sekunden.
- Einem Roboter gelang das Lösen noch schneller: Er brauchte 0,38 Sekunden.

176 EIN SPAZIERGANG ÜBER DIE SIEBEN BRÜCKEN VON KÖNIGSBERG IST UNMÖGLICH

Die Stadt Königsberg lag einst in Preußen. Heute heißt sie Kaliningrad und liegt in Russland. Durch die Stadt fließt die Pregel, ein Fluss, in dem zwei Inseln liegen. Diese Inseln sind durch sieben Brücken mit der Stadt verbunden: die sieben Brücken von Königsberg. Diese bescherten der Welt ein mathematisches Rätsel.

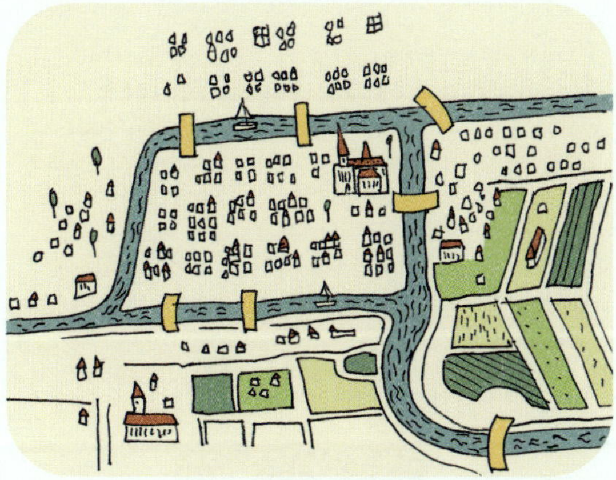

die sieben Brücken von Königsberg

Einwohner und Einwohnerinnen von Königsberg versuchten eines schönen Sonntags bei einem Spaziergang, jede Brücke nur einmal zu überqueren. Dabei durften sie weder umkehren noch eine Brücke zweimal nehmen. Doch wie sie sich auch abmühten, es gelang ihnen nicht.

1736 bewies Leonhard Euler, dass ein solcher Spaziergang unmöglich ist. Er skizzierte eine neue Karte von Königsberg, auf der jedes Stück Land als Knoten dargestellt wurde. Diese Land-Knoten sind durch Linien (Brücken) mit anderen Land-Knoten verbunden. Knoten, an denen eine gerade Anzahl an Linien zusammentrifft, nennt man gerade; Knoten, an denen eine ungerade Anzahl an Linien zusammentrifft, nennt man ungerade.

Wenn man eine Brücke nur einmal überqueren darf, darf es nur zwei ungerade Knotenpunkte geben. In Königsberg mit seinen sieben Brücken gab es aber vier. Es war daher nicht möglich, alle Brücken nur einmal zu überqueren. Mit diesen Überlegungen formulierte Euler die Grundlagen der *Graphentheorie*. Diese ist sehr wichtig, unter anderem für die Informatik.

Tipp:

Möchtest du wissen, wie du bei einer solchen Zeichnung zur besten Lösung kommst?

- Wenn es keine ungeraden Knotenpunkte gibt, kannst du an einem beliebigen Punkt anfangen und am selben Punkt wieder rauskommen.
- Wenn es zwei ungerade Knotenpunkte gibt, startest du an einem Punkt und endest an einem anderen.

UNLÖSBARE SPAZIERROUTE

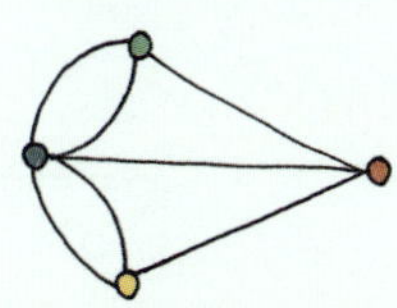

Graphentheorie von Leonhard Euler

177 MIT VIER FARBEN KANNST DU JEDE LANDKARTE SO AUSMALEN, DASS ANEINANDERGRENZENDE LÄNDER UNTERSCHIEDLICHE FARBEN HABEN

Der Südafrikaner Francis Guthrie hatte 1852 wahrscheinlich ein bisschen zu viel Zeit. Oder vielleicht malte er einfach gerne Karten aus. Als er den englischen Grafschaften auf einer Landkarte verschiedene Farben gab, merkte er jedenfalls, dass er mindestens vier Farben benötigte, damit aneinandergrenzende Grafschaften nicht dieselbe Farbe bekamen.

Vier-Farben-Satz nach Francis Guthrie

Francis Guthrie malte nicht nur gerne aus, er war auch Wissenschaftler. Als Mathematiker interessierte ihn, ob seine Entdeckung sich auf jede Landkarte anwenden ließe. Der Vier-Farben-Satz war geboren.

Diese Behauptung mathematisch zu beweisen ist jedoch extrem schwierig. Viele Mathematikerinnen und Mathematiker versuchten sich daran, und trotzdem dauerte es bis 1976, bis ein Computer Guthries Theorie bestätigte. Einen echten mathematischen Beweis gibt es bis heute nicht.

Der Vier-Farben-Satz lässt sich, genau wie das Königsberger Brückenproblem, in *Graphen* darstellen. Wird der Vier-Farben-Satz noch für etwas anderes verwendet als für das Ausmalen von Karten?

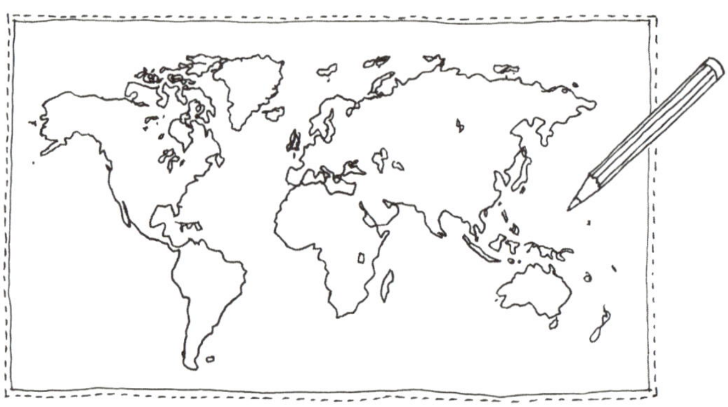

Viel Spaß beim Ausmalen!

Aber ja doch! Stell dir vor, du wolltest Zirkustiere transportieren. Natürlich möchtest du keine Tiere zusammen in einen Wagen stecken, von denen eins das andere auffrisst, aber gleichzeitig sollen es so wenige Wagen wie möglich sein. Da siehst du, wozu das Ausmalen von Landkarten alles gut sein kann!

KEINE GUTE IDEE!

178 EINE UHR FÜR MATHE-NERDS

Fibonacci war ein italienischer Mathematiker, der im 13. Jahrhundert lebte. Auf ihn geht die »Fibonacci-Folge« zurück, eine Zahlenreihe, bei der jede Zahl die Summe der vorangegangenen zwei Zahlen ist. 1-1-2-3-5-8-13 ... Diese Reihe kommt in der Natur häufig vor.

Der Kanadier Philippe Chrétien baute auf Basis der Fibonacci-Folge eine **Uhr** für Mathe-Nerds. Die Uhr ist in fünf Quadrate aufgeteilt, deren Seitenlängen der Fibonacci-Folge entsprechen. Es gibt zwei Quadrate von 1 × 1 Zentimeter, eins von 2 × 2 Zentimeter, eins von 3 × 3 Zentimeter und eins von 5 × 5 Zentimeter.

Entsprechend der Uhrzeit wechseln die Felder ihre Farbe: Stunden sind rot, Minuten grün. Wenn ein Feld sowohl für die Stunden als auch für die Minuten gezählt werden soll, ist es blau. Ein weißes Feld wird nicht gezählt.

Um zu wissen, wie spät es ist, musst du rechnen. Für die Stunden addierst du die Fibonacci-Zahlen der roten und blauen Felder. Für die Minuten addierst du die Fibonacci-Zahlen der grünen und blauen Felder. Da die Minuten in Fünferschritten angezeigt werden, musst du sie mal fünf nehmen.

Es ist eine coole und auch sehr schöne Uhr. Aber wüsstest du auf Anhieb, ob es schon Zeit ist aufzustehen?

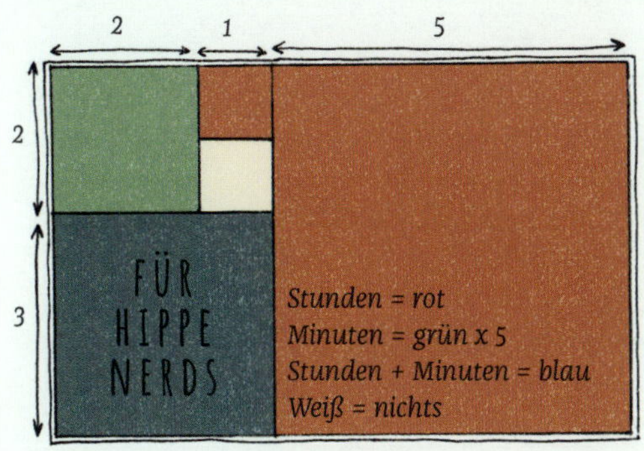

Fibonacci-Uhr

179 MANCHMAL STECKT IN EINEM GEDICHT MATHEMATIK

Bei Mathematik denkst du vor allem an Zahlen, dabei findet man sie auch in Worten. Schönen Worten sogar – vor allem in Gedichten.

Nimm zum Beispiel ein Haiku. Das ist ein japanisches Gedicht mit drei Zeilen. Die Silbenanzahl pro Zeile ist ursprünglich wie folgt vorgegeben: Die erste Zeile hat fünf Silben, die zweite sieben und die dritte wieder fünf. Insgesamt besteht ein Haiku also aus 17 Silben.

Dies ist eins der berühmtesten Haiku des japanischen Dichters Basho:

Oh, alter Weiher
vom Ufer springt ein Laubfrosch
und platscht ins Wasser

Ein **Fibonacci-Gedicht**, kurz Fib genannt, geht noch weiter. Hier muss die Silbenanzahl der Fibonacci-Reihe folgen (siehe Info 178), das heißt, jede Zahl ist die Summe der beiden vorangegangenen.

Die meisten dieser Gedichte sind sechs Zeilen lang und haben die der Fibonacci-Folge entsprechende Silbenzahl:

- Erste Zeile — Ich = 1 Silbe
- Zweite Zeile — mag = 1 Silbe
- Dritte Zeile — dies Buch = 2 Silben
- Vierte Zeile — voll Wissen = 3 Silben
- Fünfte Zeile — das mich jeden Tag = 5 Silben
- Sechste Zeile — wieder ein bisschen schlauer macht = 8 Silben

Magst du dir auch ein Haiku oder ein Fib ausdenken?

SO SCHREIBST DU EIN MATHEMATISCHES GEDICHT

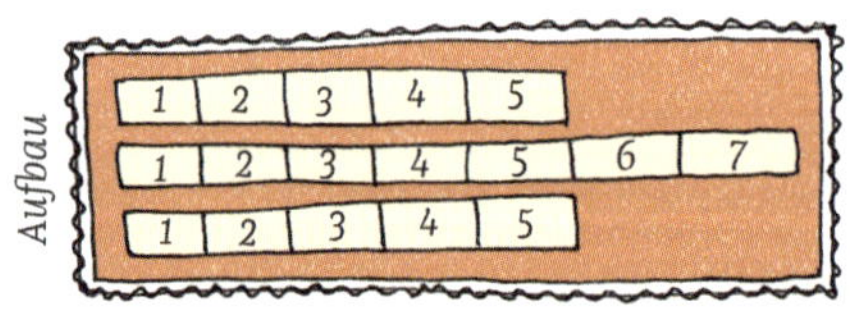

Haiku: 5, 7, 5

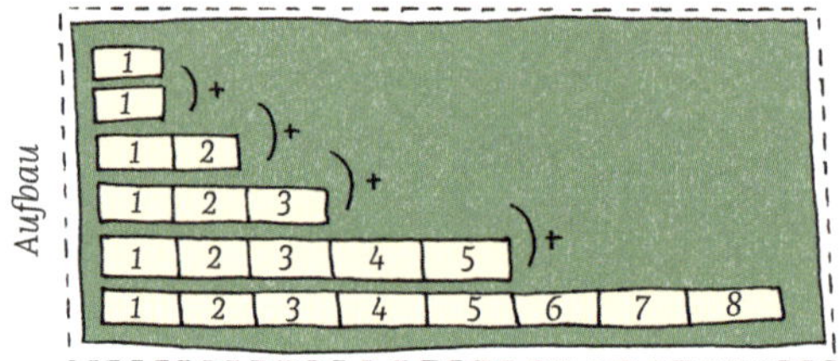

Fibonacci-Gedicht (Fib): 1, 1, 2, 3, 5, 8

fraktale Erscheinungsformen in der Natur

180 MAGST DU MATHE-KOHL?

Der **Romanesco** (auch Minarett- oder Türmchenkohl genannt), eine Variante des Blumenkohls, sieht wunderschön aus. Er ist grün wie ein Brokkoli und voller kleiner, spitz zulaufender Türmchen. Diese Türmchen machen ihn zum Lieblingsgemüse aller Mathematiker und Mathematikerinnen.

Der Romanesco ist das Vorzeigegemüse für ein natürliches Fraktal. Das ist eine geometrische Figur, bei der eine bestimmte Form oder ein bestimmtes Muster sich in immer kleinerer Form wiederholt. Beim Romanesco steht auf jedem Türmchen ein noch kleineres Türmchen, auf dem wiederum ein kleineres Türmchen steht, und so weiter.

Ein echtes **Fraktal** ist unendlich. Ein Romanesco natürlich nicht.

Auch in unserem Körper gibt es Beispiele für Fraktale. Deine Lungen beispielsweise fächern sich immer weiter in Verzweigungen auf, die sich dann wieder verzweigen.

Fraktale werden unter anderem in Computermodellen verwendet, um die Entstehung des Weltalls zu erforschen, denn auch das ist unendlich.

181 WENN DU MEHR TAUBEN ALS SITZNISCHEN HAST, MÜSSEN SICH MINDESTENS ZWEI TAUBEN EINE NISCHE TEILEN

Stell dir vor, du magst Tauben und baust ihnen einen schönen Taubenschlag. Du hast zwölf Tauben (n = 12) und baust ihnen zwölf Sitznischen (m = 12). Dann hat jede Taube eine Sitznische. Logisch.

Doch eines Tages bringt eine deiner Taube eine andere Taube mit. Jetzt hast du n + 1 Tauben, in diesem Fall also 13, aber die Anzahl der Sitznischen m beträgt immer noch 12. Die zwei befreundeten Tauben werden sich eine Nische teilen müssen. Auch logisch.

Was wir hier gerade erzählt haben, klingt sehr logisch, ist aber trotzdem ein wichtiges mathematisches Prinzip. So wichtig sogar, dass der deutsche Mathematiker Johann Dirichlet es 1834 unter dem Namen Schubfachprinzip festhielt. Es ist auch bekannt als »Taubenschlagprinzip«.

Das Taubenschlagprinzip besagt, dass wenn wir n Tauben haben und die Anzahl der Sitznischen m kleiner ist als die der Tauben – mathematisch ausgedrückt $n > m$ –, es mindestens eine Sitznische gibt, in der zwei Tauben sitzen.

Dieses Prinzip kann man auf unterschiedlichste Situationen anwenden. Zum Beispiel auf Haare. Durchschnittlich hat ein Mensch 150 000 Haare auf dem Kopf, maximal 500 000. In einer Stadt wie München mit knapp 1,5 Millionen Einwohnern gibt es also mindestens zwei Personen, die genau gleich viele Haare auf dem Kopf haben.

In diesem Beispiel sind die Einwohner die »Tauben« und die Anzahl der Haare die »Sitznischen«. Es gibt mehr »Tauben« als »Sitznischen«, deshalb müssen sich mindestens zwei Tauben eine Nische teilen oder in diesem Beispiel dieselbe Anzahl Haare auf dem Kopf haben.

Schubfachprinzip von Johann Dirichlet

182 JULIUS CÄSAR VERSCHLÜSSELTE SEINE BRIEFE

Manchmal möchte man, dass eine Nachricht nicht von anderen gelesen werden kann. Weil man die Information darin für sich behalten möchte oder vermeiden will, dass der Feind die Information nutzen kann. Dann kann man die Nachricht verschlüsseln – *codieren* –, sodass andere sie nicht verstehen können. Das nennt man Chiffrierung oder Kryptierung. Solche Methoden werden von Spionen verwendet, aber auch du kannst damit deine persönlichen Daten schützen.

Verschlüsselung gibt es schon sehr lang. Bereits zu Zeiten der Römer verschlüsselten Machthaber und Machthaberinnen ihre Nachrichten. Sie hatten natürlich noch keine Computer, sondern nur Papier. **Julius Cäsar** – der berühmte römische Herrscher – entwickelte sogar eine eigene Codierungsmethode für seine persönlichen Briefe: die Cäsar-Verschlüsselung.

Bei der Cäsar-Verschlüsselung werden die Buchstaben des Alphabets um eine feststehende Anzahl Stellen verschoben, wodurch die Wörter keine Bedeutung mehr zu haben scheinen. Insgesamt gibt es 26 Möglichkeiten, die Buchstaben zu verschieben.

Die Cäsar-Verschiebung lässt sich recht einfach entschlüsseln. Wenn man ein paar Optionen ausprobiert, kriegt man die richtige wahrscheinlich raus.

Versuch mal die unten stehende Nachricht zu decodieren. Alle Buchstaben sind um zwei Stellen nach rechts verschoben (aus A wird C, aus B wird D … und am Ende des Alphabets rücken die letzten Buchstaben durch an den Anfang, also Y wird A und Z wird B).

DTCXQ, FGDQFKGTRTQHK!*

Cäsar-Verschlüsselung: Geheimschrift von Julius Cäsar

* Bravo, Decodierprofi!

183 DER NECKER-WÜRFEL VERÄPPELT DEIN GEHIRN

Hast du schon mal einen durchsichtigen Würfel mit allen Kanten gezeichnet? Sieh ihn dir an. Siehst du die Vorderseite und die Oberseite? Oder siehst du die Vorder- und die Unterseite?

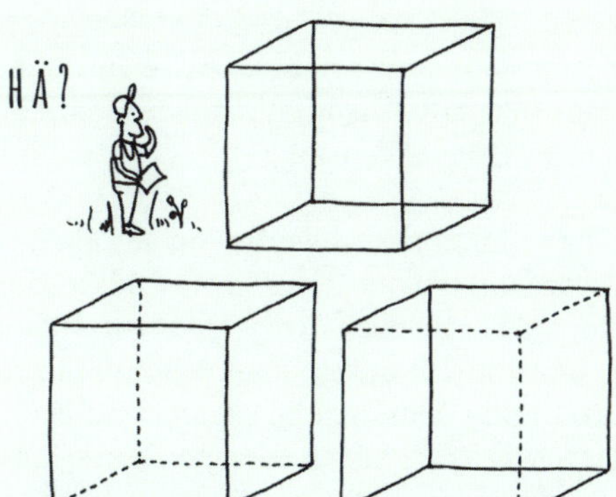

Eine solche Zeichnung nennt man einen Necker-Würfel. Man kann nicht sagen, welche Seite die Vorderseite ist. Der Schweizer Geograf und Kristallograf Louis Albert Necker beschrieb das Phänomen 1832 als Erster.

Wenn man einen Würfel zeichnet, fertigt man ein zweidimensionales Bild von einem dreidimensionalen Gegenstand an. Das menschliche Gehirn kann den Unterschied zwischen Vorder- und Rückseite des Würfels nicht erkennen. Dadurch wechselt es zwischen zwei Ansichten, sodass man mal die eine, mal die andere sieht. Das Bild springt zwischen den zwei Formen hin und her, wobei das Gehirn eine Präferenz dafür hat, den Würfel von oben zu betrachten. Das ist nämlich die Perspektive, aus der wir das meiste in unserer Umgebung sehen.

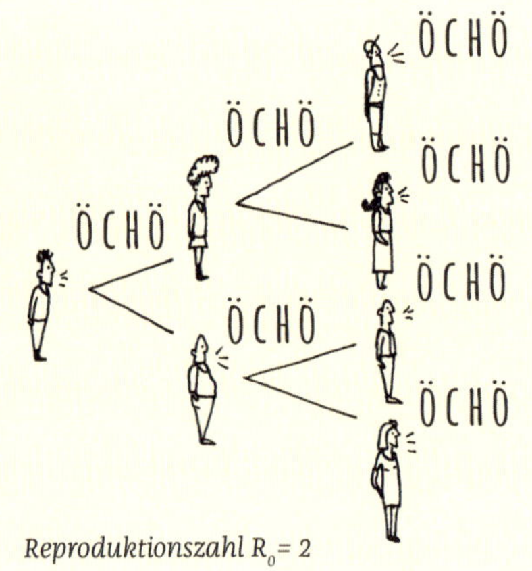

Reproduktionszahl $R_0 = 2$

184 MAN KANN BERECHNEN, WIE VIELE MENSCHEN EINE KRANKE PERSON ANSTECKT

Wenn du krank bist, kann es passieren, dass du andere Menschen ansteckst. Seit der Coronapandemie wissen wir das nur allzu gut. Wie viele Menschen eine kranke Person ansteckt, lässt sich errechnen. Dazu verwendet man die Reproduktionszahl.

Die Basisreproduktionszahl R_0 ist die Zahl, die angibt, wie viele Menschen eine infizierte Person ansteckt. Je höher sie ist, desto mehr Personen werden angesteckt. Solange R_0 größer ist als 1, steckt eine infizierte Person mehr als eine andere Person an, sodass immer mehr Menschen erkranken. Ist R_0 kleiner als 1, nimmt die Zahl der Ansteckungen ab. Eine Krankheit unter Kontrolle zu bekommen ist also schwieriger, je höher die Reproduktionszahl ist.

Die Reproduktionszahl ist kein feststehender Wert. Sie hängt stark davon ab, wie viele Menschen die infizierte Person trifft und wie hoch die Wahrscheinlichkeit einer Ansteckung ist, beispielsweise dadurch, dass die Person anderen nahe kommt. So wenige Leute wie möglich zu treffen und genug Abstand zu halten ist die sicherste Methode, um Krankheiten wie Corona zu bekämpfen.

Die Reproduktionszahl ist bei jeder Krankheit unterschiedlich: Masern haben zum Beispiel eine sehr hohe Reproduktionszahl, zwischen 12 und 18. Eine infizierte Person steckt also durchschnittlich 12 bis 18 Personen an!

Die Reproduktionszahl wurde von den Mathematikern Alfred Lota, Ronald Ross und George Macdonald entwickelt. Sie ist eine sehr wichtige Zahl in der Infektionsepidemiologie, das ist die medizinische Fachdisziplin, die sich damit befasst, wie Krankheiten aussehen und wie sie sich verbreiten.

185 ZAHLEN AUSSIEBEN

Eine Primzahl ist eine Zahl, die größer als 1 und nur durch 1 und sich selbst teilbar ist. Deshalb gehört sie auch zu den *einsamen* Zahlen.

Schon seit der Antike interessieren sich Forschende für Primzahlen. Euklid bewies schon 300 vor Christus, dass es unendlich viele Primzahlen gibt.

Eratosthenes von Kyrene, der gegen 240 vor Christus lebte, war ein sehr gebildeter Mann. Er war Philosoph und Dichter, aber auch Mathematiker, Geograf und Astronom. Er bestimmte beispielsweise den Erdumfang ziemlich präzise. Und er entwickelte auch eine Methode, mit der man Primzahlen finden kann: das Sieb des Eratosthenes.

Das kannst du auch selbst anwenden:

- Erstelle eine Liste aller Zahlen von 2 bis zu einer Zahl deiner Wahl (beispielsweise 100).
- Streiche alle Vielfachen von 2 (4, 6, 8, 10 ...), aber lasse die 2 selbst stehen.
- Streiche alle Vielfachen von 3 (6, 9, 12 ...). Die 3 selbst lässt du stehen.
- Wiederhole diese Schritte, bis du alle Vielfachen gestrichen hast. Wenn eine Zahl schon durchgestrichen ist, kannst du sie ignorieren und mit der nächsten weitermachen.

Am Ende bleiben alle Primzahlen unter 100 übrig:

2 3 5 7 11 13 17 19 23 29 31 37 41 43 47 53
59 61 67 71 73 79 83 89 97

Und? Hast du sie alle gefunden?

Sieb von Eratosthenes

Pflanzen sind Mathe-Cracks.

186 PFLANZEN MACHEN NACHTS MATHE, UM NICHT ZU VERHUNGERN

Pflanzen betreiben Fotosynthese. Das ist ein Prozess, bei dem sie mithilfe von Licht und Chlorophyll Sauerstoff und Nährstoffe produzieren (siehe auch Info 81). Pflanzen stellen so ihre Nahrung selbst her und legen sich einen Vorrat für nachts an, wenn es kein Sonnenlicht gibt.

Früher dachte die Wissenschaft, dass Pflanzen nachts im selben Tempo »weiteressen«. Doch inzwischen weiß man, dass Pflanzen nachts Mathe machen, um ihren Nährstoffverbrauch zu regulieren. Hierbei nutzen sie zwei spezielle Moleküle: Das eine misst, wie groß der Nährstoffvorrat noch ist, das andere schätzt, wie lange es noch dauert, bis die Sonne wieder aufgeht und neue Nährstoffe hergestellt werden können.

Pflanzen »essen« also je nach Lichtmenge mehr oder weniger. Sie berechnen, wie schnell sie ihre Nahrung verbrennen, und passen ihren Verbrauch an.

Wer hätte gedacht, dass Pflanzen solche Mathe-Cracks sind!

187 WOHER WEISS NETFLIX, WELCHE FILME DIR GEFALLEN?

Guckst du manchmal Filme und Serien auf Netflix? Dann weißt du sicher, dass es eine Reihe gibt, in der die »Top-Auswahl für [dein Name]« steht. Ähnliche Kategorien gibt es auf Spotify, Instagram und in verschiedenen Webshops. Doch woher wissen die das? Tja, sie wenden Mathematik an, um dir Dinge ans Herz zu legen, von denen sie denken, dass du sie haben möchtest. Dinge, die dich eher nicht interessieren, zeigen sie dir nicht.

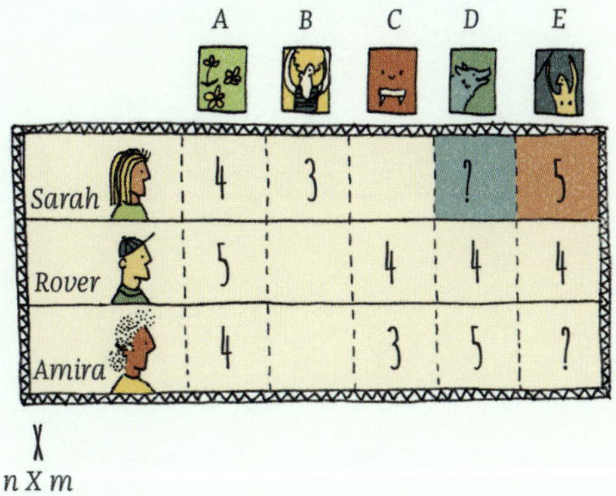

Diese Empfehlungen geschehen auf Grundlage einer Matrix. Das ist eine Tabelle mit Reihen und Spalten, in der beispielsweise Netflix Filme, Serien und Dokumentationen sammelt und dazu die Likes von Menschen, die sie angesehen haben. Die Matrix benutzt sie, um Gruppen mit demselben Geschmack zusammenzustellen. 13-Jährige haben gemeinhin einen anderen Geschmack als 50-Jährige.

Hierzu verwendet man lineare Algebra. Die Werte verschiedener Personen werden miteinander verglichen. Dabei zeigt sich, welche Personen einen ähnlichen Geschmack haben. Wenn Sarah, Rover und Amira alle drei einen Film gut fanden, wird das System einen Film, den Sarah und Rover gut fanden, auch Amira vorschlagen. Und andersrum natürlich.

Viel Spaß bei deinem Rechenabend … äh … Filmabend!

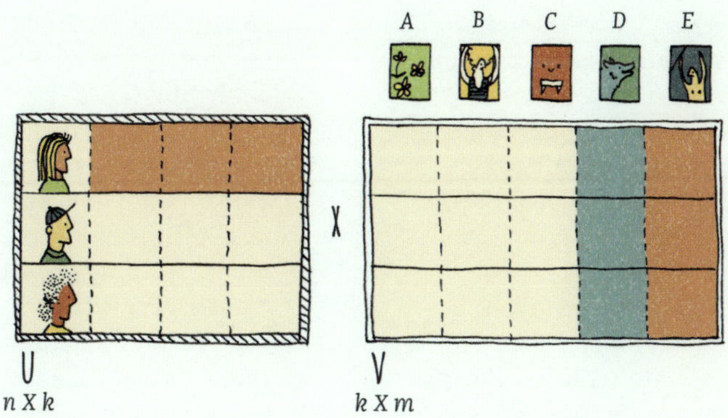

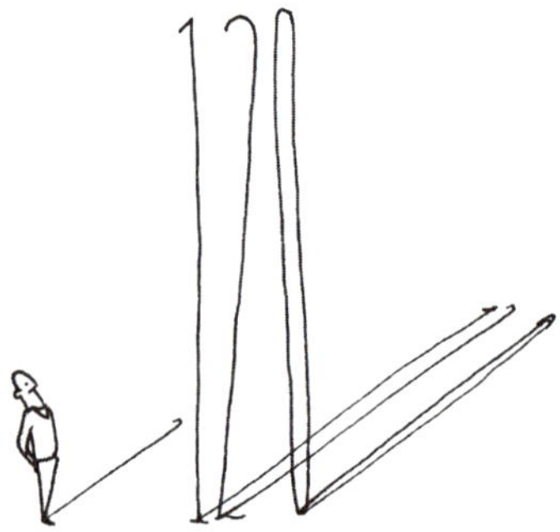

lange Hundert

188 DAS WORT »HUNDERT« BEDEUTET NICHT IMMER 100, SONDERN MANCHMAL AUCH 120

Hundred. Man möchte meinen, dass damit *hundert* gemeint ist, aber in manchen germanischen Sprachen wurde vor dem 15. Jahrhundert das Wort *hundred* auch für eine Menge von 120 verwendet. Deswegen wird *hundred* manchmal »lange Hundert« genannt.

Das kommt durch die germanische Zählweise und ist auch der Grund dafür, warum wir elf und zwölf sagen statt »einzehn« und »zweizehn« (wie fünfzehn und sechzehn). Die Germanen zählten auch Jahrzehnte in Zwölfersprüngen. Ein Jahrhundert entsprach damals zehn mal zwölf Jahren, also hundertzwanzig.

Als Texte ins Lateinische übersetzt wurden, wurde zwischen der langen Hundert (120) und der kurzen Hundert (100) unterschieden. Dies galt allerdings nur beim Zählen, nicht beim Wiegen.

Zusätzliche 100-Infos:

- Ein Jahrhundert dauert 100 Jahre.
- Du kannst dein Handy oder deinen Laptop nicht über 100 % aufladen.
- 100 Jahre verheiratet? Das ist möglich, kommt aber natürlich so gut wie nie vor, sodass es nicht einmal ein Wort dafür gibt.
- 100 °C ist der Siedepunkt von Wasser.
- Die gedachte Grenze zum Weltraum, die Kármán-Linie, liegt auf 100 Kilometern Höhe (siehe Info 26).
- 100 ist eine *Harshad-Zahl*. Das sind Zahlen, die durch ihre Quersumme (die Summe ihrer Ziffern: 1 + 0 + 0) teilbar sind.
- 100 ist die Summe der ersten neun Primzahlen:
  2 + 3 + 5 + 7 + 11 + 13 + 17 + 19 + 23 = 100

189 EIN GOOGOL IST KEIN GRUSELIGES MONSTER

Du isst zwischendurch 10 Trauben. Deine Mutter fährt auf der Autobahn 100 Stundenkilometer. Der Obsthändler wiegt 1 Kilogramm (1000 Gramm) Äpfel ab. Jemand mit 1 000 000 Euro auf dem Bankkonto ist ziemlich reich. All diese Zahlen sind *Exponenten* von 10.

Aber hast du schon einmal von einem **Googol** gehört? Das ist 10^{100}, eine 1 mit 100 Nullen: 10 000 000 000 000 000 000 000 000 000 000 000 000 000 000 000 000 000 000 000 000 000 000 000 000 000 000 000 000 000 000 000 000 000 000.

Das Googol erhielt seinen Namen 1920 von Milton Sirotta, einem neunjährigen amerikanischen Jungen. Sein Onkel, der Mathematiker Edward Kasner, verwendete den Namen als Erster. Ein *Googol* ist eine sehr große Zahl, und wenn du genau hinhörst, hörst du den Namen der bekanntesten Suchmaschine heraus: *Google*.

Hier eine Übersicht einiger Zehnerpotenzen:

Exponentialschreibweise	Name
10^0	Eins
10^1	Zehn
10^2	Hundert
10^3	Tausend
10^6	Million
10^9	Milliarde
10^{12}	Billion
10^{15}	Billiarde
10^{18}	Trillion
10^{21}	Trilliarde
10^{100}	Googol
10^{Googol}	Googolplex

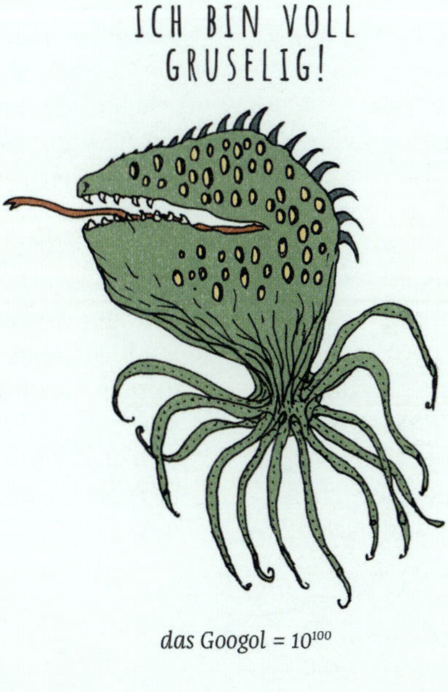

das Googol = 10^{100}

190 PAPAGEIEN KENNEN SICH MIT MATHE AUS

Der Kea (*Nestor notabilis*) ist eine Papageienart, die ausschließlich in einer bestimmten Region Neuseelands vorkommt. Er ist ein ganz besonderer Vogel: Während die meisten Papageien ausschließlich Samen fressen, ist der Kea Allesfresser. Er passt sich schnell an und gehört darüber hinaus zu den kreativsten und klügsten Papageien.

Keas bedienen sich sogar der Statistik oder Wahrscheinlichkeitsrechnung, wenn sie zwischen Alternativen wählen müssen. Das können sie genauso gut wie Schimpansen und andere Menschenaffen. Sie treffen Vorhersagen auf Basis von Informationen aus ihrer Umgebung. Das entdeckten Forschende bei Experimenten mit Keas. Sie brachten den Keas den Unterschied zwischen schwarzen und orangen Stäbchen bei. Wenn ein Kea ihnen ein schwarzes Stäbchen gab, bekam er nichts. Bei einem orangen Stäbchen bekam er ein Leckerli.

Bei einem Experiment zeigten die Forschenden den Keas zwei Dosen. In der einen waren wesentlich mehr schwarze Stäbchen, in der anderen mehr orange. Die Forschenden nahmen aus jeder Dose ein Stäbchen und hielten es den Keas in ihren geschlossenen Fäusten hin. Die Keas wählten immer die Hand, die in die Dose gefasst hatte, die mehr orange Stäbchen beinhaltete. Die Wahrscheinlichkeit, dass sich in dieser Hand ein oranges Stäbchen verbarg – und damit ein Leckerli! –, war viel größer. Und das schienen die schlauen Vögel zu wissen – wobei man natürlich niemals ganz sicher sein kann.

Wenn du demnächst noch mal Probleme mit Mathe haben solltest, frag doch einfach einen Kea.

191 NULL IST EINE GERADE ZAHL

Eine gerade Zahl ist mathematisch betrachtet eine *ganze* Zahl – also eine ohne Ziffern nach dem Komma –, die durch zwei teilbar ist. Vier ist eine gerade Zahl, denn wenn man sie durch zwei teilt, erhält man zwei. Drei ist eine ungerade Zahl, denn wenn man sie durch zwei teilt, ist das Ergebnis eineinhalb, und das ist keine ganze Zahl. Diese Unterscheidung in zwei Mengen wird auch *Parität* genannt.

Aber was ist mit der Null?

Gibt es eine Zahl, deren Produkt mit zwei null ergibt? Ja! Die Null selbst: Zwei mal null ist null. Null ist also eine gerade Zahl.

Es gibt noch eine andere Möglichkeit zu beweisen, dass die Null eine gerade Zahl ist: Zwischen jedem Paar gerader Zahlen steht nämlich eine ungerade und umgekehrt. -1 und 1 sind ungerade Zahlen. Also muss die Zahl in ihrer Mitte – die Null – gerade sein.

Über gerade und ungerade Zahlen verraten wir noch mehr Wissenswertes.

GERADE + GERADE = GERADE
UNGERADE + GERADE = UNGERADE
UNGERADE + UNGERADE = GERADE
GERADE – GERADE = GERADE
GERADE – UNGERADE = UNGERADE
UNGERADE – UNGERADE = GERADE
GERADE X GERADE = GERADE
GERADE X UNGERADE = GERADE
UNGERADE X UNGERADE = UNGERADE

Wie war das noch gerade …?

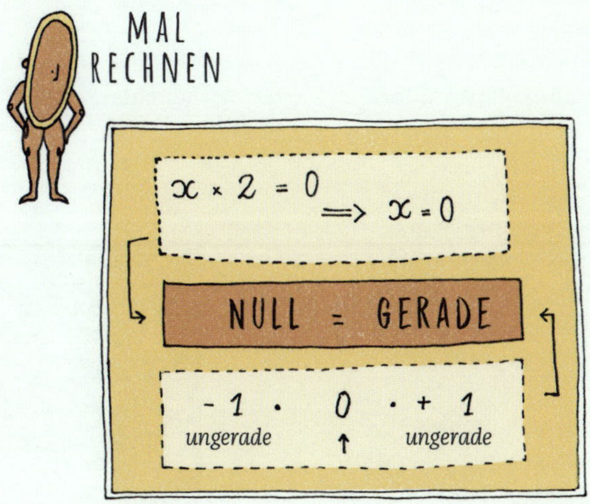

192 DIE FORM EINER TROMMEL KANN MAN HÖREN

In einem wissenschaftlichen Artikel von 1966 wurde die Frage gestellt, ob man die Form einer Trommel hören könne. Ist es möglich, auf Basis der Tonfrequenz der Trommel eine Aussage über ihre Form zu treffen?

Trommlerin

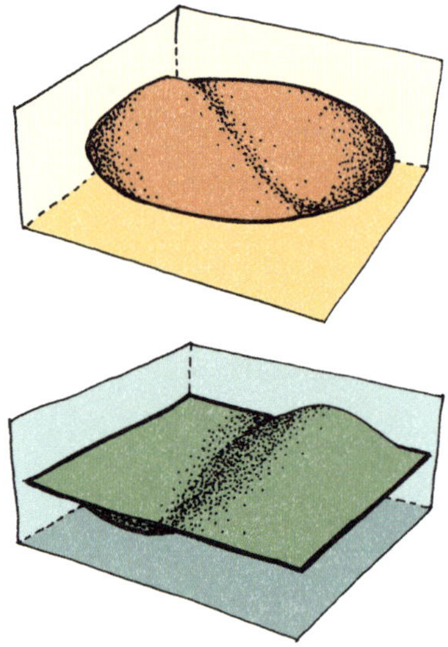

Eigenschwingungen: runde und viereckige Trommel

Auf diese Frage wurde lange keine Antwort gefunden. Anfang der 1990er-Jahre behaupteten Forschende, das sei nicht möglich. Sie hatten zwei Trommeln mit verschiedener Form nicht am Ton unterscheiden können.

Aber Wissenschaftler und Wissenschaftlerinnen geben sich nie so schnell geschlagen, und man suchte weiter. 2020 behaupteten niederländische Forschende, man könne die Form einer Trommel sehr wohl an der Tonfrequenz unterscheiden. Man müsse nur einen anderen Ansatz verwenden.

Sie nutzten hierfür Koordinaten. Eine Koordinate ist eine Zahl, die den Ort eines Punktes angibt. Man verwendet sie zum Beispiel, um einen Punkt auf einer Landkarte anzugeben. In dem Fall spricht man von *Längen-* und *Breitengraden*. Aber es gibt noch weitere Einsatzgebiete. Eine Koordinate ist dann nicht mehr nur eine Zahl, sondern sie bildet etwas Komplexeres ab. Die niederländischen Forschenden betrachteten nicht nur die Tonfrequenz, sondern auch, wo die Schwingungen stattfanden und wie stark sie waren. Auf diese Weise konnten sie die Form der Trommel problemlos bestimmen.

Dies ist ein Beispiel für *mathematische Physik*, also die mathematische Lösung von Problemen aus der Physik.

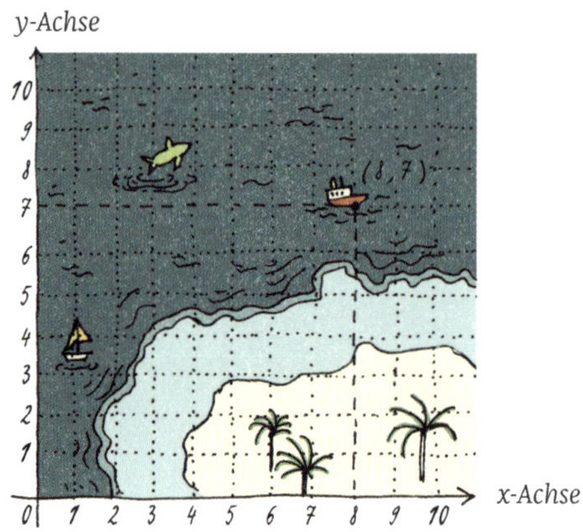

Koordinaten

193 EINEN REGENWURM KANN MAN – WAHRSCHEINLICH – AM BESTEN MIT EINEM TORTENSTÜCK ERSCHLAGEN

Warum sollte man das wissen wollen, fragst du dich sicher. Wieso sollte man einen Regenwurm totschlagen wollen? Und sollte man dafür wirklich ein Tortenstück verwenden?

Mach dir keine Sorgen. Es handelt sich um eine rein theoretische Überlegung aus der Geometrie, die in den 1960er-Jahren aufkam. Der Mathematiker Leo Moser erstellte eine Liste von fünfzig noch nicht beantworteten Fragen der Mathematik. Die Regenwurm-Frage blieb bis heute unbeantwortet.

Bei Mosers eigentlicher Frage ging es darum, welche Größe und Form ein Gegenstand haben müsse, damit man einen platten Wurm, der eine bestimmte Länge hatte, mit einem Schlag von Kopf bis Schwanzspitze bedecken könne. Dabei ist es gleichgültig, ob oder wie der Wurm sich ringelt.

Wir können dich beruhigen: Für dieses Experiment mussten keine Würmer sterben. Der theoretische Wurm von Moser ist genau 10 Zentimeter lang und hat keine Breite. Es ist also eigentlich einfach eine Linie von 10 Zentimetern (Länge 1).

1973 empfahl der Mathematiker John Wetzel, dass man wahrscheinlich am besten einen flachen Hammer benutzen solle, der die Form eines Tortenstücks habe. Nicht irgendeines Tortenstücks, sondern eines aus einem Kreis, dessen Radius 1 entspricht (der Radius ist der Abstand vom Mittelpunkt eines Kreises zu dessen Rand) mit einem Winkel von 30°. Damit könne man jeden Wurm mit der Länge l, egal ob geringelt oder nicht, platt schlagen. Das sei – vorläufig – die Form mit der kleinsten möglichen Fläche, die man hierfür verwenden könne.

2020 sollen zwei Forschungsteams bewiesen haben, dass John Wetzel recht hat. Leider reicht das nicht, um die Fragestellung als beantwortet zu betrachten. Es ist durchaus möglich, dass es eine Form mit noch kleinerer Fläche gibt, die man einfach noch nicht gefunden hat.

Schaffst du es, das Rätsel um Mosers Wurm zu lösen?

Mosers Wurm

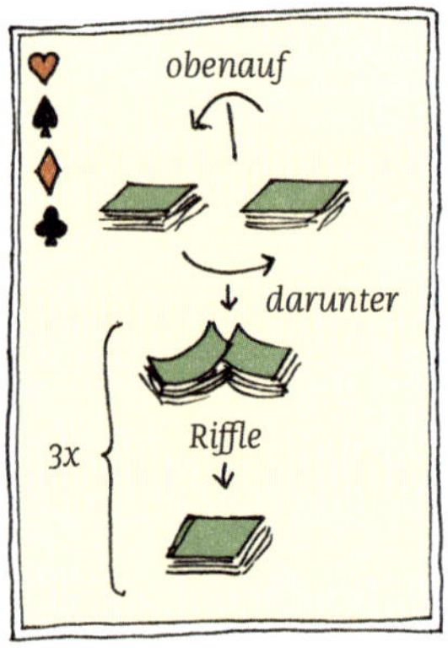

beste Mischtechnik nach van Harten: Cut, Riffle, Riffle, Riffle

194 MAN KANN EIN KARTENSPIEL NICHT PERFEKT MISCHEN

Ein Kartenspiel besteht aus 52 Karten. Diese können in irre vielen Kombinationen gestapelt werden. Die erste Karte kann an 52 Stellen liegen, die zweite an 51, und auf diese Weise gibt es 52 × 51 × 50 ... x 2 × 1 oder, anders ausgedrückt, 8 × 1067 Möglichkeiten. Das sind wahnsinnig viele.

Damit du ein Kartenspiel vollständig mischen kannst, müsste die Wahrscheinlichkeit, eine dieser 8 × 1067 Kombinationen als Stapel zu erhalten, gleich groß sein. Das ist gar nicht so einfach.

2015 wies der niederländische Student Aaron van Harten nach, dass die beste (und daher die unvorhersehbarste) Mischtechnik die Cut, Riffle, Riffle, Riffle-Methode ist. Er setzte Computermodelle ein, um sehr viele verschiedene Mischtechniken miteinander zu vergleichen.

Cut bedeutet, dass man den Stapel halbiert und die untere Hälfte obenauf legt. Beim *Riffle Shuffle* halbiert man den Stapel, legt die zwei Stapel nebeneinander mit der kurzen Kartenseite aneinander, hebt die Karten in der Mitte mit den Daumen an und lässt sie einzeln los, damit sie sich ineinander verzahnen. *Cut, Riffle, Riffle, Riffle* bedeutet also, den Stapel erst zu halbieren und die Hälften zu vertauschen und danach dann die Karten dreimal mit den Daumen zu verzahnen. Diese Kombination erzielt das unvorhersehbarste Ergebnis, doch das Kartenspiel ist dann immer noch nicht perfekt gemischt.

Schon 1992 wiesen Mathematiker nach, dass man mit sieben *Riffle Shuffles* der Perfektion ziemlich nahekommt. Mehr als siebenmal mischen liefert danach kaum noch einen Mehrwert an »zusätzlicher Perfektion«. Perfekt zu mischen scheint praktisch unmöglich zu sein.

195 2020 WAR EIN TOPJAHR FÜR DIE MATHEMATIK

2020 war ein Jahr, an das wir uns noch lange erinnern werden, wenngleich nicht immer positiv. Für Mathematikerinnen und Mathematiker war es allerdings ein Topjahr.

2020 kann man nämlich als die Summe von vier Quadraten schreiben. Ein Quadrat erhält man, wenn man eine Zahl mit sich selbst malnimmt. Beispielsweise $2^2 = 2 \times 2 = 4$.

Doch es ist nicht bloß die Summe von vier Quadraten! Das wäre ja zu einfach. 2020 ist die Summe der Quadrate von vier aufeinanderfolgenden Primzahlen (siehe Info 185).

$$2020 = 17^2 + 19^2 + 23^2 + 29^2$$

Das kommt nur sehr selten vor. Das letzte Mal war 1348:

$$1348 = 13^2 + 17^2 + 19^2 + 23^2$$

Und das nächste wird erst 2692 sein (rechne ruhig nach!) – also erst 672 Jahre nach 2020, was derselbe zeitliche Abstand ist wie zwischen 1348 und 2020. Wer sich gerne mit Mathematik beschäftigt, findet so was supercool!

Und der Spaß geht noch weiter – allerdings eher für Menschen, die sich mit Sprache befassen. Guck dir mal das Datum 02.02.2020 an. Schlaue Köpfe sehen es sofort: Man kann das Datum sowohl von rechts als auch von links lesen. Das nennt man ein Palindrom. Das ist etwas Besonderes, denn es gilt auch in Ländern, in denen erst der Monat und dann das Jahr geschrieben wird. Auf das nächste weltweite Datumspalindrom müssen wir noch fast hundert Jahre warten – nämlich bis zum 12.12.2121.

Palindromdatum

Bonus-Info:

In Ländern, in denen erst der Tag und dann das Jahr geschrieben werden, gibt es auch noch Palindromtage am 03.02.2030 und am 13.02.2031.

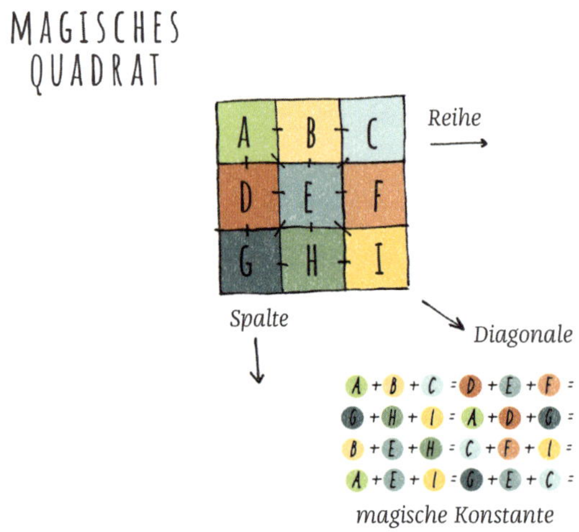

196 ES GIBT IN DER MATHEMATIK MAGISCHE FORMEN

Ein magisches Quadrat ist eine Tabelle, in der die Reihen, Spalten und Diagonalen dieselbe Summe ergeben. Manchmal wird es auch *Zauberquadrat* genannt. Die Summe, die für alle Spalten, Reihen und Diagonalen gleich ist, nennt man *magische Konstante*.

Es gibt Zauberquadrate mit 3 Reihen und 3 Spalten oder mit 4 Reihen und 4 Spalten, aber auch noch viel größere.

Nebenstehend ein Beispiel eines magischen Quadrats mit 3 Reihen und 3 Spalten, bei dem die magische Summe 15 ist. Rechne ruhig nach.

Ein magisches Quadrat geht also noch einen Schritt weiter als ein *Sudoku*. Bei dem ist die Summe pro Quadrat immer gleich (nämlich 45). Allerdings darf man innerhalb jedes Quadrats jede Zahl von 1 bis 9 nur einmal verwenden, wodurch ein Sudoku ziemlich schwierig werden kann.

4	3	8
9	5	1
2	7	6

In der Mathematik gibt es noch andere Formen mit »Zauberkräften«: Wie würden dir magische Sterne oder magische Kreise gefallen? Und wer hätte gedacht, dass Mathematik so magisch sein kann?

– 7 –

DER MENSCH – EIN SELTSAMES WESEN

197 AUF EINER KAPUTTEN ROLLTREPPE STOLPERT MAN FAST IMMER

Nimmst du gerne die Rolltreppe? Wenn du im Einkaufszentrum, an einer U-Bahn-Haltestelle oder am Flughafen eine sich bewegende Treppe nimmst, denkst du darüber meistens nicht groß nach. Dabei solltest du besser aufpassen, wenn du auf eine Rolltreppe trittst, denn das ist nicht ganz ungefährlich. Zum Glück weiß unser Gehirn, was es beim Übergang von einem unbewegten Ort (dem Boden vor der Rolltreppe) auf etwas Bewegtes (die Rolltreppe) tun muss: Es stimmt die Kontrolle über unsere Beine und unseren Oberkörper auf die Umgebung ab und arbeitet dabei eng mit unserem Gleichgewichtssinn (einem winzigen Organ im Ohr), den Augen und den Muskeln und Gelenken zusammen. Durch dieses Zusammenspiel gelingt es uns, beim Laufen, Springen, Tanzen oder Auf-eine-Rolltreppe-Treten das Gleichgewicht zu halten.

Leider sind Rolltreppen oft kaputt. Und das ist ärgerlich, denn stehende Rolltreppen hochzulaufen ist ziemlich anstrengend. Aber wusstest du, dass es sogar ein Broken-Escalator-Phänomen (also ein *Kaputte-Rolltreppen-Phänomen*) gibt? Selbst wenn du siehst, dass die Rolltreppe kaputt ist, bereitet sich dein Gehirn darauf vor, dass dein Körper gleich auf eine sich bewegende Treppe tritt. Das hat es aus Erfahrung gelernt. Leider passt es sich nicht ganz so schnell an, sodass du eine weite Schwenkbewegung nach vorne machst. Das sieht nicht nur komisch aus, es kann dich auch aus dem Gleichgewicht bringen, sodass du fällst. Das nennt man dann das Kaputte-Rolltreppen-Phänomen.

Fachleute stellten fest, dass man diese Ausgleichsbewegung selbst dann nicht unterdrücken kann, wenn man es bewusst versucht. Jetzt weißt du, warum. Wir sind gespannt, ob dir dieses Wissen etwas bringt, wenn du nächstens an einer kaputten Rolltreppe stehst.

198 SCHRUMPELFINGER UNTER DER LUPE

Du kennst das sicher: Da sitzt man gemütlich in der warmen Badewanne (oder im kühlen Schwimmbecken), und wenn man wieder rauskommt, sind die Finger völlig verschrumpelt. Dieses Verschrumpeln kommt nicht von ungefähr! Forschende vermuten, dass es dafür einen guten Grund gibt.

Eine mögliche Erklärung lautet wie folgt: Wenn deine Haut an unbehaarten Stellen, also vor allem an Handinnenflächen und Fußsohlen, mit Wasser in Berührung kommt, reagiert sie, indem sie die Blutgefäße in den Fingerspitzen und an den Fußsohlen verengt. Die Haut zieht sich zusammen, und dadurch entstehen Falten.

Die Falten an den Fingerspitzen ähneln laut den Forschenden dem Profil von Autoreifen. Sie nahmen deshalb an, dass sie womöglich dieselbe Funktion haben könnten, also für besseren Halt sorgen.

Das wollten Forschende untersuchen: Sie ließen Versuchspersonen kleine Gegenstände greifen und an einem anderen Ort wieder ablegen. Eine Versuchsgruppe tat das mit trockenen Händen, eine andere, nachdem sie die Hände eine halbe Stunde lang in Wasser aufgeweicht hatte, wodurch ihre Fingerspitzen schrumpelig waren. Alle Teilnehmenden mussten sowohl nasse als auch trockene Gegenstände von einem Ort an den anderen legen.

Die Personen mit verschrumpelten Fingerspitzen konnten nasse Gegenstände viel schneller woanders hinlegen. Bei trockenen Gegenständen gab es keinen Unterschied. Es sieht also ganz danach aus, als hätte man mit Schrumpelfingern besseren Halt.

Diese Funktion gab es schon, als wir noch Jäger und Sammler waren. Durch die schrumpelige Haut konnten unsere Vorfahren und Vorfahrinnen bei Regen oder Nässe vielleicht besser nasse Früchte pflücken und ihre Waffen besser festhalten.

Aber wieso haben wir dann nicht die ganze Zeit schrumpelige Hände? Wäre das nicht viel praktischer? Ja, doch dann könnten wir mit den Fingerspitzen weniger gut fühlen und würden uns schneller verletzen. Das wäre dann auch wieder nicht so gut.

Experiment mit nassen Händen

199 MENSCHEN WERDEN IMMER KÄLTER

Die durchschnittliche Körpertemperatur eines Menschen liegt bei 37 °C. Zumindest denken wir das. Denn eigentlich stimmt das nicht mehr …

Man hat nachgewiesen, dass die Menschen »abkühlen«. Die durchschnittliche Körpertemperatur sinkt. Ein amerikanisches Forschungsteam untersuchte die Körpertemperatur einer halben Million Menschen. Sie verglichen Messungen aus den Jahren zwischen 1860 und 1940, 1971 und 1975 und 2000 und 2017. Aus ihren Berechnungen geht hervor, dass die durchschnittliche Körpertemperatur alle zehn Jahre um ungefähr 0,03 °C abnimmt. Heute beträgt sie ungefähr 36,6 °C statt 37 °C.

Doch wie kommt das? Forschende vermuten, dass unsere Temperatur fällt, weil die Menschen in der westlichen Welt weniger schnell krank werden, unter anderem wegen der Verfügbarkeit von Antibiotika und Impfungen. Dadurch braucht unser Immunsystem nicht mehr so aktiv zu sein.

Es sieht ganz so aus, als würde unsere durchschnittliche Körpertemperatur in den kommenden Jahren noch weiter abnehmen. Wie »kalt« werden wir wohl noch werden?

Menschen werden immer kälter.

200 ITALIENISCHE PIZZA SCHÜTZT VOR KREBS

Es klingt nach einem Werbeslogan, um mehr Touristen nach Italien zu locken, ist aber wahr: Italienische Pizza soll angeblich das Erkrankungsrisiko für verschiedenste Krankheiten senken.

medizinische Pizza

Pizza mögen wir fast alle, aber wir essen sie nicht so oft, weil wir denken, dass sie nicht besonders gesund ist. Italienische Forschende wiesen jedoch nach, dass Pizza überhaupt nicht ungesund ist. Ab und an ein Stück Pizza kann sogar vor verschiedenen Krebsarten, wie Mund-, Kehl-, Magen- und Darmkrebs, schützen. Dafür muss allerdings eine wichtige Bedingung erfüllt sein, denn nicht jede Pizza fördert die Gesundheit: Die Untersuchung zeigte, dass nur echte italienische Pizza diesen Effekt hat.

Wie ist das möglich? Die Forschenden gehen davon aus, dass es mit der hohen Qualität der Zutaten zu tun hat, die in Italien für Pizza verwendet werden. Außerdem macht Pizza nur einen kleinen Teil der insgesamt ziemlich gesunden Ernährung in der Mittelmeerregion aus. Zur mediterranen Diät gehören neben Pizza auch Olivenöl, Gemüse, Obst und Fisch. Von diesen Lebensmitteln wissen wir, dass sie bestimmten Krankheiten, wie Krebs und Diabetes, vorbeugen können.

Bei der Pizza-Forschung kamen die Forschenden zu dem Schluss, dass der schützende Effekt vor allem von den Tomaten und dem Olivenöl herrührt.
In anderen Kulturen, wie der amerikanischen, ist Pizza eher Fast Food, sodass sie auch mehr ungesunde Zutaten enthält.

Das Forschungsergebnis ist jedenfalls Grund genug, um deine Eltern davon zu überzeugen, nach Italien in den Urlaub zu fahren und dort viel Pizza zu essen!

201 DU ATMEST IMMER NUR DURCH EIN NASENLOCH

Du atmest ungefähr zwölf- bis vierzehnmal pro Minute. Dabei spielt deine Nase eine wichtige Rolle. Sie filtert, befeuchtet und erwärmt die Luft, die du einatmest. Aber wusstest du, dass du dabei - meist - nur durch ein Nasenloch atmest?

Zwar benutzt man zum Atmen beide Nasenlöcher, aber man wechselt sie ab. Das nennt man Nasenzyklus. Die Nasenmuscheln schwellen dabei abwechselnd an und wieder ab. An der Seite, an der die Nasenschleimhaut angeschwollen ist, kommt nur wenig Luft durch, sodass man vor allem durch das andere Nasenloch atmet. Der Nasenzyklus wird vom Gehirn gesteuert, genauer vom *Hypothalamus* und dem *autonomen Nervensystem*. Das Nervensystem hat an vielen Prozessen einen Anteil, die unbewusst und automatisch ablaufen. Denk nur an deinen Herzschlag, die Verdauung und eben auch die Atmung. Alles Dinge, über die du - zum Glück! - nicht nachzudenken brauchst.

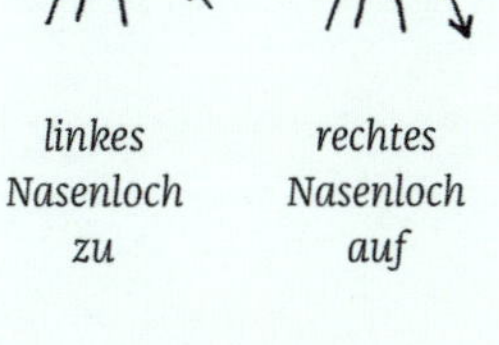

Wie oft das Nasenloch abgewechselt wird, ist von Person zu Person unterschiedlich. Bei den meisten Menschen passiert das alle zwei bis drei Stunden, doch zwischen 25 Minuten und acht Stunden ist alles möglich. Wenn du auf der linken Seite liegst, atmest du vor allem durch das rechte Nasenloch und andersrum.

Bonus-Info:

Ist deine Nase hin und wieder verstopft? Das ist unangenehm. Manchmal verschreibt der Arzt dann Nasenspray. Das darfst du allerdings nicht länger als ein paar Tage benutzen, denn es kann den natürlichen Nasenzyklus stören, wodurch du zukünftig öfter eine verstopfte Nase bekommst.

202 MANCHE MENSCHEN KÖNNEN FARBEN SCHMECKEN

Das Wort Synästhesie kommt aus dem Griechischen: *Syn* bedeutet »zusammen«, *aisthesis* »Empfindung« oder »Gefühl«. Bei Synästhesie vermischen sich die Wahrnehmungen verschiedener Sinnesorgane. Manche Menschen können beispielsweise Farben schmecken oder sehen jeden Wochentag in einer bestimmten Farbe. Mittwoch ist dann beispielsweise grün.

Farben schmecken: Synästhesie

Es gibt mehrere Varianten.

- *Graphem-Farb-Synästhesie*: Man sieht Buchstaben oder Ziffern in einer bestimmten Farbe. Der Buchstabe S ist dann beispielsweise rot, egal, wo du ihn liest.
- *Chromästhesie*: Man verbindet Geräusche (manchmal auch Gerüche oder Berührungen) mit Farben. Wenn du das Geräusch einer sich öffnenden Tür hörst, ist es beispielsweise grün.
- *Auditiv-taktile Synästhesie*: Manche Geräusche sind körperlich spürbar. Beim Geräusch eines Staubsaugers kribbelt es dann beispielsweise an einer bestimmten Körperstelle.
- *Lexikal-gustatorische Synästhesie*: Bestimmte Worte rufen immer denselben Geschmack oder Geruch hervor oder haben auf der Zunge eine bestimmte Textur. Das Wort »Schnee« schmeckt dann womöglich bitter.

Synästhesien sind von Mensch zu Mensch unterschiedlich. Sie hängen von der Person ab, die sie wahrnimmt. Eine Synästhesie ist keine Erinnerung. Sie geschieht, ohne dass man es will, und Menschen mit Synästhesie haben ihr Leben lang dieselbe Wahrnehmung. Das Gehirn eines Menschen mit Synästhesie ist anders gepolt als bei Menschen ohne. Da Synästhesie erblich ist, kann es sein, dass sie in einer Familie bei mehreren Familienmitgliedern vorkommt.

Farbverkostung

Prominente Synästhetiker sind unter anderem der Maler Vincent van Gogh, der Erfinder Nikola Tesla und die Sängerin Billie Eilish. In ihren Gehirnen werden Töne und Farben auf ungewöhnliche Weise verknüpft.

203 DEIN SPEICHEL ENTHÄLT SCHMERZMITTEL

Ein erwachsener Mensch produziert ungefähr einen Liter Speichel pro Tag. Mit dieser Menge kann man pro Jahr zwei Badewannen füllen!

Verteidigung gegen Eindringlinge

- Speichel ermöglicht, dass die Verdauung deines Essens schon im Mund beginnt. Das tut er auf zweierlei Weise: Zum einen macht er die Nahrung nass, sodass ein feuchter Brei entsteht, den man besser schlucken kann. Zum anderen enthält Speichel bestimmte Eiweiße, *Enzyme*, die die Nahrung schon im Mund zu zerlegen beginnen. Das ist die erste Phase der Verdauung. Ohne Speichel würde dein Essen auch viel weniger gut schmecken.

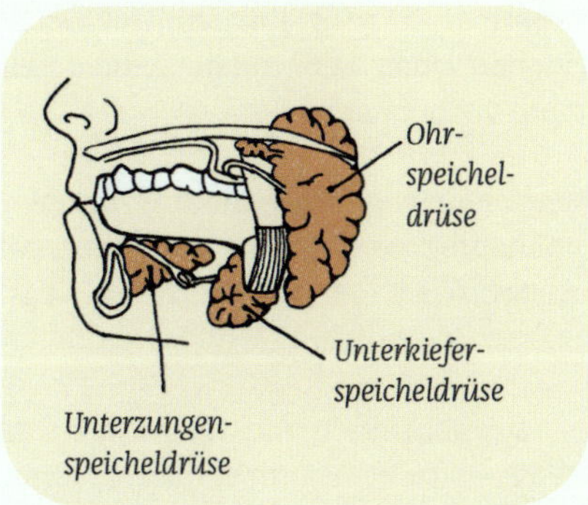

- Speichel spielt nicht nur bei der Verdauung eine wichtige Rolle, sondern sorgt auch dafür, dass deine Zähne gesund bleiben. In deinem Speichel befinden sich nämlich weiße Blutkörperchen. Sie sind wichtig für dein Immunsystem und schützen deinen Körper vor Eindringlingen wie Bakterien. So hilft Speichel auch gegen schlechten Atem. Das erklärt übrigens, warum du direkt nach dem Aufstehen nicht so gut aus dem Mund riechst: Bei Dunkelheit produziert dein Körper nämlich weniger Speichel, nachts erst recht.

- Dank deines Speichels heilen Wunden im Mund schneller als anderswo am Körper. Speichel enthält sogar ein natürliches, starkes Schmerzmittel. Es heißt *Opiorphin* und ist bis zu sechsmal so stark wie Morphin. Kein Wunder also, wenn du an einer schmerzhaften Wunde leckst.

die heilende Wirkung von Mutterspucke

204 WISSENSWERTES ÜBER KNOCHEN

- Das *Zungenbein* ist der Knochen, an dem dein Zungenmuskel im Hals festgewachsen ist. Es hat die Form eines Hufeisens und ist der einzige Knochen im Körper, der nicht direkt mit einem anderen verbunden ist.

- Bei deiner Geburt hast du ungefähr 270 bis 300 Knochen. Wenn du erwachsen bist, bleiben dir noch durchschnittlich 206. Das kommt daher, dass manche Knochen erst aneinanderwachsen müssen. »Durchschnittlich« steht da, weil manche Menschen mehr oder weniger Knochen haben. Man kann zum Beispiel zusätzliche Rippen haben. Oder man hat weniger Knochen, weil bestimmte Rückenwirbel verwachsen sind.

- Dein Oberschenkelknochen – der Knochen zwischen der Hüfte und dem Knie – ist der größte Knochen in deinem Körper. Der kleinste ist der Steigbügel. Das ist eins der Gehörknöchelchen, die Schwingungen vom Trommelfell an das Innenohr weiterleiten.

- Knochen enthalten Kalzium. Durch die Messung der Kalziummenge in deinen Knochen kann man die *Knochendichte* bestimmen. Je mehr Kalzium, desto stärker die Knochen. Im 21. Lebensjahr ist die Knochendichte am höchsten.

- *Osteoporose* ist eine Erkrankung, bei der die Knochendichte abnimmt. Menschen mit Osteoporose können sich leichter etwas brechen. Das betrifft vor allem ältere Frauen.

- Bei Astronautinnen und Astronauten, die sich lange im Weltraum aufhalten, nimmt die Knochendichte auch ab, besonders in den Beinen und Füßen. Sie versuchen dem vorzubeugen, indem sie Vitamine einnehmen und während ihres Aufenthalts im Weltall viel Sport treiben. Sobald sie wieder auf der Erde sind, erholen sich die Knochen wieder. Oft dauert es aber ein paar Jahre, bis die Knochen wieder ganz in Ordnung sind.

205 DEINE MAGENSÄURE KANN EINEN LÖFFEL AUFLÖSEN

In deinem Magen befinden sich Drüsen, die Magensäure produzieren. Diesen **Magensaft** brauchst du, um dein Essen zu verdauen. Wusstest du, dass Magensaft so stark ist, dass er einen Löffel völlig auflösen könnte?

Stell dir vor, du hättest ein Schälchen mit Magensaft. Wenn du einen Löffel lange genug darin liegen ließest, würde er vollständig verschwinden - und das Schälchen gleich mit. Aber wie kommt es dann, dass manche Nahrungsmittel nicht ganz verdaut werden und man sie im Stuhlgang wiederfindet? Paprikastückchen oder Maiskörner beispielsweise. Das liegt nicht daran, dass der Magensaft nicht stark genug wäre, sondern daran, dass die Nahrung nicht lange genug im Magen bleibt. Magensaft setzt sich aus verschiedenen Stoffen zusammen, darunter **Pepsin**. Dieses Enzym sorgt dafür, dass dein Essen in »Eiweißketten« zerschnitten wird, damit es weiter verdaut werden kann. Pepsin spaltet oder schneidet die Nahrung im Magen in kleine Teile, die zur weiteren Verdauung in den Darm wandern. Der Darm ist es dann auch, der Mühe mit beispielsweise Mais oder Paprika hat. Deshalb siehst du beides manchmal in deinen Häufchen wieder.

Aber wenn Magensaft so stark ist, warum verdaut er dann den Magen nicht? Dafür hat Mutter Natur gesorgt: Die Magenwand ist von einer Schleimschicht bedeckt. Diese enthält viel *Bikarbonat*, ein Stoff, der deinen Magen schützt, indem er die Säure abschwächt. Außerdem werden die Zellen deiner Magenwand alle paar Tage erneuert. Sogar wenn deine Magenwand ein bisschen beschädigt ist, erholt sie sich schnell wieder. Manchmal entsteht trotzdem ein Loch in der Magenschleimhaut. Dann bekommt man ein Magengeschwür, und das kann sehr schmerzhaft sein.

Bonus-Info:

Der Magensaft eines Hundes ist noch stärker als der eines Menschen. Hunde sind nämlich fast ausschließlich Fleischfresser. Ihr Magen muss deshalb auch Knochensplitter oder Haut verdauen können.

der Suppenkellenschlucker

206 WESPENGIFT KANN BAKTERIEN TÖTEN

Wespen können ziemlich nervig sein. Sie schwirren dir um den Kopf, und ihr Stich tut weh. Deshalb hältst du sie dir sicher lieber vom Leib. Aber vielleicht änderst du deine Meinung, wenn du die folgenden Zeilen gelesen hast. Forschende entdeckten nämlich, dass Wespengift bestimmte Bakterien töten kann.

Das Gift einer Wespe enthält ein bestimmtes Eiweiß. Dieses Eiweiß ist für den Menschen nicht wirklich gefährlich, weil er im Falle eines Stiches nur eine sehr geringe Menge abkriegt, doch der Stoff an sich ist sehr giftig. Er vernichtet nämlich rote Blutkörperchen. Für Wespenstichallergiker kann er deshalb tödlich sein.

Das Eiweiß tötet allerdings auch bestimmte Bakterien, weshalb es in der Medizin eingesetzt werden soll. Für diesen Zweck muss es noch angepasst werden, weil es sonst zu gefährlich für Menschen wäre.

Forschende lösten das Eiweiß aus dem Wespengift und veränderten es. Dadurch wurde es für die Bakterien noch tödlicher, während es menschliche Zellen möglichst in Ruhe lässt. Ein erstes Experiment wurde an Mäusen durchgeführt. Ihnen wurde das Eiweiß verabreicht, wodurch sie eine Infektion mit Bakterien wie *E. coli* oder *Staphylokokken*, die normalerweise tödlich gewesen wäre, überlebten. Durch Versuche im Labor weiß man inzwischen, dass das Eiweiß auch in menschlichen Zellen Bakterien abtöten kann.

Es wäre also möglich, aus dem Wespengift ein neues Antibiotikum zu gewinnen. Das ist notwendig, denn viele Infektionen können mit den Antibiotika, die wir derzeit haben, nicht mehr bekämpft werden. Die Bakterien sind *resistent*. Die Forschenden glauben übrigens, dass sie auch aus dem Gift anderer Tierarten neue Medikamente entwickeln können.

Wespengift-Antibiotikum

Nächstes Mal solltest du also ein bisschen netter sein, wenn eine Wespe vorbeifliegt. Sie könnte dir irgendwann einmal das Leben retten.

207 STROM FÜRS GEHIRN

Manche Menschen hören unablässig ein Piepen, Brummen, Pfeifen oder Rauschen, auch wenn es völlig still ist. Sie leiden unter Ohrensausen, auch Tinnitus genannt. In den meisten Fällen ist daran eine Hörstörung schuld.

Bei Menschen mit Ohrensausen ist das Gehirn eigentlich zu aktiv. Das haben Forschende gemessen. Durch diese Aktivität nimmt das Gehirn Schall wahr, der gar nicht da ist. Es handelt sich um ein *Phantomgeräusch*, so ähnlich wie Phantomschmerzen – Schmerzen, die Betroffene an einem Körperteil fühlen, das ihnen abgenommen wurde, einem Arm oder Bein beispielsweise.

Forschende versuchen, Menschen mit Tinnitus zu helfen, indem sie die Gehirnaktivität beeinflussen und die überaktiven Teile bremsen. So kann möglicherweise das Ohrensausen vermindert oder sogar völlig abgestellt werden. Eine solche Technik heißt transkraniale Magnetstimulation. Dabei wird in der Nähe des Kopfs eine Magnetspule angebracht, die kurze Magnetimpulse erzeugt. Diese dringen durch den Schädel und können so auf das Gehirn einwirken. Forschungsberichten zufolge half diese Methode einem großen Teil der an Tinnitus Leidenden.

Transkraniale Magnetstimulation wird auch bei anderen neurologischen Problemen eingesetzt, wie Depressionen und Angststörungen.

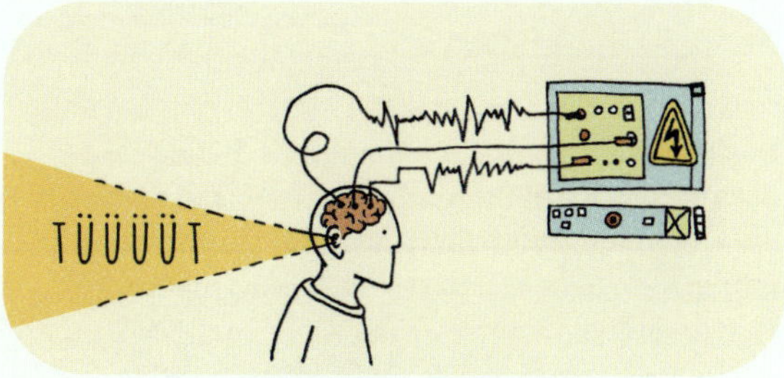

Gehirn unter Strom

208 KNUTSCHEN IST CHEMIE

Ob du es glaubst oder nicht, am Knutschen lässt sich einiges erforschen. Wenn man jemanden küsst, kommt es zu einer chemischen Reaktion im Gehirn. Unter anderem wird Oxytocin freigesetzt, ein Hormon, das manchmal auch *Kuschelhormon* genannt wird. Es ist wichtig für die Bindung von Mutter und Kind, aber auch in Freundschaften und bei Verliebtheit. Beim Küssen und anderem Körperkontakt werden auch noch andere Stoffe produziert, die einem ein gutes Gefühl geben, unter anderem Dopamin und Serotonin.

Küssen fühlt sich so schön an, weil die Lippen sehr empfindlich sind, denn sie weisen viele Nervenenden auf. Gleichzeitig findet beim Kuss ein Austausch statt: Pro zehn Sekunden Kussdauer wechseln ungefähr 80 Millionen Bakterien den Mund!

Küssen unter der Lupe

Bonus-Info:

- Der 6. Juli ist Internationaler Tag des Kusses.
- Die Inuit küssen sich, indem sie ihre Nasen aneinanderreiben. Das ist eine traditionelle Begrüßung, die *Kunik* genannt wird. Inuit wohnen an Orten, wo es sehr kalt wird. Oft sind nur ihre Nase und Augen unbedeckt. Das könnte eine Erklärung dafür sein, warum sie die Nasen aneinanderreiben, statt sich zu küssen.

209 EIN HAUSTIER KANN DAS ALLERGIERISIKO SENKEN

Darfst du kein Haustier haben, weil deine Eltern das unhygienisch finden? Befürchten sie, dass du allergisch reagieren könntest? Lass sie dann die folgenden Zeilen lesen. Das Zusammenleben mit Haustieren kann nämlich bei Kindern die Neigung zu Allergien extrem reduzieren. Forschende wiesen nach, dass das Risiko sinkt, je mehr Haustiere in einem Haushalt leben.

Ein schwedisches Forschungsteam analysierte die Daten von über tausend Kindern von der Geburt bis zu ihrem siebten Lebensjahr. Bei Kindern ohne Haustier bekam die Hälfte eine Allergie. Bei Kindern mit einem Haustier bekam etwas weniger als die Hälfte eine Allergie. Bei drei Haustieren litt nur ein Viertel der Kinder an einer Allergie.

Wie genau es kommt, dass Haustiere vor Allergien schützen, ist noch nicht ganz geklärt. Es könnte sein, dass die Kinder durch den zusätzlichen Schmutz und die Bakterien, die ein Haustier ins Haus bringt, ein besseres Immunsystem entwickeln, wodurch sie weniger oft an Allergien leiden. Es ist auch möglich, dass Kinder besser geschützt sind, weil sie öfter mit Speichel, Haaren und Hautschuppen der Tiere in Berührung kommen. Da Haustiere aber auch vor Heuschnupfen und Asthma schützen, vermuten die Forschenden allerdings, dass es vor allem an einem besser entwickelten Immunsystem liegen könnte.

Viele Haustiere zu haben ist gesund.

Vielleicht kannst du jetzt ja noch mal fragen, ob du nicht doch einen Hund oder eine Katze haben darfst …

210 EINE ERKÄLTUNG KOMMT NICHT DURCH KÄLTE

»Zieh dir eine Jacke an, sonst erkältest du dich.« Das hast du deine Eltern sicher schon mal sagen hören. Aber wusstest du, dass Erkältungen gar nicht durch Kälte kommen?

Eine Erkältung ist eine Infektion der oberen Atemwege. Sie wird von einem Virus verursacht. Nicht immer von demselben Virus, denn inzwischen sind über 200 Viren bekannt, die eine Erkältung auslösen. Meistens handelt es sich um ein *Rhinovirus*. Weil diese Viren schnell mutieren (das heißt, ihr Genmaterial verändern), ist man nach einer Erkältung nur kurz immun gegen das Virus. Eine neue Mutation kann eine neue Erkältung auslösen. Deshalb bekommt man sie auch immer wieder. Erwachsene sind bis zu dreimal pro Jahr erkältet, Kinder manchmal bis zu zwölfmal. Auch einige Corona- und Influenzaviren führen zu Erkältungen.

Hast du nicht was vergessen?

Du bekommst eine Erkältung also nicht von der Kälte. Allerdings kommen bestimmte Viren in den kalten Jahreszeiten, also im Herbst und im Winter, öfter vor. Im Winter ist das menschliche Immunsystem geschwächt, sodass es den Viren leichter fällt, eine Krankheit hervorzurufen. Außerdem hält man sich im Winter mehr drinnen auf und sitzt dichter beieinander, weshalb man sich schneller ansteckt (siehe auch Info 184).

verschiedene Viren

211 MANCHE TUMOREN HABEN HAAR, ZÄHNE UND KNOCHEN

Ein Tumor ist sowieso schon ein bisschen gruselig. Aber wusstest du, dass es Tumoren gibt, die Haare, Zähne und Knochen haben? Die sind echt der Stoff, aus dem Albträume gemacht werden ... Sie bekamen deshalb den treffenden Namen Teratom. Das heißt so viel wie »monsterhafte Schwellung«.

Tumor mit Haar, Zähnen und Knochen

Glücklicherweise sind diese Tumoren selten und die meisten dieser Schwellungen gutartig. Teratome entstehen aus Stammzellen. Das sind Zellen, die noch keine spezifische Funktion haben und daher noch zu ganz unterschiedlichen Zellarten heranwachsen können. In einem Teratom befinden sich Stammzellen, die eben zu Haaren, Zähnen, Knochen, aber auch zu Muskeln, Nerven und anderen Geweben werden können.

Bei Frauen kommen Teratome am häufigsten in den Eierstöcken, bei Männern in den Hoden vor. In den Eierstöcken sind sie meist gutartig, in den Hoden leider oft bösartig. Eins von 30 000 Neugeborenen hat ein Teratom im Steißbein. In den meisten Fällen werden die Patienten operiert. Wenn der Tumor bösartig ist, bekommt der Patient zusätzlich eine Chemotherapie.

212 RUSSPARTIKEL, DIE DIE MUTTER EINATMET, KOMMEN BEIM FÖTUS AN

Wenn eine Frau schwanger ist, wächst in ihrer Gebärmutter eine Plazenta, auch Mutterkuchen genannt. Dieses Organ ist sehr wichtig: Es versorgt das Baby im Bauch mit Sauerstoff und Nährstoffen und entsorgt Abfallprodukte wie Harnsäure.

Die Plazenta filtert schädliche Stoffe so gut wie möglich, doch manche erreichen den Fötus trotzdem. *Ethanol* zum Beispiel, wenn die Mutter Alkohol trinkt. Auch die Schadstoffe aus Zigaretten kommen bei ihm an. Kürzlich entdeckten Forschende, dass sogar Rußpartikel durch die Plazenta weitergeleitet werden.

Belgische Forschende untersuchten Mutterkuchen mit einer speziellen Lasertechnik. Bei Müttern, die in der Schwangerschaft viel verschmutzte Luft eingeatmet hatten, enthielt die Plazenta sehr viele Rußpartikel. An der Innenseite der Plazenta, die dem Fötus am nächsten liegt, war die Konzentration am höchsten. Es könnte also sein, dass sich die Rußpartikel dort ansammeln.

in Mamas Bauch

Es ist noch nicht geklärt, welche Folgen das für den Fötus hat. Luftverschmutzung ist für schwangere Frauen jedenfalls nicht gut. Ihre Kinder werden zu früh geboren und wiegen bei der Geburt weniger. Allgemein ist Luftverschmutzung schädlich. Sie kann zu Herzkrankheiten und neurologischen Erkrankungen wie Demenz führen.

213 MENSCHEN, DIE BLIND GEBOREN SIND, HÖREN ANDERS

Zum Sehen braucht man nicht nur Augen, sondern auch ein Gehirn. Leg mal deine Hand hinten an deinen Kopf. Fühlst du etwa auf halber Höhe einen hervorstehenden Hubbel? Dahinter befindet sich das visuelle System. In diesem Teil des Gehirns gehen alle Reize ein, die mit »Sehen« zu tun haben. Jedes Gebiet der Hirnrinde dort, auch *Sehrinde* genannt, hat seine eigene Aufgabe: Denk an das Sehen von Farben, von Bewegungen und so weiter.

blind geboren, bessere andere Sensoren

Manche Menschen sind von Geburt an blind. Ihr Gehirn passt sich an und sorgt dafür, dass andere Sinnesorgane sich besser entwickeln. Blinde

Menschen können deshalb oft besser hören. So wird die Blindheit ein wenig kompensiert. Das beweist, dass das Gehirn sich auf veränderte Umstände gut einstellen kann. Das nennt man *Neuroplastizität*.

Blind geborene Menschen nutzen die Sehrinde übrigens trotzdem. Nicht zum Sehen, sondern zum Hören. Forschende spielten Blindgeborenen Musik vor und sahen sich dabei die Hirnaktivität an. Das visuelle System erwies sich als sehr aktiv! Wahrscheinlich werden akustische Informationen auf diese Weise besser verarbeitet. Du siehst, das Gehirn ist sehr »formbar« …

214 ZAHNSCHMELZ IST DAS HÄRTESTE MATERIAL IM KÖRPER

Zahnschmelz ist das härteste Material in unserem Körper. Diese Härte verdankt es seinem Aufbau. Zahnschmelz besteht zu 95 Prozent aus winzigen Kristallen des Minerals *Hydroxylapatit*. Man kann sie nur unter dem Mikroskop sehen. Sie sind kleiner als ein Tausendstel eines menschlichen Haars.

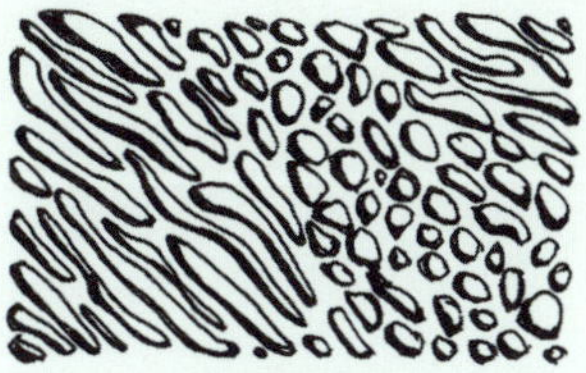

Zahnschmelz-kristalle

Wenn du dir Apatit unterm Mikroskop ansiehst, erkennst du zwei »Bündel«: Zahnschmelzstäbchen und Zwischenstäbchen. Die Kristalle des Zahnschmelzes sind unregelmäßig geformt. Die Ecken des einen Kristalls sehen anders aus als die des nächsten. So passen sie perfekt ineinander. Diese besondere Struktur verleiht dem Zahnschmelz seine Härte und Widerstandskraft. Zähne bleiben Tausende Jahre erhalten, und das nur wegen der Härte des Zahnschmelzes. Zahnschmelz muss natürlich auch hart sein, denn wenn du kaust, übst du ziemlich großen Druck darauf aus. Wäre er weniger hart, würden Risse entstehen.

Trotzdem musst du ab und zu zum Zahnarzt, weil du ein Loch im Zahn hast. Diese Löcher entstehen, wenn der Zahnschmelz durch Nährstoffe und Bakterien beschädigt wird, die Zucker in Säure umwandeln. Diese Säuren zersetzen die Zahnschmelzkristalle. Deshalb ist es wichtig, mehrmals am Tag die Zähne zu putzen. Das Fluorid in der Zahncreme sorgt dafür, dass der Zahnschmelz nicht so schnell aufgelöst wird.

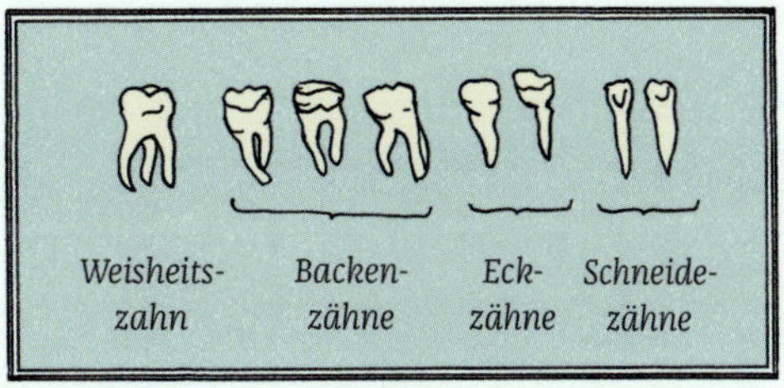

215 DU HAST MEHR ALS NUR EINEN EINZIGARTIGEN ABDRUCK

Wahrscheinlich weißt du, dass dein Fingerabdruck einzigartig ist. Das Muster der Linien an den Fingerspitzen ist bei jedem Menschen unterschiedlich. Deinen Fingerabdruck gibt es nur ein einziges Mal. Deshalb werden Fingerabdrücke dazu verwendet, Menschen zu identifizieren. Man kann mit ihrer Hilfe Handys entsperren, aber auch Kriminelle überführen.

Doch nicht nur dein Fingerabdruck ist einzigartig. Guck dir mal deine Augen an. Der farbige Rand rund um die Pupille, die Iris, auch *Regenbogenhaut* genannt, ist ebenfalls individuell. Nur du hast genau diese Augenfarbe. Deshalb muss man an manchen Flughäfen in ein Gerät gucken, das die Iris scannt. Ein Irisscan ist wie eine Passkontrolle.

Dann gibt es noch dein Ohr. Auch die Rundungen deines Ohrs sind einzigartig – vor allem der äußere Rand, die sogenannte *Helix*. Ohrabdrücke werden ebenfalls dazu verwendet, Verbrecher zu überführen. Diebe drücken nämlich manchmal ihr Ohr an die Tür, um zu hören, ob jemand zu Hause ist. Damit helfen sie der Polizei, sie zu finden, wenngleich sicher nicht mit Absicht.

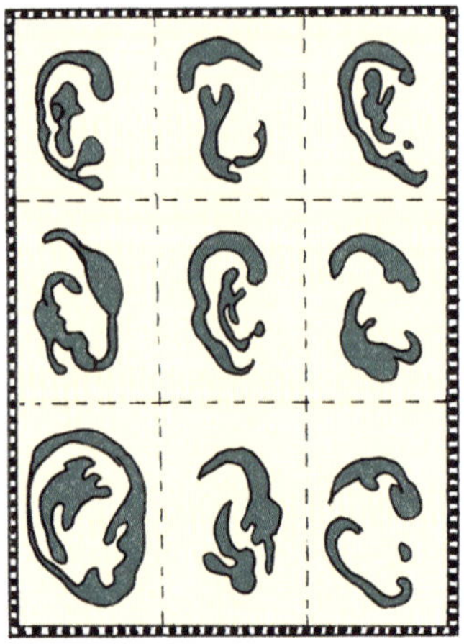

Ohrabdrücke

Streck jetzt noch kurz die Zunge raus. Das ist ausnahmsweise mal erlaubt. Jede Zunge hat eine andere Größe und Form und eine unterschiedliche Anzahl Geschmacksknospen. Außerdem liegt sie im Mundraum und ist deshalb besser geschützt als Finger. Du könntest also auch deine Zunge benutzen, um dich zu identifizieren. Allerdings ist es vielleicht nicht so praktisch – oder hygienisch –, das Handy zu entsperren, indem du daran leckst.

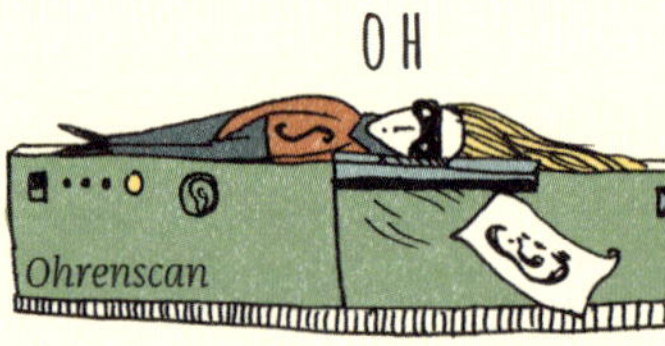

Dieb gefunden!

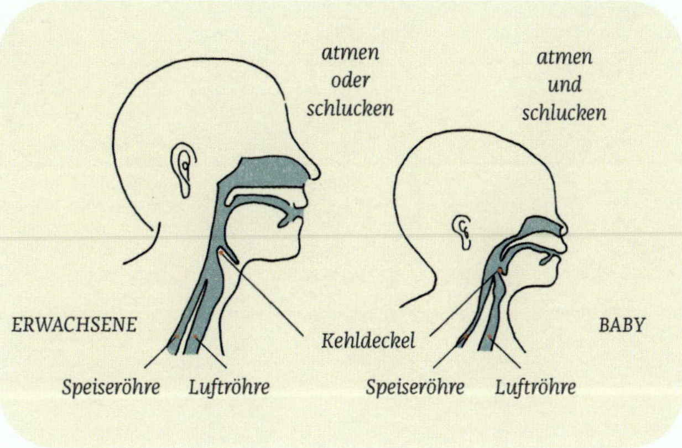

216 DU KANNST NICHT GLEICHZEITIG SCHLUCKEN UND ATMEN

Versuch's ruhig. Es geht nicht. Es sei denn, du bist jünger als sechs oder sieben Monate (aber dann würdest du dieses Buch nicht lesen). Babys können das nämlich noch. Das hat mit dem Kehldeckel zu tun, der die Luftröhre verschließt.

Ab einem Alter von ungefähr sechs Monaten schützt der Kehldeckel deine Luftröhre und deine Lungen. Wenn du atmest, ist er offen, damit Luft in deine Luftröhre strömen kann. Beim Schlucken verschließt er die Luftröhre. Dadurch wandert alles, was du isst und trinkst, in die Speiseröhre, die unmittelbar dahinter liegt. Wenn du dich verschluckst, ist ein Bissen oder ein Schluck versehentlich in der Luftröhre gelandet. Dann musst du furchtbar husten, damit er wieder rauskommt. Meistens ist das vor allem unangenehm, aber nicht so schlimm, doch manchmal kommt davon etwas in die Lungen, wo es sich entzünden kann.

Bei Babys liegt der Kehldeckel höher und ist in den ersten Monaten mit dem Gaumensegel verbunden. Das ist der Teil des Rachens, in dem sich kein Knochen befindet. In den ersten Lebensmonaten kann ein Baby deshalb gleichzeitig atmen und schlucken. Die Atmung geht durch die Nase in die Luftröhre, das Geschluckte durch den Mund in die Speiseröhre. Durch die Verbindung des Kehldeckels mit dem Gaumensegel entstehen also zwei Wege. Das hilft dem Baby beim Trinken an der Brust. Nach wenigen Monaten senkt sich der Kehldeckel, sodass es nicht mehr gleichzeitig schlucken und atmen kann.

217 DEINE LEBER WÄCHST NACH

Die Leber ist ein unentbehrliches, aber auch ein ganz besonderes Organ. Sie spielt eine lebenswichtige Rolle unter anderem beim Stoffwechsel, bei der Verdauung und beim Abbau von Giftstoffen wie zum Beispiel Alkohol. Es ist bei Säugetieren zudem das einzige Organ, das so gut wie vollständig »nachwächst«, wenn ein Teil ausfällt oder beschädigt wird. Sogar wenn nur noch ein Viertel der Leber übrig ist, kann sich das Organ erholen und wieder wie vorher arbeiten. Dieser Prozess heißt *Regeneration*.

Die neu gewachsene Leber arbeitet dann zwar wieder wie zuvor, hat jedoch eine andere Form. Normalerweise besteht eine Leber aus verschiedenen Lappen, doch die regenerierte Leber nicht mehr.

Auch bei manchen Tieren kann sich die Leber regenerieren. Sie wächst dann nach und arbeitet auch wie vorher. Bei manchen Tieren regenerieren sich auch andere Körperteile: Einem Seestern wächst beispielsweise ein verlorener Arm nach und einer Eidechse der Schwanz.

Bonus-Info:

Kennst du den Mythos von Prometheus? Prometheus war ein Halbgott, der dem höchsten Gott Zeus das Feuer stahl, um es den Menschen zu bringen. Zeus war darüber wahnsinnig wütend und wollte Prometheus für den Rest seines Lebens strafen. Er kettete ihn an einen Felsen und schickte ihm einen Adler, der jeden Tag seine Leber fraß. Nachts wuchs sie dann nach … Zum Glück wurde Prometheus schließlich von Herkules befreit. Wir fragen uns, ob die alten Griechen wohl schon wussten, dass die Leber nachwächst?

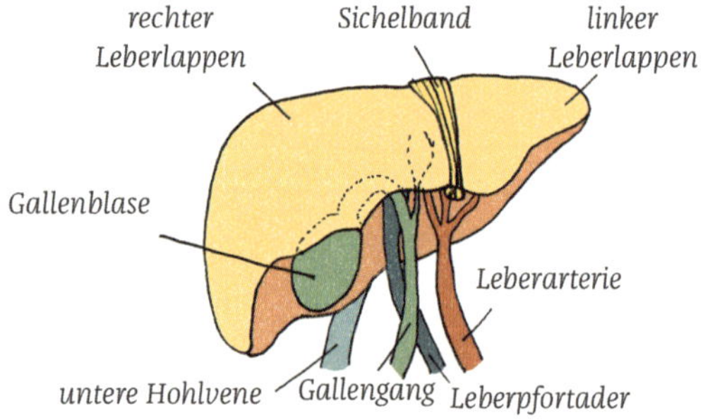

DIE LEBER

218 DAS HIRN IST DURCH EINE SCHRANKE GESCHÜTZT

Unser Gehirn ist ein wahrer Supercomputer, der alles koordiniert und verarbeitet. Deshalb ist es nur logisch, dass es gegen Gefahren von außen gut geschützt werden muss. Das geschieht in erster Linie durch den harten Schädel, der das Gehirn wie ein natürlicher Helm umgibt. Aber zusätzlich wird es von innen durch etwas geschützt, das Blut-Hirn-Schranke heißt.

Die Blut-Hirn-Schranke bildet eine Grenze zwischen den sehr feinen Blutgefäßen des Gehirns, auch *kapillare Blutgefäße* genannt, und der Flüssigkeit, in der die Nervenzellen liegen. In der Wand der kapillaren Blutgefäße des Hirns befinden sich sehr starke Verbindungen. Die Schranke wählt selbst, welche Stoffe sie hier durchlässt. Notwendige Stoffe dürfen passieren, aber für Schadstoffe wird sie verschlossen. So können wichtige Nährstoffe ungehindert weiterfließen, während Bakterien und große Moleküle viel schwieriger hineinkommen.

Diese Schranke sorgt also dafür, dass Bakterien im Hirn keine Entzündungen auslösen können, doch das hat auch einen Nachteil. Weil die Blut-Hirn-Schranke so gut funktioniert, kommen auch Medikamente schlecht an ihr vorbei. Medikamente wie Antibiotika sind nämlich oft zu groß, um durchgelassen zu werden. Dadurch können sie bei einer Entzündung ihre Wirkung manchmal nicht entfalten.

BLUT-HIRN-SCHRANKE

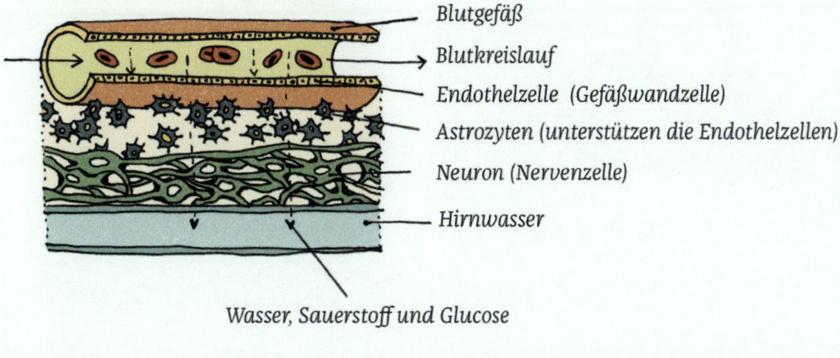

219 DURCH DIE KRISTALLE IN DEINEM OHR KANN DIR SCHWINDELIG WERDEN

Das Gleichgewichtsorgan befindet sich in deinem Ohr. Du hast in jedem Ohr eins. Es besteht aus zwei sogenannten Maculaorganen und drei halbkreisförmigen Bogengängen.

Die Bogengänge enthalten eine Flüssigkeit und winzige Sinneshärchen. Wenn du den Kopf bewegst, bewegen sich diese Härchen auch. Dadurch weiß dein Gehirn genau, wie du deinen Kopf bewegst. Es benutzt diese Information, um deine Augen zu koordinieren. Dadurch kannst du beispielsweise den Kopf (ein bisschen) drehen und dabei weiterlesen. Probier's ruhig aus.

Die Maculaorgane enthalten Otolithen, winzige Kristalle. Diese erkennen verschiedene Beschleunigungen und können zum Beispiel zwischen »normalem Gehen« und »Achterbahnfahren« unterscheiden. Sie messen auch fortlaufend die Schwerkraft, die immer auf dich wirkt. Du hast in jedem Ohr zwei Maculaorgane: den *Utriculus* und den *Sacculus*. Der *Utriculus* misst horizontale Bewegungen (nach links und rechts). Der *Sacculus* misst vor allem vertikale Bewegungen (auf und ab). Wenn beide gut funktionieren, nehmen sie Bewegungen in alle Richtungen wahr.

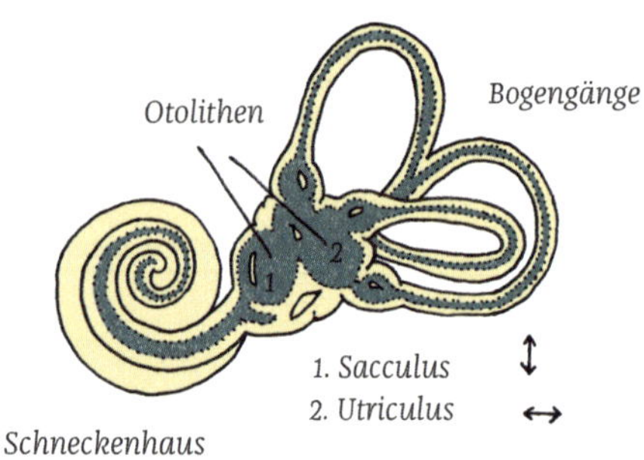

GLEICHGEWICHTSORGAN

Die Maculaorgane kannst du dir wie einen Kuchen mit Nüssen drauf vorstellen: Sie sind eine dicke Geleeschicht (der Kuchen), auf der Kristalle (die Nüsse alias die *Otolithen*) liegen. Die Kristalle sind gut befestigt. Wenn du beschleunigst, verschieben sie sich ein bisschen, und dieser Reiz wird ans Gehirn gesandt.

Maculaorgan

Manchmal lösen sich diese Kristalle. Das kann beispielsweise passieren, wenn du dir den Kopf stößt. Dann verirren sich die Kristalle in die Kanäle und schwirren dort umher. Dadurch entstehen verkehrte Signale ans Hirn, obwohl du dich gar nicht bewegst. Dir wird schwindelig. Das ist sehr unangenehm.

Zum Glück gibt es hierfür eine Lösung. Erst untersucht der Arzt oder die Ärztin, in welchen Bogengang sich die Kristalle verirrt haben. Dann wird der Patient oder die Patientin in einer bestimmen Reihenfolge gedreht, bis die Kristalle wieder am richtigen Ort liegen. Das sieht zwar merkwürdig aus, doch danach ist immerhin der Schwindel weg!

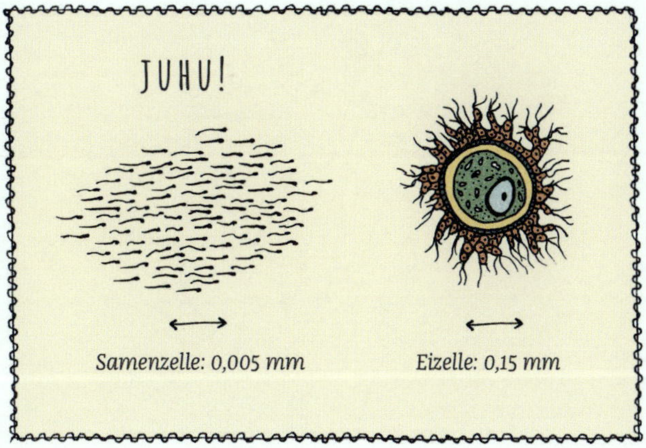

220 DAS SPERMIUM IST DIE KLEINSTE KÖRPERZELLE, DIE EIZELLE EINE DER GRÖSSTEN

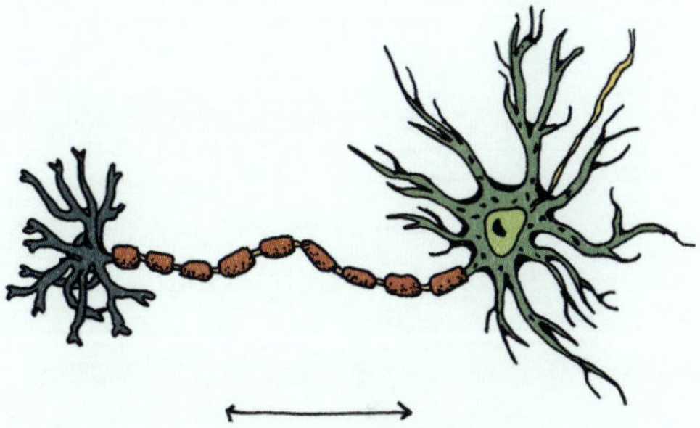

motorische Nervenzelle: bis zu 1 m

Wie du weißt, entsteht jeder Mensch aus der Verschmelzung eines Spermiums mit einer Eizelle. Lustigerweise ist die eine die kleinste, die andere die zweitgrößte Körperzelle.

Ein Spermium ist durchschnittlich 0,005 Millimeter groß. Man kann es nur unter dem Mikroskop erkennen. Eine Eizelle ist durchschnittlich 0,1 bis maximal 0,2 Millimeter groß. Die kann man mit dem bloßen Auge sehen! Eizellen sind die zweitgrößten Zellen im Körper einer Frau. Das liegt daran, dass eine Eizelle eine ordentliche Menge »Proviant« enthält. So kann sie, nachdem sie von einem Spermium befruchtet wurde, dem Embryo von Anfang an Energie liefern. Nur Nervenzellen sind noch größer als Eizellen.

Zusätzliche Zellen-Info:

Die längste Zelle in deinem Körper ist die *motorische Nervenzelle*. Die kann bis zu über einen Meter lang werden! Denk an die Nervenzellen, die von deinem Rückenmark zu deinem dicken Zeh verlaufen. Sie ermöglichen dir, diesen zu bewegen.

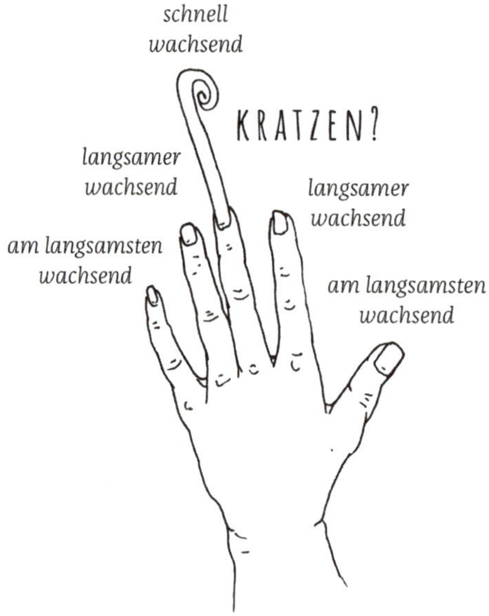

221 DER MITTELFINGERNAGEL WÄCHST AM SCHNELLSTEN

Fingernägel wachsen im Durchschnitt rund 3 Millimeter pro Monat. Durchschnittlich, denn es hängt davon ab, an welchem Finger der Nagel wächst. Dein Mittelfingernagel wächst am schnellsten. Die Nägel an Daumen und kleinem Finger wachsen etwas langsamer. Die Wachstumsgeschwindigkeit hängt mit der Länge der Fingergliedknochen zusammen. Deshalb wachsen Zehennägel wesentlich langsamer als Fingernägel: Zehenglieder sind nämlich kürzer.

Nägel dienen vor allem dem Schutz der Finger und Zehen. Sie bestehen aus Keratin. Das ist ein starkes und schützendes Protein (*Eiweiß*), das auch Bestandteil deiner Haut und deiner Haare ist. Bei anderen Wirbeltieren findet man es auch in Hufen, Klauen und Hörnern.

Wenn du einen ganzen Fingernagel verlierst, dauert es drei bis sechs Monate, bis er wieder vollständig nachgewachsen ist. Bei einem Zehennagel kann es bis zu 18 Monaten dauern.

Lange Nägel waren früher ein Statussymbol. Dadurch zeigte man, dass man nicht mit den Händen zu arbeiten brauchte, sondern Personal hatte, das diese Arbeiten übernahm. Heute lassen viele Menschen ihre Nägel lang wachsen oder sich künstliche Fingernägel anfertigen, weil es ihnen einfach gefällt.

Der Rekord der längsten Fingernägel an beiden Händen liegt bei 1306,58 Zentimetern. Rekordhalterin ist die Amerikanerin Diana Armstrong. Sie lässt ihre Nägel seit 1997 wachsen. Ihr längster einzelner Fingernagel, der rechte Daumennagel, ist 1,39 Meter lang. Uns kommt das vor allem sehr unpraktisch vor …

222 DIE MEISTEN SCHWEISSDRÜSEN HAST DU AN HANDFLÄCHEN UND FUSSSOHLEN

Wir alle schwitzen dann und wann. Das ist auch gut so, denn so halten wir unsere Körpertemperatur. Wenn die Körpertemperatur zu sehr steigt, fängst du an zu schwitzen. Dann tritt Feuchtigkeit aus deinen Poren aus und verdunstet durch die Wärme. Dadurch kühlt dein Körper ab. Diesen Prozess nennt man *Thermoregulation*.

Du schwitzt dank deiner **Schweißdrüsen**. Jeder Mensch hat durchschnittlich zwei bis fünf Millionen Schweißdrüsen. Dabei unterscheidet man zwei Arten: *ekkrine* und *apokrine*.

Ekkrine Schweißdrüsen findest du auf deiner ganzen Haut verteilt, die meisten an den Handinnenflächen und Fußsohlen. Der Schweiß, den sie absondern, ist geruchlos. Nach körperlicher Anstrengung kannst du ihn allerdings sehen. Diese Drüsen sind sehr wichtig zur Regulierung der Körpertemperatur.

Apokrine Schweißdrüsen befinden sich nur an bestimmten Körperstellen wie den Achselhöhlen, dem After und den Brustwarzen. Schweiß aus diesen Drüsen ist dickflüssiger und hat einen typischen Schweißgeruch. In dem Moment, in dem die Drüse den Schweiß absondert, riecht man nichts, doch die Bakterien auf deiner Haut wandeln ihn in andere Stoffe um. Diese geben einen säuerlichen und unfrischen Geruch ab. Die apokrinen Schweißdrüsen produzieren den ganzen Tag lang kleine Schweißmengen. Bei Kindern sind sie noch nicht echt aktiv, erst ab der Pubertät, sobald Geschlechtshormone produziert werden, legen sie los.

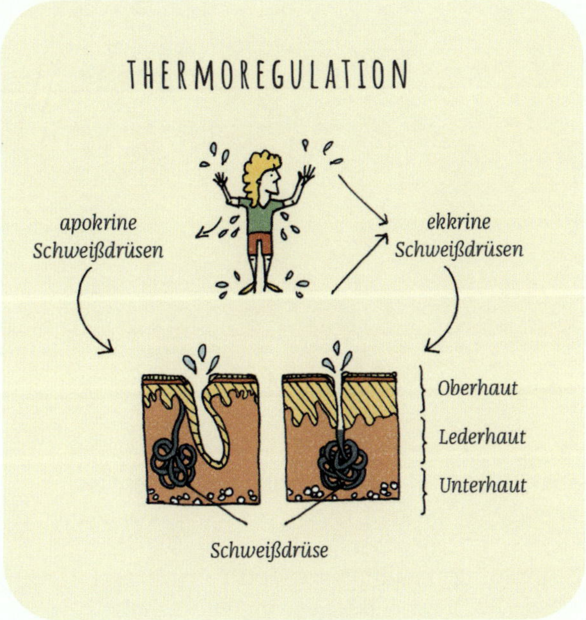

Bonus-Info:

- **Schweiß besteht vor allem aus Wasser und Salz, enthält aber auch andere Inhaltsstoffe, beispielsweise *Parakresol*, einen Duftstoff, der Mücken anzieht.**

- **Der medizinische Begriff für Schwitzen ist *Hidrosis*. Eine krankhafte übermäßige Schweißproduktion nennt man *Hyperhidrose*. Das Gegenteil – eine fehlende Schweißproduktion – heißt *Anhidrose*.**

- **Manche Tiere haben so gut wie keine Schweißdrüsen, weil ihr Körper mit einem dicken Fell bedeckt ist. Sie können deshalb ihre Temperatur schlecht durch Schwitzen regulieren. Das kannst du bei Hunden beobachten. Sie geben überschüssige Körperwärme ab, indem sie Speichel auf der Zunge verdunsten lassen. Deshalb hecheln sie bei warmem Wetter und nach körperlicher Anstrengung.**

223 MEDIZINISCHE FORSCHUNG GESCHIEHT VOR ALLEM AN MÄNNERN

Medizinische Forschung ist sehr wichtig. Sie hilft uns zu verstehen, wie der Körper funktioniert, wie Krankheiten entstehen und wie man sie behandeln kann – mit Medikamenten oder anderen Methoden. Dank der medizinischen Forschung leben Menschen länger und bleiben im Durchschnitt länger gesund.

Leider machen auch sehr schlaue Forschende Fehler. In der Vergangenheit zogen sie für ihre Forschung vor allem Männer heran und nur selten Frauen. Das war einfacher: Bei Frauen spielen Hormone eine größere Rolle, und man wollte vermeiden, dass es im Falle einer zukünftigen Schwangerschaft Komplikationen geben könnte. Man ging einfach davon aus, dass Männer und Frauen ähnlich reagieren.

Deshalb basiert ein Großteil unseres Wissens über den menschlichen Körper auf männlichen Versuchspersonen und Patienten. Das hat zur Folge, dass man nicht weiß, ob Entdeckungen auch für Frauen gelten und Behandlungsmethoden für beide Geschlechter gleich gut einsetzbar sind. Das Fehlen wissenschaftlicher Daten rund um Frauen wird *Gender bias* genannt.

Manche Untersuchungen waren durchaus fragwürdig: 1986 gab es beispielsweise eine Studie zum Einfluss von Übergewicht auf Brust- und Gebärmutterhalskrebs. Das ist natürlich wichtig, doch die Erforschung beschränkte sich auf Männer – dabei haben die ja noch nicht einmal eine Gebärmutter! Die Ergebnisse der Studie kann man also nicht einfach auf Frauen übertragen.

Auch Herzkrankheiten wurden früher vor allem an Männern untersucht. Dabei fühlen Frauen bei einem Herzinfarkt andere Dinge als Männer. Sie haben nicht die »typischen Symptome« wie Kurzatmigkeit und Druck oder Schmerzen in der Brust, die vor allem bei Männern vorkommen. Dadurch erhalten Frauen manchmal eine falsche Diagnose, sodass ein Herzinfarkt bei ihnen nicht oder zu spät entdeckt wird.

Glücklicherweise schenkt die Forschung inzwischen den Unterschieden zwischen Menschen, was Geschlecht, Alter oder Herkunft (*Ethnizität*) angeht, mehr Aufmerksamkeit. All diese Faktoren sorgen nämlich dafür, dass Menschen unterschiedlich reagieren und funktionieren.

224 UNTER WASSER KANNST DU LÄNGER DIE LUFT ANHALTEN ALS AN LAND

Hast du schon mal um die Wette die Luft angehalten? Nächstes Mal kannst du ein Experiment draus machen: Eine Person hält auf dem Trockenen die Luft an, die andere in einer Badewanne oder einem Schwimmbecken. Wetten, dass die Person, die unter Wasser die Luft anhält, gewinnt? Unter Wasser kann man nämlich länger die Luft anhalten. Manchmal sogar doppelt so lange!

Das kommt durch den **Tauchreflex**. Den haben alle Säugetiere von Geburt an, doch bei Meeressäugetieren wie Delfinen oder Seehunden ist er am stärksten ausgeprägt. Menschen haben ihn auch. Sobald dein Kopf unter Wasser ist und deine Nasenlöcher sich mit Wasser füllen, gehen Signale an dein Gehirn. Dadurch wird die Blutzufuhr zu deinen Gliedmaßen reduziert, weil deine Adern sich zusammenziehen. So bleibt mehr Sauerstoff übrig für dein Gehirn und Herz. Die Milz, ein Organ in deinem Bauch, geht sogar noch weiter: Sie zieht sich zusammen, sodass rote Blutkörperchen freigesetzt werden und der Sauerstoffgehalt des Blutes steigt.

Je kälter das Wasser, desto stärker der Tauchreflex.

um die Wette Luft anhalten

Bonus-Info:

- Perlentaucher tauchen bis zu 30 Meter tief, um Perlmuscheln zu sammeln. Sie können sehr lange die Luft anhalten.
- Manche Menschen tauchen am liebsten ohne Tauchapparatur. Das nennt man Apnoe- oder *Freitauchen*.
- Budimir Šobat hielt 2021 24 Minuten und 37,36 Sekunden die Luft an. Damit stellte er einen Rekord auf. Er befand sich unter Wasser, wodurch ihm sein Tauchreflex half.

225 BASTELN MIT KARTOFFELSTÄRKE UND GELATINE

Der Augapfel ist an der Vorderseite mit einem durchsichtigen Häutchen bedeckt, der Hornhaut. Durch diese Haut fällt Licht hinein wie durch ein Fenster in ein Haus. Manchmal wird die Hornhaut trüb. Dann kommt es einem so vor, als gucke man durch ein schmutziges oder beschlagenes Fenster. Die Hornhaut kann durch einen Unfall oder bei einer Operation beschädigt werden. Manche Menschen haben auch eine Erbkrankheit, die sich auf die Hornhaut auswirkt. Dadurch können sie erblinden.

Menschen mit einer beschädigten Hornhaut kann manchmal mit einer Transplantation geholfen werden. Natürlich muss dafür eine geeignete Hornhaut zur Verfügung stehen, und das ist leider nicht immer der Fall. Einige Patientinnen und Patienten müssen sehr lang warten; manchmal so lang, dass ihnen nicht mehr geholfen werden kann.

Belgischen Forschenden gelang es, im Labor einen Teil der Hornhaut nachzubilden. Sie verwendeten dafür Zellen aus der Hornhaut von Verstorbenen. Diese ließen sie auf Bioplastik wachsen. Dieses Material besteht aus *Polymilchsäuren* – einer Substanz, die unter anderem aus Kartoffelstärke hergestellt wird – und Gelatine – einer Substanz, die aus Schweine- oder Rinderknochen kommt. Das Ergebnis ähnelt Frischhaltefolie.

Erste Versuche sind vielversprechend. Womöglich kann Menschen mit Problemen an der Hornhaut bald viel schneller geholfen werden.

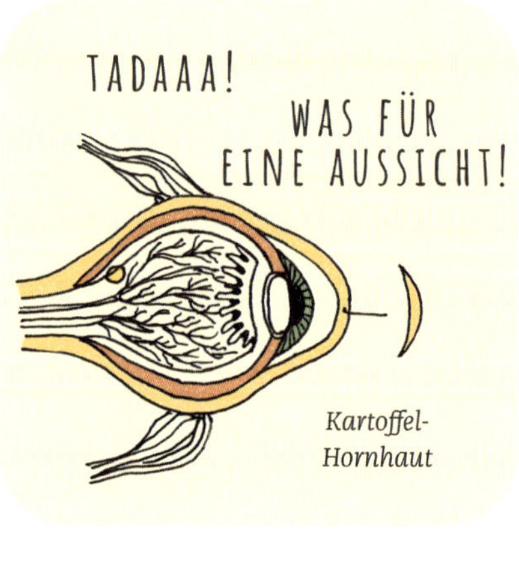

226 SCHNODDER KANN AUCH MEDIZIN SEIN

Du findest Schnodder sicher eklig. Aber wusstest du, dass dieses schleimige Zeug superwichtig ist? Es sorgt dafür, dass die Luft, die du einatmest, befeuchtet wird, und hält unerwünschte Eindringlinge wie Staub und Krankheitskeime ab. Und Schnodder kann sogar noch mehr! Er enthält »gute Bakterien«, die Menschen mit Sinusitis, Nasennebenhöhlenentzündung, helfen könnten.

Sinusitis ist eine unangenehme Krankheit. Sie geht mit starken Kopfschmerzen und einer verstopften Nase einher. Manche Menschen bekommen sie immer wieder. Derzeit werden diese Patientinnen und Patienten mit Antibiotika behandelt oder sogar operiert, aber auch damit kann nicht allen geholfen werden.

Forschende entdeckten, dass Menschen, die häufig an Sinusitis leiden, eine andere Nasenflora haben als gesunde Personen. Bestimmte Milchsäurebakterien (*Lactobazillen*) kommen in kranken Nasen viel seltener vor. Wie der Name schon verrät, findet man diese Bakterien unter anderem in Milchprodukten. Forschende meinten, dass es eine gute Idee sein könnte, zur Behandlung der Sinusitis Milchsäurebakterien zu verwenden.

Natürlich kann man jemandem schlecht Milch, Joghurt oder Käse in die Nase spritzen. Deshalb entwickelten die Forschenden ein Nasenspray auf Basis »gesunden Schnodders«. Keinem echten natürlich, sondern nur aus den Bakterien daraus. Die Bakterie bekam sogar einen Namen: Amber 2. Die guten Bakterien im Spray bekämpfen die krank machenden, die durch die Nase einzudringen versuchen.

Bisher wurde das Spray nur an gesunden Menschen getestet. Sie vertrugen es gut und bemerkten keine Nebenwirkungen. In der nächsten Phase wird das Spray an Patientinnen und Patienten mit Sinusitis getestet.

Da siehst du, wofür Schnodder alles gut sein kann!

227 DIE GEHIRNE LONDONER TAXIFAHRER SEHEN BESONDERS AUS

Findest du problemlos den Weg zurück, auch wenn er kompliziert ist? Oder verläufst du dich sogar bei dir im Wohnviertel? Nennen wir hier Menschen, die sich gut orientieren können, einfachheitshalber »Pfadfinder« und die anderen »Verirrer«. Der entscheidende Unterschied zwischen den beiden: ihr Gehirn.

Mehrere Studien wiesen nach, dass sich der Unterschied zwischen Pfadfindern und Verirrern in der Hirnstruktur erkennen lässt: im Hippocampus (lateinisch für »Seepferdchen«, so benannt wegen seiner Form). Dieser Teil des Gehirns kommt zum Einsatz beim Langzeitgedächtnis und bei der Orientierung.

Um mehr über die Rolle des Hippocampus bei der Orientierung zu erfahren, untersuchte ein britisches Forschungsteam Londoner Taxifahrer und -fahrerinnen. Der Stadtplan der britischen Hauptstadt ist ein einziges Wirrwarr aus 25 000 Straßen und Gassen. Nicht verwunderlich, dass angehende Taxifahrer und -fahrerinnen mehrere Jahre üben müssen, bis sie den Job antreten dürfen. Die Forschenden entdeckten, dass der hintere Teil des Hippocampus der Londoner Taxifahrer und -fahrerinnen größer war als der der »Kontrollgruppe«. Diese bestand aus Menschen, die ungefähr gleich alt waren, dasselbe Geschlecht und ein vergleichbares Bildungsniveau hatten. So wussten die Forschenden, dass die Unterschiede ausschließlich durch das Taxi-Training kamen und nicht beispielsweise durch einen Altersunterschied. Sie entdeckten, dass der Hippocampus größer war, je mehr Erfahrung der Fahrer oder die Fahrerin hatte.

Diese Information ist interessant für die Alzheimerforschung. Alzheimer ist eine Krankheit, bei der Menschen immer mehr Dinge vergessen. Eine der Gehirnstrukturen, die zuerst angegriffen werden, ist der Hippocampus. Das erklärt, warum Alzheimerpatientinnen und -patienten sich schon recht früh nicht mehr gut orientieren können. Die Gehirnscans von Taxifahrerinnen und -fahrern können bei der Erforschung dieser Krankheit helfen.

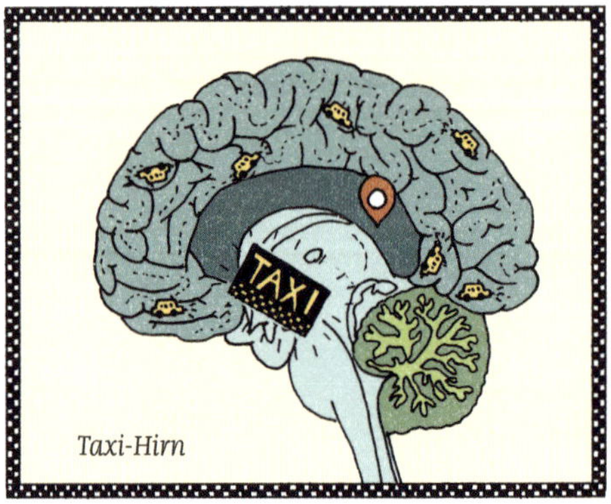

– 8 –

DIE WISSENSCHAFT VON MENSCH UND GESELLSCHAFT

228 SOZIALWISSENSCHAFTEN BESCHÄFTIGEN SICH IMMER MIT DEM MENSCHEN

Die Sozialwissenschaften beschäftigen sich mit dem Menschen und seinem Verhalten im Zusammenleben mit anderen. Deshalb werden sie auch Gesellschaftswissenschaften genannt. Zu diesen Wissenschaften zählen Psychologie, Soziologie, Politologie, Wirtschaftswissenschaft und Anthropologie.

- Die Psychologie untersucht, wie Menschen denken, fühlen und sich verhalten. Sie versucht zu verstehen, warum jemand etwas tut. Es gibt verschiedene Bereiche der Psychologie. Die *klinische Psychologie* hilft Menschen mit psychischen und emotionalen Problemen. In anderen Bereichen geht es um Denkvorgänge und Gefühle. Wieder andere befassen sich damit, wie Menschen auf verschiedene Einflüsse reagieren.

- Der Mensch ist ein soziales Tier, das gerne in einer Gruppe lebt. Diese Gruppen erforscht die Soziologie. Dort wird untersucht, nach welchen Regeln Gruppen funktionieren und wie Menschen damit umgehen. Dabei geht es nicht nur um die Gesellschaft als Ganzes, sondern auch um kleinere Gruppen wie Schulen oder Familien.

- Die Anthropologie untersucht den Menschen und seine Kulturen von der Urgeschichte bis heute. Sie vergleicht Gemeinschaften miteinander und hält die Unterschiede und Ähnlichkeiten fest. Anthropologinnen und Anthropologen beobachten beispielsweise sowohl Bevölkerungsgruppen in Afrika als auch Bewohner eines Hochhauses in New York.

- Zu guter Letzt gibt es auch noch die Wirtschaftswissenschaften und die Politikwissenschaft. Die Wirtschaftswissenschaften erforschen, wie Menschen Reichtum erarbeiten und verteilen. Die Politikwissenschaft untersucht alles, was mit Verwalten und Regieren zu tun hat.

Der Mensch ist einfach ein Tier, das sich zu erforschen lohnt.

229 JE MEHR MENSCHEN ZUGUCKEN, DESTO WENIGER HELFEN

Du kommst auf einen Spielplatz und siehst, wie einige Kinder einem anderen Kind, das du nicht kennst, die Jacke wegnehmen. Was tust du? Hilfst du dem Kind oder nicht? In Experimenten zeigte sich, dass das davon abhängt, wie viele andere Kinder sonst noch auf dem Spielplatz sind.

In den Siebzigerjahren gab es einmal ein besonderes psychologisches Experiment: Forschende simulierten schlimme Situationen – einen Unfall, ein Verbrechen, Mobbing – und beobachteten die Reaktion der Umstehenden. Zu ihrem Erstaunen taten die meisten Menschen nichts! Sie sahen sogar eher weg, als zu helfen oder einzugreifen. Die Forschenden nannten das den Zuschauereffekt. Je mehr Zuschauende, desto stärker der Effekt.

Den Psychologen und Psychologinnen zufolge lag das an zwei Dingen: Zum einen fühlten sich die Umstehenden persönlich weniger verantwortlich. Sie dachten vermutlich, dass schon irgendjemand anders helfen werde. Zum anderen sahen sich die Leute nach den anderen um. Wenn niemand half, halfen sie auch nicht. Sie folgten also einfach der Gruppe.

Je mehr Menschen Zeuge eines Geschehens sind, desto weniger scheinen sie bereit zu sein zu helfen. Hast du auf dem Spielplatz schon mal eine ähnliche Erfahrung gemacht?

NICHTS GESEHEN

Zuschauereffekt

230 DU BENUTZT SPEZIELLE NERVENZELLEN, UM ANDERE ZU VERSTEHEN

Vor gar nicht langer Zeit entdeckten Forschende, dass Menschen spezielle Nervenzellen, sogenannte **Spiegelneuronen**, haben. Bei Affen kannte man sie schon, doch inzwischen weiß man, dass auch Menschen sie besitzen. Es handelt sich hierbei um Nervenzellen, die aktiviert werden, wenn du selbst etwas tust, aber auch wenn jemand anderes dasselbe tut. Dadurch lachst du, weil jemand anderes lacht, und weinst mit jemand anderem mit. Oder du bekommst Lust auf Lesen, weil du jemand anderen mit Buch siehst.

Spiegelneuronen sind sehr wichtig, damit du dich in andere hineinversetzen kannst. Sie ermöglichen dir zu empfinden, was eine andere Person empfindet, weil sie deren Gefühle spiegeln. Deshalb sind sie für das gesellschaftliche Zusammenleben von großer Bedeutung. Die Spiegelneuronen sorgen dafür, dass du das Verhalten oder die Gefühle des oder der anderen verstehen und daraus lernen kannst. Dank dieser besonderen Neuronen tröstest du jemanden, der traurig ist, und hilfst jemandem, der in Not ist.

Einfühlungsvermögen oder Empathie durch Spiegelneuronen

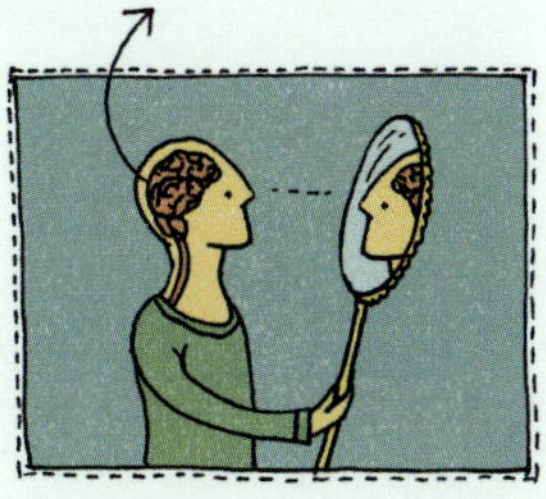

ICH VERSTEHE DICH

231 SICH SELBST IM SPIEGEL ZU ERKENNEN IST EIN ZEICHEN DER INTELLIGENZ

Hast du einen kleinen Bruder oder eine kleine Schwester? Oder vielleicht einen Cousin oder eine Cousine? Er oder sie darf allerdings nicht älter als zwei sein. Und am besten fragst du die Eltern vorher, ob du einen kleinen Versuch mit ihm oder ihr machen darfst.

Male dem Kind mit Schminke einen Strich auf die Stirn, ohne dass es es merkt, beispielsweise wenn es schläft. Lasse es danach in einen Spiegel gucken. Fasst es mit der Hand an den Strich oder guckt es in den Spiegel, als ob nichts Besonderes los sei?

Die meisten Kinder unter 18 Monaten erkennen sich nicht im Spiegel. Sie denken, dass ihnen da ein anderes Kind gegenübersteht. Sie gucken sich das Kind im Spiegel zwar gerne an, verstehen aber nicht, wen sie da sehen. Der Moment, in dem Kinder begreifen, dass sie es selbst sind, stellt einen großen Sprung in ihrer Entwicklung dar.

Intelligenzspiegel

Zeigt das Kind in deinem Versuch auf den Strich, hat es erkannt, dass es sich selbst im Spiegel sieht. Es versteht, dass an ihm etwas anders ist. Laut Psychologinnen und Psychologen entsteht so das Bewusstsein des Selbst. Das geht von ganz allein. Man kann es nicht trainieren. Plötzlich versteht das Kleinkind, dass es eine Person ist.

Die meisten Tiere bestehen den Spiegeltest nicht. Bisher ist er nur mit Schimpansen, Delfinen und Elefanten gelungen.

232 EINS DER BERÜHMTESTEN PSYCHOLOGISCHEN EXPERIMENTE HAT MIT STROMSTÖSSEN ZU TUN

Eins der berühmtesten psychologischen Experimente ist das von Stanley Milgram. Er wollte in den 1960er-Jahren herausfinden, wie gehorsam Menschen sind und wie gut sie Befehle einer Autoritätsperson befolgen, auch wenn sie etwas tun sollen, was sie nicht wollen.

Milgram lud Menschen in ein Labor der Yale-Universität ein. Ein Kollege von Milgram setzte sie an eine Maschine, mit der sie Stromstöße geben konnten. Er erklärte ihnen, sie seien nun Lehrer und im anderen Raum sitze ein Schüler. Der Schüler müsse Fragen beantworten.

Bei einer falschen Antwort solle der Lehrer einen Knopf drücken. Je mehr falsche Antworten der Schüler gebe, desto stärker und schmerzhafter würden die Stromstöße. Bei den stärksten schrie der Schüler vor Schmerzen, schlug gegen die Wände oder fiel zu Boden.

Zur Beruhigung: Die »Schüler« bekamen nicht wirklich Stromstöße. Sie waren nur Schauspieler und taten so, als ob. Aber das wussten die Leute nicht, die auf den Knopf drücken mussten.

Im Raum mit der Versuchsperson, also dem »Lehrer«, saßen Forschende, die sie zum Weitermachen anhielten. Sie erzählten den Lehrern, dass es für das Experiment sehr wichtig sei, dass sie bei einer falschen Antwort auf den Knopf drückten. Wenn die Lehrer sich weigerten, drängten die Forschenden sie. Das taten sie viermal. Beim letzten Mal drohten sie sogar, der Lehrer habe keine Wahl und müsse unbedingt weitermachen. Erst wenn der Lehrer dann immer noch nicht auf den Knopf drücken wollte, endete das Experiment.

Milgram-Experiment

Raum 1: Lehrer

Raum 2: Elektroschüler

Die Mehrheit der Versuchspersonen gehorchte den Forschenden. Zwei Drittel der Lehrer gaben sogar den schwersten Stromstoß. Laut Milgram beweise das, dass Menschen bereit seien, sehr weit zu gehen, um einer Autoritätsperson zu gehorchen. Das sei der Grund, warum Soldaten in einem Krieg Befehle befolgten. Oder warum Menschen grauenvollste Dinge täten, wenn jemand mit Autorität sie darum bitte.

Das Experiment schockierte die Welt und erntete auch viel Kritik. Die Menschen, die auf den Knopf drücken mussten, fühlten sich nachher furchtbar. Viele Forschende fanden es nicht in Ordnung, Menschen so unter Druck zu setzen. Das Experiment wurde deshalb nie wiederholt. Neuere Forschung ergab übrigens angeblich, dass Menschen gar nicht so folgsam und gehorsam sind, wie Milgram behauptete.

233 WARUM WIR BÖSEWICHTE IM FILM MANCHMAL MÖGEN

Gib's zu: Darth Vader aus *Star Wars*, der Joker aus *Batman* und die böse Fee aus *Dornröschen* sind ziemlich cool. Du kannst beruhigt sein: Nicht nur du hast eine Schwäche für Bösewichte.

Psychologinnen und Psychologen untersuchten, warum wir **Filmbösewichte** oft so sympathisch finden. Sie entdeckten, dass diese uns einen Spiegel vorhielten. Wir erkennen in den Bösewichten bestimmte Eigenschaften von uns wieder und finden sie deshalb ganz okay.

Das gilt nicht für Bösewichte im echten Leben. Da ist es schwieriger. Wenn eine Handlung zu real wirkt, empfinden wir sogar Ekel. Aber wenn wir einen Film gucken, wissen wir, dass die Gewalt

Wir lieben Bösewichte.

nicht echt und der Bösewicht nicht wirklich schlecht ist. Es ist ein sicherer Hafen für unsere dunkle Seite.

Wir wüssten nur zu gerne, welchen Bösewicht du wohl heimlich magst.

234 ÄNGSTLICH, ÄNGSTLICHER ... PHOBISCH

Wir alle haben ab und zu Angst. Das ist ganz normal. Manche Menschen haben jedoch so große Angst, dass sie nicht mehr normal funktionieren können. Menschen mit Selachophobie zum Beispiel haben furchtbare Angst vor Haien. Dadurch trauen sie sich womöglich nicht, im Meer zu schwimmen oder Boot zu fahren, oder vermeiden eventuell sogar den Besuch eines Aquariums mit Haien. Manchmal haben sie sogar Angst vor einem Foto. *Der Weiße Hai* ist sicher nicht ihr Lieblingsfilm.

Angst vor Haien, Selachophobie

Jemand mit einer Phobie hat also eine übermäßige Angst vor etwas. Du möchtest vielleicht nicht unbedingt Haie streicheln, aber Todesangst brauchst du auch wieder nicht vor ihnen zu haben. Die Wahrscheinlichkeit, dass du einen zu Gesicht bekommst, ist übrigens eh verschwindend gering. Leider gilt das nicht für Spinnen. Es gibt nämlich auch Menschen mit Arachnophobie, schrecklicher Angst vor Spinnen. Schon beim Anblick der allerkleinsten Spinne bekommen sie Panik. Menschen mit Agoraphobie – der Angst vor öffentlichen Plätzen und Menschenmengen – trauen sich womöglich gar nicht mehr aus dem Haus.

Manchmal leiden Menschen mit Phobien sogar körperlich. Sie bekommen Schweißausbrüche, ihr Herz beginnt zu rasen, es wird ihnen schwindelig, oder sie bekommen Schmerzen. Zum Glück ist es möglich, Phobien zu behandeln. Jemand mit einer Hundephobie (Kynophobie) beispielsweise wird Schritt für Schritt in einer sicheren Umgebung mit einem Vierbeiner zusammengeführt. So lernt er, seine Angst unter Kontrolle zu kriegen. Manchmal wird hierfür auch *virtuelle Realität* eingesetzt.

Hier noch ein paar weitere Phobien:
- Coulrophobie = Angst vor Clowns
- Trypanophobie = Angst vor Einstichen
- Akrophobie = Höhenangst
- Erythrophobie = Angst vor dem Erröten

Angst vor dem Erröten, Erythrophobie

Angst vor Fischen, Ichthyophobie

- Sesquipedalophobie = Angst vor langen Wörtern
- Xanthophobie = Angst vor der Farbe Gelb
- Eisoptrophobie = Angst vor dem eigenen Spiegelbild
- Plutophobie = Angst vor Reichtum
- Amathophobie = Angst vor Staub
- Emetophobie = Angst vor dem Erbrechen
- Trypophobie = Angst vor Dingen mit Löchern

Angst vor Löchern, Trypophobie

Hirntraining

235 DARF ICH UM DIESEN TANZ BITTEN?

Tanzt du gerne? Sehr gut! Tanzen ist eine Form der Bewegung, die nicht nur fitter macht, sondern auch fröhlicher. Und wer weiß, vielleicht bleibst du dann noch länger jung …

Forschende aus Magdeburg untersuchten eine Gruppe von 52 Personen zwischen 63 und 80 Jahren. Die Hälfte musste ziemlich anstrengende Übungen machen, um Kraft, Beweglichkeit und Ausdauer zu verbessern. Die andere Hälfte lernte recht komplizierte Schrittfolgen verschiedener Tanzstile: Jazz, Rock 'n' Roll, lateinamerikanische und Country-Tänze.

Nach einem halben Jahr war die körperliche Fitness bei allen verbessert. Auf Gehirnscans sahen die Forschenden, dass sich auch die Gehirne der Teilnehmenden positiv entwickelt hatten. Allerdings war der Fortschritt bei den Tänzern und Tänzerinnen viel größer als bei den »normalen« Sportlern und Sportlerinnen. Das kam vor allem daher, dass sie neue Tanzschritte hatten lernen müssen. Die Kombination aus dem Lernen von etwas Neuem mit körperlicher Anstrengung kann womöglich zur Behandlung von Demenzerkrankungen eingesetzt werden.

236 PACKE GESCHENKE IMMER EIN!

Vielleicht kannst du es nicht so gut, trotzdem empfehlen wir dir, Geschenke in Zukunft immer einzupacken. Menschen finden es nämlich viel schöner, ein Geschenk mit einer Schleife drum herum zu bekommen als dasselbe Geschenk unverpackt.

Im Rahmen einer amerikanischen Studie aus den 1990er-Jahren wurden Menschen gebeten, ein Geschenk zu bewerten. Das eine Geschenk war mit Geschenkpapier und Geschenkband eingepackt, das andere blieb unverpackt. Ergebnis: Das eingepackte Geschenk bekam durchweg eine bessere Bewertung als das unverpackte.

In einem anschließenden Experiment untersuchte man, welches Geschenk den Menschen am besten gefiel: ein unverpacktes, ein normal eingepacktes oder ein besonders schön verpacktes. Du errätst es sicher: Auf Platz eins kam das am schönsten eingepackte, auf Platz zwei das normal eingepackte und auf dem letzten Platz das unverpackte.

Warum uns eingepackte Geschenke lieber sind, ist noch nicht ganz geklärt. Wahrscheinlich hat es damit zu tun, dass das Auspacken positive Erinnerungen weckt. Wenn man dir ein eingepacktes Geschenk überreicht, bereitest du dich innerlich schon darauf vor, dich zu freuen. Studien zeigten darüber hinaus, dass Beschenkten ihr Geschenk desto besser gefiel, je mehr sie sich darauf gefreut hatten.

Willst du jemandem etwas schenken? Denk daran, es schön zu verpacken – am liebsten mit Geschenkband und Schleife.

237 MIT DEM SPRECHENLERNEN FÄNGST DU SCHON IM MUTTERLEIB AN

In den letzten drei Monaten, die ein Baby im Bauch der Mutter verbringt, entwickelt sich sein Gehör. Ab dann kann es verschiedenste Geräusche hören. Das Klopfen von Mamas Herz, das Gluckern ihres Darms, aber auch Geräusche von draußen, wie die Stimmen von Papa, Bruder oder Schwester. Forschende ließen sich ein lustiges Experiment einfallen: Sie baten schwangere Frauen, ihrem Baby zweimal am Tag das Buch *Der Kater mit Hut* von Dr. Seuss vorzulesen. Dafür verwendeten sie eine Art Trichter, den sie an den Kugelbauch hielten. Nach der Geburt lasen sie die Geschichte noch einmal vor. Die Neugeborenen saugten angestrengter an ihren Schnullern und hörten aufmerksamer zu als bei anderen Geschichten. Sie erkannten die Geschichte also wieder.

Untersuchungen ergaben auch, dass Babys die Stimme ihre Mutter am liebsten hören, weil sie die schon am besten kennen. Sie können Geräusche besser unterscheiden als Erwachsene, doch nach einer Weile spezialisieren sie sich auf die Klänge, die sie am häufigsten hören. Das ist ihre »Muttersprache«.

Nach ein paar Monaten merken sie zudem, dass sie selbst Geräusche von sich geben können. Sie entdecken, dass ein bestimmtes Geräusch entsteht, wenn sie Mund, Zunge und Lippen auf eine bestimmte Weise bewegen. Am Anfang können sie diese Bewegungen noch nicht steuern, doch je älter sie werden, desto besser gelingt es ihnen, Laute nachzuahmen.

Forschende entdeckten auch, dass Babys am besten von echten Menschen sprechen lernen und nicht von einer Kassette oder einem Bildschirm. Hast du einen kleinen Bruder oder eine kleine Schwester? Sprich dann so viel wie möglich mit ihm oder ihr. Vielleicht versteht er oder sie dich jetzt noch nicht, aber er oder sie lernt davon unglaublich viel.

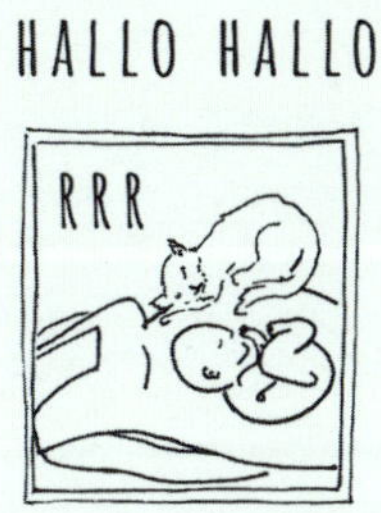

Mamas Soundsystem

238 GELD MACHT DICH NICHT SUPERGLÜCKLICH

»Geld allein macht nicht glücklich.« Diese Redensart hast du sicher schon mal gehört. Doch stimmt sie auch? Forschende wiesen nach, dass Geld wirklich Einfluss auf das Glücksempfinden hat – aber vielleicht nicht so, wie du denkst.

Je höher das Gehalt, desto öfter fühlt man sich glücklich, aber *super*glücklich macht sehr viel Geld nicht. Jemand mit einem niedrigeren Gehalt kann genauso glücklich sein, nur vielleicht weniger oft.

Menschen mit mehr Geld sind meist aktiver in ihrer Freizeitgestaltung. Das bedeutet, dass sie beispielsweise regelmäßiger Sport treiben und sich öfter mit Freunden treffen. Bei Menschen mit niedrigerem Einkommen findet man häufiger »passive Freizeitgestaltung«, wie Fernsehen, die oft weniger kostet. Dadurch entsteht weniger schnell ein Glücksgefühl.

Frühere Studien zeigten schon, dass Geld nur zu einem sehr kleinen Teil für das Glücksgefühl verantwortlich ist: nur zu knapp 1 Prozent! Ein anderes Experiment wies nach, dass mehr Geld zwar für eine höhere Lebensqualität sorgt, aber nicht unbedingt für mehr Glück.

Ob also tatsächlich ein Zusammenhang besteht zwischen Geld und Glück, wissen wir nicht so ganz genau. Doch was auf alle Fälle glücklicher macht, ist, sich regelmäßig mit Freunden zu treffen oder Sport zu treiben. Da kann man doch dran arbeiten, oder?

239 MOWGLI UND TARZAN – ABER IN ECHT

Die Geschichte von Mowgli, der als Baby im Dschungel ausgesetzt und von Wölfen großgezogen wurde, kennst du sicher. Oder die von Tarzan, der von einer Affengruppe adoptiert wurde. Mowgli und Tarzan sind natürlich ausgedachte Figuren aus Büchern, aber es gibt auch echte Wolfskinder. So werden Kinder genannt, die mit sehr wenig menschlichem Kontakt aufwachsen. Manchmal werden sie tatsächlich von Tieren großgezogen, zum Beispiel von Hunden. Manchmal sind sie auch irgendwo eingesperrt und müssen ganz allein groß werden.

Kinder, die auf diese Weise aufwachsen, verhalten sich meist wie Tiere. Sie laufen auf Händen und Füßen, jagen ihr Futter, können besser hören als andere Menschen und sprechen nicht. Oft knurren sie oder blecken die Zähne, wenn man ihnen zu nah kommt. Wenn Wolfskinder gefunden werden, interessiert sich die Wissenschaft immer sehr für sie.

Weil diese Kinder ohne andere Menschen aufgewachsen sind, haben sie keine Sprache gelernt und wissen nicht, wie sie mit anderen Menschen umgehen müssen. Sie tun sich oft schwer damit, unter Menschen zu leben. Sprechenlernen und der Umgang mit Menschen ist für sie meist furchtbar schwierig. In sehr seltenen Fällen lernen sie sogar nie, aufrecht zu gehen.

Aber es gibt auch Wolfskinder, denen es gelingt, sich in die Gesellschaft einzugliedern. Vor allem ist es wichtig, dass ihnen und ihren Problemen genug Aufmerksamkeit geschenkt und ihnen zugehört wird. Dann können sie sich entwickeln und den Vorsprung ihrer Altersgenossen aufholen.

Im Dschungelbuch sieht Mowglis Leben bei den Tieren so einfach aus, aber in echt ist das, wie du siehst, eine ganz andere Geschichte.

Tarzan und Mowgli in echt

Einsteins Gehirnstimulation

240 FANTASIE IST DAS ALLERWICHTIGSTE, AUCH FÜR FORSCHENDE

Von Albert Einstein hast du sicher schon einmal gehört. Er war ein brillanter Wissenschaftler. Er selbst war überzeugt davon, dass er seine Intelligenz vor allem seiner Fantasie verdankte. Er soll gesagt haben: »Wenn du ein intelligentes Kind willst, lies ihm Märchen vor. Wenn du ein noch intelligenteres Kind willst, lies ihm noch mehr Märchen vor.«

Fantasie oder Vorstellungsvermögen ist unglaublich wichtig. Seit Urzeiten hilft sie dem Menschen bei seiner Entwicklung. Vorstellungsvermögen ermöglicht es, sich etwas auszumalen, das es noch nicht gibt. Man denkt darüber nach, wie man etwas verbessern, anders angehen oder neu gestalten könnte.

Fantasie kann sogar einen besseren Menschen aus dir machen. Forschende ließen zwei Gruppen Kinder jeweils ein virtuelles Spiel spielen. In der einen Gruppe waren die Kinder Superhelden, die fliegen konnten. In der anderen Gruppe flogen die Kinder als Passagiere in einem Hubschrauber mit. Beide Gruppen mussten ein vermisstes Kind suchen.

Nach dem Spiel ließen die Forschenden versehentlich eine Schachtel mit Stiften fallen. Die Kinder, die Superhelden gespielt hatten, halfen viel schneller als die Kinder, die im Hubschrauber mitgeflogen waren. Sie waren ein bisschen zu Superhelden geworden, die jederzeit bereit waren zu helfen.

241 EINS DER BEKANNTESTEN PSYCHOLOGISCHEN EXPERIMENTE GING NACH HINTEN LOS

1971 wurde in den USA in den Kellern der Universität Stanford ein psychologisches Experiment durchgeführt: Man richtete dort ein Gefängnis ein, in dem Studenten zwei Wochen arbeiten durften oder eingesperrt wurden. Das Los entschied, ob sie Wärter oder Gefangene wurden.

Die Forschenden interessierte, wie sich die Studenten in ihrer Rolle als Gefangene oder Wärter verhalten würden. Nach einigen Tagen musste das Experiment jedoch vorzeitig abgebrochen werden, weil es völlig außer Kontrolle geriet. Die Wärter missbrauchten ihre Macht und waren den Gefangenen gegenüber brutal und sadistisch. Die Gefangenen litten unter enormem Stress und großer Angst.

Stanford-Gefängnis-Experiment

Die Forschenden schlossen daraus, dass das eigene Verhalten davon abhängt, in welcher Situation man sich befindet. Auch »gute« Menschen könnten sich daher unter bestimmten Umständen schlecht verhalten – wie die Studenten, die die Macht hatten, weil sie Wärter waren.

Das Experiment wurde scharf kritisiert. Forschende bezweifelten zudem den Sinn des Versuchsaufbaus und vermuteten sogar Betrug.

Seitdem ist es keinem weiteren Forschungsteam gelungen, dieselben Resultate zu provozieren. Der britische Fernsehsender BBC wiederholte das Experiment als Reality-TV-Sendung. Überraschenderweise geschah dort genau das Gegenteil: Das Verhältnis von Wärtern und Gefangenen war ausgesprochen gut.

242 WIR ALLE MÖCHTEN DAZUGEHÖREN

In den 1950er-Jahren führte Solomon Asch ein interessantes Experiment durch: Er gab Versuchspersonen zwei Blätter Papier. Auf dem einen Blatt war eine einzelne Linie abgebildet. Auf dem anderen drei Linien unterschiedlicher Länge, gekennzeichnet mit a, b und c. Die Versuchspersonen sollten sagen, welche Linie gleich lang sei wie die auf dem ersten Blatt. Wenn die Versuchspersonen allein in dem Raum saßen, gaben alle die richtige Antwort, c. Unter 1 Prozent machte dabei einen Fehler.

Sobald die Versuchspersonen mit anderen im gleichen Raum saßen, fiel das Ergebnis anders aus. Die anderen waren Mitarbeiter von Solomon Asch, doch das wussten die Versuchspersonen nicht. Alle bekamen die zwei Blätter und antworteten reihum. Aschs Mitarbeiter gaben alle dieselbe, falsche Antwort. Die wahre Versuchsperson kam als letzte an die Reihe. Die Hälfte der Versuchspersonen gab nun auch die falsche Antwort, wohl wissend, dass sie falsch war!

Das nennt man Gruppenzwang. Du passt dein Verhalten an das einer Gruppe an, damit du von dieser akzeptiert wirst. Das Bedürfnis, sich anzupassen, nennt man *Konformitätsdruck*. Manchmal ist dieser so groß, dass du Dinge sagst oder tust, obwohl du weißt, dass sie nicht richtig sind – nur um dazuzugehören.

Abhängig vom Alter, dem Geschlecht, dem kulturellen Hintergrund und der Bedeutung der Aufgabe verhalten sich Personen unterschiedlich konform.

Kennst du das Gefühl von Gruppenzwang?

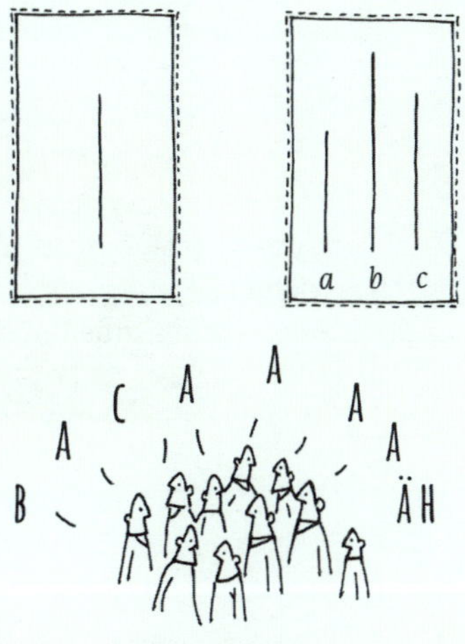

Gruppenzwang

243 MIT WAS FÜR EINEM GESCHENK MACHT MAN KINDER GLÜCKLICH?

Macht man dir mit einem Geschenk zum Anfassen – einem Spielzeug oder einem Videospiel beispielsweise – eine Freude, oder bekommst du lieber ein Erlebnis – einen Zoobesuch oder einen Wochenendausflug – geschenkt? Amerikanische Forschende untersuchten, mit welchen Geschenken man Kinder zwischen drei und 17 am glücklichsten machen kann.

Geschenk aus dem Zoo

Kinder zwischen drei und zwölf freuen sich länger über ein Geschenk zum Anfassen als über ein Erlebnis. Doch je älter ein Kind wird, desto mehr freut es sich über Erlebnisse.

Kinder müssen Erlebnisse erst verstehen lernen, bevor sie deren Wert zu schätzen wissen. Das setzt bestimmte Denkprozesse voraus, und die wiederum müssen sich erst entwickeln. In diesem Fall geht es um das Gedächtnis und die *Theory of Mind*. Das ist das Vermögen, sich in andere hineinzuversetzen. Ein Kind zwischen drei und fünf kann so etwas einfach noch nicht.

Und was für Geschenke bekommst du am liebsten?

Die Tablette wirkt sowieso.

244 EINE UNECHTE TABLETTE KANN DICH GESUND MACHEN

Kennst du den Placebo-Effekt? Das ist die Wirkung einer Behandlung, bei der eigentlich gar nichts getan wurde. Beispielsweise indem man eine Tablette verabreicht, die gar keine Wirkstoffe enthält, oder wenn der Patient beziehungsweise die Patientin zwar dachte, behandelt zu werden, während das eigentlich gar nicht der Fall war.

Der Placebo-Effekt ist meist die Folge der Erwartung, die jemand hat. Du hast zum Beispiel Kopfschmerzen, und jemand gibt dir eine Tablette. Du erwartest, dass dadurch deine Kopfschmerzen weggehen. Tatsächlich hast du nur eine Art Bonbon bekommen. Und trotzdem merkst du nach fünf Minuten, dass dein Kopf weniger wehtut. Das ist der Placebo-Effekt. Das Bonbon hilft zwar nicht, aber weil du denkst, dass du eine Kopfschmerztablette genommen hast, zeigt sich trotzdem eine Wirkung.

Wenn der Placebo-Effekt negativ ist, spricht man von einem Nocebo-Effekt. Der Patient hat dann zwar auch eine unechte Tablette bekommen, fühlt aber trotzdem Nebenwirkungen. Es wird ihm zum Beispiel schlecht. Das kommt daher, dass er erwartet, dass ihm von der Tablette schlecht wird.

Der Placebo-Effekt funktioniert sogar, wenn wir *wissen*, dass wir ein Placebo bekommen haben. Man kann ihn nicht unterdrücken. Deshalb setzen Forschende Placebos in wissenschaftlichen Studien ein, um herauszufinden, ob ein Medikament tatsächlich wirkt. Eine Gruppe bekommt dann das echte Medikament mit Wirkstoffen. Eine andere Gruppe bekommt ein Placebo. Die Versuchspersonen wissen selbst nicht, zu welcher Gruppe sie gehören. So können Forschende beobachten, ob die Wirkung des echten Medikaments besser ist als die des Placebos. Ein Medikament wird erst verkauft, wenn es besser wirkt als ein Placebo.

245 MENSCHEN HALTEN SICH FÜR ATTRAKTIVER, WENN SIE BETRUNKEN SIND

Menschen, die einige Gläser Bier oder Wein intus haben, fühlen sich attraktiver. Das bewies ein Forschungsteam vor ein paar Jahren und erhielt dafür den Ig-Nobelpreis (siehe auch Info 93).

Erste Beobachtungen machten die Forschenden in einer Bar: Je mehr jemand getrunken hatte, desto attraktiver fand er sich. Doch daraus kann man nicht einfach so schließen, dass das am Alkohol lag. Vielleicht trinken Menschen, die sich selbst attraktiv finden, einfach mehr. Oder vielleicht sind Menschen, die mehr trinken, allgemein attraktiver ...

Deshalb war ein zweites Experiment nötig. Die Forschenden luden Menschen ins Labor ein und teilten sie in vier Gruppen auf. Alle bekamen etwas zu trinken, aber niemand wusste, ob das Getränk Alkohol enthielt.

Es gab vier Möglichkeiten:

- Die Versuchsperson erwartet Alkohol und bekommt ihn.
- Die Versuchsperson erwartet Alkohol, bekommt aber keinen.
- Die Versuchsperson erwartet keinen Alkohol, bekommt aber welchen.
- Die Versuchsperson erwartet keinen Alkohol und bekommt auch keinen.

In der nächsten Phase mussten alle Versuchspersonen eine Art Werbeclip für das Getränk, das sie bekommen hatten, aufnehmen. Außerdem mussten sie ihre Attraktivität bewerten. Das wurde noch einmal vor einer Jury wiederholt, die nicht wusste, wer welches Getränk bekommen hatte.

Die Menschen, die dachten, sie hätten Alkohol bekommen, fühlten sich attraktiver. Dabei war egal, ob sie wirklich Alkohol bekommen hatten oder nicht. Anscheinend reicht es aus, zu denken, dass man Alkohol getrunken habe, um sich attraktiver zu fühlen.

Kakerlakentest

246 MENSCHEN PASSEN IHR VERHALTEN AN, WENN SIE WISSEN, DASS SIE AN EINER WISSENSCHAFTLICHEN STUDIE TEILNEHMEN

Das ist natürlich ärgerlich für die Wissenschaft, denn so können Forschende keine endgültigen Schlüsse ziehen. Die Tatsache, dass Menschen ihr Verhalten anpassen, wenn sie wissen, dass sie an einer wissenschaftlichen Studie teilnehmen, wird Hawthorne-Effekt genannt, nach der Fabrik, in der einst ein groß angelegtes Experiment stattfand.

Doch warum verhalten sich Menschen anders, sobald jemand zuguckt?

Hawthorne-Effekt

Beherrschst du eine Tätigkeit gut, führst du sie meist noch besser aus, wenn dir jemand zuguckt. Ist die Aufgabe schwierig oder bist du in etwas schlecht, stellst du dich meist noch ungeschickter an, wenn dir jemand zusieht. Diesen Effekt kann man sogar bei Kakerlaken beobachten. Auf einer einfachen Rennbahn liefen diese sehr schnell, wenn andere Kakerlaken in der Nähe waren. Sobald sie aber durch ein schwieriges Labyrinth mussten, während andere Kakerlaken »zusahen«, liefen sie viel langsamer.

Menschen geben sich bei einem Experiment also anders, als sie sind – besser oder schlechter. Wahrscheinlich möchten sie den Erwartungen der Forschenden entsprechen. Es gibt sogar verschiedene Varianten des Hawthorne-Effekts.

Wenn Forschungsergebnisse nicht den Erwartungen entsprechen oder sich in einer Studie keine Wirkung erkennen lässt, schieben Forschende das manchmal auf den Hawthorne-Effekt.

247 WIR ALLE LEIDEN UNTER GEDÄCHTNISVERLUST

Nimm dir einen Moment und denke zurück an die Zeit vor deinem dritten oder vierten Geburtstag. Erinnerst du dich noch an die allerersten Jahre deines Lebens? Wahrscheinlich nicht. Das ist ganz normal. So gut wie jeder leidet unter infantiler Amnesie. Das bedeutet, dass man so gut wie keine Erinnerungen an seine ersten Lebensjahre hat.

Forschende sind diesem Gedächtnisverlust auf den Grund gegangen. Kleine Kinder sind nämlich eigentlich sehr wohl in der Lage, Erinnerungen zu speichern. Wenn du ein dreijähriges Kind fragst, was kurz zuvor passiert ist, kann es dir das wahrscheinlich erzählen. Warum verblasst oder verschwindet also später ein Teil der Erinnerungen?

Das hat Forschenden zufolge mehrere Gründe. Kinder unter drei Jahren kennen noch nicht so viele Wörter. Das erschwert das Merken in Form von Sprache. Du hast also womöglich Erinnerungen, die durch bestimmte Bilder oder Gerüche hervorgerufen werden, denn diese funktionieren unabhängig von Sprache.

Infantile Amnesie:
Neue Verbindungen überschreiben alte Erinnerungen.

Sobald du sprechen lernst, passiert sehr viel in deinem Gehirn. Zwischen dem ersten und dem zweiten Lebensjahr entstehen dort jede Menge Verbindungen, aber es fallen auch Verbindungen – und dadurch Erinnerungen – weg. Ungefähr ab dem Alter von zwei Jahren beginnen Kinder sich selbst als Person wahrzunehmen. Sie lernen zwischen sich und anderen zu unterscheiden. Zur gleichen Zeit lernen Kinder einen bestimmten Rhythmus kennen. Sie werden sich der Zeit und des Ortes bewusst. Tag unterscheidet sich von Nacht; Wochenende ist anders als Wochentag. Das alles hilft beim Erinnern.

Hast du ein Geschwisterchen, das jünger ist als drei? Wenn du möchtest, dass es sich später an bestimmte Dinge erinnert, kann es helfen, abends vor dem Schlafengehen noch einmal den vergangenen Tag zu besprechen und eventuell um Details anzureichern. Auf diese Weise trägst du dazu bei, dass ihr euch wahrscheinlich später an dieselben schönen Dinge erinnert.

248 MIT BAUKLÖTZEN ZU SPIELEN IST HERVORRAGEND FÜRS GEHIRN

zukünftiger Architekt

Spielst du gerne mit Lego oder anderen Bausteinen? Das ist eine hervorragende Idee, erst recht, wenn du später etwas mit Technik, Wissenschaft, Architektur oder Technologie machen möchtest. Durch das Spielen mit Bauklötzen schult man nämlich das räumliche Vorstellungsvermögen.

Manche Kinder bauen vor allem gerne »frei« und nicht nach einem Plan. Das fördert die Kreativität. Manchmal kann es aber auch gut sein, ein Modell nachzubauen. Das kannst du tun, indem du einer Anleitung auf Papier folgst oder indem du etwas schon Gebautes nachbaust. Angeblich hilft das sogar beim Lösen von Physik- und Matheaufgaben.

Menschen, die viele Wörter verwenden, bei denen es um Räumliches geht, sind auch im Vorteil – Wörter wie *auf, unter, entlang, Kreis, zwischen, Quadrat, Rechteck* ... Wenn wir Formen in Worte fassen, fällt es uns leichter, diese Begriffe zu verstehen.

Und glaub bloß nicht, Mädchen hätten ein schlechteres räumliches Vorstellungsvermögen als Jungs. Das stimmt nicht! Ein Talent entwickelt sich erst mit viel Übung. Willst du in etwas gut werden – Mathe, Klavierspielen, Physik ... –, übe, so oft du kannst. Und glaub fest daran, dass du es schaffen wirst.

249 AUFGEPASST! WIR BEHALTEN DICH IM AUGE ...

Wenn du weißt, dass dich jemand beobachtet, verhältst du dich anderen gegenüber ehrlicher und selbstloser. Menschen geben zum Beispiel einem Obdachlosen oder jemandem, der mit einem Klingelbeutel die Runde macht, mehr Geld, wenn sie wissen, dass jemand zusieht. Das liegt daran, dass Menschen ihr *guter Ruf* wichtig ist. Es liegt ihnen am Herzen, dass andere sie für einen »guten Menschen« halten.

der Wachsames-Auge-Effekt

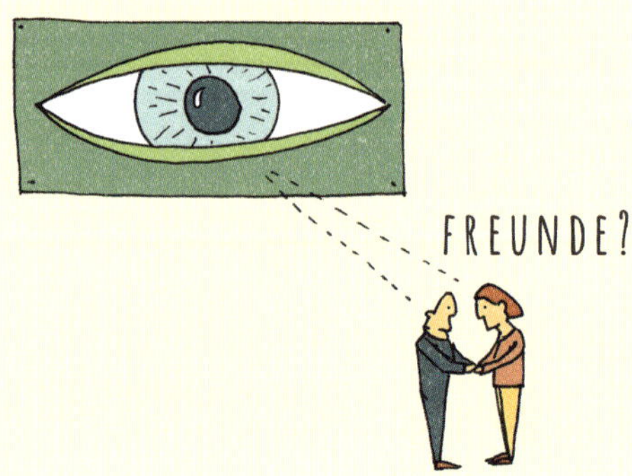

Lustigerweise gilt das nicht nur dann, wenn eine echte Person zusieht, sondern es reicht ein Piktogramm (eine einfache Zeichnung) mit Augen. Das nennt man Watching-Eye-Effekt (also

»Wachsames-Auge-Effekt«). Steht beispielsweise in einer Cafeteria eine Dose, in die man Geld stecken soll, wenn man ein Getränk nimmt, kommt mehr Geld zusammen, wenn auf der Dose ein Auge abgebildet ist. Menschen räumen auch schneller ihren Tisch ab und werfen Müll in Mülltonnen, wenn auf ihnen Augen sind.

In all diesen Fällen geht es um den guten Ruf vor anderen. Der *Watching-Eye*-Effekt funktioniert nämlich nicht, wenn es um Entscheidungen geht, die nur die Person selbst betreffen. Ein Auge in dein Zimmer zu hängen, damit du mehr lernst, hat also wahrscheinlich keinen Effekt.

Der *Watching-Eye*-Effekt wird vor allem zur Überwachung genutzt. Schon das Aufhängen eines Piktogramms kann Verbrechen reduzieren oder vorbeugen. Menschen fühlen sich beobachtet, und das genügt, damit sie sich besser benehmen. Der *Watching-Eye*-Effekt wird beispielsweise erfolgreich eingesetzt, um Fahrraddiebstahl vorzubeugen.

250 MAN SUCHT SICH INFORMATIONEN, DIE DIE EIGENEN ÜBERZEUGUNGEN BESTÄTIGEN

Sicher hast du eine Meinung zu bestimmten Themen. Und wahrscheinlich bist du überzeugt, dass deine Meinung die richtige ist. Du kannst es sogar beweisen! Allerdings kommt da etwas Blödes ins Spiel, an dem wir alle ab und an leiden. Menschen suchen sich nämlich immer die Informationen heraus, die die eigene Meinung bestätigen, und nicht solche, die ihr zuwiderlaufen. Das nennt man Bestätigungsfehler oder auf Englisch *confirmation bias*. Der tritt vor allem dann auf, wenn uns ein Thema besonders berührt oder wir von etwas besonders überzeugt sind.

Confirmation bias: Bestätigungsfehler

Das ist lästig, denn so kann es passieren, dass wir falsche Schlüsse ziehen – sowohl im Alltag als auch in der Wissenschaft. Meist merken wir es noch nicht einmal. Wir interpretieren und merken uns Informationen so, dass sie unsere persönliche Position stützen. Wenn eine Information das nicht tut, schenken wir ihr weniger Aufmerksamkeit oder ignorieren sie (unbewusst).

Soziale Medien wie Facebook, Twitter oder Instagram – aber auch Suchmaschinen wie Google – verstärken den Bestätigungsfehler. Ihre Algorithmen sorgen dafür, dass du vor allem Informationen gezeigt bekommst, die deine Meinung widerspiegeln. Alles andere wird weggefiltert. Auf diese Weise bekommst du ein verzerrtes Bild der Wirklichkeit.

251 TYPISCH JUNGE / TYPISCH MÄDCHEN

Hast du schon mal das Wort Genderstereotyp gehört? Dabei handelt es sich um das Bild, das eine Gesellschaft von den Unterschieden zwischen Männern und Frauen hat. Damit sind verschiedene »Genderrollen« verbunden. Jungen und Männer sind danach durchsetzungsfähig, stark und besser in Naturwissenschaften und allem Technischen. Mädchen und Frauen sind lieb und sanft und übernehmen gerne die Fürsorge.

Das geht schon los, wenn Kinder noch ganz klein sind. In einem Experiment kleidete man männliche Babys wie Mädchen und weibliche wie Jungs. Dann bat man Menschen, die die Babys nicht kannten, mit diesen zu spielen. Auf dem Boden lag »typisches« Mädchen- und Jungenspielzeug.

Die Versuchspersonen gaben den Jungs »typische« Sachen wie Autos und Bauklötze. Sie spielten auch wilder mit ihnen. Die Mädchen bekamen eine Puppe oder ein Kuscheltier und wurden vorsichtiger behandelt. Nachher waren die Versuchspersonen überrascht, als sie hörten, dass der Junge eigentlich ein Mädchen war und andersrum.

Wir machen jetzt mal eben ein Experiment mit dir. Bevor du weiterliest, tu bitte Folgendes:

»Laufe wie ein Mädchen.«

- Bist du wie der Blitz davongeschossen?
- Oder bist du ein bisschen albern davongehoppelt, x-beinig und mit schlackernden Händen?

Falls Letzteres, leidest du an *Genderstereotypisierung*. Manchmal laufen sogar Mädchen so komisch, wenn man sie bittet, »wie ein Mädchen« zu laufen – auch wenn sie sonst gar nicht so laufen. Mädchen können schließlich genauso gut laufen wie Jungs. Vor allem ab der Pubertät bewerten Jungen und Mädchen, etwas zu »tun wie ein Mädchen«, als negativ.

Das ist schade, denn so verengen wir unser Blickfeld. Genderstereotypisierung führt beispielsweise zu bestimmten Entscheidungen in Schule, Ausbildung und Studium, die zur Folge haben, dass man am Ende einen ganz anderen Beruf ergreift, als man eigentlich gewollt hätte. Darum lass dir nichts einreden, sondern folge deinem Bauchgefühl!

Wohlfühl-Shoppen

252 MANCHMAL KAUFT MAN NEUE SACHEN, UM SICH GUT ZU FÜHLEN

Forschende dachten lange, dass Menschen gut darüber nachdenken, bevor sie etwas kaufen: Wenn das alte T-Shirt zu klein oder abgetragen ist, geht man in den Laden und kauft sich ein neues. Man vergleicht die Preise in mehreren Geschäften und sucht sich ein T-Shirt aus, das einem gut passt und das bezahlbar ist. Erst nachdem man gut nachgedacht hat, entscheidet man sich für eins der T-Shirts. Ein Kauf ist in diesem Fall eine *rationale* Entscheidung.

Inzwischen weiß man es allerdings besser. Menschen kaufen sehr oft Dinge, die sie gar nicht brauchen, um sich besser zu fühlen, weil sie finden, dass diese gut zu ihnen passen, oder weil sie zu einer bestimmten Gruppe gehören wollen. *Emotionale* oder *gesellschaftliche* Gründe sind oft sogar wichtiger als rationale. In dem Moment übernimmt das impulsive Gehirn die Kontrolle. Das arbeitet sehr schnell, unbewusst und emotional. Durch den Kauf fühlst du dich gleich ein bisschen besser. Erst wenn du nach Hause kommst, denkst du vielleicht: »Das T-Shirt brauche ich eigentlich gar nicht wirklich.«

Geschäfte nutzen dieses Gefühl aus. Sie sorgen für die richtige Atmosphäre, für Gemütlichkeit, den passenden Duft, damit du dich schon beim Reinkommen gut fühlst. Auch mit den Preisen veräppeln sie dich ein bisschen. Auf einem Preisschildchen steht beispielsweise 39,99 € statt 40 €. Dein Gehirn sieht dann im ersten Moment eher die 30 statt der 40. Manchmal werden die 99 Cent auch noch in kleineren Buchstaben gedruckt, um diesen Effekt zu verstärken. Bei Schlussverkäufen spielen Gefühle eine noch größere Rolle. Man verspürt eine Art Aufregung, glaubt, es handle sich um die allerletzten Stücke, sodass man unbedingt zuschlagen muss. Dadurch kauft man manchmal Sachen, die man gar nicht braucht und nicht einmal wirklich schön findet.

Vielleicht solltest du all dies im Hinterkopf behalten, wenn du das nächste Mal das Gefühl hast, du müsstest etwas unbedingt kaufen. So kannst du ganz schön viel Geld sparen.

Essen

Auf die Plätze, fertig, los!

253 KLEINKINDER TEILEN IHR ESSEN, AUCH WENN SIE HUNGER HABEN

Wenn Menschen anderen helfen, obwohl das zu ihrem eigenen Nachteil ist, nennt man das selbstlos oder *altruistisch*.

Ein Beispiel für selbstloses Verhalten ist, wenn man Obdachlosen etwas zu essen gibt. Meist muss der Geber oder die Geberin deshalb nicht auf ein eigenes Butterbrot verzichten, erleidet also keinen Nachteil. Es sei denn, es herrscht gerade eine Hungersnot. Dann schon. Trotzdem teilen Menschen ihr Essen mit anderen. Schimpansen und Bonobos, die Menschen sehr ähnlich sind, teilen ihr Futter nicht. Sie sind also weniger selbstlos.

Leckermäuler

Experimente könnten nachweisen, dass sogar Kleinkinder von 19 Monaten wiederholt und spontan ihr Essen mit Unbekannten teilen.

Das erste Experiment fand in einer normalen Situation statt: Der Versuchsleiter ließ absichtlich ein Stück Obst auf den Tisch fallen. In manchen Fällen tat er dann nichts und ließ das Obst einfach liegen. In dem Fall gaben nur vier von hundert Kindern ihm das Obststück zurück. In den anderen Fällen versuchte der Versuchsleiter, sich das Stück Obst zu nehmen, kam aber so gerade eben nicht dran. In dem Fall gab über die Hälfte der Kinder es ihm zurück.

In einem zweiten Experiment hatten die Kinder schon eine Weile nichts mehr zu essen bekommen. Sie waren nicht wirklich hungrig, hatten aber sicher Appetit auf ein Stück Obst. Wenn der Versuchsleiter nichts tat, nahmen die Kinder das Obst und aßen es selbst. Wenn der Versuchsleiter das Obst wiederhaben wollte, aber nicht drankam, gab die Hälfte der Kinder das Obst zurück, obwohl sie es lieber selbst gegessen hätten.

Die Forschenden entdeckten, dass manche Kinder schneller teilen als andere. Das hing vor allem damit zusammen, ob sie Geschwister hatten und aus welcher Kultur sie kamen.

254 NARZISSTEN GEHEN ÖFTER IN DIE POLITIK

Kennst du die Geschichte von Narziss? Das war ein junger Mann im alten Griechenland, der sich in sein eigenes Spiegelbild im Wasser verliebte. Noch heute nennen wir Menschen, die sich anderen überlegen fühlen, Narzissten. Sie finden sich selbst etwas ganz Besonderes und teilen das jedem mit, der es hören will. Narzissten lieben Aufmerksamkeit und haben ein fettes Ego. Sie können sich schlecht in andere hineinversetzen und schlecht mit Gefühlen umgehen.

Narzissten sind offenbar auch öfter politisch aktiv. Sie unterschreiben schneller Petitionen, spenden oft Politikern oder Parteien Geld und wenden sich häufiger schriftlich an Politiker und stimmen in Wahlen häufiger für narzisstische Kandidaten.

Das erklärt, warum bestimmte Kandidaten größere Chancen haben, gewählt zu werden. Narzissten beschäftigen sich viel mit ihrem eigenen Status und ihrem persönlichen Gewinn. Sie stimmen darum oft für Menschen mit denselben Eigenschaften. Wenn es in einer Gesellschaft zu viele Narzissten gibt, ist das schlecht für die Demokratie: Narzissmus führt angeblich öfter zu Konflikten und Streitereien.

255 EIN LECKERER TEST, MIT DEM MAN SELBSTBEHERRSCHUNG AUF DIE PROBE STELLEN KANN

Für diesen Test braucht man ein vier- bis fünfjähriges Kind und ein Marshmallow (oder irgendetwas anderes Leckeres). Das legt man dem Kind dann vor die Nase und sagt ihm, man gehe mal kurz weg. Man erklärt dem Kind, dass es ein zweites Marshmallow bekommt, wenn es das erste in der Zwischenzeit nicht isst. Wenn doch, bekommt es kein zweites. Dann geht man aus dem Zimmer und guckt mit einer Kamera zu, was passiert.

Für ein kleines Kind sind zwanzig Minuten eine Ewigkeit. Manche Kinder riechen an dem Marshmallow, zupfen ein Stückchen ab, um zu probieren, oder lecken dran.

Online findest du jede Mange lustige Videos von Kindern, die den Marshmallow-Test machen. Er wurde in den 1960er-Jahren entwickelt, um die Selbstbeherrschung kleiner Kinder zu untersuchen. Wählt das Kind die sofortige Belohnung, oder kann es sich beherrschen, bis es eine größere Belohnung bekommt?

Kamerabilder

Marshmallow-Test

Manche Forschende meinten, dass Kinder, die sich beherrschen können – und das Marshmallow nicht aufessen –, im späteren Leben erfolgreicher seien. Angeblich können sie sich besser konzentrieren und lernen deshalb leichter. Sie studieren länger und haben ein gesünderes Körpergewicht.

Andere Forschende sind jedoch der Ansicht, dass man auf der Grundlage dieses Tests keine weitreichenden Schlüsse ziehen könne. Vielleicht mochte das eine Kind einfach keine Marshmallows, und ein anderes hatte gerade großen Hunger.

Die gute Neuigkeit ist, dass man Selbstbeherrschung lernen kann. Anstatt an den Geschmack der leckeren Süßigkeit denkt man einfach an etwas anderes. Man kann ein Lied singen oder sich eine Geschichte ausdenken. Man kann sich auch vorstellen, dass die Süßigkeit etwas nicht Essbares ist, ein Wattebausch zum Beispiel.

256 MAN IST VOR ALLEM NEIDISCH AUF DINGE, DIE NOCH KOMMEN

Die Eltern deiner Freundin versprechen ihr die neueste Gamekonsole zum Geburtstag, während du dich noch mit der alten rumschlagen musst. Deine Freunde gehen zu einem Konzert deiner Lieblingsband, während du zu Hause bleiben musst. Wir können uns vorstellen, dass du in solchen Momenten platzt vor Neid.

Forschende wiesen nach, dass man auf Dinge, die in der Vergangenheit liegen, weniger neidisch ist als auf solche in der Zukunft. Stell dir vor, du bist in jemanden verliebt, und die Person verabredet sich am Valentinstag mit jemand anderem. Dann wird deine Eifersucht größer, je näher der 14. Februar kommt, nimmt danach aber schnell wieder ab.

Die negativen Gefühle, die du empfindest, wenn du neidisch oder eifersüchtig bist, nehmen also ab, wenn das auslösende Ereignis stattgefunden hat. Vielleicht freust du dich sogar für deine Freundin, dass sie die Konsole bekommen hat, oder hörst deinen Freunden, die zu dem Konzert gegangen sind, gerne zu, wenn sie davon erzählen.

sehr neidisch *nicht mehr neidisch*

Ein heißer Tipp? Du kannst Gefühle wie Neid und Eifersucht vermindern, indem du dir einfach vorstellst, dass das dazugehörige Ereignis schon stattgefunden hat. Tu also einfach so, als sei es schon vorbei, dann bist du gleich weniger neidisch.

257 WARUM EIN NEUES WORT PLÖTZLICH ÜBERALL AUFTAUCHT

Du kennst das sicher: Du hörst einen neuen Namen oder ein unbekanntes Wort zum ersten Mal, und wie durch Zauberhand taucht dieser Name oder dieses Wort auf einmal überall auf. Oder du möchtest unbedingt eine Jacke einer bestimmten Marke haben und siehst auf einmal überall Leute mit so einer Jacke herumlaufen. Für dieses Phänomen gibt es einen Begriff: **Frequenzillusion** oder **Baader-Meinhof-Phänomen**. Du unterliegst der Illusion, ein Wort viel häufiger zu hören beziehungsweise einen Gegenstand viel häufiger zu sehen als vorher.

Baader-Meinhof-Phänomen Frequenzillusion

Die Baader-Meinhof-Gruppe (auch als Rote Armee Fraktion bekannt) war eine deutsche Terrororganisation in der zweiten Hälfte des vorigen Jahrhunderts. Ein Journalist bemerkte, dass er diesen Namen plötzlich viel öfter sah, nachdem er ihn zum ersten Mal in der Zeitung gelesen hatte. Später nannte der Sprachwissenschaftler Arnold Zwicky dieses Phänomen *Frequenzillusion*.

Für die Frequenzillusion gibt es zwei Gründe:

- Du widmest auffälligen Dingen mehr Aufmerksamkeit und blendest den Rest aus (*selektive Aufmerksamkeit*). Wenn du ein Wort oder einen Namen hörst, schenkst du ihm von da an mehr Aufmerksamkeit.
- Du suchst »Beweise«, die deine Überzeugungen und Vorstellungen bestätigen, und ignorierst Informationen, die das Gegenteil behaupten (*Bestätigungsfehler*, siehe Info 250). Andere Wörter und Namen beachtest du deshalb weniger.

Wetten, dass du von jetzt an überall vom Baader-Meinhof-Phänomen liest oder hörst?

258 DER FORER-EFFEKT ERKLÄRT, WARUM WIR AN HOROSKOPE GLAUBEN

Mitte des letzten Jahrhunderts ließ der amerikanische Psychologe Bertram Forer seine Studentinnen und Studenten einen Persönlichkeitstest ausfüllen. Anschließend erhielten sie das Testergebnis, in dem Sätze standen wie:

»Sie sind auf die Zuneigung und Bewunderung anderer angewiesen, neigen aber dennoch zu Selbstkritik.«

»Sie bevorzugen ein gewisses Maß an Abwechslung und Veränderung und sind unzufrieden, wenn Sie von Verboten und Beschränkungen eingeengt werden.«

»Manchmal verhalten Sie sich extrovertiert, umgänglich und aufgeschlossen, dann wieder introvertiert, skeptisch und zurückhaltend.«

Forer bat die Studierenden, das Ergebnis zu bewerten. Traf es auf sie zu? Beschrieb es ihre Persönlichkeit? Null bedeutete, dass es überhaupt nicht zutraf; fünf, dass es voll und ganz zutraf. 'Fast alle Studierenden bewerteten es sehr positiv, durchschnittlich mit vier.

Dabei hatte Forer den Text überhaupt nicht auf Grundlage der Persönlichkeitstests geschrieben. 'Er hatte ihn aus Horoskopen in der Tageszeitung zusammengesetzt. Außerdem erhielten alle Studierenden denselben Text. Trotzdem hatten sie das Gefühl, er treffe im Großen und Ganzen auf sie zu.

Der Forer-Effekt erklärt, warum Menschen an Horoskope glauben und das Gefühl haben, diese bezögen sich tatsächlich auf sie: In den vagen und allgemeingültigen Sätzen in Horoskopen steht immer irgendetwas, das zutrifft. Das Experiment wurde schon oft wiederholt, immer mit demselben Ergebnis.

Glaubst du an Horoskope? Oder weißt du es jetzt besser?

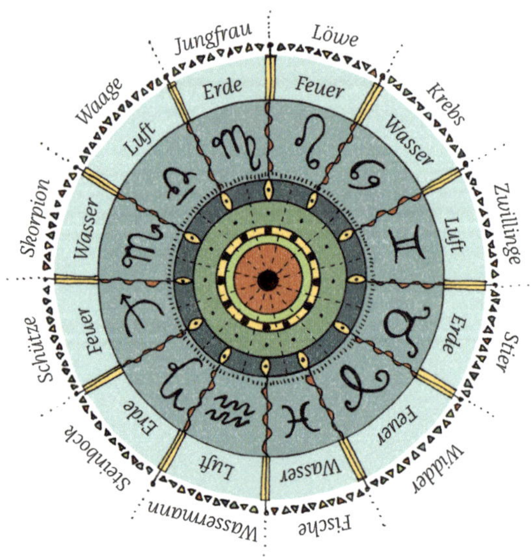

die Sternzeichen

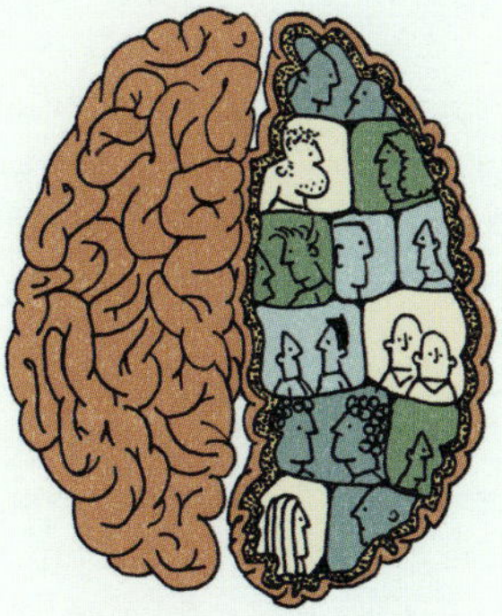

Schubladendenken

259 UNSER GEHIRN STECKT ALLES IN SCHUBLADEN

Schubladendenken führt zu Vorurteilen und Stereotypisierung (siehe auch Info 251). Das ist schade, denn das hat eine Spaltung in »wir« und »die anderen« zur Folge, die überall für sehr viel Kummer sorgt. Menschen werden nicht mehr als Individuen wahrgenommen, sondern als Teil einer Gruppe, zu der sie – oft nur rein zufällig – gehören. Man ist ein »typisches Mädchen« oder ein »typischer Junge«, »typisch muslimisch« oder »typisch deutsch«. Bei dem Wort »Professor« gehen wir von einem Mann aus, bei »Krankenpflegepersonal« erwarten wir eher Frauen. Die Liste ist lang.

Leider steckt unser Gehirn automatisch alles in Schubladen. Es kategorisiert die Dinge, selbst wenn wir es nicht wollen. Wir kleben den Dingen ein Etikett auf, damit unser Gehirn für andere Aufgaben Platz hat. Schubladendenken spart nämlich Denkvermögen. Indem wir etwas in Schubladen stecken, können wir Zeit und Aufmerksamkeit sparen. Wir übernehmen einfach den Eindruck, den wir auf Basis des Etiketts haben. Das geht sehr schnell und meistens unbewusst. Oft merken wir also gar nicht, dass wir es tun.

Das soll aber keine Entschuldigung sein. Aus der Forschung wissen wir, dass Menschen Schubladendenken durchaus abstellen können, wenn sie wollen (und in ihrem Gehirn genug Platz ist).

260 MAGST DU MINECRAFT? DANN ZEIG DEINEN ELTERN DIESE ERKENNTNISSE …

Vielleicht spielst du ab und zu Minecraft. Das ist eine Art virtuelle Lego-Welt, in der man alles Mögliche bauen und seiner Fantasie freien Lauf lassen kann. Forschung bestätigte inzwischen, dass Minecraft die Kreativität tatsächlich fördern kann!

An der Studie nahmen 350 Versuchspersonen teil. Diese wurden in drei Gruppen aufgeteilt. Die erste Gruppe sah 40 Minuten lang fern. Die zweite fuhr 40 Minuten lang virtuelle Autorennen, und die dritte spielte 40 Minuten lang Minecraft.

Die Gruppe, die Minecraft spielte, wurde wiederum in zwei Gruppen unterteilt. Eine Gruppe bekam den Auftrag, »so kreativ wie möglich« zu sein, die andere bekam keine Anweisungen.

Nachher baten die Forschenden die Teilnehmenden, verschiedene kreative Aufgaben auszuführen. Sie mussten beispielsweise ein Alien zeichnen, das die Forschenden dann bewerteten. Je menschlicher das Alien, desto weniger Punkte für Kreativität.

Das Ergebnis? Die Gruppe, die ohne Anweisungen Minecraft gespielt hatte, erzielte die höchste Punktzahl für Kreativität. Verrückterweise schnitt die andere Minecraft-Gruppe am schlechtesten von allen ab.

Sollst oder willst du kreativ sein? Spiel dann erst eine Runde Minecraft, bevor du loslegst. Aber nur, wenn du selbst dazu Lust hast und ohne Vorgaben.

Und zeige diesen Text vor allem auch deinen Eltern. Wetten, dass du dann ein bisschen öfter Minecraft oder ein ähnliches Spiel spielen darfst?

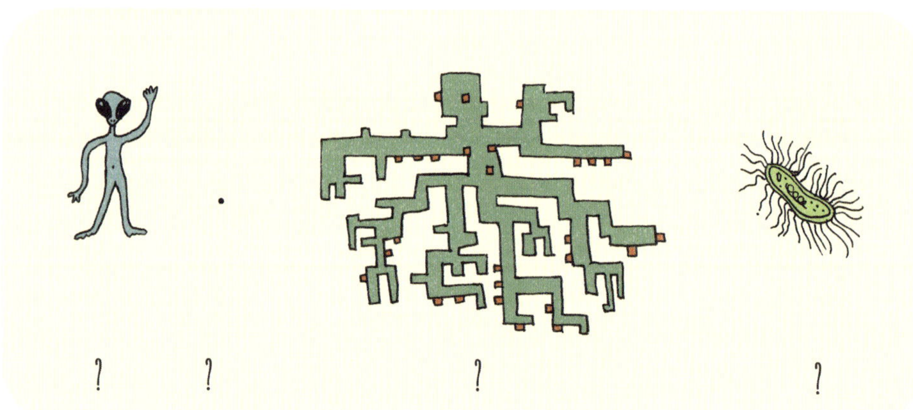

Zeichne ein Alien.

– 9 –

SCHLAUE KÖPFE

261 WAR THALES VON MILET DER ERSTE WISSENSCHAFTLER?

So ganz genau wissen wir nicht, wer der erste Wissenschaftler oder die erste Wissenschaftlerin war, aber in der europäischen Geschichtsschreibung könnte es durchaus Thales von Milet gewesen sein. Sogar der berühmte Philosoph und Wissenschaftler Aristoteles erwähnte diesen Mann.

Thales soll um 620 vor Christus geboren sein. Er lebte in Milet, einer wichtigen Hafenstadt des antiken Griechenlands, deren Ruinen in der heutigen Türkei liegen.

Er war der Erste, der die Naturphänomene zu erklären versuchte, ohne dafür Götter oder die Mythologie heranzuziehen. Thales stellte sogar Hypothesen – vorläufige Behauptungen – auf, in denen er formulierte, was er mithilfe seiner Forschung zu beweisen versuchte. Dann probierte er, diese Hypothesen durch Beobachtung und Erforschung zu bestätigen oder zu entkräften. Hieraus entstanden die Methoden der modernen Wissenschaft.

Der Legende zufolge soll Thales unter anderem die totale Sonnenfinsternis von 585 vor Christus vorausgesagt haben. Er beschäftigte sich außerdem mit Mathematik und behauptete unter anderem auch, Wasser sei das Urelement, aus dem alles andere gemacht sei. Seine schriftlichen Aufzeichnungen sind leider nicht erhalten geblieben.

262 DIE FAMILIE CURIE ERHIELT ÜBER FÜNF NOBELPREISE

Der Apfel fällt nicht weit vom Stamm, da brauchst du dir nur die französisch-polnische Familie Skłodowska-Curie und ihre Bedeutung für die Wissenschaft anzusehen. Die Familie Curie erhielt nicht weniger als fünf Nobelpreise in naturwissenschaftlichen Disziplinen und sogar einen Friedensnobelpreis. Letzteren nahm der Schwiegersohn der Curies, Henry Labouisse, in seiner Funktion als Exekutivdirektor des Kinderhilfswerks UNICEF in Empfang.

Das Ehepaar Marie Skłodowska-Curie und Pierre Curie erhielt für die Erforschung radioaktiver Strahlung 1903 gemeinsam den Nobelpreis für Physik. Sie teilten sich den Preis mit dem französischen Physiker Antoine Henri Becquerel. Acht Jahre später erhielt Marie den Nobelpreis für Chemie für ihre Entdeckung der radioaktiven Elemente Radium und Polonium.

Marie Curie war die erste Frau, die einen Nobelpreis entgegennehmen durfte, und die erste Person überhaupt, die zwei Nobelpreise bekam. Sie wurde darüber hinaus die erste weibliche Professorin an der berühmten Universität Sorbonne in Paris.

Ihre Tochter Irène Curie und deren Mann Frédéric Joliot teilten sich 1935 den Nobelpreis für Chemie für ihre Entdeckung, dass man radioaktive Elemente im Labor herstellen kann.

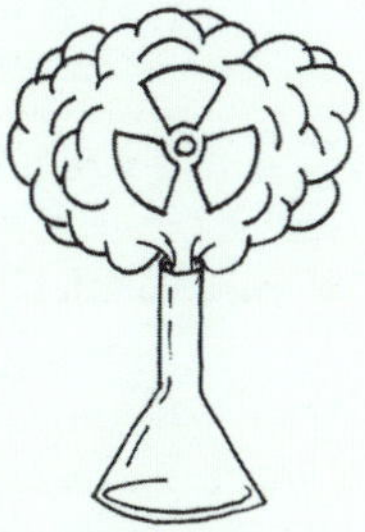

Marie Curie, Irène und Frédéric starben alle drei an Krebs, den sie der hohen Strahlendosis verdankten, der sie durch ihre Forschung ausgesetzt waren. Pierre Curie starb bei einem Unfall, wäre aber sonst wahrscheinlich auch an den Folgen der schädlichen Strahlung gestorben. Die Schriftstücke des Ehepaars Curie sind auch heute noch radioaktiv und werden in speziellen Bleibehältern aufbewahrt.

Auch die Enkel und Urenkel der Curies sind bekannte Wissenschaftler und Wissenschaftlerinnen. Vielleicht tragen sie ja noch einen Nobelpreis bei.

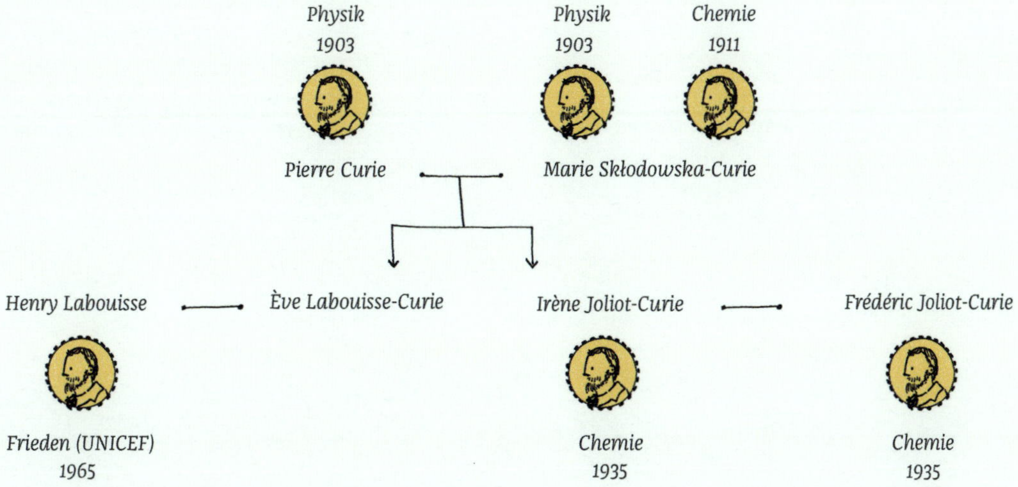

263 CHARLES DARWIN ÜBERLEGTE SICH DIE EVOLUTIONSTHEORIE NICHT ALLEIN

In seinem berühmten Buch *On the Origins of Species* (*Über die Entstehung der Arten*), das 1859 erschien, beschrieb Charles Darwin die Evolutionstheorie.

Diese Theorie beschreibt die Evolution, also die Entwicklung des Lebens und der Artenvielfalt auf der Erde. Darwin erklärt darin, wie sich im Laufe der Generationen die erblichen Eigenschaften einer bestimmten Art verändern. Dazu kommt es durch genetische Variation, Fortpflanzung und natürliche Selektion. Natürliche Selektion bedeutet, dass manche Lebewesen besser an ihre Umgebung angepasst sind als andere und dadurch bessere Überlebens- und Fortpflanzungschancen haben. Auf Englisch nennt man das survival of the fittest.

Charles Darwins »survival of the fittest«: Giraffen mit einem langen Hals haben größere Überlebenschancen.

Wir kennen vor allem Darwin als Begründer der Evolutionstheorie, dabei hat er sie sich nicht allein überlegt. Der britische Naturforscher Alfred Wallace beschrieb ebenfalls eine Evolutionstheorie, die der von Darwin ähnelte. Die beiden Forscher tauschten sich über ihre Überlegungen aus und veröffentlichten bereits Verschiedenes, noch bevor Darwins Buch erschien. Alfred Wallace lieferte also einen großen Beitrag zur Evolutionstheorie, ist jedoch viel weniger bekannt als Darwin.

Charles Darwin und Alfred Wallace

Die Evolutionstheorie löste eine wissenschaftliche Revolution aus, die große Auswirkungen auf Gesellschaft, Philosophie und Religion hatte. Die Kirche wollte die Evolutionstheorie nicht akzeptieren, und bis heute gibt es gläubige Menschen, die sie ablehnen. Die Wissenschaft ist sich allerdings einig: Es ist inzwischen unumstößlich bewiesen, dass die Evolutionstheorie stimmt und die Basis der Biologie ist.

die P-Wellen von Inge Lehmann

264 INGE LEHMANN WURDE MEHRFACH AUSGEZEICHNET, ABER FAST NIEMAND KENNT SIE

Inge Lehmann war eine dänische Geodätin und Seismologin. Sie erforschte die Erde und war vor allem an deren Innerstem interessiert.

Ihre Gedanken zum Erdkern machte sie sich mithilfe seismischer Wellen. Das sind messbare Wellen, die sich durch die Erde bewegen – beispielsweise bei einem Erdbeben. Es gelang ihr als Erste zu beweisen, dass die Erde einen flüssigen äußeren Kern hat, aber einen festen inneren (siehe Info 34). Bis dahin dachte die Wissenschaft, der Erdkern sei völlig flüssig. Sie verfasste einen wissenschaftlichen Artikel über ihre Entdeckungen und gab ihm den Titel »P«. Damit verwies sie auf die seismischen Wellen, die sie für ihre Entdeckung genutzt hatte: P-Wellen.

Inge Lehmann machte diese Entdeckung bereits 1936. Das ist insofern außergewöhnlich, als damals Frauen in der Wissenschaft noch nicht besonders ernst genommen wurden. Glücklicherweise erkannten wissenschaftliche Institutionen, was für eine bedeutsame Wissenschaftlerin Frau Lehmann war. Sie wurde für ihre Arbeit mehrfach ausgezeichnet, unter anderem mit dem Harry Oscar Wood Award, der Emil-Wiechert-Medaille, der Goldmedaille der Königlich Dänischen Akademie der Wissenschaften und Schriften, der William Bowie Medal und der Medaille der nordamerikanischen Seismological Society. Es wurde sogar ein Asteroid nach ihr benannt: der (5632) *Ingelehmann*.

Inge Lehmann wurde 104 Jahre alt und verstarb 1993. Sie war also nicht nur auf wissenschaftlichem Gebiet hartnäckig.

265 HEDY LAMARR WAR SCHAUSPIELERIN UND WISSENSCHAFTLERIN

Hollywoodschauspielerin und Erfinderin – diese zwei Berufe kombinieren nur wenige. Doch genau das tat die Österreich-Amerikanerin Hedy Lamarr. Lamarr galt damals als eine der schönsten Frauen der Welt. Walt Disney entwarf sein Zeichentrick-Schneewittchen nach ihr. Lamarr war jedoch nicht nur schön, sondern auch schlau. Wenn sie nicht als Schauspielerin bei einem Dreh war, arbeitete sie als Wissenschaftlerin.

Im Zweiten Weltkrieg erfand sie zusammen mit dem Komponisten George Antheil das Konzept des Frequenzwechsels im Funkverkehr. Dabei wechselt die Funkfrequenz so schnell, dass sich Signale nicht gegenseitig stören können, während es Außenstehenden erschwert wird, ein Gespräch abzuhören. Lamarr und Antheil entwickelten diese Technologie, um dem amerikanischen Militär im Kampf gegen die Nationalsozialisten zu helfen. Dank dieser Technik hätten die Deutschen amerikanische Unterseeboote schwieriger aufspüren können, und man hätte beispielsweise Torpedos störungsfrei fernsteuern können. Letzten Endes wurde die Technik aber nicht genutzt, weil sie sehr umständlich und noch nicht ausgereift war.

Hedy Lamarr wurde für ihre Erfindung nicht wirklich gewürdigt. Das geschah erst am Ende ihres Lebens, als klar wurde, welche Anwendungsmöglichkeiten die Idee bot.

Später wurde die Technik von der amerikanischen Marine verfeinert und kam in fast allen drahtlosen Kommunikationsmitteln zum Einsatz, wie GPS, Bluetooth und WLAN.

der Frequenzwechsel von Hedy Lamarr

266 MARY ANNING ENTDECKTE VIELE WICHTIGE FOSSILIEN

Mary Anning war eine britische Paläontologin (Wissenschaftlerin, die versteinerte Reste und Spuren von Organismen erforscht) und Fossiliensammlerin. Sie wurde 1799 in Lyme Regis an der Jurassic Coast in England geboren. An den Kliffen dieser Küste wurden erstmals vollständige Fossilien prähistorischer Tiere gefunden.

Anning und ihr älterer Bruder Joseph schrieben gegen 1811 Geschichte, als sie den Schädel eines außergewöhnlichen Fossils fanden. Nach langem Graben legte Mary Anning ein vollständiges Skelett von ungefähr fünf Metern Länge frei. Forschende waren sich nicht einig, ob es sich um einen Fisch oder eine Echsenart handelte. Sie nannten die Art *Ichthyosaurus*. Später erkannte man, dass es sich um ein Meeresreptil handelte, das vor 201 bis 194 Millionen Jahren lebte.

Mary Anning und ihr Ichthyosaurus

In den darauffolgenden Jahren grub Mary Anning noch jede Menge nie zuvor gesehene Fossilien aus. 1823 fand sie das vollständige Skelett eines *Plesiosaurus*. Eine Zeit lang bestanden sogar Zweifel, ob es sich hierbei überhaupt um ein echtes Fossil handelte. 1828 entdeckte sie das Skelett eines *Pterodactylus*, eines riesigen Flugsauriers.

Mary Anning war auch eine Pionierin in der Erforschung von *Koprolithen*, fossilen Exkrementen. Auf diese Weise erfuhr die Forschung etwas über die Ernährung der Urzeittiere. Vielleicht nicht ganz so appetitlich, aber sehr nützlich, wenn man über ausgestorbene Tiere mehr wissen will.

Mary Anning und ihr Fundstück: Pterodactylus

267 JOHN GOODENOUGH WAR 97, ALS ER DEN NOBELPREIS ERHIELT

Der Amerikaner John Goodenough entwickelte moderne Lithiumionenbatterien. Das sind wiederaufladbare Batterien, die viel Energie speichern können und lange haltbar sind. Sie werden unter anderem für Smartphones, Tablets und elektrische Autos verwendet.

John Goodenough

Für seine Arbeit erhielt Goodenough 2019 den Nobelpreis für Chemie, zusammen mit dem Briten Stanley Whittingham und dem Japaner Akira Yoshino. Er war damals 97. Damit ist er der älteste Nobelpreisträger aller Zeiten. Der Physiker Arthur Ashkin war 96, als er 2018 den Preis bekam (und nimmt damit Platz 2 ein).

Goodenough erhielt 2019 nicht nur den Nobelpreis, sondern auch die *Copley-Medaille*. Das ist einer der ältesten und prestigeträchtigsten Wissenschaftspreise. Die Medaille wird seit 1731 von der *Royal Society* für herausragende Beiträge zur Wissenschaft vergeben. Auch Charles Darwin (siehe Info 263) erhielt 1864 eine Copley-Medaille.

268 DAS GENIE EINSTEIN

Wenn dich jemand einen »richtigen Einstein« nennt, kannst du ruhig stolz sein. Das soll nämlich heißen, dass du superschlau bist, vielleicht sogar ein Genie. Denn das war Albert Einstein. Sein Beitrag zur Physik und den Naturwissenschaften im Allgemeinen ist gigantisch. Am bekanntesten wurde er mit seiner allgemeinen und speziellen Relativitätstheorie. $E = mc^2$, die Formel, die das Verhältnis zwischen Masse und Energie beschreibt, ist eine der bekanntesten Formeln der Welt.

Albert Einstein war erst sechzehn, als er 1895 zur Zulassungsprüfung der Züricher Universität antrat. In Französisch und Geschichte fiel er durch, aber in Physik und Mathe erreichte er Bestnoten. Im Jahr darauf bestand er und durfte sein Studium antreten.

Nach dem Studium entschied er sich für eine wissenschaftliche Laufbahn. Für seine bekannteste Relativitätstheorie bekam er jedoch nie den Nobelpreis für Physik. Stattdessen erhielt er ihn 1921 für seine Entdeckung des Gesetzes des photoelektrischen Effekts. Hierbei wird mithilfe von Licht Elektrizität erzeugt, wenn man es auf eine Metallplatte richtet. Dieses Prinzip kommt bei Solarmodulen, Alarmanlagen und beim Film zum Einsatz.

1952 wurde ihm angetragen, Präsident von Israel zu werden, doch Albert Einstein lehnte ab. Er fand sich zu alt und unerfahren, um die Führung eines Landes zu übernehmen. Außerdem sei er, wie er selbst sagte, nicht so gut im Umgang mit Menschen.

Wenige Stunden nach seinem Tod 1955 entnahm der amerikanische Pathologe Thomas Harvey Einsteins Gehirn, um es aufzubewahren. Er hatte ohne Erlaubnis Einsteins Leichnam obduziert. Erst 23 Jahre später gestand er einem Journalisten, es behalten zu haben. Seitdem haben mehrere Neurologen das Gehirn des berühmtesten Genies der Welt untersucht, doch es gab sein Geheimnis nicht preis.

Einsteins explosives Gehirn

269 TU YOUYOU ERKLÄRTE DER MALARIA DEN KRIEG

Malaria, auch Sumpffieber genannt, ist eine Infektionskrankheit, die von der *Anopheles*-Mücke übertragen wird. Allein 2021 starben über 600 000 Menschen an Malaria. Die Zahl der Infektionen wird auf fast 250 Millionen geschätzt. Die Krankheit trifft vor allem Menschen in Afrika südlich der Sahara, aber auch in Asien und Südamerika.

Tu Youyou, eine chinesische Pharmakologin, die sich darüber hinaus in die Traditionelle Chinesische Medizin vertieft hatte, machte zum Glück Anfang der 1970er-Jahre eine Entdeckung, als sie mit ihrem Team an einem geheimen Militärprojekt arbeitete. Dieses sogenannte Projekt 523 hatte zum Ziel, ein Mittel gegen Malaria zu finden. Tu nutzte ihr Wissen der Traditionellen Chinesischen Medizin und untersuchte über 2000 alte Rezepturen. Schließlich stieß sie auf den *Einjährigen Beifuß*, eine Pflanze, die schon seit 168 vor Christus in der traditionellen chinesischen Medizin verwendet wurde. Der Saft erwies sich als wirksames Mittel gegen Malaria.

Tu Youyou bekämpft Malaria.

Der aktive Wirkstoff erhielt den Namen *Artemisinin* oder »Qinghaosu«. Tu setzte ihre Forschung fort und beschrieb als Erste die chemische Struktur und die pharmazeutische Wirkung von Artemisinin. Inzwischen werden Medikamente mit diesem Wirkstoff großflächig und erfolgreich im Kampf gegen Malaria eingesetzt.

Für ihre Entdeckung erhielt Tu Youyou 2015 den Nobelpreis für Physiologie oder Medizin, zusammen mit dem Irland-Amerikaner William Campbell und dem Japaner Satoshi Omura. Diese beiden erhielten den Preis für ihre Entdeckungen im Kampf gegen Wurmkrankheiten.

270 ARISTARCH VON SAMOS WAR DER ERSTE, DER BEHAUPTETE, DASS DIE ERDE UM DIE SONNE KREISE

Aristarch von Samos war wohl der Erste, der das heliozentrische Weltbild vertrat, dem zufolge die Sonne den Mittelpunkt unseres Planetensystems darstellt, um den die Erde und die anderen Planeten kreisen. Er lebte um 300 vor Christus im antiken Griechenland.

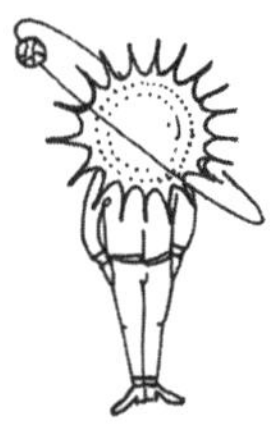

Steht die Sonne, die Erde oder der Mensch im Mittelpunkt?

Es dauerte aber noch sehr lang, bevor jemand diese Theorie niederschrieb. Als Erster traute sich Nikolaus Kopernikus in seinem Hauptwerk *De revolutionibus orbium coelestium* (*Über die Umlaufbahnen der Himmelssphären*) 1543 kurz vor seinem Tod. Er wusste, dass seine Theorie die Welt auf den Kopf stellen würde. Schließlich vertrat die Kirche ein *geozentrisches Weltbild*, das heißt: den Standpunkt, dass die Erde der Mittelpunkt des Weltalls sei. Etwas anderes zu denken war Todsünde. Kopernikus ging viel weiter als Aristarch und veröffentlichte zusätzlich mathematische Modelle. Im Großen und Ganzen lag er richtig, nur dass er fälschlicherweise davon ausging, dass die Bahnen der Planeten rund seien.

Dass diese eigentlich elliptisch sind, beschrieb Anfang des 17. Jahrhunderts Johannes Kepler. Er berechnete unter anderem auch die Planetenbewegungen und formulierte physikalische Gesetze, die als *Keplersche Gesetze* bekannt wurden.

Galileo Galilei, den wir heute als den Vater der modernen Astronomie ansehen, verfeinerte Kopernikus' Erkenntnisse. Dafür wurde er von der Kirche verfolgt. Seine Bücher wurden verbrannt, er durfte nicht mehr lehren und bekam Hausarrest bis an sein Lebensende.

271 IWAN PAWLOW UND DER SABBERNDE HUND

Bei dem Namen Iwan Pawlow klingelt's bei dir vielleicht. Der russische Physiologe untersuchte die Verdauung und erhielt dafür 1904 den Medizinnobelpreis.

Wahrscheinlich kennst du Pawlow allerdings nicht von seiner Arbeit zum Thema Verdauung, sondern wegen seiner sabbernden Hunde. Im Rahmen einer seiner Studien wollte der Wissenschaftler die Speichelproduktion von Hunden bei verschiedenen Futtersorten messen. Ihm fiel auf, dass die Hunde schon anfingen zu sabbern, bevor sie ihr Futter bekamen. Sie begannen damit sogar schon, wenn sie bloß wussten, dass sie Futter bekommen würden. Pawlow untersuchte diesen bemerkenswerten Vorgang weiter, indem er, kurz bevor die Hunde gefüttert wurden, eine Glocke läutete. Und tatsächlich: Nach einer Weile fingen die Hunde schon an zu sabbern, sobald sie nur die Glocke hörten. Für die Entdeckung dieses Phänomens der klassischen Konditionierung wurde Pawlow berühmt.

klassische Konditionierung:
Iwan Pawlow

Die klassische Konditionierung funktioniert folgendermaßen:

- Man bietet einen Reiz (Glöckchen) mehrmals vor einem anderen Reiz (Futter) an.
- Der zweite Reiz zieht ein bestimmtes Verhalten nach sich (Sabbern).
- Nach mehreren Wiederholungen löst der erste Reiz (Glöckchen) dasselbe Verhalten (Sabbern) aus.

Fallen dir noch andere Beispiele für die klassische Konditionierung ein?

272 HENRIETTA SWAN LEAVITT WAR EIN MENSCHLICHER COMPUTER

Henrietta Swan Leavitt war eine amerikanische Astronomin. Sie gehörte im 19. Jahrhundert an der berühmten Universität von Harvard zu einem Team von Frauen, das Edward Pickering, der Leiter der Sternwarte, um sich scharte und das auch die Harvard-Computer genannt wurde. Damals gab es noch keine elektronischen Computer, und die Frauen wurden dazu eingesetzt, mathematische Berechnungen handschriftlich auf Papier auszuführen.

Henrietta Swan Leavitt:
weiblicher Computer

Henrietta Swan Leavitt entdeckte die Perioden-Leuchtkraft-Beziehung bei einem bestimmten Sterntypus, den sogenannten Cepheiden. Das ist der Zusammenhang zwischen der absoluten Helligkeit dieser pulsierenden Sterne und dem Rhythmus (der *Periode*), in dem die Helligkeit schwankt. Ihre Forschung lieferte der Kosmologie – der Lehre der Entwicklung des Kosmos – neuartige Erkenntnisse, denn mithilfe der Cepheiden bestimmt man seitdem die Entfernungen kosmischer Objekte.

273 ALFRED NOBEL, DER MIT DEN NOBELPREISEN

Alfred Nobel war ein schwedischer Chemiker, Ingenieur, Erfinder und Geschäftsmann. Im Laufe seines Lebens meldete er über 350 Patente an. Das sind Rechte, die einem erlauben, eine eigene Erfindung weiterzuentwickeln, sie vor Nachahmung zu schützen und Produkte zu verkaufen. Nobels wichtigste Erfindung war zweifellos das Dynamit. Sein Vater baute Brücken und Gebäude und verwendete zum Abreißen manchmal Sprengstoffe, die nicht immer zuverlässig waren.

Das brachte Alfred Nobel auf die Idee, Dynamit zu entwickeln. Er fügte zu diesem Zweck *Kieselgur* und *Nitroglycerin* zusammen. Letzteres ist eine sehr explosive Substanz, die häufig im falschen Moment explodiert. Eigentlich war sie zu gefährlich, doch durch die Zugabe von Kieselgur entstand ein stabiler Sprengstoff, der kontrollierbar war und eine extrem starke Sprengkraft besaß.

Nobel wurde durch seine Erfolge als Erfinder und Geschäftsmann sehr reich. Nach seinem Tod überließ er sein ganzes Vermögen der Wissenschaft und der Friedensförderung. Manche sagen, er habe das getan, weil seine Erfindungen - das Dynamit - auch für schlechte Zwecke wie Kriege genutzt wurden. Alfred Nobel selbst war ein sehr friedliebender Mensch.

Er starb 1896. In seinem Testament stand, sein Vermögen solle dazu verwendet werden, die Menschen auszuzeichnen, die in einem Jahr der Menschheit auf den Gebieten der Chemie, der Physik, der Medizin oder Physiologie, der Literatur und des Friedens den größten Nutzen erbracht hätten. Das war die Geburtsstunde der Nobelpreise. 1901 wurden sie zum ersten Mal verliehen.

der kleine Alfred Nobel

Jane Goodall und ihre Schimpansen

274 JANE GOODALL LEBTE JAHRELANG BEI DEN SCHIMPANSEN

Jane Goodall war schon als Kind von den Tieren in Afrika fasziniert. Noch vor Ende ihres Studiums nahm sie mit dem berühmten *Paläoanthropologen* Louis Leakey Kontakt auf. Er untersuchte, wie sich der Mensch (*Homo sapiens*) in Afrika entwickelt hatte. Jane fing als seine Sekretärin an, wurde dann jedoch nach Afrika geschickt, um dort Feldforschung bei den Schimpansen zu betreiben.

Später durfte Jane Goodall aufgrund ihrer bedeutenden Forschung an der Universität von Cambridge in England promovieren. Das war ungewöhnlich, denn sie hatte keinen Studienabschluss. Heute ist sie eine der berühmtesten Primatologinnen – das sind Affenforscherinnen – der Welt. Sie lebte fast 30 Jahre lang mit Schimpansen zusammen.

Anfangs wurde sie stark kritisiert, weil sie den Schimpansen, die sie beobachtete, Namen gab. Viele Forschende fanden das nicht richtig, weil Goodall damit eine Beziehung zu den Schimpansen aufbaue. Sie waren der Ansicht, man könne keine wissenschaftlichen Beobachtungen machen, wenn man zu seinem Forschungsobjekt eine persönliche Beziehung habe. Deshalb solle Goodall Nummern statt Namen verwenden.

Es wurde auch bemängelt, dass sie den Schimpansen Persönlichkeitsmerkmale und Gefühle zumaß. Forschende beschuldigten sie des *Anthropomorphismus*, was bedeutet, dass sie Tieren menschliche Eigenschaften zusprach.

Trotzdem machte Goodall wichtige Entdeckungen: Bei ihrer Feldforschung beobachtete sie, dass auch Schimpansen Werkzeuge benutzen. Bis dahin ging die Forschung davon aus, dass nur Menschen das tun. Sie entdeckte auch, dass Schimpansen Omnivoren, also Allesfresser, sind: Sie ernähren sich sowohl von Pflanzen als auch von Fleisch. Bis dahin dachte man, Schimpansen fräßen ausschließlich Pflanzen.

Jane Goodall setzt sich noch heute für die Rechte der Menschenaffen ein.

Tim Berners-Lee

275 TIM BERNERS-LEE ERFAND DAS WORLD WIDE WEB

Du surfst sicher auch öfter im World Wide Web. Dieses Netz verdanken wir Tim Berners-Lee, einem britischen Informatiker. Mit seinem World Wide Web veränderte er die Welt.

Dem World Wide Web liegen einige technische Vereinbarungen darüber zugrunde, wie Informationen im Internet gespeichert und verbunden werden und wie sie von jedem Computer aus abgerufen werden können. 1990 entwickelte Berners-Lee den ersten Browser (WorldWideWeb). Mithilfe eines Browsers kann die komplexe Information einer Website abgefragt und auf deinem Bildschirm wiedergegeben werden.

1991 wurde die erste Webseite lanciert, die des CERN, des Schweizer Forschungsinstituts, an dem Berners-Lee damals arbeitete. Anfangs war das Surfen ziemlich unpraktisch und benutzerunfreundlich, doch mit der Zeit wurden grafische Webbrowser entwickelt, die den Zugang einfacher machten, weil man sowohl Bild als auch Text sehen konnte. Beispiele für moderne Browser sind *Google Chrome*, *Safari*, *Firefox* oder *Microsoft Edge*.

276 UNGLAUBLICH, ABER WAHR: STEPHEN HAWKING ERHIELT NIE EINEN NOBELPREIS

Der Brite Stephen Hawking war ein sehr berühmter und wichtiger Physiker. Seit er zwanzig war, litt er unter Lähmungen durch die Nervenerkankung ALS. Später saß er im Rollstuhl und konnte nicht mehr sprechen. Die Ärzte prophezeiten, dass er nicht alt werden würde, doch sie hatten unrecht: Stephen Hawking starb 2018 mit 76 Jahren.

Hawking lieferte einen großen Beitrag zur Astrophysik, einer Kombination aus Physik und Astronomie. Er verhalf der Wissenschaft zu neuen Erkenntnissen über Schwarze Löcher und *Singularität* (Punkte mit unendlich kleinem Volumen und unendlich großer Dichte, an denen Raum und Zeit aufhören zu existieren). Für seine Arbeit bekam er weltweit viel Aufmerksamkeit und Anerkennung, und trotzdem erhielt er keinen Nobelpreis.

Stephen Hawking versuchte, Wissenschaft möglichst vielen Menschen näherzubringen. Deshalb schrieb er mehrere Bücher. Von seinem beliebtesten Buch *A Brief History of Time* (*Eine kurze Geschichte der Zeit*) wurden über 25 Millionen Exemplare verkauft. Das Buch wurde in Dutzende Sprachen übersetzt. In ihm werden komplexe Themen behandelt, und trotzdem enthält es nur eine einzige Formel: $E = mc^2$.

2014 kam der Film *Die Entdeckung der Unendlichkeit* in die Kinos, der auf Hawkings Leben basiert.

Theorie zu Schwarzen Löchern von Stephen Hawking

277 ROSALIND FRANKLIN MACHTE EIN SEHR WICHTIGES FOTO

Rosalind Franklin war eine britische Chemikerin. Sie lieferte wichtige Erkenntnisse zur Molekularstruktur unter anderem von Viren wie dem Polio-Virus. Bevor sie sich auf Viren spezialisierte, ging Franklin nach Frankreich, um die Röntgenstrukturanalyse zu erlernen. Das ist eine Technik, mit der man die Struktur fester Stoffe bestimmen kann.

Nach England zurückgekehrt wandte sie diese Technik auf biologische Strukturen an, unter anderem auf Erbmaterial, also die DNA. Sie machte das weltberühmte *Foto 51*. Auf diesem Foto erkennt man deutlich die Doppelhelixstruktur der DNA. Diese sieht ein bisschen aus wie zwei ineinander verdrehte Seile.

Franklin war zu jener Zeit eine der wenigen Frauen an der Universität. Viele ihrer männlichen Kollegen nahmen sie nicht ernst. Sie meinten, Frauen könnten keine guten Wissenschaftler sein. Maurice Wilkins war einer der Kollegen, der sich nicht mit Franklin abfinden konnte. Hinter Franklins Rücken zeigte er *Foto 51* Francis Crick und James Watson, zwei DNA-Forschern an einer anderen Universität. Als diese das Foto sahen, fiel es ihnen wie Schuppen von den Augen ... Sie veröffentlichten die Ergebnisse ihrer Forschung – ohne Rosalind Franklin überhaupt zu erwähnen.

Für ihre Entdeckung der Doppelhelixstruktur der DNA erhielten Wilkins, Watson und Crick 1962 den Nobelpreis für Medizin. Franklin war damals schon verstorben und erhielt keine Anerkennung für ihre Arbeit.

Um Rosalind Franklin doch noch zu ehren, benannte die europäische Weltraumorganisation ESA ihren Mars-Rover nach ihr. Wenn alles nach Plan verläuft, wird der Rover in ein paar Jahren lanciert, um auf dem Roten Planeten nach Leben zu suchen.

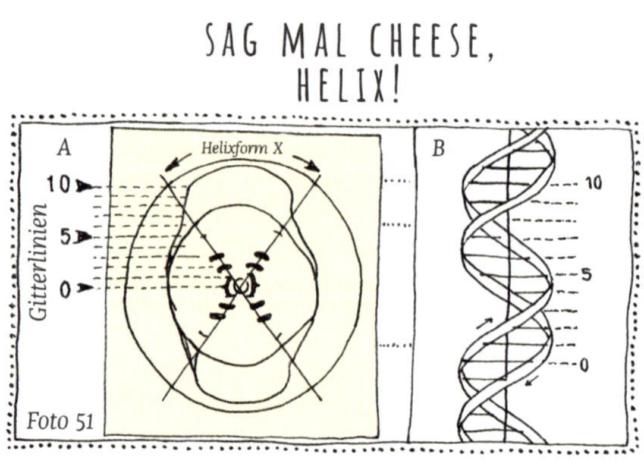

Röntgenbild von Rosalind Franklin

elektrisch geladener Nikola Tesla

278 NIKOLA TESLA, DER »VERRÜCKTE WISSENSCHAFTLER«

Nikola Tesla war zweifellos einer der genialsten Ingenieure und Erfinder aller Zeiten. Er sorgte unter anderem dafür, dass Wechselstrom großflächig genutzt werden konnte. Seiner Arbeit verdanken wir also, dass Haushalten in aller Welt Strom zur Verfügung steht.

Leider war Nikola Tesla auch ein typischer »verrückter Wissenschaftler«. Manche vermuten heute, dass er an Wahnvorstellungen und Zwangsneurosen litt. Tesla soll beispielsweise auf die Zahl 3 fixiert gewesen sein, deshalb musste er angeblich dreimal um ein Gebäude laufen, bevor er hineingehen konnte. Er schüttelte auch Hände dreimal. Darüber hinaus soll er unter Waschzwang gelitten und Schmuck gehasst haben.

Seine letzten Lebensjahre verbrachte Tesla als Einsiedler in einem New Yorker Hotel, ohne viel Kontakt zur Außenwelt. Er war von Tauben besessen: Angeblich war er überzeugt davon, sie zu lieben, wie Menschen einander lieben. 1943 wurde er schließlich tot in seinem Hotelzimmer aufgefunden. Er wurde 86.

Nach seinem Tod wurde sein Besitz von der amerikanischen Regierung beschlagnahmt und als streng geheim eingestuft. Tesla hatte angeblich nämlich an einer Waffe – *Teleforce* – gearbeitet, mit der er in einem großen Umkreis Flugzeuge zum Absturz bringen wollte. Auf diese Weise wollte er sämtliche Kriege beenden. Nach einer Weile wurde sein Besitz freigegeben. Heute kann man ihn im Tesla-Museum in Belgrad bewundern.

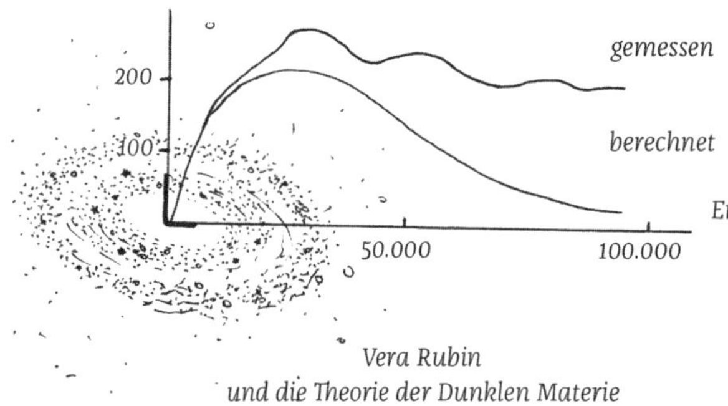

Vera Rubin
und die Theorie der Dunklen Materie

279 VERA RUBIN BEWIES ALS ERSTE DIE EXISTENZ DUNKLER MATERIE

Dunkle Materie ist Materie, die weder Licht abgibt noch reflektiert, aber Schwerkraft ausübt. Forschende glauben, dass ein Großteil des Weltalls aus Dunkler Materie besteht. Da sie unsichtbar ist, kann man sie jedoch nur schwer erforschen.

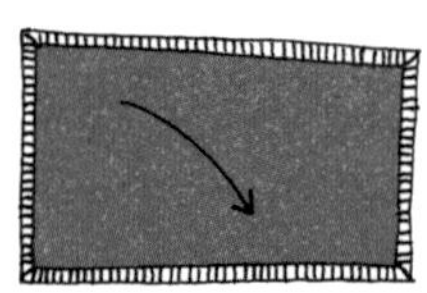

unsichtbare Dunkle Materie
im Weltraum

Fritz Zwicky, ein Schweizer Astronom, beobachtete in den 1930er-Jahren Galaxien. Er begriff, dass die Bewegungen der Galaxien untereinander sich nicht mit normaler Materie erklären ließen. Zwicky vermutete, dass es eine Art unsichtbare Materie geben müsse. So entstand die Idee der Dunklen Materie.

Die amerikanische Astronomin Vera Rubin war die Erste, die die Existenz Dunkler Materie nachwies. Sie untersuchte, wie eine Galaxie um ihren Mittelpunkt kreist. Die Geschwindigkeit lässt sich auf Basis der Masse berechnen. Doch Rubin bemerkte, dass die Sterne eigentlich viel schneller kreisten, als sich rein auf Basis sichtbarer Materie erklären ließ. Es musste also eine Materie geben, die wir nicht sehen können: Dunkle Materie. Sollten ihre Berechnungen stimmen, müsste es sogar fünfmal mehr Dunkle als normale Materie geben. Wie diese Dunkle Materie aufgebaut ist, bleibt ein Rätsel. Nach wie vor ist es sehr schwierig, sie zu untersuchen.

Es gibt auf dem Gebiet also noch viel zu tun für die zukünftigen Fritz Zwickys und Vera Rubins. Vielleicht wäre das ja was für dich?

280 ELON MUSK, EIN STINKREICHER TAUSENDSASSA, DER DIE ZUKUNFT MITBESTIMMT

Der Milliardär Elon Musk ist einer der reichsten Menschen der Welt. Er ist Geschäftsmann und Ingenieur, und wir kennen ihn vor allem von PayPal, The Boring Company, Neuralink, Tesla, Twitter und SpaceX.

- Tesla ist Elon Musks Autokonzern. Er wurde nach Nikola Tesla (siehe Info 278) benannt. Mit seinen Autos will Musk den Übergang zu nachhaltigen Transportformen und grüner Energie beschleunigen.

- SpaceX gründete Elon Musk, um die Kosten für Raumfahrt zu senken. Sein Ziel ist es, den Mars zu besiedeln. Seit der Gründung 2002 hat SpaceX schon einiges geleistet. Die Firma entwickelte wiederverwendbare Falcon-Raketen und führte 2020 den ersten privat betriebenen Raumflug durch, bei dem das Raumschiff *Crew Dragon* Astronauten zur ISS brachte. Derzeit arbeitet SpaceX vor allem an *Starship*, einem Raumfahrzeug, das irgendwann 100 Passagiere zum Mars transportieren können soll.

- Mit Neuralink möchte Musk Technologie entwickeln, die ins Gehirn eingepflanzt werden kann. Das Gerät soll die Informationen von Nervenzellen messen und das Gehirn steuern, sodass neurologische Schäden wie Lähmungen oder Blindheit behoben werden können. Die Entwicklungen stecken noch in den Kinderschuhen, und viele Neurologen zeigen sich bisher kritisch.

Wir sind sehr gespannt, was Elon Musk in den kommenden Jahren noch aus dem Hut zaubern wird.

der Traum von Elon Musk

Neuralink: halb Roboter?

281 FLORENCE NIGHTINGALE RETTETE MIT STATISTIKEN VIELE LEBEN

Florence Nightingale wollte unbedingt Menschen helfen. 1854, während des Krimkriegs, ging sie in ein britisches Lazarett in der Türkei, um dort als Krankenschwester zu arbeiten. Bei ihrer Ankunft erkannte sie sofort, dass das Krankenhaus schlecht lief. Soldaten starben wie die Fliegen, es herrschte Chaos, und es wurden keine Informationen, beispielsweise die Zahl der Toten, dokumentiert. Glücklicherweise war Florence Nightingale nicht nur eine ausgezeichnete Krankenschwester, sondern interessierte sich zudem für Statistik.

Sie setzte ihre Kenntnisse der Statistik ein und sammelte Daten, wo sie nur konnte. Eine gründliche Analyse zeigte, dass die hohe Sterbeziffer des Lazaretts eine Folge mangelnder Hygiene war. Dank dieser Informationen ergriff das Krankenhaus Verbesserungsmaßnahmen. So verhinderte sie den Tod sehr vieler Soldaten.

Nightingale zeichnete Diagramme, um Daten visuell darzustellen. Sie entwickelte unter anderem das Kreisdiagramm, das aus zwölf Sektoren (einem pro Monat) aufgebaut war. In jedem Sektor wurden in unterschiedlichen Farben die Todesursachen der Verstorbenen vermerkt.

Nach ihrer Rückkehr nach England gründete Nightingale in London die erste Schule für Krankenschwestern. Bis heute wird sie als eine der Begründerinnen der modernen Krankenpflege gesehen.

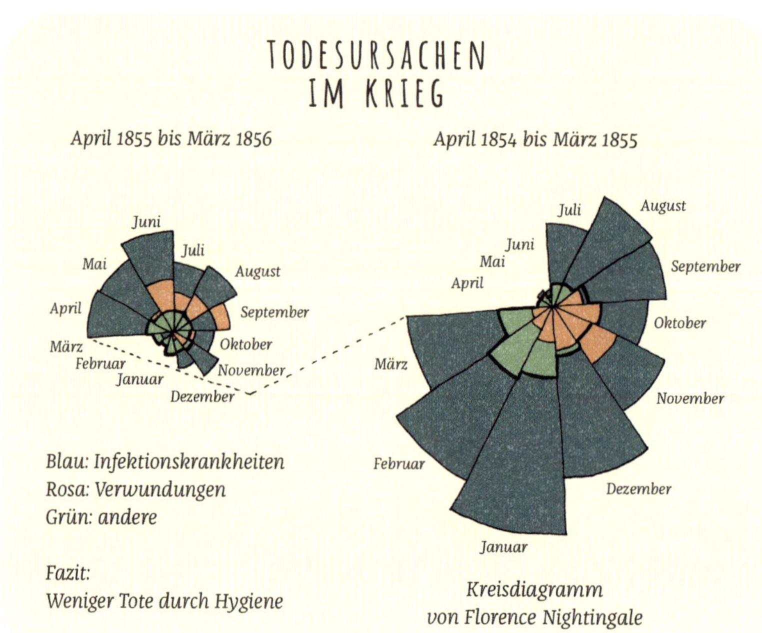

Kreisdiagramm von Florence Nightingale

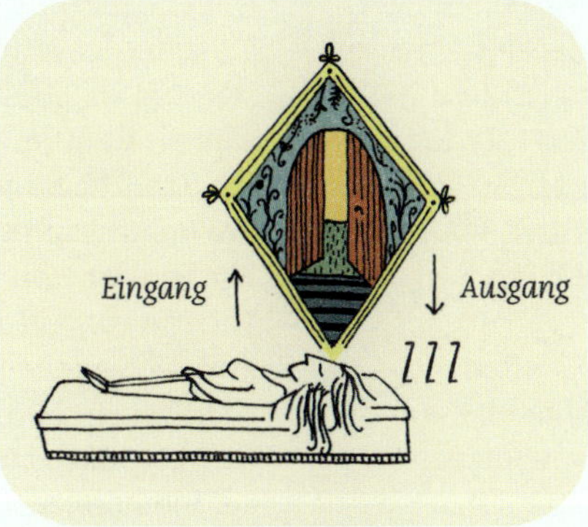

Sigmund Freud:
Der Traum ist das Tor
zum Unterbewusstsein.

282 SIGMUND FREUD WAR DER BEGRÜNDER DER PSYCHOANALYSE

Sigmund Freud war ein österreichischer Neurologe. Neurologen beschäftigen sich mit dem Gehirn, dem Rückenmark und auch allen anderen Nerven. Freud wurde allerdings vor allem als Begründer der Psychoanalyse bekannt. Das ist eine Methode zur Behandlung psychischer Probleme, bei der ein Therapeut durch Gespräche das Unterbewusste – also alle Dinge, über die man nicht nachdenkt oder deren man sich nicht bewusst ist – des Patienten oder der Patientin herauskitzelt.

Freud war auch Wegbereiter der Traumanalyse. Er behauptete, Träume seien Tore zum Unterbewusstsein. Seine Theorien und Methoden ernteten viel Kritik, und trotzdem gilt er bis heute als einer der bedeutendsten Psychologen aller Zeiten.

Freud war Jude, weshalb er den Nationalsozialisten ein Dorn im Auge war. Viele seiner Bücher wurden verbrannt, als Adolf Hitler und die Nationalsozialisten an die Macht kamen. Als seine Wohnung durchsucht und er verhört werden sollte, flüchtete Freud nach London.

Freud untersuchte Kokain und nahm es auch eine Weile selbst. Er wollte die Droge als Mittel gegen bestimmte Beschwerden einsetzen. Das war kein Erfolg. Einer seiner Bekannten wurde abhängig und starb schließlich an der Droge. Freuds Ruf als Arzt war geschädigt. Dann wurde Kokain als illegale Droge eingestuft, sodass Freud aufhören musste, es seinen Patienten zu verschreiben.

283 MARIE THARP ZEICHNETE DIE ERSTE KARTE DES OZEANBODENS

Marie Tharp war eine amerikanische Geologin und Kartografin. Zusammen mit Bruce Heezen erstellte sie 1977 die erste komplette wissenschaftliche Karte des Meeresbodens. Mithilfe dieser Karten konnten die beiden Wissenschaftler zeigen, dass der Meeresboden aus Bergen, Tälern und Schluchten besteht. Lange hatte man gedacht, er sei eben.

Tharp durfte als Frau nicht auf den Schiffen mitfahren, die die Messungen vornahmen. Zum Messen wurde ein Sonar-Gerät verwendet, das dazu diente, Gegenstände unter Wasser aufzuspüren. Die Tiefen eines jeden Meeresstreifens wurden auf einer langen Papierrolle vermerkt. Tharp zeichnete ihre Karte nach diesen Rollen, aber es war nicht leicht, die Zahlen in eine topografische Karte umzusetzen, auf der das Relief und alle anderen natürlichen Merkmale naturgetreu wiedergegeben wurden.

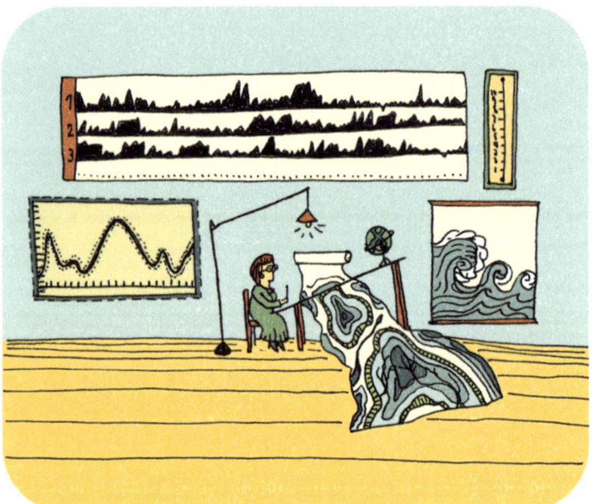

Marie Tharp,
Meeresbodenkartografin

Anhand ihrer Zeichnungen konnte Tharp die Existenz des Mittelatlantischen Rückens nachweisen. Das ist die längste Bergkette der Welt. Sie liegt zum größten Teil unter Wasser im Atlantik.

Außerdem konnten Tharp und Heezen auch die Theorie der *Plattentektonik* bestätigen. Diese Theorie von Alfred Wegener ging davon aus, dass es verschiedene Erdplatten gibt, die auseinandergedriftet sind (siehe Info 33). Wegener stellte darüber hinaus fest, dass Amerika und Afrika sehr gut ineinanderpassen. Tharp entdeckte Berge und eine Schlucht mitten im Atlantik. An dieser Stelle könnten die beiden Kontinente, die früher aneinanderlagen, auseinandergerissen worden sein, mutmaßte sie. Die geologische Welt stand kopf.

Der französische Forscher und Entdeckungsreisende Jacques Cousteau wollte beweisen, dass Tharp unrecht habe. Mit seinem Forschungsschiff *Calypso* fuhr er zum Mittelatlantischen Rücken und ließ eine Unterwasserkamera in die Tiefe hinab. Sehr zu seinem Erstaunen erkannte er, dass es die Schlucht tatsächlich gab, und musste Tharp recht geben.

284 DANK LOUIS TRINKEN WIR NUR NOCH SELTEN SAURE MILCH

Louis Pasteur war ein französischer Biochemiker, der nachwies, dass Mikroorganismen wie Bakterien Menschen krank machen und Nahrungsmittel verderben. Außerdem entwickelte er eine Technik, mit der man Krankheitskeime in leicht verderblichen Lebensmitteln unschädlich machen konnte. Diese Technik wurde sogar nach ihm benannt: Pasteurisierung. Indem man die Lebensmittel kurz erhitzt, werden Krankheitskeime abgetötet, während die Qualität der Nahrung erhalten bleibt.

Pasteur beschäftigte sich eine Weile mit dem Studium von Gärungsprozessen bei Nahrungsmitteln. Er entdeckte einen Unterschied zwischen »guter Gärung« – wie bei Bier oder Wein – und »schlechter Gärung«, durch die Essen ungenießbar wird. Denk beispielsweise an saure Milch. Früher glaubte man, dass Bakterien durch einen Fäulnisprozess ins Essen geraten, doch Pasteur bewies, dass die Mikroben, die diesen Prozess in Gang setzen, aus der Luft kommen. Auf diesem Weg befallen manche Krankheitskeime auch Menschen.

Und für noch etwas müssen wir Pasteur dankbar sein. Er entwickelte einen Impfstoff gegen Tollwut, der sehr viele Menschenleben rettete.

Bonus-Info:

Vielleicht hast du schon einmal gehört, dass schwangere Frauen keinen Käse essen dürfen, der nicht pasteurisiert wurde. Der kann nämlich Bakterien enthalten, die für das ungeborene Kind schädlich sein können.

Katherine Johnsons bahnbrechende Arbeit

285 KATHERINE JOHNSONS BERECHNUNGEN BRACHTEN ASTRONAUTEN AUF DEN MOND

Katherine Johnson war eine außergewöhnliche Frau. Sie war eine der ersten drei afroamerikanischen Studierenden an der Universität von West Virginia. Vorher war diese Weißen vorbehalten gewesen. Johnson studierte Französisch und Mathematik und war darin sehr gut. Danach arbeitete sie als Lehrerin und gründete eine Familie. Erst 1953 widmete sie sich wieder den Zahlen.

Sie nahm eine Stelle beim Vorläufer der amerikanischen Raumfahrtbehörde NASA an und arbeitete dort bis 1986. In den ersten Jahren analysierte sie Daten von Testflügen, doch später stieg sie bis zu einer hohen Funktion in der Organisation auf. Dort lieferte sie einen wichtigen Beitrag zu Flügen von historischer Bedeutung.

Johnson war unter anderem für die Berechnungen verantwortlich, die Astronauten in eine Erdumlaufbahn brachten. 1962 umrundete John Glenn als erster Amerikaner dreimal die Erde. Ohne Johnsons Berechnungen hätten Neil Armstrong und Buzz Aldrin 1969 im Rahmen der Apollo-11-Mission wahrscheinlich nie einen Fuß auf den Mond gesetzt (siehe Info 17).

Bonus-Info:

- Der Film *Hidden Figures – Unerkannte Heldinnen* von 2016 handelt vom Leben der drei afroamerikanischen Mathematikerinnen bei der NASA, darunter Katherine Johnson.
- Johnson erhielt 2015 die Freiheitsmedaille des Präsidenten, die höchste Auszeichnung, die die US-amerikanische Regierung vergibt.
- Johnson starb 2020 im Alter von 101.

286 ALEXANDER FLEMING ENTWICKELTE DAS ERSTE ANTIBIOTIKUM REIN ZUFÄLLIG

Alexander Fleming war ein britischer Arzt. Während des Ersten Weltkriegs arbeitete er in Lazaretten, in denen viele Soldaten an entzündeten Wunden starben. Fleming erkannte, dass dringend ein bakterienabtötendes Mittel gefunden werden musste, denn die Medikamente, die damals verwendet wurden, besserten den Zustand der Soldaten meist nicht. Schlechtestenfalls verschlimmerten sie ihn sogar noch.

Fleming untersuchte Bakterien unterm Mikroskop. Eines Tages bemerkte er, dass in einer Petrischale, die nicht luftdicht abgedeckt gewesen war, ein Schimmelpilz wucherte. Er zögerte. Sollte er ihn wegwerfen oder unters Mikroskop legen? Glücklicherweise entschied er sich für Letzteres. Was Fleming dort sah, führte zur Entwicklung des ersten Antibiotikums.

Unter dem Mikroskop entdeckte der Wissenschaftler, dass die Bakterien an den Stellen, wo der Schimmel wuchs, verschwunden waren. Der Schimmel der Art *Penicillium* produzierte also einen Stoff, der Bakterien tötete. Fleming taufte den Stoff Penizillin, schaffte es allerdings nicht, genug von dieser Substanz zu gewinnen. Doch er schrieb einen wissenschaftlichen Artikel über seine Entdeckung.

Erst im Zweiten Weltkrieg, als erneut ein großer Mangel an bakterienabtötenden Mitteln herrschte, wurde Flemings Entdeckung wieder aus der Schublade geholt. Den Wissenschaftlern Howard Florey und Ernst Chain gelang es, *Penizillin* zu gewinnen. Die Substanz wurde in großen Mengen als Antibiotikum produziert. Das Trio Fleming, Florey und Chain erhielt für seine bedeutende Entdeckung 1945 den Medizinnobelpreis.

An der Geschichte von Fleming sieht man, dass viele wissenschaftlichen Entdeckungen rein zufällig gemacht werden. Manchmal sind die Forschenden eigentlich auf der Suche nach etwas ganz anderem und entdecken nebenbei etwas sehr Wichtiges. Wissenschaft erstaunt uns immer wieder.

Alexander Fleming entdeckt zufällig das erste Antibiotikum.

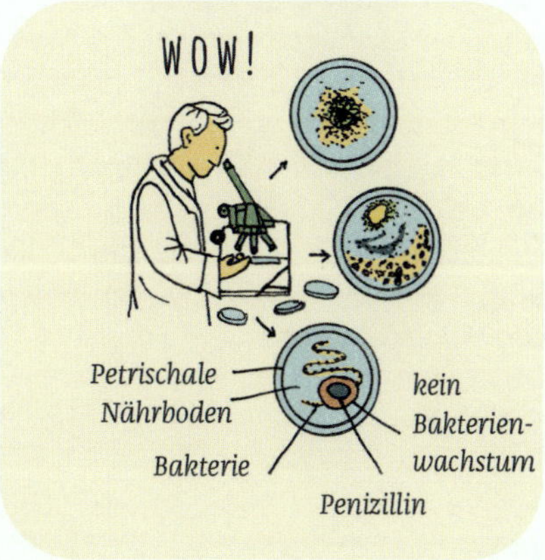

287 MARIA SIBYLLA MERIAN STUDIERTE UND ZEICHNETE SCHMETTERLINGE

Maria Sibylla Merian, Entomologin

Gut möglich, dass dir der Name Maria Sibylla Merian nichts sagt. Das möchten wir gerne ändern, denn sie war eine ganz besondere Frau.

Maria wurde 1647 in Frankfurt geboren, verbrachte jedoch die Hälfte ihres Lebens in den Niederlanden. Als eine der Ersten beschäftigte sie sich mit Entomologie: Das ist die Erforschung von Insekten. Außerdem war sie Künstlerin und fertigte wunderschöne wissenschaftliche Zeichnungen ihrer Untersuchungsobjekte an.

Maria Sibylla Merians Faszination galt den Raupen, Schmetterlingen und Motten. Im 17. Jahrhundert waren Insekten alles andere als beliebt. Man wusste auch nicht viel darüber, wie aus einer Raupe ein Schmetterling wird. Maria zeichnete die Insekten in ihrem natürlichen Habitat, dazu die Pflanzen, auf denen sie lebten und auf denen sie ihre Eier ablegten. Zum ersten Mal wurde die Beziehung zwischen Pflanzen und Insekten so detailliert dokumentiert.

Ende des 17. Jahrhunderts reiste Merian nach Surinam. Sie blieb dort einige Jahre, um die Tiere dort zu beobachten und zu zeichnen. In den Jahren danach veröffentlichte sie wunderschöne und wissenschaftlich wertvolle Bücher.

Ihre Arbeiten wurden später unter anderem von Carl von Linné zurate gezogen. Er war Biologe und wird der »Vater der Taxonomie« genannt, der Wissenschaft, in der alle Organismen benannt und klassifiziert werden.

288 GERTRUDE ELION WURDE VOM TOD IHRES GROSSVATERS INSPIRIERT

Gertrude Elion war eine amerikanische Chemikerin, die eine beeindruckende Karriere durchlief.

Schon als Kind saugte sie Wissen auf wie ein Schwamm. In der Schule fand sie alle Fächer interessant, sodass sie nicht wusste, was sie studieren wollte. Erst als ihr Großvater nach langem Leiden an Krebs verstarb, wurde es ihr klar: Sie wollte dafür sorgen, dass niemand mehr solche Schmerzen ertragen müsste wie ihr Opa. Sie studierte Chemie mit dem Ziel, Krebsmedikamente zu entwickeln und so Menschen zu helfen. Obwohl sie ihr Studium *cum laude* (mit Lob) abschloss, fand sie nur schwer Arbeit. In den 1930er-Jahren wollten nämlich viele Labore keine Frauen einstellen.

Zum Glück gab Gertrude nicht auf. Anfang des Zweiten Weltkriegs wurde es für Frauen einfacher, Arbeit zu finden, weil die Männer in den Krieg ziehen mussten. Gertrude bekam eine Stelle bei

Gertrude Elion

einem Pharmaunternehmen, in dem sie zusammen mit dem Arzt George Hitchings eine neue Methode zur Entwicklung von Medikamenten erarbeitete. Die beiden Forschenden setzten bei den chemischen Unterschieden zwischen normalen und *pathogenen*, also kranken, Zellen an. Auf diese Weise gelang es ihnen, eine ganze Reihe Medikamente zu entwickeln, unter anderem zur Behandlung von Leukämie, Herpes und AIDS. 1988 erhielten Elion und Hitchings hierfür den Nobelpreis für Medizin.

Gertrudes Opa wäre auf seine Enkelin sicher sehr stolz gewesen.

289 STEPHANIE KWOLEK ENTDECKTE DAS SUPERSTARKE KEVLAR

Kugelsichere Westen, Fahrrad- und Autoreifen, Feuerwehruniformen, Flugzeugteile und Glasfaserkabel haben eins gemein: Kevlar!

Stephanie Kwolek war eine amerikanische Chemikerin polnischer Abstammung, die die Faser Kevlar entwickelte. Damals arbeitete sie bei DuPont, einem großen Chemiekonzern. Sie war auf der Suche nach einem Material, durch das Autoreifen leichter würden, ohne an Stabilität einzubüßen. Zufällig stieß sie auf *Polyparaphenylenterephthalamid*, kurz: Kevlar 29.

Es erwies sich als wahres Supermaterial: zehnmal so stark wie Stahl, hitzebeständig und relativ leicht.

Später wurden in der »Kevlar«-Familie noch mehrere Fasern entwickelt, von denen jede einen spezifischen Einsatzbereich hat.

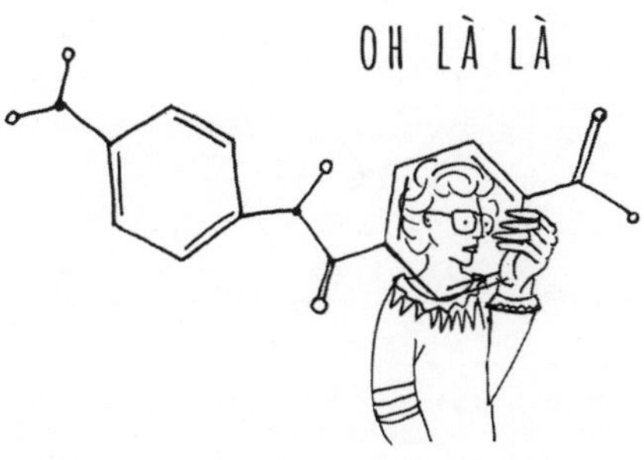

Stephanie Kwolek entdeckte Kevlar 29.

290 GEORGES LEMAÎTRE WAR DER BEGRÜNDER DER URKNALLTHEORIE

Der Belgier Georges Lemaître hatte zwei große Interessen, die er miteinander verband: den Glauben und die Wissenschaft. Er war der Ansicht, es gebe zwei Wege zur Wahrheit. Die Wissenschaft biete Sicherheit und der Glaube Hoffnung. Lemaître war gleichzeitig Priester, Mathematiker und Astronom. Und was für einer!

Georges Lemaître

In den 1920er-Jahren kam Albert Einstein mit seiner Relativitätstheorie daher. Wenig später schrieb der amerikanische Astronom Edwin Hubble, das Weltall bestehe aus verschiedenen Galaxien. Er behauptete sogar, dass diese sich voneinander wegbewegten. Lemaître brachte diese beiden Behauptungen zusammen und baute auf dieser Grundlage auf: Das Weltall dehne sich aus, und etwas, was sich ausdehne, sei vermutlich ursprünglich viel kleiner gewesen. So legte er den Grundstein der Theorie des Urknalls als Ursprung des Weltalls. Er veröffentlichte seine Entdeckungen, und nach einigen Zweifeln akzeptierte auch Einstein diese Theorie.

Zur Ausdehnung des Weltalls und der Tatsache, dass der Abstand zwischen den Galaxien immer größer wird, kannst du mithilfe eines Luftballons ein Experiment machen: Zeichne erst Galaxien oder einfach Pünktchen auf den leeren Ballon. Blase ihn dann auf. Je mehr du ihn aufbläst, desto weiter liegen die Galaxien oder Pünktchen auseinander. Genau dasselbe passiert bei der Ausdehnung des Weltalls.

Lemaître trug maßgeblich zu dem Wissen über die Ausdehnung des Weltalls und den Urknall bei, über das wir heute verfügen. Er wurde mehrmals für einen Nobelpreis nominiert, erhielt ihn aber leider nie.

Ballonversuch

– 10 –

DIE WELT DER ZUKUNFT

291 INFORMATIK > KÜNSTLICHE INTELLIGENZ > MASCHINELLES LERNEN > DEEP LEARNING

Maschinelles Lernen einer KI

Wird dir beim Lesen all dieser Begriffe schwindelig? Wir werden versuchen, sie dir zu erklären.

Begriffe wie *Informatik, künstliche Intelligenz, maschinelles Lernen* und *Deep Learning* werden gelegentlich durcheinandergeworfen, dabei haben sie unterschiedliche Bedeutungen. *Deep Learning* ist ein Unterbegriff des *maschinellen Lernens*, das wiederum zur *künstlichen Intelligenz* gehört, und die entspringt der *Informatik*.

- Informatik ist die Wissenschaft von der Verarbeitung digitaler Informationen und der Problemlösung mithilfe von Computersystemen. Die Informatik ermöglicht beispielsweise die Umsetzung menschlicher Sprache in eine Sprache, die Computer verstehen, aber auch den Schutz von Computern gegen Hackerangriffe.

- Bei künstlicher Intelligenz (abgekürzt KI) handelt es sich um computergestützte Systeme, die in der Lage sind, ähnlich wie Menschen zu lernen, beispielsweise Suchmaschinen oder Programme zur Steuerung selbstfahrender Autos.

- Maschinelles Lernen ist eine Form des Lernens bei einer künstlichen Intelligenz. Diese wird mit Daten gefüttert, damit sie später auf deren Grundlage verallgemeinern kann. Maschinelles Lernen funktioniert so ähnlich wie der Lernprozess im menschlichen Gehirn.

- Deep Learning ist eine Form des maschinellen Lernens, bei der eine sehr große Datenmenge verarbeitet wird. Hierbei werden künstliche neuronale Netze mit vielen Zwischenschichten zwischen Eingabe- und Ausgabeschicht eingesetzt, die die Informationen verarbeiten und bewerten und auf dieser Grundlage Entscheidungen treffen. Mithilfe von maschinellem Lernen, genauer *Deep Learning*, kann man beispielsweise Maschinen beibringen, Formen zu erkennen oder Schach zu spielen.

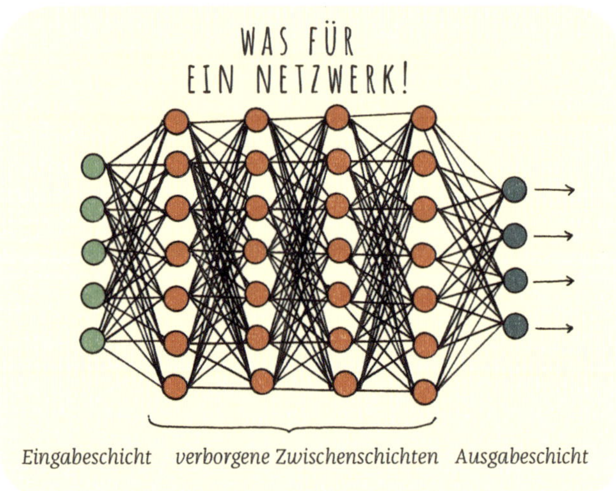

Deep Learning einer KI

Unterwasserroboterschwarm

292 EIN ROBOTERSCHWARM SUCHT UNTER WASSER NACH GEGENSTÄNDEN

CoCoRo ist die – lustige – Abkürzung für *Collective Cognitive Robots* (etwa: »Roboter mit Schwarmintelligenz«). Es handelt sich um einen Schwarm von 42 kleinen Unterwasserrobotern, die alle entweder Jeff oder Lily heißen.

Der Schwarm besteht jeweils zur Hälfte aus Jeff- und Lily-Robotern. Jeff ist länglich, wendig und schnell, sogar gegen die Strömung. Lily ist eher rundlich, schwimmt weiter oben und ist zuständig für die Kommunikation der Jeffs untereinander, mit der Außenwelt und mit einer Basisstation.

Jeder Jeff- und jeder Lily-Roboter kann selbstständig funktionieren. Das nennt man *autonom*. Doch sie tauschen auch Informationen untereinander aus. So entsteht ein »smartes System«, das sich auf der Grundlage der eingehenden Informationen an die Umgebung anpasst. Die Roboter lernen aus früheren Erfahrungen und verwenden diese Informationen, um Entscheidungen zu treffen.

Die Unterwasserroboter können unter anderem dazu eingesetzt werden, die Weltmeere zu erforschen und unter Wasser Gegenstände zu finden.

293 ES GIBT DREI FORMEN KÜNSTLICHER INTELLIGENZ

Künstliche Intelligenzen (KI) sind Systeme, die unterschiedlich intelligent sind. Wir unterscheiden drei Formen:

- Schwache KI sind Systeme, die eine spezifische Aufgabe übernehmen und sonst nichts können. Denk an *Siri*, *Google Translate* oder einen Schachcomputer. Auch in der Medizin werden schwache KI eingesetzt, beispielsweise um Krebs aufzuspüren. »Schwach« ist also ein bisschen irreführend.

- Starke KI sind Systeme, die genauso viel können wie ein Mensch. Sie kennen verschiedene Denkformen, können Probleme lösen, nachdenken, aus Erfahrung lernen und so weiter. Diese KI gibt es noch nicht, doch die Forschung tastet sich an sie heran. Bisher gibt es keine einzige KI, die genau dasselbe kann wie ein Mensch, doch es gibt schon welche, die mehrere verschiedene Aufgaben ausführen können.

MENSCH ODER ROBOTER?

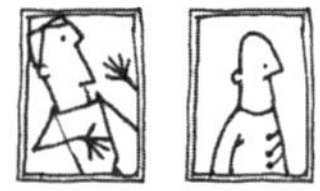

- Super-KI haben eine Intelligenz, die die des Menschen übersteigt. Eine solche KI wäre in der Lage, Gefühle zu empfinden, Beziehungen einzugehen und so weiter. Diese Form der KI liegt noch in (sehr) ferner Zukunft, und es ist fraglich, ob sie überhaupt wünschenswert ist.

294 3-D-DRUCKEN MIT TINTE AUS MUSCHELSCHALEN

In den Niederlanden werden jährlich über 50 Millionen Kilo Muscheln geerntet. Die Muscheln selbst werden natürlich aufgegessen, aber die vielen Schalen landen im Müll. Das möchte die niederländische Forscherin Marita Sauerwein gerne ändern: Wirtschaft nachhaltiger zu gestalten ist ihr ein Herzensanliegen. Sie will dazu beitragen, dass Materialien so gut wie möglich recycelt werden. Diese Idee nennt man Kreislaufwirtschaft.

Die Wissenschaftlerin probierte verschiedene Mischungen aus und entdeckte, dass man aus gemahlenen Muschelschalen und einem Bindemittel eine gute »Tinte« für 3-D-Drucker herstellen kann.

Unterschiedliche Bindemittel ergeben unterschiedliche Resultate: Gemischt mit Zuckerwasser entsteht aus dem Muschelschalen-Mehl nach dem Trocknen ein Material, das Keramik ähnelt. Aus diesem kann man beispielsweise schöne Lampenschirme herstellen. Kannst du deinen Lampenschirm irgendwann nicht mehr sehen und hättest lieber einen anderen? Dann lässt sich das Material wieder auflösen und die Paste wiederverwenden, um etwas Neues daraus zu machen. Praktisch, oder?

Forschende untersuchen auch, inwiefern man Algen als Bindemittel einsetzen kann. Bei Zugabe von Algen zum Muschelschalen-Mehl könnte ein Material entstehen, das im Wasser biegsam bleibt. Das ist interessant, weil auf diese Weise immer wieder neue Dinge daraus geformt werden könnten. Man könnte beispielsweise ein Stirnband auf Maß produzieren und, sobald es nicht mehr genutzt wird, es für jemand anderen passend machen. So geht nichts verloren, und einem Stirnband ist ein langes, glückliches Leben beschieden.

Drucken mit Muscheln

295 COMPUTER EUGENE BESTAND 2014 ALS ERSTER DEN TURING-TEST

Alan Turing war ein berühmter Mathematiker und Informatiker und einer der Wegbereiter der künstlichen Intelligenz. 1950 stellte er sich in einer wissenschaftlichen Zeitschrift die Frage, ob Computer je das Denken lernen würden. Da man »denken« nur schwer untersuchen kann, stellte er die Frage anders: Wird es einem Computer je gelingen, sich erfolgreich als Mensch auszugeben? Das ist das Ziel des Imitationsspiels, das Turing sich ausdachte.

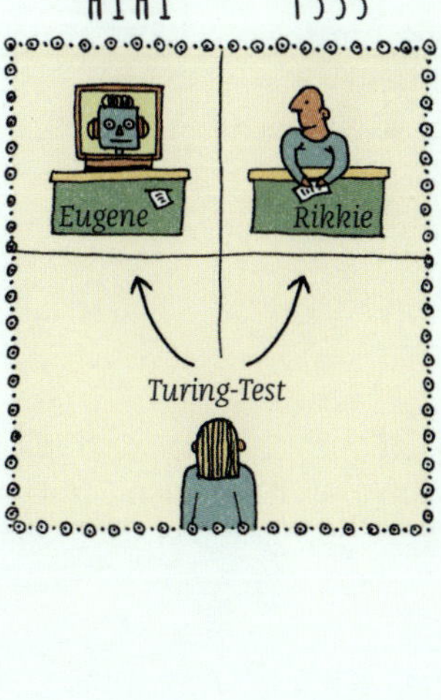

Für das Spiel benötigt man eine Person, die Fragen stellt, und zwei Mitspieler oder Mitspielerinnen. Einer der Mitspieler ist ein Mensch, der andere ein Computer. Sie sitzen in getrennten Räumen und chatten miteinander. Der Fragesteller beziehungsweise die Fragestellerin muss versuchen herauszufinden, welcher der Mitspieler der Computer ist und welcher der Mensch. Ein Computer besteht diesen Test, wenn er dem Fragesteller weismachen kann, dass er ein Mensch ist.

Turing selbst sagte voraus, dass im Jahr 2000 Computer ungefähr 30 Prozent der Menschen würden reinlegen können. Am 7. Juni 2014 gelang dies erstmals dem Chatbot *Eugene*.

Der Turing-Test wurde kritisiert, weil der Versuch wenig mit Intelligenz zu tun habe. Zwar schaffe es der Computer, Menschen von seinem Menschsein zu überzeugen, doch ob er wirklich verstehe, was er da tue, sei damit nicht bewiesen.

296 KÜNSTLICHE INTELLIGENZ BRAUCHT SCHLAF

Menschen – und auch die meisten Tiere – brauchen Schlaf. Waschmaschinen, Handys, Autos, Mikrowellen und alle anderen Geräte, die wir benutzen, brauchen keinen. Das könnte sich in Zukunft ändern: Dann müssen Autos, Mikrowellen und Handys womöglich auch ab und zu ein Nickerchen machen. Zu diesem Schluss kamen Forschende bei der Entwicklung von spezifischen künstlichen Intelligenzen, die mehr können werden als die bisherigen.

KI-Systeme werden immer weiterentwickelt. Manche KI sollen irgendwann so funktionieren wie das menschliche Gehirn. Das nennt man auch *Deep Learning* (siehe Info 291).

Forschende wollten untersuchen, ob KI-Systeme bestimmte Gegenstände sortieren können, auch wenn man ihnen das vorher nicht beigebracht hat. Nimm zum Beispiel wilde Tiere: Ein kleines Kind weiß vielleicht nicht, was ein Tapir ist, wenn es einen sieht, erkennt aber sofort, dass er kein Pinguin ist. Es wird Tapir und Pinguin unterscheiden und verschiedenen Gruppen zuordnen.

Die Forschenden unterzogen also KI-Systeme diesem Test. Genau wie Kinder wurden auch die KI nach einer Weile müde. Das Netzwerk wurde instabil. Nach etwas, was man mit Schlaf vergleichen kann, waren die KI wieder einsatzbereit und stabil.

KI-Systeme, die biologischen Netzen nachempfunden sind, brauchen also eventuell Schlaf, um stabil funktionieren zu können. Anhand dieser Systeme können wir deshalb womöglich auch etwas über unser Gehirn und den Schlaf lernen.

Kurz gesagt: Künstliche Intelligenzen brauchen, wie es scheint, künstlichen Schlaf.

Alles braucht Schlaf.

Rotfeuerfisch

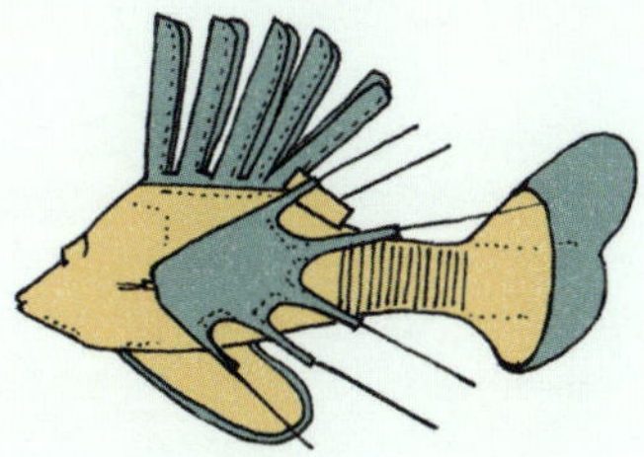

Roboterfisch

297 DER ROBOTERFISCH ZIEHT ENERGIE AUS »BATTERIEBLUT«

Ja, du hast richtig gelesen. Einem Forschungsteam ist es gelungen, einen Roboterfisch zu entwickeln, der durch flüssige Batterien angetrieben wird. Er zieht also Energie aus dem »Blut« einer Batterie.

Was bedeutet das für die Wissenschaft? Diese Entwicklung könnte dazu führen, dass Roboter selbstständiger – *autonomer* – werden. Flüssige Batterien brauchen weniger Platz, sind leichter, und der Roboter kann aus ihnen mehr Energie ziehen. Die flüssigen Batterien treiben den Roboterfisch nicht nur an, sondern sie bewegen auch seine Flossen. Das ist einzigartig, denn *hydraulische* Roboter haben normalerweise einen Kreislauf mit Flüssigkeit, der die Kräfte überträgt (und damit die Flossen bewegt), und zusätzlich noch eine Batterie.

Durch die Batterieflüssigkeit kann der Roboterfisch länger schwimmen, ohne dass jemand eingreifen muss, um beispielsweise eine Batterie auszutauschen. Derzeit schafft er 36 Stunden. Das macht ihn zum geeigneten Kandidaten für die Tiefseeforschung oder Rettungsaktionen auf hoher See.

Äußerlich ist der Roboterfisch dem Rotfeuerfisch nachempfunden. Tauchst oder schnorchelst du manchmal im Urlaub? Dann pass nächstes Mal gut auf, ob es ein Feuerfisch oder ein Roboterfisch ist, der an dir vorbeischwimmt …

298 ROBOTERBIENEN LEISTEN ASTRONAUTEN GESELLSCHAFT

Die US-Raumfahrtbehörde NASA entwickelte drei Roboterbienen, die den Astronautinnen und Astronauten an Bord der internationalen Raumstation ISS Gesellschaft leisten. Nicht als Nutztiere, sondern um ihnen bei ihren täglichen Aufgaben zu helfen. Die Roboterbienen machen beispielsweise Fotos der Experimente oder kümmern sich um die Vorratshaltung. So haben die Astronauten mehr Zeit für Tätigkeiten, die nur von Menschen ausgeführt werden können, und haben die Hände frei während ihrer Experimente. Die Bienen können auch programmiert werden, um bestimmte Experimente in Mikroschwerkraft selbst durchzuführen.

Das System heißt Astrobee, doch die Astrobienen sehen nicht wirklich aus wie Bienen. Es sind kleine, würfelförmige Roboter von etwa 30 Zentimetern Kantenlänge. Sie können in alle Richtungen fliegen und ihren Weg durch die Raumstation selbstständig finden. Dafür setzen sie Kameras und Sensoren ein. Wenn nötig, können sie von der Erde aus oder von den Astronauten gesteuert werden.

Astrobees: Honey, Queen und Bumble

Zusätzliche Bsss-Info:

- Die Roboterbienen heißen Honey, Queen und Bumble. Sie haben unterschiedliche Farben, damit man sie leicht auseinanderhalten kann: Honey ist gelb, Queen grün und Bumble blau.
- Jede Biene hat einen Greifarm, mit dem sie sich an den Griffen in der ISS festhalten kann. Dadurch spart sie Energie.

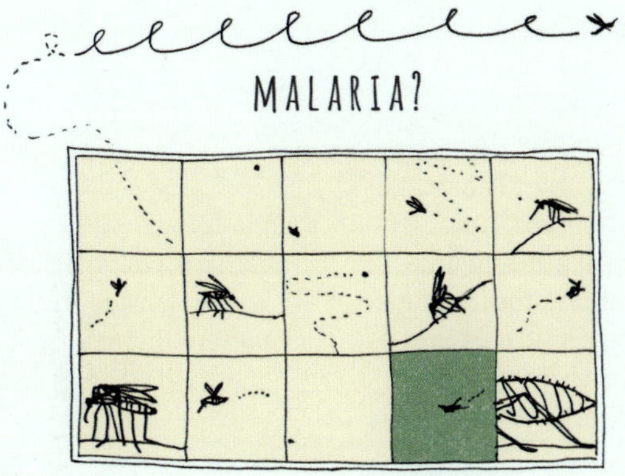

Mückenbibliothek

299 KÜNSTLICHE INTELLIGENZ HILFT DABEI, MÜCKEN ZU IDENTIFIZIEREN

Mücken sind lästige Viecher. Sie schwirren dir um den Kopf, und ihre Stiche können wahnsinnig jucken. Aber das Schlimmste ist, dass sie die tödlichsten Tiere der Welt sind. Sie verbreiten nämlich Krankheiten wie Malaria (siehe Info 269). Malaria gibt es auf mehreren Kontinenten, aber in Afrika südlich der Sahara ist die Gefahr am größten. Das Aufspüren von Malariamücken ist aber nicht einfach. Außerdem kann man sie nur schwer von anderen Mückenarten unterscheiden. Gelingt es, Malariamücken schnell zu erkennen, wäre es möglich, die Verbreitung der Krankheit aufzuhalten. Hierbei kann künstliche Intelligenz (KI) helfen.

Die amerikanische Informatikerin Jannelle Couret hat zusammen mit ihren Kolleginnen und Kollegen ein KI-System entwickelt, das mithilfe von *Deep Learning* Bilder erkennen kann. Es verwendet Dutzende bis Hunderte Schichten, von denen jede einzelne einen anderen Teil des Bildes speichern kann. So erkennt die künstliche Intelligenz Muster auf Fotos.

Die Forschenden fütterten die KI mit einer Mückenbibliothek aus Fotos von über 1700 Mückenarten. Das System lernte, sie zu unterscheiden und sogar das Geschlecht der Mücke zu identifizieren. Es erreichte eine Treffsicherheit von 100 Prozent bei der Erkennung der Mückenart und von 98,5 Prozent bei der Bestimmung des Geschlechts.

Das Geschlecht unterscheiden zu können ist insofern wichtig, als nur die weiblichen Mücken Blut saugen und dadurch Krankheiten übertragen. Männchen ernähren sich ausschließlich von Pflanzensekreten wie Nektar.

Die KI kann bei der Verfolgung von Mückenpopulationen helfen, sodass man schnell eingreifen und der Verbreitung von Malaria vorbeugen kann.

300 MANCHE ROBOTER REPARIEREN SICH SELBST

Stell dir einen Roboter vor. Siehst du vor deinem inneren Auge eine harte, glänzende Metallstruktur, zum Beispiel einen Roboterarm in einer Fabrik? Solche Roboter beschleunigen Arbeitsabläufe enorm, aber sie sind auch gefährlich. Wenn Menschen ihnen zu nahe kommen, kommt es manchmal zu Unfällen. Außerdem sind sie teuer, und wenn sie kaputtgehen, werden sie verschrottet. Das ist nicht gut für die Umwelt und auch nicht fürs Portemonnaie.

Es gibt auch Roboter aus weichen Materialien, die für feinmotorische Bewegungsabläufe, wie das Verpacken von Obst, besser geeignet sind. Weiche Roboter sind sehr flexibel und für die Menschen in ihrer Nähe sicherer. Einziger Nachteil der weichen Oberfläche ist, dass sie dadurch leichter beschädigt werden können. Dafür haben belgische Forschende eine Lösung gefunden.

Sie untersuchten, wie kleine Wunden beim Menschen heilen, und entwickelten auf der Grundlage ihrer Erkenntnisse Roboter, die sich selbst reparieren können. Sie sind selbstheilend. Wenn ein Roboter beschädigt wird, repariert er sich mithilfe von Luft, Licht oder Wärme. Die weichen Roboter sind aus *Polymeren* aufgebaut.

selbstheilender Roboter

Polymere sind Moleküle, bei denen identische Teile aneinandergereiht werden – ein bisschen wie eine lange Kette aus immer denselben Legosteinen. Weil sie selbstheilend sind, halten sie länger, und das hat natürlich nur Vorteile.

301 »IN ECHT« ZUSAMMEN BEI EINEM VIRTUELLEN TREFFEN

Seit der Coronapandemie wissen wir alle, wie Skypen, Zoomen, Facetimen, WhatsAppen, Teamsen und Google Hangouten geht. Diese Technik ist zwar nützlich, kann aber manchmal auch nerven: Das Bild bleibt hängen oder ist verpixelt. Der Ton fällt aus oder läuft nicht synchron mit dem Bild. Und so weiter. Vor allem aber fühlt sich so ein Treffen nicht »echt« an.

Jetzt stell dir vor, es wäre möglich, dass virtuelle Treffen, bei denen Menschen nicht zusammen in einem Raum sitzen, sich doch real anfühlen könnten. Egal, ob man am anderen Ende der Welt sitzt – man wäre wie »in echt« zusammen.

Forschende nennen das Telepräsenz. Der Name ist nicht unbedingt cool, die Idee dahinter aber schon – erst recht jetzt, wo wir wissen, wie es sich anfühlt, sich nicht treffen zu dürfen.

Virtuelle und *erweiterte* Realität (siehe Info 303) sind weit genug entwickelt, um großflächig eingesetzt zu werden. Sehr vieles ist heute schon möglich. Sensoren für Berührungsreize – *haptische*

Sensoren – können Berührungen an Roboter-*Avatare* übertragen. 5G-Netzwerke in Kombination mit künstlicher Intelligenz können die Daten unglaublich schnell und in hoher Qualität weiterleiten, sodass so gut wie keine Verzögerung entsteht. Es wäre, als säßen wir mit anderen Menschen im selben Raum und könnten sie wirklich berühren.

Telepräsenz könnte die Geschäftswelt revolutionieren, aber auch andere Gebiete. Denk nur an die Medizin, in der Ärztinnen und Ärzte ihre Patientinnen und Patienten auch aus der Ferne untersuchen könnten. Oder an Freunde und Familienmitglieder, die nicht am selben Ort wohnen, auf diese Weise aber trotzdem Zeit miteinander verbringen und sich sogar umarmen könnten.

»zusammen« bei einem virtuellen Treffen

302 MASCHINELLES LERNEN GEHT AUTOMATISCH

Maschinelles Lernen (siehe Info 291) kannst du dir ein bisschen so vorstellen wie eine Maschine, die auf alles Etiketten klebt. Ein Computer kann zum Beispiel bestimmen, ob etwas eine Katze, ein Hund oder ein Baby ist. Er kann Dingen also ein Etikett verpassen. Beim maschinellen Lernen lernt ein Computer *automatisch* auf der Grundlage von Daten, die er bekommt. Man kann ihm beispielsweise Hunderte Hunde-, Katzen- oder Babyfotos geben, und das System lernt dann von selbst, wie eine Katze, ein Hund oder ein Baby aussieht. Es sucht Muster in den Daten und kann später, wenn man ihm andere Fotos zeigt, diese ebenfalls mit Etiketten versehen.

automatisiertes Lernen

Du kannst dir maschinelles Lernen als eine neue Methode zur Programmierung von Computern vorstellen: Statt komplizierte Codes zu schreiben, in die sich Fehler einschleichen können, programmiert man den Computer dazu, von sich aus zu lernen. Dazu gibt man im Vorfeld keine Anweisungen, sondern liefert lediglich Beispiele. Der Algorithmus sucht dann selbst nach Mustern. So können Computer Aufgaben übernehmen, für die es sehr schwer oder sogar unmöglich wäre, einen Code zu schreiben. Maschinelles Lernen eröffnet dadurch ganz neue Anwendungsmöglichkeiten.

303 ERWEITERTE REALITÄT HILFT PLASTISCHEN CHIRURGEN

Bei der erweiterten Realität (auf Englisch Augmented Reality, kurz: AR) fügt ein Computer der wirklichen Welt etwas hinzu, quasi eine digitale Schicht. Man kann das in ganz unterschiedlichen Bereichen anwenden, unter anderem in der plastischen Chirurgie.

Injektionen von sogenannten Fillern wie Botox dienen dazu, Falten verschwinden zu lassen und die Haut zu straffen. Doch manchmal geht das schief, weil sie versehentlich in eine Ader gespritzt werden. Dadurch kann Hautgewebe absterben. Bei anderen Operationen kann zum Beispiel die Netzhaut im Auge absterben, wodurch man blind wird. Fehler dieser Art können Chirurgen mithilfe *erweiterter Realität* vermeiden.

Ein belgisches Unternehmen entwickelte eine Technologie, die die Lage der Schlagadern im Gesicht einer Person kartiert. Der plastische Chirurg erhält dadurch vom Computer zusätzliche Informationen und kann präziser arbeiten. Er kann sehen, wo bei einer bestimmten Person die Schlagadern liegen, und die Filler gezielter injizieren. Das Risiko, dass etwas schiefgeht, ist so für die Patienten und Patientinnen viel kleiner.

Auch auf anderen Gebieten der Medizin könnte die Technologie der erweiterten Realität eingesetzt werden. Denk nur an Neurochirurgen, die am Gehirn oder Rückenmark operieren!

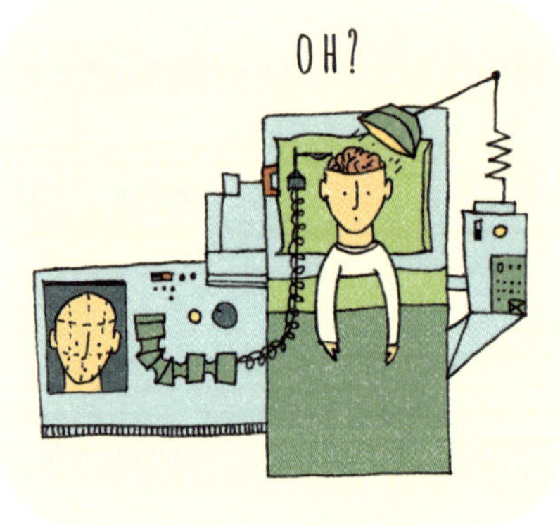

Hilfe in der Chirurgie

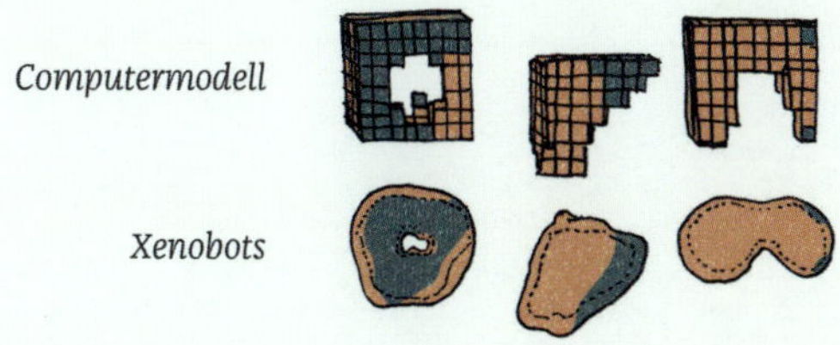

304 XENOBOTS SIND LEBENDE ROBOTER AUS FROSCHZELLEN

Viele technologische Produkte basieren auf Teilen aus Stahl, Beton, Chemikalien oder Plastik. Das macht ihre Stärke aus, ist aber auch schädlich für die Umwelt und die Gesundheit. Es wäre deshalb gut, wenn es bald Technologien gäbe, die erneuer- oder völlig abbaubar sind. Das könnte beispielsweise ein Organismus sein, der lebendig, stark, vielseitig und komplex ist und dabei trotzdem der Umwelt und der Gesundheit so wenig wie möglich schadet.

Durch den Einsatz künstlicher Intelligenz ist es Forschenden gelungen, einen solchen neuen Organismus herzustellen. Es handelt sich dabei weder um einen herkömmlichen Roboter noch um ein Tier. Es ist ein Xenobot, ein lebender Organismus, den man programmieren kann. Er entstand dank *evolutionärer Algorithmen*. Diese sorgen dafür, dass sich etwas entwickelt, das eine bestimmte Aufgabe ausführen, sich beispielsweise in eine bestimmte Richtung bewegen kann. Man gibt einem Roboter eine Reihe willkürlicher Lösungen, und er probiert sie aus. Er selektiert die beste Lösung und entwickelt mit der Zeit neue Lösungen. Die bewertet er erneut und wählt die beste aus.

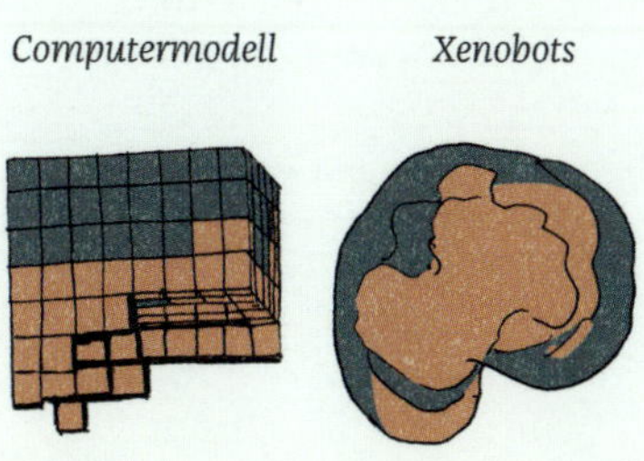

Ein Supercomputer machte Vorschläge für den »Entwurf« neuer Lebensformen, die dann in einem Labor getestet wurden. Hierfür verwendeten die Forschenden Haut- und Haarmuskelzellen von Fröschen. Die *Xenobots* sind nur einen Millimeter breit.

Xenobots haben einzigartige Eigenschaften: Sie können sich schneller bewegen als ein lebender Organismus, sind programmierbar und regenerieren sich, wenn sie beschädigt werden. Dadurch sind sie sehr vielseitig einsetzbar. Beispielsweise könnten sie Medikamente innerhalb des Körpers an die Stelle befördern, an der sie gebraucht werden, oder schädliche Kalkablagerungen in den Schlagadern entfernen. Und sie könnten sogar Mikroplastik im Ozean einsammeln.

so gut riechen können wie ein Tier

305 WÄRE ES NICHT SUPER, WENN WIR GENAUSO GUT RIECHEN KÖNNTEN WIE EIN TIER?

Ein Duft, den du riechst – Zitrone zum Beispiel –, ist nie völlig rein. Er ist mit anderen Gerüchen vermischt, wie Blumen, Seife, Parfüm oder auch Müll. All diese Gerüche stimulieren die Geruchsrezeptoren in deiner Nase, und trotzdem schafft es dein Gehirn, den Zitronenduft herauszuriechen.

Forschende untersuchten über zehn Jahre lang das Geruchsorgan von Nagetieren. Sie notierten vor allem, was Tiere können und Maschinen (noch) nicht. Auf Basis dieser Informationen bauten sie einen Computerchip. Es ist ein *neuromorpher* Computerchip, der selbst lernt und sich Dinge merken kann.

Säugetiere haben im Allgemeinen eine außerordentlich gut entwickelte Nase, mit der sie sehr viele verschiedene Gerüche unterscheiden und sich merken können. Letzteres ist für KI-Systeme nicht so einfach, vor allem, wenn es sich um neues Wissen handelt. Der neue neuromorphe Mikrochip macht das zum ersten Mal möglich.

Der Chip verhilft uns auch zu neuen Erkenntnissen über biologische Systeme. Vielleicht erfahren wir mit seiner Hilfe beispielsweise, warum der Mensch auch in hohem Alter noch neue »Riechzellen« produziert.

Bonus-Info:

- Die beste Nase aller Säugetiere haben Afrikanische Elefanten. Sie können eine Wasserquelle aus 20 Kilometer Entfernung riechen.
- Einer neueren Untersuchung zufolge kann der Mensch über 1 Billion Gerüche unterscheiden. Früher dachte man, es seien »nur« 10 000.
- Den vollständigen Verlust des Geruchssinnes nennt man *Anosmie*.

306 EINE SPEZIELLE ARMBANDUHR HILFT TAUBEN UND SCHWERHÖRIGEN MENSCHEN

Schwerhörigen und tauben Menschen entgehen viele Geräusche in ihrer Umgebung. Dadurch fühlen sie sich manchmal weniger mit der Welt um sie herum verbunden. Sie vermissen vielleicht das Geräusch des Windes in den Bäumen oder das Zwitschern der Vögel. Manchmal ist es sogar gefährlich, wenn man ein Geräusch nicht hört, beispielsweise ein Alarmsignal. Eine neue Smartwatch-App soll das ändern. Die Smartwatch meldet beispielsweise, wenn eine Fahrradklingel geklingelt wird, sich ein Krankenwagen nähert oder ein Gericht aus dem Ofen muss. Weil die Meldung auf der Uhr erscheint, sieht man sie schneller als auf einem Handy, das man in der Hosentasche trägt.

Das System ist noch nicht völlig ausgereift. Bisher kann die Uhr nur zwanzig Geräusche erkennen und das auch nur mit 80-prozentiger Genauigkeit. Im Falle von Warnsignalen wie Feueralarm oder Türklopfen funktioniert die App schon in 97 Prozent der Fälle.

Warnung dank Uhr

Derzeit versuchen Forschende, eine Uhr zu entwickeln, die man selbst trainieren kann, damit sie neue Geräusche erkennt. Auch hier kommt *Deep Learning* zum Einsatz, künstliche Intelligenz, die von sich aus Geräusche lernt.

307 EIN T-SHIRT MIT SOLARZELLEN, MIT DEM DU DEIN HANDY AUFLADEN KANNST: DAS IST WAHRE (TECHNO-)MODE!

Technomode hat nichts mit der Musikrichtung zu tun. Es ist die Kombination von Mode und Technologie. Stell dir beispielsweise ein Kleid mit Roboterarmen vor, damit dir niemand zu nahe kommen kann, oder ein T-Shirt, das dafür sorgt, dass du dich aufrecht hältst. Auch praktisch: ein T-Shirt mit Solarzellen, mit dem man sein Handy aufladen kann. All das gibt es schon seit den 1990er-Jahren, aber es wurde bisher nicht so richtig erforscht.

Eine bekannte Jeansmarke entwickelte beispielsweise eine Jacke, mit der man über einen Knopf am Ärmel Handyanrufe annehmen, Musik abspielen oder Fotos machen kann. Dann müsstest du nur noch die Jacke anziehen, wenn du aus dem Haus gehst ...

Welches Technokleidungsstück hättest du gerne im Kleiderschrank?

Technomode!

308 MANCHMAL LÄSST SICH DIE WISSENSCHAFT VON FLIEGENFÜSSEN INSPIRIEREN

Fliegenfüße sind nicht besonders schön. Sie sehen aus wie spatelförmige Bürstchen und ermöglichen es der Fliege, an der Zimmerdecke zu laufen. Erst wenn die Fliege ihre speziellen Füße wieder löst, kann sie weiterschwirren.

Forschende wollten natürlich wissen, wie die Fliege das macht: sich an egal welcher Oberfläche festhalten und dann wieder loslassen. Dazu betrachteten sie die Bürstchen unter einem stark vergrößernden Mikroskop.

Erst untersuchten sie Fliegenlarven. Dabei stellten sie fest, dass die Bürstchen in zwei Phasen entstehen.

In der ersten Phase erhalten sie ihre längliche Form, ähnlich einem Bürstenstiel.

In der zweiten Phase wächst an der Spitze der Beinchen ein hartes Ende – der Spatel oder Bürstenkopf.

Vergrößerung des Bürstenfußes einer Fliege

Diesen Prozess ahmten die Forschenden nach, um ein Klebeband zu entwickeln. Sie verwendeten hierfür Nylonfasern. Pro Faser kann dieses Gewebe 50 Gramm tragen. Indem man mehrere Fasern zusammenfügt, haftet das Klebeband daher immer besser.

Das Studium der Fliegenfüße führte also zu einem Klebeband, das stark haftet und billig ist. Darüber hinaus ist es wiederverwendbar und deshalb gut für die Umwelt. Normales Klebeband ist wegen des Klebers nämlich nicht immer gut zu recyclen.

Die Erkenntnisse könnten auch für Industrieroboter genutzt werden. So könnten sie beispielsweise glitschige Gegenstände besser festhalten. Oder man könnte Roboter Wände hochgehen lassen, genau wie Fliegen.

WELCHES GESICHT IST DEEPFAKE?

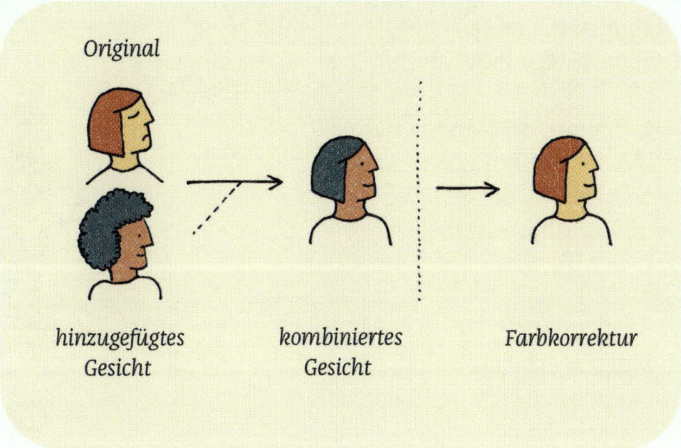

309 ES GIBT FAKE – UND DEEPFAKE

Deepfake ist eine Technik, bei der Deep Learning verwendet wird, um gefälschte Bilder zu entwickeln. Mithilfe künstlicher Intelligenz werden zum Beispiel Bilder von Menschen hergestellt, die völlig echt aussehen, es aber nicht sind. Sie sind nur sehr schwer von echten Bildern zu unterscheiden.

Existierende Bilder und Videos werden dabei so zusammenmontiert, dass neue, lebensechte Bilder entstehen. Mit solchen Inhalten kann man Menschen gut reinlegen. Man sieht und hört beispielsweise Politiker oder Politikerinnen oder Promis etwas sagen, was diese nie gesagt haben.

Deepfakes werden dazu verwendet, *Fake News* zu verbreiten, zu betrügen oder pornografische Bilder von berühmten Personen zu basteln. Deepfakes aufzuspüren, damit sie nicht weiterverbreitet werden können, ist ziemlich schwierig. Viele Forschenden sind derzeit mit der Suche nach etwas beschäftigt, wodurch man sie leichter erkennen kann. Um die Deepfakes zu finden, verwenden sie meist dieselben Algorithmen wie die, mit denen sie hergestellt wurden.

Glaub also nicht alles, was du im Internet siehst!

310 DAS MORAVECSCHE PARADOX: WAS FÜR UNS EINFACH IST, IST FÜR COMPUTER SCHWIERIG – UND UMGEKEHRT

Viele Menschen tun sich mit komplizierten Rechenaufgaben schwer. Für Computer sind sie oft kinderleicht. Auf mathematischem Gebiet können sie viel mehr als ein menschliches Gehirn.

Aber jetzt beweg mal deine Finger. Lauf eine Runde durch dein Zimmer. Bring den Löffel vom Teller zum Mund. Tanze. Das sind Aufgaben, die die meisten Menschen problemlos ausführen können. Bei einem Computer bedarf es dafür einer enormen Rechenleistung.

Mit Aufgaben, die für den Menschen einfach sind, tun sich Computer oft schwer, und andersrum. Das nennt man das Moravecsche Paradox.

311 WIE »BIG DATA« DEUTSCHLAND 2014 ZUR WELTMEISTERSCHAFT VERHALF

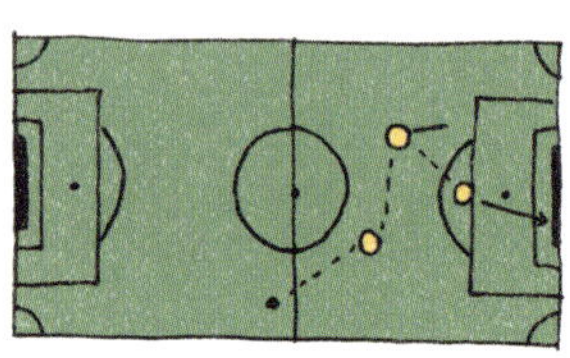

Fußballanalyse mit Big Data

Deutschland gewann 2014 das Halbfinale der Fußball-Weltmeisterschaft der Männer mit einem beeindruckenden 7:1 gegen Brasilien. Nach einem 1:0 im Finale gegen Argentinien durfte die deutsche Mannschaft den Pokal entgegennehmen.

Ihren Sieg verdankte sie zum Teil Big Data. Das sind Analysen riesiger Datenmengen, die man auf anderem Weg nur schwer verarbeiten könnte. Ein Forschungsteam aus Köln setzte Big Data zur Analyse der Spiele der deutschen Mannschaft ein. Im jeweils nächsten Spiel konnte sie diese Information dann nutzen.

Die Forschenden sahen sich die Position eines jeden Spielers anhand von GPS-Koordinaten und Videobildern an. So erkannten sie, welche Spieler oder welche Mannschaft das Spielfeld dominiert hatten und wo genau auf dem Feld sie das taten. Auch andere Erfolgsfaktoren halfen der

Mannschaft auf dem Weg zum Sieg: Die Passqualität ist zum Beispiel wichtiger als die Anzahl der Pässe. Diese bemisst sich an der Anzahl der gegnerischen Spieler, die dabei ausgeschaltet wurden. Ein anderer Faktor ist, wie leicht eine Mannschaft den Ball zurückerobert. Oder wie präzise es einem Spieler gelingt, mit seinem Pass einen Mannschaftskameraden anzuspielen.

Die deutsche Mannschaft ist natürlich nicht die einzige, die Big Data nutzt. Auch andere Spitzenmannschaften erhöhen auf diese Weise ihre Gewinnchancen.

Big Data ist im Fußball eine wahre Goldmine, sowohl für die Mannschaften als auch für Trainer und Trainerinnen sowie Scouts.

312 AUCH ROBOTER SCHWITZEN

Menschen und Tiere regeln ihre Körpertemperatur, indem sie schwitzen. Wenn du schwitzt, gibst du Wärme ab. Dein Schweiß verdunstet, und dein Körper kühlt ab (siehe auch Info 222). Aber wusstest du, dass auch Roboter schwitzen? Genau wie Menschen sorgen sie dafür, dass sie nicht überhitzen.

Überhitzung kommt bei Elektrogeräten wie Laptops, großen Maschinen oder Robotern häufig vor. Dann dehnen sich durch die Wärme Bauteile aus, das System stürzt durch Temperaturunterschiede ab, oder die Verkabelung erleidet Schäden.

Eine gute Wärmeregulierung ist deshalb unerlässlich. Weiche Materialien wie Gummi sind noch hitzeempfindlicher, weil sie gut isolieren und daher viel Wärme einschließen. Gerade weiche Materialien sind natürlich für den Bau von Robotern interessant. Sie erlauben feinere Motorik, sind flexibler und sicherer für die Menschen, die mit ihnen arbeiten.

Forschenden gelang es, eine Roboterhand aus Gummi zum Schwitzen zu bringen und dadurch abzukühlen. Sie setzten ein Flüssigkeitsreservoir ins Gummi ein und versahen die Finger der Roboterhand mit »Schweißporen«. Wenn die Temperatur stieg, öffneten sie sich und ließen Flüssigkeit austreten. Diese verdunstete und kühlte so das ganze System ab. Genau wie Schwitzen.

Schweißhände

313 EIN WURMROBOTER UNTERSUCHT DEN BODEN UNTERIRDISCH

Menschen, die sich mit Gewächsen beschäftigen, wissen ganz genau, wie Pflanzen oberirdisch wachsen. Doch über das, was im Boden geschieht, ist viel weniger bekannt. Das wird sich hoffentlich bald ändern: Britische Forschende entwickelten nämlich einen wurmähnlichen Roboter, der sich durch die Erde »gräbt«. Dieser Roboterwurm kann verschiedenste Bodeneigenschaften kartieren: Temperatur, Feuchtigkeit, Bodendichte. Mithilfe von Glasfaserkabeln kann er zudem messen, wie Wurzeln wachsen und wie der Boden zusammengesetzt ist.

Der Roboterwurm ist 30 bis 60 Zentimeter lang und benutzt eine Art Drillbohrer, um das Erdreich vor sich aufzulockern. Der Rest des Roboters folgt dem Bohrer durch *peristaltische* Bewegungen wie die eines echten Wurms, wenn dieser sich unterirdisch fortbewegt. In einem ersten Versuch wird der Roboter in einem Maisfeld eingesetzt. Da Daten nicht so einfach durch den Boden geschickt werden können, kommt der Wurm regelmäßig an die Oberfläche.

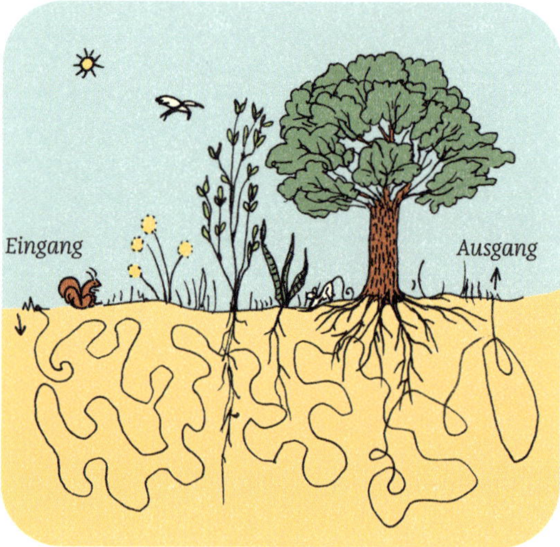

Gangsystem Roboterwurm

Der sich windende Roboter kann der Botanik wichtige Informationen liefern, unter anderem darüber, wie Pflanzen mit Stress und dem Klimawandel umgehen. Wahrscheinlich kann mit seiner Hilfe auch genauer vorhergesagt werden, wie eine Ernte ausfallen wird.

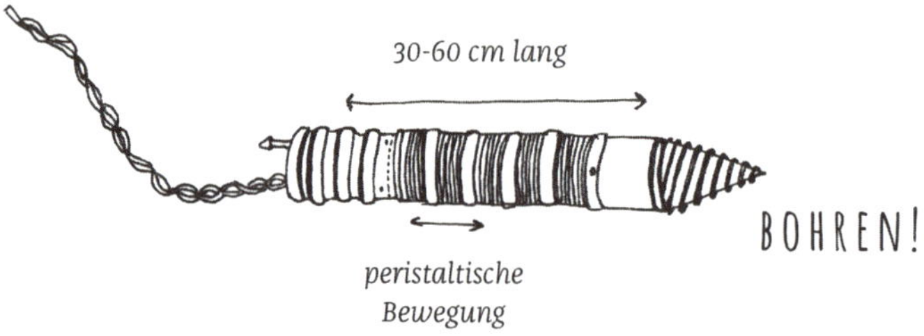

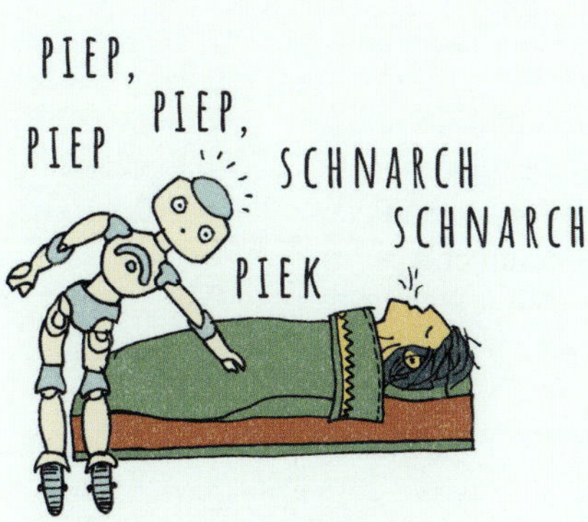

Antischnarchsystem im Henn na Hotel

314 IN JAPAN KANNST DU IN EINEM ROBOTERHOTEL ÜBERNACHTEN

In den Henn na Hotels oder »merkwürdigen« Hotels in den japanischen Städten Nagasaki und Tokio arbeiten vor allem Roboter. Die Hotels kamen dadurch sogar ins *Guinness-Buch der Rekorde*. Bei der Eröffnung im Jahr 2015 arbeiteten im ersten Hotel in Nagasaki 243 Roboter. Dadurch sollten Kosten gespart und menschliche Beschäftigte entlastet werden. Die Gäste wurden dort unter anderem von einem Robotersaurier begrüßt.

Henn na Hotel: Betreten auf eigenes Risiko.

Die Hotelgäste waren allerdings nicht so recht zufrieden. Die Roboter weckten nämlich Gäste mitten in der Nacht, weil sie durch deren Schnarchen aktiviert wurden, und die am Empfang konnten auf manche einfachen Fragen keine Antwort geben. Letzten Endes machten sie mehr Arbeit, als sie abnahmen. Wegen der vielen Beschwerden wurde die Hälfte der Roboter entlassen und durch menschliche Mitarbeiter und Mitarbeiterinnen ersetzt. Das ist auch gut so, denn sechs von zehn Personen mochten den direkten Kontakt mit Robotern gar nicht.

Für Aufgaben, die sie effizient ausführen können, werden nach wie vor Roboter eingesetzt. Sie dürfen beispielsweise immer noch Gepäck auf die Zimmer bringen.

Würdest du gerne mal in einem Roboterhotel übernachten?

315 KÜNSTLICHE INTELLIGENZ ERZIELT HÖCHSTMÖGLICHE PUNKTZAHL BEI MS. PAC-MAN

Pac-Man ist ein bekanntes und beliebtes Computerspiel aus den 1980er-Jahren. Es ist sehr einfach: Du steuerst ein gelbes Männchen, Pac-Man, durch ein Labyrinth voller Punkte und Früchte, für die du Bonuspunkte erhältst. Du musst die Punkte essen und gleichzeitig darauf achten, dass du selbst nicht von einem der vier Gespenster aufgefressen wirst. Die Theorie ist simpel, die Umsetzung weniger.

Forschende entwickelten eine künstliche Intelligenz, die bei der Spielvariante mit weiblichem Pac-Man (*Ms. Pac-Man*) die höchste Punktzahl aller Zeiten erreichte. Die maximale Punktzahl liegt bei 999 999. Allerdings war es noch niemandem gelungen, auch nur in die Nähe zu kommen. Selbst für künstliche Intelligenzen ist das Spiel schwer zu erfassen. Doch 2017 schaffte es das KI-System des Start-ups Maluuba (das heute zu Microsoft gehört) immerhin, 999 990 Punkte zu erzielen.

Das Team von Maluuba setzte eine *Deep Learning*-Technik ein, bei der 150 KI-»Helfer« beteiligt waren. Sie arbeiteten zusammen, um das Spiel zu gewinnen. Ein typisches Beispiel für ein Teile-und-herrsche-Verfahren: Die Aufgaben wurden auf die Helfer verteilt. Manche wurden dafür belohnt, dass sie Punkte fraßen, andere sollten den Gespenstern aus dem Weg gehen. Zu guter Letzt wurden alle Informationen an einen »Manager« weitergegeben, der sie bündelte, um auf dieser Grundlage Entscheidungen zu treffen. Zum Beispiel: Wenn hundert Helfer empfahlen, nach rechts zu gehen, und drei, nach links zu gehen, weil rechts ein Gespenst lauere, maß das System den drei Helfern mehr Gewicht bei und bog links ab.

Das ist ein Beispiel für *bestärkendes Lernen*. Dabei lernt eine KI aus negativem und positivem Feedback auf ihre Entscheidungen. Das System geht aktiv auf die Suche nach Belohnungen. Je mehr die KI handelt, desto besser lernt das System, wofür es Belohnungen erhält.

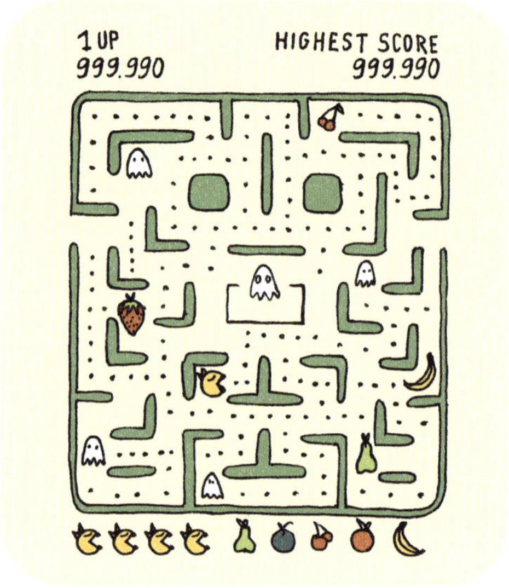

Ms. Pac-Man

Internet der Dinge

316 AUCH GERÄTE SURFEN IM INTERNET

Heutzutage sind mehr Geräte mit dem Internet verbunden, als es Menschen auf diesem Planeten gibt. Das Internet der Dinge (IdD) wird immer größer. Forschende sagen voraus, dass 2025 bis zu 42 Milliarden Geräte mit dem Internet verbunden sein werden. Zum größten Teil handelt es sich um industriell genutzte Geräte und Autos, aber auch Geräte des täglichen Gebrauchs finden ihren Weg ins IdD.

Moderne Waschmaschinen, Drucker, smarte Lampen, Luftreiniger, spezielle Futternäpfe für Haustiere, *Google Home*, Autos ... All diese Apparate sind mit dem Internet verbunden, sammeln Daten und tauschen Informationen aus.

Das IdD kann unser Leben »smarter«, einfacher und messbarer machen. Mit smarten Lampen können wir so tun, als wären wir zu Hause, um Einbrecher abzuschrecken. Smarte Thermostate sorgen dafür, dass es schön warm ist, wenn wir nach Hause kommen. Einem intelligenten Lautsprecher erzählt man einfach, welche Musik man hören möchte, welche Informationen man sucht oder wann man am nächsten Morgen aufstehen möchte. Die Möglichkeiten des IdD sind endlos, doch gleichzeitig geben wir viele persönliche Daten preis. IdD-Geräte sind nicht alle gleich gut gesichert. Hacker können manchmal leicht auf sie zugreifen, Daten stehlen oder das Gerät bedienen. Bei smarten Lampen ist das nicht so schlimm, doch bei autonomen Autos kann das lebensgefährlich werden.

Das industrielle IdD wird auch die *vierte industrielle Revolution* genannt oder *Industrie* 4.0. Es soll mit einer Kombination von Sensoren, drahtlosen Netzwerken und künstlicher Intelligenz Arbeitsabläufe vereinfachen. Große Unternehmen setzen zum Beispiel Roboter ein, um ihre Lagerhallen besser zu organisieren.

317 WATSON, DER SUPERCOMPUTER

Watson ist ein Supercomputer, der vom amerikanischen Technologieunternehmen IBM entwickelt wurde. Er wurde nach Thomas J. Watson, dem Firmengründer von IBM, benannt. Der Supercomputer kann schon nach wenigen Sekunden eine richtige Antwort auf eine Frage geben. Das tut er folgendermaßen: Er interpretiert die Frage und sichtet dann eine große Anzahl Informationsquellen. Das sind unter anderem Webseiten, wissenschaftliche Artikel, Enzyklopädien und Bücher. Das tut er in einer Blitzgeschwindigkeit.

IBM wollte wissen, ob Watson auch in einer analogen Umgebung wie einem Fernsehquiz gute Leistungen erbringen würde. Bei ersten Tests lag seine Trefferquote nur bei 50 Prozent. Das reicht natürlich in keinster Weise aus, um ein Quiz zu gewinnen. Watson wurde dahingehend verbessert, dass er auch Rätsel lösen kann, was für Computer gar nicht so einfach ist.

2011 nahm Watson dann an der amerikanischen Fernseh-Quizshow *Jeopardy* teil. Er spielte gegen die beiden stärksten Spieler, die je an diesem Quiz teilgenommen haben. Watson verlor die erste Runde, schlug die beiden anderen Teilnehmer aber in den folgenden Runden und gewann.

Watson,
der Supercomputer

Watson soll natürlich mehr tun, als Quizshows zu gewinnen: In einem New Yorker Krankenhaus wird er dazu eingesetzt, geeignete Therapien für Lungenkrebspatienten und -patientinnen vorzuschlagen.

Inzwischen kommt Watsons Technologie in ganz unterschiedlichen Bereichen zum Einsatz: im Gesundheitswesen, als Chatbot (ein Roboter, mit dem man sprechen kann), für Wettervorhersagen und im Unterricht.

318 DER NARCOREADER SPÜRT ZUVERLÄSSIG DROGEN AUF

Drogen aufzuspüren ist nicht einfach. Die Drogenfahndung ist für Polizei und Zoll sehr zeit- und geldaufwendig und trotzdem oft erfolglos. Derzeit setzen sie meist einen Farbtest ein. Wenn sie beispielsweise ein weißes Pulver finden, testen sie es mit einer bestimmten Chemikalie, um herauszufinden, ob es sich um Kokain handelt. Diese Methode funktioniert aber nur in sieben von zehn Fällen. Manchmal tritt bei unschuldigen weißen Pülverchen eine Verfärbung auf, sodass die Polizei denkt, es handle sich um Drogen. Manchmal reagiert der Test beim Kontakt mit einer Droge nicht, sodass Dealer wieder freigelassen werden. Der Farbtest ist teuer und dauert sehr lange, weil jede Probe in einem Labor analysiert werden muss.

Ein europäisches Forschungsteam arbeitet daher an einer praktischen, schnellen und zuverlässigen Methode zum Drogennachweis. Mit dem Narco-Reader, einem elektrochemischen Sensor, können sie eine ganze Reihe Drogen analysieren. Eine Elektrode schickt einen kleinen elektrischen Impuls durch die Probe, die die Polizei genommen hat, und innerhalb von Minuten kann man das

Resultat auf dem Smartphone oder Tablet ablesen. Für Kokain hat der Sensor eine Treffsicherheit von 98 Prozent.

Das Team entwickelt diese Technologie derzeit weiter, um auch andere Drogen aufspüren zu können, damit der NarcoReader in verschiedenen Situationen zum Einsatz kommen kann: bei Grenzkontrollen, am Flughafen, in Häfen und so weiter.

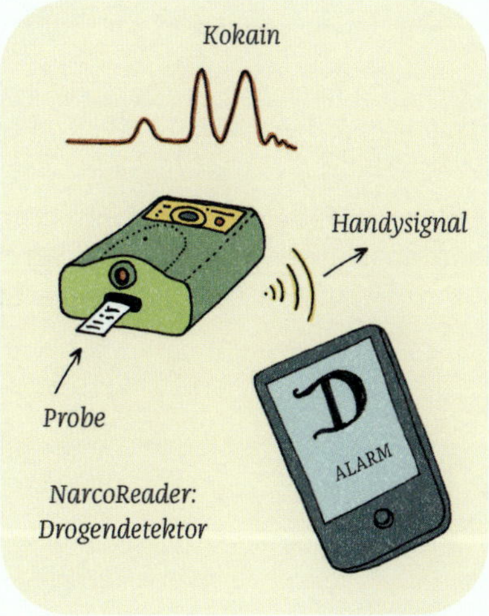

319 VIRTUELLE REALITÄT HILFT, »TOTE WINKEL« IN KAMERANETZWERKEN ZU ELIMINIEREN

Auto-, LKW- und Busfahrer müssen immer den toten Winkel berücksichtigen. Das ist der Raum hinter dem Fahrzeug, den man selbst mithilfe der Spiegel nicht sehen kann. Genau wie bei Fahrzeugen gibt es diese toten Winkel auch bei Kameranetzwerken: Das sind die Flächen, die nicht von der Kameraüberwachung abgedeckt werden.

tote Winkel bestimmen

Bei virtueller Realität (VR) wird eine Umgebung abgebildet, die entweder der echten Welt entspricht oder auch ganz anders aussehen kann. Letzteres ist beispielsweise bei VR-Computerspielen der Fall. Forschung hat gezeigt, dass VR auch dazu verwendet werden kann, ein lückenloses Kameranetzwerk zu entwickeln.

Gut funktionierende Kameranetzwerke sind beispielsweise in der Gefangenenüberwachung oder Beobachtung des Lade- und Löschvorgangs von Frachtgütern wichtig.

Mithilfe der VR können Situationen nachgestellt und kann eine Person an ganz verschiedene Orte im Raum versetzt werden. Die Software bietet den Blick auf etwas aus jeder möglichen Perspektive, daher kann man mit ihrer Hilfe bestimmen, an welchen Stellen Kameras angebracht werden sollten und wo sich »tote Winkel« befinden.

einzigartiger Tanzabdruck

320 MENSCHEN HABEN EINEN EINZIGARTIGEN »TANZABDRUCK«

Alle Menschen tanzen hin und wieder. Manche ausgelassen, andere zurückhaltender. Zu welcher Musik du tanzt, ist ganz egal, sicher ist: Du hast einen einzigartigen Tanzabdruck. Er ist genauso unverwechselbar wie dein Fingerabdruck.

Isländische Forschende fragten sich, ob sie *maschinelles Lernen* (siehe Info 291) verwenden könnten, um herauszufinden, zu was für einer Musik jemand gerade tanzt. Sie baten über 70 Versuchspersonen, sich zu acht verschiedenen Musikrichtungen zu bewegen: Blues, Country, Dance, Jazz, Metal, Pop, Reggae und Rap. Es blieb ihnen überlassen, wie sie tanzen wollten. Sie sollten sich einfach so bewegen, wie es sich für sie natürlich anfühlte.

Die Forschenden fütterten den Computer mit diesen Daten, um ihm maschinelles Lernen zu ermöglichen, mussten aber feststellen, dass er nur in drei von zehn Fällen die richtige Musikrichtung angeben konnte. Das war nicht gerade ein voller Erfolg. Dafür entdeckten sie etwas anderes: In 94 Prozent der Fälle konnte der Computer sagen, welche der 70 Versuchspersonen gerade tanzte – egal zu welcher Musik.

Es sieht also danach aus, als tanzten alle Menschen auf völlig einzigartige Weise. *Show me your moves!*

321 WISSENSCHAFT IST EIN PROZESS, BEI DEM MAN VIELE RÜCKSCHLÄGE IN KAUF NEHMEN MUSS

Wissenschaftlerinnen und Wissenschaftler sind im Allgemeinen intelligente Menschen, die lange studiert haben. Das stimmt. Aber sie sind vor allem neugierige Menschen, die sich nicht so schnell entmutigen lassen oder aufgeben. Experimente gelingen nämlich häufig nicht auf Anhieb. Sogar meistens nicht. Die Forschenden müssen dann den Fehler finden und es noch einmal probieren. Womöglich müssen sie sogar noch einmal ganz von vorne anfangen.

Manche wichtigen Entdeckungen – wie beispielsweise die des Penizillins (siehe Info 286) oder der Mikrowelle – verdanken wir einem glücklichen Zufall. Die Forschenden waren auf der Suche nach etwas, entdeckten stattdessen jedoch etwas ganz anderes.

Manchmal machen Forschende natürlich auch folgenschwere Fehler. Oder sie erfinden oder entdecken Dinge, die für die falschen Zwecke missbraucht werden. Wir müssen uns auch die Frage stellen, wie weit die Wissenschaft der Zukunft gehen darf: Ist es okay, in unser Erbmaterial einzugreifen, wie es mit der CRISPR/Cas-Methode (siehe Info 147) möglich ist? Wollen wir künstliche Intelligenz, die die menschliche Intelligenz übersteigt? Welche Folgen hätte das (siehe Info 293)? Forschende erfanden die Deepfake-Technologie (siehe Info 309), mit der gefälschte Bilder gemacht werden können, die von echten nicht zu unterscheiden sind. Was bedeutet das beispielsweise für die Nachrichten der Zukunft?

Der Mensch ist ein neugieriges Wesen. Schon seit Jahrhunderten beschäftigen wir uns mit den Naturwissenschaften und werden das auch weiterhin tun. Wir sind überzeugt, dass Forschende uns noch jede Menge überraschende und wunderbare Erkenntnisse schenken werden, die für den Menschen und seine Umwelt von Bedeutung sind. Wir brauchen Wissenschaftler und Wissenschaftlerinnen heute mehr denn je, um kreative Lösungen zu finden für große Probleme wie den Klimawandel. Und wer weiß: Vielleicht gehst du ja in die Forschung und gestaltest unsere Zukunft mit!

Wissenschaftliche Forschung ist mit vielen Rückschlägen verbunden.

Die Originalausgabe erschien 2022 unter dem Titel *321 superslimme dingen die je moet weten over wetenschap* bei Lannoo.

Für dieses Buch haben wir Informationen aus verschiedenen Quellen zusammengetragen. Wir haben Bücher gewälzt, nationale und internationale Zeitschriften und Zeitungen durchforstet und uns natürlich durch ganz viele Webseiten gescrollt.

Möchtest du gerne mehr erfahren über Naturwissenschaft? Hier ein paar weiterführende Lesetipps:

- eine Kinderenzyklopädie oder ein Kinderlexikon,
- die Webseite klexikon.de, auf der es Artikel zu verschiedensten Themen gibt,
- die Webseiten der Raumfahrtorganisationen ESA esa.int und NASA nasa.gov (auf Englisch),
- naturwissenschaftliche Zeitschriften wie beispielsweise *GEOlino, National Geographic Kids, Welt der Wunder, Der Tierfreund, ZEIT Leo, Löwenzahn – Das Magazin, Frag doch mal ..., Was ist was* oder *LEGO Explorer*.

Mit großem Dank an die Expertinnen und Experten fürs Nachlesen der Texte:

- Dr. Hans Hybrighs und Koen Geukens: Die Planeten und das unendliche Weltall
- Dr. Ben Van Duppen: Die Kräfte der Natur
- Dr. Steffi Matthyssen: Flora und Fauna
- Dipl.-Ing. Jan Verhelst und Dr. Kaat Kehoe: Die Stoffe in ihrem Element
- Sara Tertooy und Prof. Dr. Ann Domms: Die wundersame Welt der Mathematik
- Dr. Steffi Matthyssen: Der Mensch – ein seltsames Wesen
- Prof. Dr. Senne Braem und Dr. Emiel Cracco: Die Wissenschaft von Mensch und Gesellschaft
- Ilja Van Braeckel: Schlaue Köpfe
- Dipl.-Ing. Yannick De Bock und Prof. Dr. Ann Dooms: Die Welt der Zukunft

Dieses Buch wurde mit Unterstützung der Flanders Literature herausgegeben (flandersliterature.be).

FLANDERS LITERATURE

2. Auflage 2024

ISBN 978-3-446-27724-3

Text: Angelique Van Ombergen und Mathilda Masters
Illustrationen: Louize Perdieus

Umschlag: Stefanie Schelleis, München,
unter der Verwendung von Illustrationen von Louize Perdieus
Satz im Verlag
Druck und Bindung: DRUK-INTRO, Polen
Printed in Poland

FSC www.fsc.org
MIX
Papier | Fördert gute Waldnutzung
FSC® C109273